의사소통능력

이 종 호 저

도서출판 상 학 당

이 책의 머리말

의사소통 없이 좋은 인간관계가 유지되기란 불가능하고, 의사소통능력은 현대 경영에서 가장 크게 강조되고 있는 부분이기도 하다. 일찍이 피터 드러커는 “인간에게 가장 중요한 능력은 자기 표현력이며, 현대의 경영이나 관리는 커뮤니케이션에 의해 좌우된다.”라고 말한 바 있다. 그만큼 소통능력이 중요하다는 것인데, 이러한 의사소통능력을 향상시키면 의사소통에 대한 두려움이나 불안을 긍정적으로 극복할 수 있다. 또한 효과적으로 들으며, 상황에 맞게 의사소통유형을 결정하고, 효율적인 의사소통 전략을 수립할 수 있다.

사람들은 여러 가지 이유로 의사소통을 한다. 그런데 직업생활에 있어서의 의사소통이란 공식적인 조직 안에서의 의사소통을 의미한다. 직업생활에서의 의사소통은 조직의 생산성을 높이고, 사기를 진작시키고, 정보를 전달하고, 설득하려는 목적이 있다. 따라서 사회생활에서 의사소통은 강력하고도 필수적인 능력이다.

의사소통이 특히 사회생활에서 중요한 이유는 회사에서는 혼자 진행할 수 있는 일이 아무 것도 없기 때문이다. 반드시 조직에 속해서 누군가와 공동으로 프로젝트를 하지 않아도 어떻게든 직간접적으로 서로 영향을 주고받으며 업무성과를 창출해야 한다. 이러한 업무성과 창출에 있어서 개인이 말하는 방식과 분위기, 태도를 포함한 원활한 소통능력이 기반으로 작용한다. 하지만 불행히도 소통능력은 금방 키울 수 있는 것이 아니다.

과거에는 자신이 얼마만큼 알고 있고 얼마나 능력이 있는지를 중요시하는 시대였지만, 현재는 자신의 생각을 얼마나 잘 표현하고 상대방의 의견을 들어주는가가 중요한 시대가 되었다. 특히 의사소통능력의 중요성이 나날이 강조되고 있으며, 의사소통이 원활하지 못하면 그만큼 직장생활 뿐만 아니라 기타 사회생활에서 많은 어려움을 겪기 때문이다. 이에 기업에서는 의사소통에 역량이 있는 인재상을 구하고 있다. 한마디로 의사소통역량은 일상에서의 활용성은 물론, 글로벌 기업을 비롯한 대부분의 기업에서 핵심역량으로 설정해 인재관리의 주요 요소로 활용하고 있다.

기업을 운영하는 사람들과 신입직원들에게 가장 중요한 역량이 무엇인가 물어보면, 그때마다 자주 듣게 되는 답이 의사소통역량에 관련된 것들이다. 창의적 사고도 중요하고 사회생활에서 다양한 역량들이 필요하겠지만 그중에서도 듣고, 말하고, 발표하고, 쓰는 능력이 제대로 개발될 수 있기를 바라게 된다. 또한 대졸 취업자에게 대학 재학 때 배웠어야 할 능력을 물어본 결과에서도 ‘의사소통능력’이 가장 많은 것으로 나타났다. 그리고 구인구직 매칭 플랫폼 사람인(대표 김용환)이 직장인 1,441명을 대상으로 ‘직장생활 말하기(회사어) 구사능력’에 관한 설문조사를 한 결과에서도 응답자의 95.6%가 ‘대화기술은 업무에 중요한 역할을 한다.’고 답했다. 직장 안에서 활용하는 일명 ‘회사어’ 말하기 능력으로 필요한 도움을 얻을 수도 있고, 업무성과를 창출할 수 있다고 보는 것이다.

21세기 사회는 과학기술의 발달로 인해 정보량이 폭증하고 정보의 내용도 급변함에 따라 의사소통능력이 중시되는 사회이다. 이러한 사회에서는 종래의 물리적 거리에 의해서 제약받던 의사소통 기회가 통신망을 통해 무한대로 확대되었다. 덕분에 우리는 현실세계에서 타인과 의사소통을 할 뿐만 아니라, 인터넷과 같은 통신기술을 이용하여 온라인 커뮤니티를 구성하고 이러한 커뮤니티에 소속된 불특정 타인과 의사소통을 할 수 있게 되었다. 이로써 온-오프라인에서 의사소통을 더욱 필요로 하게 되었다.

최근의 코로나19 확산은 직장 내 커뮤니케이션 방식도 바꾸어 놓았는데, 응답자의 48.8%는 '기존과 비교해 비대면 소통이 증가'했다고 답을 했다. 이와 함께 오늘날 모든 분야의 디지털화를 촉구하는 4차산업혁명의 기류 속에 인간 본연의 '커뮤니케이션' 능력이 오히려 중요한 직무역량으로 떠오르고 있다. 더 다채로운 이해관계자가 늘어나는 시대이기 때문에 기계와 AI가 할 수 없는 대화의 기술이 협업 및 업무성과에 영향을 미치기 때문이다.

이렇듯 새롭게 전개될 사회경제적 환경속에서 우리는 이전과는 다른, 전향적이면서도 진화된 의사소통능력의 함양을 요구받고 있다. 오늘의 위기를 새로운 기회로 삼아 코로나19 이후의 환경에 부합하는 의사소통능력의 향상방안을 고민해야 할 때가 아닌가 싶다.

이 책은 직업인들에게 공통적으로 요구되는 10가지 직업기초능력 가운데 하나인 의사소통능력에 대한 학습 및 강의교재로 집필되었다. 시중에 이미 많은 관련 도서가 출판되었고, 다루고 있는 내용 역시 정형화된 틀 속에서 논의가 전개되고 있다. 이에 대학에서 교양과목으로 의사소통능력을 몇 년간 강의하면서 아쉬운 생각과 함께 차별화된 교재의 필요성을 느껴 이 책을 집필하게 되었다.

그렇지만 기본적인 구성요건의 제약, 즉 의사소통능력의 5개 하위능력(경청능력, 의사표현능력, 문서이해능력, 문서작성능력, 기초외국어능력)을 중심으로 논의를 전개하지 않을 수 없어 이러한 틀 속에서 좀 더 많은 사례 제시를 통해 의사소통능력을 보다 실용적 차원에서 접근해보고자 했다. 따라서 인문학적 접근에 그치지 않고 실무적 접근, 즉 경영 · 경제학적 측면의 내용을 보강함으로써 좀 더 다양한 시각에서 의사소통능력을 다뤄보고자 했다.

현재 대학의 교양과목으로 채택되어 강의가 진행되고 있음을 고려하여 이론적 측면을 강조하기보다는 시사적이고 실무지향적 접근을 통해 원만하고 건전한 사회인으로 성장 · 생활하는 데 도움이 되도록 쉽고 평이하게 집필하였다. 다시 말해 5개 하위능력별로 가능한 한, 사회실무적 측면을 추가로 포함시킴으로써 논의의 다양성과 함께 해당 하위능력에 대한 안목과 향상을 위한 실천의지를 유도하고자 했다.

아무쪼록 이 책을 통해 여러분들 모두 사회가 요구하고 필요로 하는 직업인, 사회인으로서 갖춰야 할 기본덕목 가운데 하나인 의사소통능력 향상에 조금이나마 도움이 되길 기대해본다. 아울러 새롭게 전개될 4차산업혁명 시대의 사회경제적 환경과 코로나19 이후 전개될 뉴노멀 시대의 언택트 문화 속에서 전향적이면서도 진화된 의사소통능력의 함양을 위한 길잡이 역할도 수행했으면 하는 작은 바람을 가져본다.

부족하고 미흡한 면은 앞으로 계속해서 수정 · 보완해 나갈 것을 약속드리면서 독자 여러분의 많은 성원과 격려, 그리고 아낌없는 조언을 바라마지 않는다.

끝으로 이 책의 출판을 흔쾌히 허락해 주신 도서출판 상학당의 남승우 사장님 이하 출판사 관계자분들에게 깊은 감사를 드린다.

2022년 4월
저자 올림

이 책의 차례

제1장 의사소통능력 I

의사소통능력은 직업생활에서 문서를 읽거나 상대방의 말을 듣고 의미를 파악하고, 자신의 의사를 정확하게 표현하는 능력이다. 이제는 국제화에 따라 간단한 외국어 자료를 읽거나 외국인의 간단한 의사표시를 이해하는 능력까지 갖추어야 한다. 직업인들이 개인이나 조직 간에 원만하게 관계를 유지하고 업무성과를 높이기 위해서는 최소한의 의사소통능력을 필수적으로 키워나가야 한다.

제1절 의사소통의 개요

1. 의사소통의 의의[1]

의사소통은 구성원의 역할관계와 상호관계를 유지시켜 주는 집단행동의 중요한 요소이며, 집단의 의사결정과 성과에도 많은 영향을 미친다. 의사소통을 통해 조직의 목표달성을 위한 구성원의 활동이 조정되고 통합이 가능해진다.

의사소통은 개인의 느낌, 의사, 아이디어, 정보, 태도, 감정 등이 언어 또는 비언어

1) https://www.sangji.ac.kr › cmm › fms › FileDown, 언어적 의사소통(제10장 의사소통).

의 형태로 수신자에게 전달되는 과정을 말한다. 의사소통에는 상호이해가 반드시 포함되는데, 상호이해의 수준을 높이기 위해서는 피드백이 필수적이다. 정보의 정확한 전달과 원활한 교류를 통해 조직목표를 명확하게 인식하게 되고, 조직은 생기를 띠고 건강함을 유지할 수 있다.

2. 의사소통의 기능과 필요성

의사소통은 말이나 행동을 통해서 서로 자신의 감정이나 의견을 표현하고 정보를 교환하는 것으로서 상호 이해하는 것이며, 인간이 사회적 존재로서 정체성을 획득해 나가고 타인을 비롯한 유기체와 효율적으로 상호작용해 나가는 기본 수단이자 조건이다.

의사소통능력은 "의사소통 적응력으로 보고 사회적인 대인관계를 인식하고 자신의 대화 목적과 행동을 그에 따라 조정할 수 있는 능력으로, 인간이 특정 상황에서 메시지를 전달하고 해석하며 인간 상호간에 의미를 타협하게 해주는 소통능력"이다. 즉 합의를 통해 상호행동을 조정하면서 행위자들의 상황에 관한 공동의 이해에 이르는 것이 최우선의 목적이며, 자유로운 대화를 통한 상호합의를 목표로 사회의 여러 담화들이 민주적으로 수행될 수 있는 의사소통의 합리성을 찾는 데 합목적성[2]이 있다.

한편 열린 소통 역시 필요한데 이는 상대방의 의견을 존중하며, 남을 움직이려는 것이 아니라 상대방과 차이를 인정하며 소통을 통해 자신이 변화할 수 있는 '경청'의 자세와 정보나 의미의 일방적인 흐름이나 전달이 아닌 상호소통을 위해서는 자신의 생각도 전달할 수 있는 말하는 의사소통능력도 필요하다는 것을 의미한다.[3]

따라서 의사소통능력은 "상대방과 차이를 인정하는 것으로 상대방이 다른 존재임을 인정하는 것에서 출발한다. 상대방의 요구에 맞는 소통을 실천하는 것이며, 상대방과 차이를 인지한 후에는 상대방에게 적합한 소통을 실천해야 하고, 소통을 통한 자신의 변화도 요구된다."라고 할 수 있다. 이것은 타자에 대한 이해와 맞춤형 소통에 머무르는 것이 아니라 궁극적으로 소통 과정에서 주체와 객체의 상호작용을 통해 주체가 이전과는 다른 주체로 변화되는 것이 소통의 최종 목표라는 의미이다.[4]

(1) 의사소통의 본질적 기능

자아 정체감의 확립과 함께 사람과 사람 사이의 기본 신뢰감 형성을 통한 인간관

---

2) 목적의 실현에 적합한 성질을 말한다.

3) 일방적 의사소통(one-way communication)은 송신자가 의사소통을 주도하며, 수신자는 주로 듣는 입장에 있다. 지시, 명령, 공문 하달, 설교 등 피드백이 없는 방법으로 이루어진다. 반면에 쌍방적 의사소통(two-way communication)은 송신자와 수신자 간에 피드백의 교환이 가능하기 때문에 의사소통의 정확성이나 유효성이 높아 의사소통의 효과를 상승시킬 수 있다. 하지만 일방적 의사소통보다 시간이 더 걸리는 문제가 있을 수 있다.

4) 대한뉴스(http://www.dhns.co.kr), 인간관계의 의사소통은, 2014.11.26.

계의 형성 및 유지에 도움을 주며, 더 나아가 인간의 사랑과 행복, 신체적 및 정신적 건강에 기여한다.[5)]

한편 의사소통은 감정표현, 삶에 대한 동기부여, 정보의 전달, 그리고 통제의 기능을 지니고 있다.[6)]

<표 1-1> 의사소통의 본질적 기능

통 제	• 의사소통을 통해 집단 내 구성원들의 활동을 통합하고 조정함을 의미 → 직무와 관련하여 구성원들의 책임과 권한을 명확하게 규정하는 일과 관련이 있음
동기부여	• 구성원들을 자극하고 격려하며 집단목표 달성에 몰입하도록 유도하는 일을 의미
감정표현	• 의사소통을 통하여 구성원들의 욕구불만과 만족감이 표출됨을 의미 • 의사소통은 감정분출과 사회적 욕구 충족을 위한 수단
정보제공	• 의사소통을 통하여 구성원들이 의사결정 과정에 참여하고 필요한 정보와 자료를 교환함을 의미

(2) 의사소통의 필요성

1) 인간관계와 의사소통

인간은 깨어있는 동안의 70%를 읽고, 쓰고, 말하고, 듣는 일을 하며 지낸다고 한다. 이처럼 감각, 감정, 욕구 및 관념의 생활을 하는 인간은 사회속에서 살기 때문에 상호 의사소통이 불가피하다. 즉 사회적 존재인 인간은 자신이 느끼고 생각한 것을 어떻게든 표현하지 않고는 견디지 못한다. 자기를 표현하기 위해, 의사를 전달하기 위해 의사소통을 한다.

특히 긍정적이고 생산적인 인간관계를 이루며, 그 속에서 만족과 안정을 얻기 위해서는 효과적인 의사소통이 기본이 되어야 한다. 자신의 독특한 행동양식을 수립하고, 자신감을 키우며, 성공적인 대인관계를 형성하고, 문제에 대한 민감한 대처 및 해결을 가능하게 한다.

2) 업무 성취를 위한 의사소통

의료활동은 인간이 그가 속한 환경에서 최적의 건강을 갖도록 돕는 활동이다. 따라서

---

5) 서혜석 외(2017), 의사소통, 청목출판사, 2017.02.20.
6) https://www.sangji.ac.kr › cmm › fms › FileDown, 언어적 의사소통(제10장 의사소통).

이를 잘하기 위해서는 전문적 지식(professional knowledge), 전문적 기술(professional skill), 그리고 대상자에게 이를 전달할 수 있는 의사소통 기술(communication skill)이 필수적이다. 특히 환자들은 건강문제로 인해 혼란스럽고 당황해 있는 상태이므로 세심하고 배려가 깊은 의사소통이 필요하다. 의료현장에서는 의사소통을 통해 대상자와 인간관계도 이루고 업무의 목표를 성취할 수 있으므로 그 중요성은 두말할 필요가 없으며, 효과적인 의사소통을 위한 기술과 능력을 발전시켜야 한다.

3) 자기 발전을 위한 의사소통

의사소통은 집단 지도자로서의 자질을 갖추게 한다. 의사소통능력이 뛰어난 사람은 집단 구성원들의 심리상태를 파악하여 그것에 맞게 대처하는 능력이 있다. 그리고 의사소통은 자신감 향상에 도움이 된다. 말을 잘한다는 것은 듣는 사람의 공감의 반응을 동반하기 때문에 분위기에 맞게 해야 하며, 그러한 분위기를 이끌어갈 수 있는 능력이 있을 때 자신감이 생긴다.

의사소통은 또한 창의적 역량을 향상시킨다. 말하는 사람 자신이 세운 뜻을 펼치기 위해 말을 앞세우는 것은 자신의 의지에 대한 각오를 다질 수 있기 때문에 창의적 역량을 강화시킬 수 있다.[7)]

3. 의사소통의 이유[8)]

의사소통의 이유는 다음과 같이 설명할 수 있다.

첫째, 신체적 욕구이다. 의사소통은 신체적 건강에 영향을 미칠 정도로 매우 중요하다. 한마디로 사회적 관계의 결여는 건강과 행복을 위협한다는 것이다. 극단적인 경우에는 의사소통이 삶과 죽음을 가름하는 문제가 될 수도 있다.

미국 상원의원 John McCain은 해군 조종사였을 때 북베트남 상공에서 격추되어 6년 동안 전쟁포로로 잡혀 있었으며 때로는 독방에 갇혀 있었다. 전쟁포로가 된 그와 동료들은 단어를 표현하기 위해 벽을 두드려서 메시지를 전달하는 암호를 만들었다. 그들은 형벌실로 돌아가는 것이 너무 무서운 나머지, 전우들이 벽을 두드려 그들을 깨우고자 했을 때 자신의 감방에 꼼짝하지 않고 누워 있곤 했다.

그러나 오랫동안 의사소통을 하지 않은 사람은 거의 없었다. 의사소통을 통해 긍정적 관계를 형성하면서 살면 건강이 더 좋아진다고 한다. 매일 10분 만이라도 사교시간을 가지면 기억력이 좋아지고 지적 기능이 향상된다. 다른 사람과의 대화는 외로움과 그에 수반되는 질환을 감소시킨다고 한다. 사랑하는 사람으로부터 애정표현의

7) 유옥 외(2014), 의사소통과 상담, 동문사, 2014.02.10.
8) http://contents2.kocw.or.kr › keris1 › keris7 › 6.pdf [KOCW], 다문화사회의 의사소통.

말을 더 많이 들을 경우 스트레스 호르몬이 감소한다. 즉 의사소통은 우리의 행복에 필수적이다.

둘째, 정체성 욕구이다. 의사소통은 우리들의 생존을 가능케 하는 것 이상의 기능을 한다. 그것은 우리가 누구인지를 배우는 정말로 유일한 방법이다. 우리의 정체감은 다른 사람과 상호작용하는 방법에서 비롯된다.

극적인 사례가 프랑스 남부의 아베롱(Aveyron)의 야생 소년 사례이다. 소년은 어린 시절 어떤 사람과의 접촉도 없이 보냈다. 1800년도 1월에 발견되었을 때, 이 소년은 프랑스 마을의 한 정원에서 채소를 구하려고 땅을 파고 있었다. 그는 사회생활을 하는 인간에게 기대할 만한 어떠한 행동도 보이지 않았다. 그는 말을 하지도 못했고, 단지 기이한 울음소리를 낼 뿐이었다. 이와 같은 기술의 결핍보다도 더 중요한 점은 그 소년이 인간으로서의 어떤 정체성도 가지고 있지 않다는 것이었다. 아베롱의 늑대 소년처럼, 우리는 세상에 태어날 때 정체성에 대한 인식이 거의 혹은 전혀 없다. 다른 사람들이 우리를 규정하는 방식에 따라 우리는 자신이 누구인지에 대한 인식을 갖게 된다. 우리가 접하는 메시지의 영향력은 아동기 때 가장 강력하지만, 다른 사람의 영향력은 평생 계속된다.

셋째, 사회적 욕구이다. 의사소통은 우리가 누구인지를 분명히 하는데 도움을 줄 뿐만 아니라, 다른 사람과 꼭 필요한 관계를 맺도록 해 준다. 효과적인 대인간의 의사소통은 행복과 강력하게 연관되어 있음을 여러 연구가 시사하고 있다. 200명 이상의 대학생에 대한 연구에서 가장 행복한 10%의 사람들은 스스로 풍부한 사회적 활동을 하고 있다고 기술했다(가장 행복한 사람들은 수면, 운동, TV시청, 종교활동 혹은 음주의 양과 같은 다른 모든 측정 가능한 측면에서는 그들의 급우들과 다르지 않았음).

또 다른 연구에서 여성들은 휴식, 쇼핑, 식사, 운동, TV나 기도를 포함한 다른 모든 활동보다도 '사교'가 만족스러운 삶에 더 기여한다고 보고했다. 효과적으로 의사소통하는 커플들은 그렇지 않은 커플들보다 둘의 관계가 더 행복하다고 보고했는데, 이것은 여러 문화에서 입증된 발견이다.

넷째, 현실적 목표이다. 의사소통은 우리의 사회적 욕구를 충족하고 정체성을 구체화할 뿐만 아니라, 의사소통 학자들이 도구적 목표라고 부르는 것, 즉 다른 사람이 우리가 원하는 방식대로 행동하도록 하기 위해 가장 폭넓게 이용되는 접근방법이다.

미국 Los Angeles 경찰국은 소속 경찰관들이 오인 사격하는 이유 중 하나로 부실한 의사소통을 꼽았다. 효과적으로 의사소통할 수 있는 능력은 의사, 간호사 그리고 다른 의료인들에게도 필수적이다. 연구자들은 사망, 심각한 신체적 상해, 그리고 정신적 외상을 포함해서 의료사고의 60% 이상이 '부실한 의사소통' 때문에 발생한다고 보고했다. 미국 의학협회 학술지(Journal of the American Medical Association)와 기타 학술지에 실린 여러 연구는 의료사고 손해배상 소송을 당하지 않은 의사와 당한 적이 있는 의사 사이에 의사소통 기술에서 중대한 차이가 있음을 밝혀주고 있다.

이처럼 몇몇 도구적 목표는 미용사에게 옆머리를 조금만 자르라고 말할 수 있게 해주고, 집안일을 협상할 수 있게 해주는 등 매우 기본적이지만, 다른 도구적 목표는 직업적 성공, 심지어는 생사를 가르는 차이를 만들어 낼 수도 있다.

4. 의사소통의 개념

의사소통으로 번역되는 Communication의 뜻은 공통, 공유의 뜻을 가진 라틴어 'communis'에서 나온 말이다. 의사소통은 두 사람 이상의 사람들 사이에서 언어, 비언어 등의 소통 수단을 통하여 자신들이 가지고 있는 생각, 감정, 사실, 정보, 의견을 전달하고 피드백을 받으면서 상호작용하는 과정이다.[9]

다시 말해 두 사람 또는 그 이상의 사람들 사이에서 의사의 전달과 상호교류가 이루어진다는 뜻이며, 어떤 개인 또는 집단이 다른 개인 또는 집단에 대하여 정보, 감정, 사상, 의견 등을 전달하고 그것들을 받아들이는 과정이라고 할 수 있다.[10]

의사소통은 조직과 팀의 효율성과 효과성을 성취할 목적으로 이루어지는 구성원 간의 정보와 지식의 전달과정으로서 여러 사람의 노력으로 공통의 목표를 추구해 나가는 집단 내의 기본적인 존재 기반이고, 성과를 결정하는 핵심기능이라 할 수 있다.[11]

의사소통은 의미를 창출하고 공유하는 과정이며 관계의 속성을 반영한다. 모든 인간관계는 독특한 의사소통 패턴을 가지고 유형화되기 때문에 예측이 가능하며, 다른 사람에게 영향을 줄 수 있는 모든 특성을 포함하는 전달적 특성을 가진다. 의사소통이란 참여자들 간의 역동적이고 동시적인 상호교환을 말하는 것이다.

의사소통을 정의하는 것은 믿을 수 없을 정도로 간단한 반면, 의사소통을 이해하는 것은 매우 복잡하다. 의사소통은 한 인간이 다른 인간들과의 관계를 발전시킬 수 있는 본질적인 하나의 과정인 것이다.

(1) 의사소통 과정 모델의 이해

1) 의사소통은 하나의 과정

의사소통은 생명체들(living beings) 사이에서 감정, 태도, 사실, 신념, 생각 등을 전달하는 과정(process)이다. 과정이라는 말은 시작과 끝이 따로 없이 부단히 지속되는 것을 말한다.

---

9) 권인아 · 오정주(2020), 대인관계능력 & 의사소통능력, 한올, 2020.08.
10) 김주애 외(2020), 의사소통능력, 양서원, 2020.01.05.
11) https://blog.poohsiro.com/101 [푸우시로의 블로그], 의사소통이란?, HRD STORY, 2018.02.03.

2) 의사소통이란 메시지를 주고받는 과정이며 순환적인 것

의사소통이란 지속적으로 메시지를 주고받는 상호작용의 과정이며, 일방적인 것이 아니라, 순환적인 것이다.

3) 의사소통 과정은 송신자, 수신자, 피드백, 메시지라는 4가지 요소의 상호작용

의사소통의 구성요소는 학자들에 따라 견해 차이가 있으며 효과적인 의사소통은 각 구성요소가 분명하고 적절한 상황에서 메시지를 전달할 때 이루어진다.[12)]

① 정보원(source) 또는 송신자(sender)

송신자는 생각 · 감정 · 정보 등을 말로써 전달하는 사람을 말한다. 이때 송신자의 특별한 능력 · 기술과 태도가 중요하게 작용하며, 그것은 메시지에 영향을 주게 된다. 송신자의 임무는 다음과 같다.

- 송신자는 그들 자신의 요구와 감정을 살피고 그들 자신을 분명히 표현할 책임을 가진다. 그들은 메시지가 전달될 때까지 참을성 있게 새로운 접근을 시도하거나 반복해야 한다.
- 메시지를 비공격적 방식으로 보낼 필요가 있고, 그래서 싸우기보다 듣기에 충분한 감정적 공간이 남겨질 것이다.

② 수신자(receiver)

수신자란 송신자의 메시지를 듣고 받아들이는 사람이며, 수신자의 지각 능력 · 가치관 · 태도 · 사회적 배경 등은 해독되는 메시지에 영향을 미치게 된다.

또한 수신자는 메시지를 받아들이고, 그에 대해 반응하고, 그 메시지를 사용할 수 있는 형태로 바꾸기 위한 해독자(decoder)가 된다. 효과적인 수신자가 되기 위해서는 청취(hearing), 이해(understanding), 기억(remembering) 반응(action)의 적극적 경청(active listening)이 필요하다.

연구에 의하면 보통의 사람들은 자기가 듣는 메시지의 25% 정도만을 경청한다. 사람들은 경청 능력을 타고나는 것이 아니라 후천적인 학습을 통해 개발시킨다고 한다.[13)]

③ 메시지(message)

메시지란 송신자가 보내고자 하는 내용으로 객관적 사물 · 사상 · 개념 · 감정 등이 해당한다. 메시지는 언어적 형태와 비언어적 형태로 전달되며 내용 차원의 메시지와

---

12) 이하 내용은 http://areport.iwinv.net › archives, 의사소통의 개념과 과정, 공리 및 구성요소, 의사소통 영향요인 for Apple Report, 2018.05.30. 참조.

13) 효과적인 경청의 습관은 다음과 같다. ① 평가를 하지 말고 듣고 타인의 말을 섣불리 짐작하여 듣지 마라. ② 타인이 말하는 동안에 지나치게 메모하는 모습을 보이지 말아라. ③ 경청하는 체하지 말고 진지한 자세로 경청하라. ④ 때때로 타인의 말의 내용과 함께 감정 상태에도 관심을 보여라.

관계 차원의 메시지가 있다.[14)]

④ 피드백(feedback)

송신자로부터 메시지가 부호화되어 수신자에게 전달되면 다시 송신자는 수신자가 어떻게 받아들였는지를 수신자의 반응에 의해서 확인하는데, 이 과정을 피드백[15)]이라 한다. 정확한 의사소통을 위한 효과적인 피드백의 요소는 다음과 같다.

- 적시성으로서 피드백이 시간적으로 적절하게 잘 이루어져야 한다.
- 적절한 빈도로서 피드백은 적절한 빈도로 이루어져서 송신자와 수신자가 정확한 의사소통을 지속할 수 있도록 자극을 줄 수 있는 것이어야 한다.
- 정확성으로서 당연한 논리겠지만 정확한 피드백을 통해서만 효과적인 의사소통이 이루어질 수 있음은 물론, 정확하지 않은 피드백은 오히려 부정적인 결과를 야기할 수도 있음에 유념해야 한다.

피드백의 한 형태로 침묵이 있다. 침묵은 때때로 상대방의 메시지에 대한 부정의 표시일 수도 있고, 또는 신중하게 생각을 하고 있다는 표시일 수도 있다.

우리가 일상생활에서 건설적이고 효과적인 피드백을 위해서는 다음과 같은 행동을 하여야 한다.

- 성격보다는 행동에 대해서 말하고 충고나 해결방안보다는 대안을 제시한다.
- 판단하기보다는 정보를 교환하고 타인에게 자유로운 제안을 하되 강요는 하지 않는다.

피드백을 효과적으로 주고받을 경우에 메시지는 수용되고 이해되며 정확하게 전달된다.

⑤ 방해(interference)

의사소통 과정을 둔하게 하거나, 멈추게 하는 것을 방해라고 한다. 방해는 의사소통의 전과정에 존재한다. 무엇보다 의사소통 방해의 생성을 최소화하기 위해서는 채널의 개방을 유지하기 위한 지속적인 노력이 필요하다.

(2) 벨로(Berlo)의 SMCR 모형

벨로의 SMCR 모형[16)]에서는 의사소통의 요인을 정보원(Source) 혹은 송신자(Sender),

---

14) 대화 내용은 그 초점에 따라 네 가지로 분류된다. ① 이야깃거리의 메시지(Topic-Messages) : 현재 대화에 참여하지 않는 사람에 대한 이야기, '친구가 오늘 남자친구한테 생일선물을 받았다.' ② 자신에 관한 메시지(Self-Messages) : '나는 오늘 공연히 짜증이 난다.' ③ 상대에 관한 메시지(Partner-Messages) : '친구야 오늘 언짢은 일이 있었니?' ④ 관계에 대한 메시지(Relationship-Messages) : 공동의 경험, 서로에게 주는 영향력, 두 사람 관계의 여러 측면에 관한 소재이다. 관계에 대한 메시지는 자신에 관한 메시지, 상대에 관한 메시지보다는 좀 더 친밀한 속성을 갖는다.

15) 일반적으로 '어떠한 행위에 대한 상대방의 반응' 정도로 이해하면 된다.

16) 커뮤니케이션의 과정과 구성요소를 설명하는 모형 가운데 벨로(혹은 벌로)의 SMCR 모형이 있다. 벨로(D. Berlo, 1960)는 일반적인 사회생활 과정에서 이루어지는 송신자로부터 수신자에게 의사소통을 위한 내용이 전달되는 과정과 이들 요소, 즉 송신자, 메시지(전달 내용), 경로, 수신자 사이에서 이루어지는 상호작용 관계를 설명

메시지(Message), 통로(Channel), 수신자(Receiver) 등으로 구분하고 각 요인을 구성하는 요소들을 제시하였다. 정보원 요인을 구성하는 요소에는 발신자의 의사소통 기능 · 태도 · 지식 · 사회 체제 · 문화 등이 있으며, 메시지 요인을 구성하는 요소에는 내용 · 요소 · 처리 방식 · 구조 · 부호 등이 있다. 그리고 의사소통 통로를 구성하는 요인에는 시각 · 청각 · 촉각 · 후각 · 미각의 5가지 감각이 있으며, 수신자 요인을 구성하는 요소에는 수신자의 의사소통 기능 · 태도 · 지식 · 사회 체제 · 문화 등이 있다. SMCR 모형에서는 발신자와 수신자가 메시지를 지각할 수 있는 모든 감각 기제를 의사소통의 채널 속에 포함시키고 있으며, 의사소통을 구성하는 각 요인들의 상호작용적 특성을 강조하고 있다.

벨로의 SMCR 모형을 재구조화하여 도식화하면 [그림 1-1]과 같다.

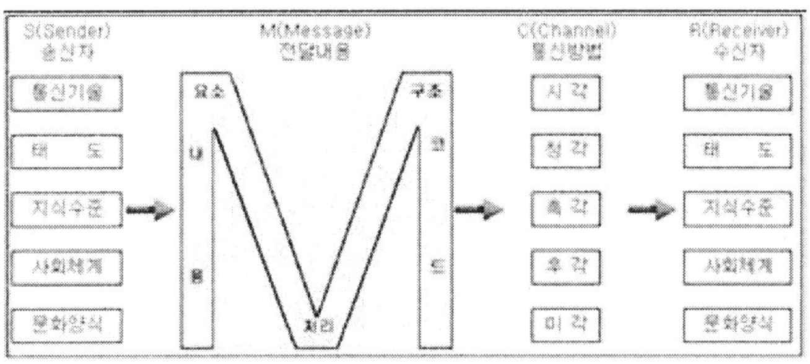

[그림 1-1] 벨로의 SMCR 모형 도식화

의사소통이 제대로 이루어지기 위해서는 발신자와 수신자가 있어야 하고, 메시지가 있어야 하고, 발신자와 수신자 사이의 의사소통 통로가 있어야 한다. 이러한 4가지 요인 외에도 의사소통 현상을 구성하는 요인에는 공통의 생활공간, 의사소통의 효과, 의사소통 맥락 등이 있다(Whitman & Boase, 1983).

발신자와 수신자는 의사소통의 과정에서 상호작용을 통한 양면적인 역할을 한다. 즉 의사소통의 과정에서 발신자는 수신자의 역할을 해야 하고, 수신자는 발신자의 역할을 해야 한다. 의사소통은 빈 공간에서 이루어지는 것이 아니고 공통적인 생활공간에서의 의사소통 채널을 통하여 이루어진다.

생활공간은 한 개인의 경험의 총화라고 할 수 있다. 발신자와 수신자가 공유하고 있는 경험이 많으면 많을수록 의사소통의 충실도는 더욱 높아진다. 일정한 효과를 수반하지 않는 의사소통은 진정한 의미에서의 의사소통이라고 할 수 없다.

(3) 의사소통의 원칙

정확한 의사소통이 이루어지려면 관심집중 · 경청 · 이해가 요구된다. 즉 질적인 관

하고 있다. 벨로 모형의 의의는 종래의 교수 활동에 대한 연구가 매체를 중심으로 한 시청각 위주의 단순한 관점(교재를 중심으로 한 일원적 교수과정에 국한)에서 벗어나, 의사소통에 영향을 미치는 요소는 교사와 학생의 특성을 포함하는 전체적인 관점에서 분석하게 되는 계기를 마련하였다.

계를 위해서 관심을 기울여야 하며(관심집중), 감정의 명료화, 사고의 합리화, 의사소통의 중요한 관건으로서 경청이 필수적이고, 상대방 세계에 대한 이해가 필요하다.[17]

달리 표현하면 의사소통의 기본적인 자세는 선입관을 갖지 않는 것, 수용적인 태도를 취하는 것, 상대방에 대한 존중과 배려, 경청하는 자세를 들 수 있다.[18]

레드필드(C.E. Redfield)는 커뮤니케이션의 일반적인 원칙을 다음의 7가지로 설명하고 있다. 즉 효과적인 의사소통을 위한 일반적인 원칙을 제시하였는데, 그 내용은 다음과 같다.

① 명료성(clarity)의 원칙 : 의사전달의 내용이 명확해야 한다[19]

어휘사용이 적절한가(전달하는 내용이 분명하게 이해되도록 제시하였는가), 내용이 체계화되어 있는가(발신자가 사용하는 정보구조의 체계화와 언어의 정확화 필요)가 중요하다. 이상적인 의사전달은 송신자가 의도하는 바를 말하고 그가 말하는 의미를 수신자가 정확하게 이해하는 것이다. 따라서 간결한 문장과 쉬운 용어를 사용해야 하며, 의사전달 내용의 구조가 체계화되어 있어야 하고, 내용표현에 있어서도 각 어구의 정확성을 기하여야 한다. 그리고 그 내용이 과거와 현재 또는 과거와 과거 및 현재와 현재 간에 비교가 가능하도록 일관되게 나열되어야 한다.

② 일관성(consistency) 혹은 일치성의 원칙 : 전달되는 정보에 모순이 없어야 한다[20]

의사전달은 일관성이 있어야 한다. 즉 처음의 의미와 나중의 의미가 모순되어서는 안 된다. 그리고 조직에서는 그 의미가 가능한 한 조직의 목표와 부합되는 것이어야 한다.

③ 적시성 혹은 적기 적시성 : 의사전달이 가장 효율적으로 이루어지는 적정한 시기가 있다[21]

의사소통의 적정 기회를 잘 포착하였는가(충분한 시간을 배려하였는가), 의사소통을 하기에 알맞은 시기를 택해야 하며, 때를 놓쳐서는 안 된다. 정보는 필요하고도 유의한 때에 전달되어야만 가치가 있다.

④ 적량성(adequacy) 혹은 적당성의 원칙 : 적당량의 정보를 전달해야 한다[22]

의사소통의 적정량을 고려하였는가, 즉 상대방의 수용 능력을 고려해야 한다.

---

17) 이상의 내용은 서혜석 외(2017), op. cit.

18) 김종두 외(2019), 의사소통능력, 양성원, 2019.07.26.

19) 전달하는 내용이 분명하고 정확하게 이해할 수 있게 해야 한다. 이상적인 의사전달이 이루어지기 위해서는 그 의미가 명확해야 하고, 최적의 통로를 선택해야 하므로, 가능한 어려운 단어나 복잡한 배경 설명, 어색한 문장구조, 진부성, 불필요한 전문용어, 지나친 미사여구 등은 오히려 커뮤니케이션의 명료성을 잃게 한다.

20) 전달 내용은 전후가 일치되어야 한다. 최초의 커뮤니케이션이 통로를 타고 전달되는 과정에서 수정이 번복되거나 가감이 됨으로써 일관성을 잃게 되므로, 어떤 커뮤니케이션이든 PR 주체의 목표와 부합되는 것이어야 한다.

21) 필요한 정보는 필요한 시기에 적절히 입수해야 한다. 아무리 좋은 커뮤니케이션의 내용이라 할지라도 적절한 시기와 시간을 맞추지 못하면 불필요한 것이 되고 만다.

22) 전달하고자 하는 정보의 양과 규모는 적절해야 한다. 과대한 양과 짜증스러울 정도의 회수로 커뮤니케이션을 하려는 것은 오히려 역효과를 나타낸다.

⑤ 배포성(distribution) 혹은 분포성의 원칙 : 의사소통의 대상에게 골고루 도달되어야 한다(혹은 모든 정보가 대상에게 골고루 도달되어야 한다) 23)

의사소통에 필요한 모든 경로에 적절히 전달되었는가, 전달자로부터 수신자에게 틀림없이 전달되어 행해져야 한다. 중간에서 차단되거나 필요 없는 다른 사람에게 전달된 정보는 아주 소용이 없거나 혼란을 가져오기만 한다.

⑥ 적응성(혹은 융통성)과 통일성(adaptability & uniformity)의 원칙 : 구체적인 상황에 적응할 수 있어야 하며, 조직 전체의 입장에서 동일하게 수용된 표현이어야 한다 24)

구체적인 상황에의 현실 적합성(융통성, 개별성, 합치성)이 충족되어야 한다. 즉 의사소통 내용이 상황에 따라 융통성, 신축성 있게 전개되어야 한다. 그리고 동일하게 수용된 표현, 즉 의사소통이 전체적으로 동일함을 지니고 있어야 한다.

⑦ 관심과 수용(interest & acceptance)의 원칙 : 발신자가 수신자의 관심을 이끌어야 하고 수신자에게 정보가 수용되어야 한다 25)

의사소통이 즉각적 또는 서서히 일어나는 경우와 상관없이 의사소통에 대한 최종적인 반응은 수신자가 어느 정도의 관심과 수용 태세를 갖추고 있는가에 달려있다.

5. 의사소통능력의 정의와 구성

의사소통능력이란 상대방과 대화를 나누거나 문서를 통해 의견을 교환할 때, 상호간에 전달하고자 하는 의미를 정확하게 전달할 수 있는 능력을 의미한다. 또한 글로벌 시대에서 필요한 외국어 문서이해 및 의사표현능력도 포함한다.

이와 같이 현대를 살아가는 모든 사람들에게 사회생활에서 필요한 원만한 인간관계를 유지하고, 업무성과를 높이기 위해서는 최소한의 의사소통능력이 요구된다.26)

(1) 의사소통능력의 개념[NCS(국가직무능력 표준) 정의]

직장생활에서 문서를 읽거나 상대방의 말을 듣고 의미를 파악하며, 자신의 의사를

---

23) 의사전달의 내용은 모든 사람들이 알 수 있도록 공개해야 한다. PR 주체의 커뮤니케이션은 명확하게 PR 객체에게 전달되어야 한다. 여기서 PR 또는 퍼블릭 릴레이션스(Public Relations → 대중 관계, 공중 관계)는 정부, 정당, 기업, 개인 등의 마케팅 주체가 대중(공중)과의 호의적인 관계를 위해 하는 모든 활동을 지칭한다. 마케팅 주체가 대중 매체를 이용하여 마케팅 활동을 하는 홍보(弘報)는 PR의 수단이다.

24) 의사소통의 내용이 상황에 따라 융통성과 신축성이 있어야 한다. 적응성이란 커뮤니케이션의 융통성, 개별성, 현실성 등을 말하며, 통일성이란 각 커뮤니케이션이 전체로써 일관된 정책이나 목표의 표현이 되게 하는 것을 말한다.

25) 피전달자가 수용할 수 있어야 한다. 커뮤니케이션은 그것의 관심과 그것을 받아들일 수 있는 가능성이 있는 때에 비로소 그 가치가 있고 능률이 있는 것이며, 수용에는 어떠한 권위가 배제되어야 한다.

26) 한국산업인력공단(2021), 직업기초능력 가이드북 의사소통능력, 진한엠앤비, 2021.04.22.

정확하게 표현하고, 간단한 외국어 자료를 읽거나 외국인의 간단한 의사표시를 이해하는 능력을 말한다.

(2) 직업기초능력으로서의 의사소통능력

일 경험 중에는 많은 사람들과 다양한 의사소통방법을 통해 업무가 이루어진다. 기획서나 보고서, 공문서 등을 작성하는 능력이 필요하고 이미 작성된 문서를 이해할 수 있어야 한다. 또한 일 경험 중 만나게 되는 다양한 관계의 사람들과 원활한 소통을 위해 적절하게 본인의 의사를 표현하고 경청하는 태도를 가져야 한다. 이처럼 일 경험을 하는 동안 다양한 의사소통능력이 요구되는데, 이러한 의사소통능력은 문서적 의사소통능력과 언어적 의사소통능력으로 구분할 수 있다.

또한 세계화 시대에 맞춰 외국인 회사와 업무협력을 위한 기초외국어능력 역시 필수적인 의사소통능력이다.

〈표 1-2〉 직업기초능력으로서의 의사소통능력

하위능력	하위능력 개념
경청능력	다른 사람의 말을 주의 깊게 들으며 공감할 수 있는 능력
의사표현능력	목적과 상황에 맞는 말과 비언어적인 행동을 통해서 아이디어와 정보를 효과적으로 전달할 수 있는 능력
문서이해능력	직장생활에서 필요한 문서를 확인하고, 문서를 읽고, 내용을 이해하고, 요점을 파악할 수 있는 능력
문서작성능력	목적과 상황에 적합한 아이디어와 정보를 전달하는 문서를 작성할 수 있는 능력
기초외국어능력	외국어로 된 간단한 자료를 이해하거나, 간단한 외국인의 의사 표현을 이해할 수 있는 능력

6. 의사소통 개념의 변화 27)

21세기 직장에서의 의사소통의 개념은 일방적인 말하기가 아닌 쌍방향 의사소통으로 변화되었다. 쌍방향 의사소통에서 메시지는 '내용'과 그 말속에 내포된 감정을 가리키는 '관계'의 두 가지 정보를 담고 있다. 따라서 의사소통은 내용정보와 관계정보

27) 김주애 외(2020), op. cit.

에 대한 송신과 수신의 과정이라 할 수 있다.

성공적인 의사소통을 위해서는 상대방이 이해하기 쉽게 표현해야 하는 것도 중요하지만, 상대방이 어떻게 받아들일 것인가에 대한 고려가 바탕이 되어야 한다.

〈표 1-3〉 쌍방향 의사소통의 구성요소

구성요소	특 징
송신자	생각, 감정, 정보 등 메시지를 전달하는 사람
수신자	송신자가 전달하는 메시지를 듣고 받아들이는 사람
피드백	송신자와 수신자를 연결하여 송신자의 메시지가 수신자에게 제대로 전달되고 정확히 이해될 수 있게 한다.
메시지	언어적 · 비언어적 형태를 취하며, 내용과 관계를 포함한다.

〈표 1-4〉 목적에 따른 의사소통

	사실(fact) 지향적 의사소통	관계(relationship) 지향적 의사소통
목 적	지식이나 정보의 전달	친밀감, 신뢰감의 조성
입 장	자기 입장	상대방의 입장
수 단	설명, 설득, 논의, 지적	공감, 칭찬
길 이	간단명료	길 수 있다
사실성	사실에 입각해야 한다	반드시 사실은 아닐 수 있다
초 점	분명할수록 좋다	분명하지 않다

7. 의사소통의 효용적 기능

(1) 정책 결정과 의사결정의 합리화 기능

많은 이야기를 통해 다각적 시각에서 활발히 의사소통함으로써 문제해결이 가능하도록 유도한다.

(2) 사기 앙양과 참여 촉진 기능

조직구성원의 심리적 욕구를 충족시킨다. 즉 활발한 의사소통은 정책, 업무절차, 인사 등에 관한 정보를 제공하며 인정감, 소속감, 참여의식을 느끼게 함으로써 사기를 올리게 되며 행정능률이 향상된다.

(3) 조정의 효율화 기능

활발한 의사소통이 사업계획이나 조직목표에 대한 구성원의 충분한 이해와 헌신적 태도에 기여한다.

(4) 리더십의 발휘 수단 기능

의사소통의 활성화와 효과적인 활용은 행정 리더십, 즉 조직이나 집단의 목표를 효과적으로 달성하기 위해 집단 구성원들에게 영향력을 행사하거나 발휘할 수 있도록 해준다. 개인과 집단의 의사소통에 있어서 리더는 자신의 의사를 조직구성원들에게 정확하고 설득력 있게 전달하고자 하는 목적을 넘어서서 구성원들의 동기와 목적의식을 고취시켜 조직의 목표를 달성하고자 하려는 목적이 있다. 또한 리더는 조직구성원들이 단합하고, 조직의 목표에 집중하고, 신념이나 가치 · 행동이 변화하도록 동기를 부여하고 변화를 이끌어내는 것은 서로 간에 원활한 소통이 이루어질 때 비로소 가능한 것이다. 누구나 자신의 말을 경청하는 사람을 신뢰하고 헌신하려는 경향이 있기 때문에 경청은 성공적인 리더가 되기 위한 토대나 다름없다.[28)]

제2절 의사소통의 중요성

직장에서 의사소통이 안되면, 업무상 효율성이 떨어지는 것은 물론 심각하면 팀 자체가 와해되는 심각한 문제를 초래할 수 있다.

직장생활에서 의사소통능력이 필수적인 이유는 직장에서는 혼자 진행할 수 있는 일이 아무것도 없기 때문이다. 현대사회에서 직장생활을 잘한다는 것은 개인의 능력뿐만 아니라, 원활한 의사소통을 통해 원만한 대인관계를 형성하여 팀워크를 이루고 팀의 능률을 향상시키는 것이다.

1. 생각해 보기

의사소통의 중요성과 관련하여 다음의 글을 읽고 각자 생각을 정리해 보자.

---

28) 대한뉴스(http://www.dhns.co.kr), 인간관계의 의사소통은, 2014.11.26.

(1) 의사소통의 중요성을 강조하는 이유[29)]

우리는 혼자서 살아갈 수 없는 존재다. 우리의 먼 조상들이 그랬고, 우리가 그러하며, 마찬가지로 우리의 후세도 그렇게 살아갈 것이다. 아무리 똑똑하고 돈이 많은 사람이라도 예외는 없다. 다른 사람과의 관계를 통해 서로 도움을 주고받지 않는 한, 우리는 생존 자체도 위협받을 수 있다.

물론 동물들의 군집생활에서도 약간의 비슷한 점을 발견할 수는 있다. 아프리카 평원의 코끼리들은 무리를 지어 생활함으로써 위험으로부터 보호받고, 사자는 서열과 분업을 통한 엄격한 질서 유지를 통해 무리를 지켜나간다. 하지만 이들의 관계는 '먹이와 생존'이라는 한계를 벗어나지 못한다. 사회와 문화, 명예, 전통, 도덕, 책임과 의무는 우리를 고차원적인 존재로 만듦과 동시에 '사회적 동물'로서의 차별성을 보장해 주는 것이다.

그러나 우리가 사회적인 존재로 태어났다고 해서 문제가 전혀 없지는 않다. 어떤 사람들은 다른 사람과의 관계를 원활하게 유지하며 원하는 것을 성취하고, 존경을 받기도 한다. 또 다른 사람들은 노력해도 의사전달을 제대로 하지 못하며, 관계를 유지하는 데 어려움을 겪는다. 똑같은 소통의 도구를 사용하는 데도 왜 전자와 후자의 결론이 같지 않을까.

의사소통(커뮤니케이션)은 '내가 사용하는 것'이면서 동시에 '우리라는 관계를 만드는 것'이기에 더욱 중요하다. 커뮤니케이션을 통해 사람과 사람이 관계를 만들고, 원하는 바를 획득하며, 관계를 발전시켜가기 때문이다. 우리가 아무리 표현해도 상대방이 알아듣지 못하고 딴소리만 한다면 그것은 얼마나 끔찍한 일이겠는가.

다시 말해 "의사소통이 잘 된다."라는 말은 '의사(意思)'가 막힘없이 '소통(疏通)'된다는 뜻과 같다. 내가 생각하고 느끼는 바를 전달해서 상대방을 이해시키고, 어떤 반응을 끌어낼 수 있어야 한다. 그 반응이 공감이라는 형태라면 서로의 의사에 대해 우호적인 커뮤니케이션이 가능하다. 이 경우에는 의사교환뿐만 아니라 관계 자체도 발전적으로 진행될 수 있다. 그러나 반대로 공감을 얻지 못하는 커뮤니케이션도 있을 수 있다. 상대와 내가 우호적이지 못하다면 관계 역시 어려움을 겪을 것이다. 우리가 의사소통의 중요성을 강조하는 이유가 여기에 있다.

(2) 소통은 조직의 핵심적 성공 요인[30)]

회사는 즐거워야 하고 조직은 통해야 한다. 즐겁지 않고 통하지 않는 조직은 생명력을 잃은 조직이다. 개인과 개인, 부서와 부서, 회사와 직원 사이에 상하좌우로 막힘없이 시원하게 통하는 조직은 화합과 발전 그리고 성장을 기대할 수 있지만, 그렇

29) 이형일(2019), 커뮤니케이션의 기술(e-Book), 정경옥 편저, 북아띠, 2019.02.12.
30) 이윤환(2015) 건양대 국방경찰행정학부 교수, 조직 내에서 의사소통의 중요성, 놀뫼신문, 2015.01.12.

지 못한 조직은 언젠가 한계에 부딪히게 되고 서서히 쇠락의 길로 들어설 수밖에 없다. 통하는 조직은 활력과 즐거움이 넘치게 되고 생산성도 증가된다.

현대사회를 살아가는 모든 사람은 조직에 속하여 인생을 살아가게 된다. 작게는 가족이라는 미시체계에서부터 학교, 직장 등에 속하여 인생을 살아가게 된다는 것이다. 그러나 때론 조직구성원들 사이에서는 의사소통이 원활히 이루어지지 않아 조직의 목표 달성 내지 연대감 강화에 큰 어려움을 겪기도 한다.

사회적으로 커다란 물의를 일으킨 ○○항공 부사장의 땅콩회항사건도 할 말을 제대로 하지 못하는 경직된 조직문화 때문에 적절한 대응을 하지 못하였다는 지적이 나왔다. 처음부터 솔직하게 시인하고 사과를 하지 않고 사태를 은폐하는데 급급하다가 국민적 비난에 직면하게 된 사례를 보더라도 조직 내 의사소통의 중요성은 아무리 강조해도 지나치지 않다.

기업들이 직원들 간의 의사소통을 원활하게 하기 위하여 다양한 방법을 시도하고 있지만, 여전히 소통이 잘 이뤄지지 않는다는 조사결과가 있다. 취업포털 잡코리아가 직장인 304명을 대상으로 직장 내 의사소통에 대한 설문조사를 실시한 결과, 절반이 넘는 60.9%가 소통이 원활하지 않다고 답하였다. 그 이유로는 '수직적인 조직문화 때문에'가 48.1%로 가장 높았고, '서로의 의견을 잘 이야기하지 않아서'가 27.0%로 뒤를 이었다. 또한 직장인 10명 중 6명은 직장 내에서 세대차이로 인해 스트레스를 받은 적이 있는 것으로 나타났다. 취업포털 커리어가 직장인 801명을 대상으로 설문조사를 한 결과 65%가 '직장 내 세대 차이로 인해 스트레스를 받은 적이 있다'라고 답했으며, 이 중 26.6%는 이직이나 퇴사를 고려할 정도로 스트레스 수준이 심각한 것으로 조사되었다.

조직발전에 가장 노심초사하는 사람은 경영자일 것이다. 경영자는 조직의 발전을 위해 방향을 제시하고 직원들이 그 방향에 따라 움직이기를 바란다. 하지만 직원들과 비전을 공유하지 않은 채 '나를 따르라'는 식으로 몰아붙이는 경우가 의외로 많다. 전지전능한 오너가 방향을 설정했으니 직원들은 각자 시키는 대로 자기 일을 잘 수행하면서 따라오기만 하면 된다는 식이다. 불평불만은 조직에 해가 되니 용납할 수 없다는 분위기를 만들고, 바람직한 의견을 제시하고자 하는 직원을 불평분자로 취급하면서 불이익을 주게 된다.

손자병법에 보면 사기가 약한 군대는 필패한다고 하였다. 장수가 강하고 병사가 약하면 그 결과는 패배이다. 병사가 강하고 장수가 약하면 군대는 말을 듣지 않는다. 장수가 약하여 위엄이 없고, 그의 지시가 명확하지 않고 장교와 병사들에게 일관성 있는 행동을 주지 않으며 병사들이 진을 칠 때도 제멋대로면 이러한 군대는 혼란에 빠진다. 장수와 병사 간에 동일한 비전으로 굳게 뭉칠 때 승리를 거머쥘 수 있는 것이다.

우리 역사상 가장 위대한 업적을 남긴 세종대왕은 경연장에서 자신의 의지와 목표를 강압적으로 관철시키는 것이 아니라, 어떠한 정책에 대하여 신하들의 반대가 가지는 모순을 질문을 통해 스스로 깨닫게 하였다. 신하들과 경청과 질문을 통하여 자발적인 동의를 이끌어내는 탁월한 대화법으로 세계역사에 유례가 없는 우수한 문자인 한글을 창제하였을 뿐만 아니라 과학 등 여러 분야에서 훌륭한 업적을 남겼다. 효과적인 의사소통이 큰 업적을 남기게 된 비결이라고 할 수 있다.

조직 내 의사소통이 원활하지 못하면 조직의 생산성과 창의성을 갉아먹는다. 조직 내 의사소통이 중요하다는 점을 알면서도 그 해결책을 고민하는 조직은 많지 않다. 소통을 잘 할 수 있는 방법에 대해 이론이나 경험담은 넘쳐나지만, 지금까지의 소통방식을 바꾸고 새로운 소통의 습관을 조직 내에 자리 잡게 해야 한다는 인식은 바뀌지 않고 있다. 조직 내 소통의 방식은 개인의 이슈라기보다는 조직 내 문화로 자리잡혀 있기 때문에 경영자나 몇몇 간부들의 노력만으로는 쉽게 바뀌지 않는다. 조직의 최고경영자부터 모든 구성원이 소통의 방식을 바꾸려는 노력이 뒤따라야 한다.

조직의 생산성이나 효율성을 높이기 위해서는 '소통'이 중요하며 모든 조직의 핵심성공요인으로 꼽을 수 있다. 소통의 중요성을 머리로는 알고 있지만, 지금까지의 소통방식을 바꾸기 위한 실천은 쉽지 않았다. 조직의 미래에 대한 비전을 확고히 하고 구성원들로 하여금 공감대를 형성하는 소통을 잘한다면 조직이 요구하는 목표에 빠르게 도달할 수 있을 것이다.

(3) 소통의 중요성과 명언31)

사람들과 소통을 잘하는 것은 인생에서 성공하기 위해서 꼭 필요한 기술이다. 학생이든 직원이든 명확한 의사소통을 해야 일 처리가 제대로 되고, 올바른 방법으로 소통을 하면 긍정적인 효과를 얻을 수 있다.

소통의 중요성에 대해 알아보기로 하지.

1) 의사소통의 중요성

정보는 직접 의사소통, 신문, 잡지, 인터넷을 통해 전달된다. 의사소통을 통해 사람들은 다른 사람과의 관계를 더 좋게 만든다. 지식은 저자가 쓴 책에서 나온다. 비즈니스 세계에서 회사의 임원이나 직원은 고객과 자회사와 데이터를 공유한다. 디지털 미디어를 사용하면 현재 일어나고 있는 외국의 상황에 대해 알 수 있다.

정보화 시대에는 무지가 독이다. 생각과 감정을 표현하면 서로 이해하는 것이 가능하다. 우리는 가족, 친구, 동료와 더 나은 의사소통을 할 수 있다.

2) 재난 상황에서 소통의 중요성

재난 상황에서는 의사소통을 조정하는 것이 필요하다. 특히 정부기관, 미디어, 긴

---

31) 위아람(2020), "말로 천 냥 빚을 갚는다" - 소통의 중요성과 명언, 리서치페이퍼(researchpaper), 2020.01.23.

급 구조기관과 지원인력 간에 의사소통이 잘 이뤄져야 한다. 한국에서 재난이 일어날 때 119는 어떤 긴급상황에서도 소통이 되는 의사소통 창구이다.

의사소통을 하는 기관은 즉각적인 대응을 해야 한다. 재해에 대응할 수 있도록 사고통제 센터와 비상운영 센터를 운영할 필요가 있다. 정부의 지휘 센터도 레벨별로 존재한다.

3) 소통 명언

한국에서 가장 인기 있는 MC로 자리 잡은 개그맨 유재석은 다음과 같은 소통 명언으로 인터넷에서 인기가 있다.

"앞에서 할 수 없는 말은 뒤에서도 하지 마라."
"말을 독점하면 적이 많아진다."
"목소리의 톤이 높아질수록 뜻은 왜곡된다."
"귀를 홈치지 말고 가슴을 흔드는 말을 해라."

4) 관계소통의 힘

관계가 성공하기 위해서는 정기적이고 건강한 의사소통이 필요하다. 대화를 나눌 때는 상대방의 관점을 이해하는 것이 중요하다. 재정문제는 제안, 조언, 건설적인 비판으로 다룬다. 파트너와 서로의 의미를 알게 되면 신뢰, 존중, 정직을 나눌 수 있게 된다. 훌륭한 커뮤니케이션은 상대와 나의 관계를 하나로 묶는 접착제나 마찬가지다. 오랫동안 함께 있으면서 성공한 부부는 좋은 의사소통 습관을 유지한다.

5) 지도자의 의사소통

관리자는 의사소통을 묶는 요소로 사용해 조직이 수행하는 프로세스를 연결하고, 구성원으로부터 받은 정보를 바탕으로 좋은 결정을 내린다. 그러나 관리자가 근무하는 시간의 70~90%를 내부 및 외부 의사소통에 할애하는 것은 어려운 일이다. 올바르게 정보를 퍼뜨리면 권력의 한 형태가 된다.

추종자와 소통할 수 있는 위대한 지도자들은 영향력이 있다. 작업 환경에서 열린 소통을 유지하면 발생하는 문제가 최소화된다.

6) 효과적인 의사소통

학교든 직장이든 갈등을 피하기 위해서는 효과적인 의사소통이 필요하다. 그래야 타인과의 관계가 심화되고 팀워크가 발달하며 존경과 신뢰를 심어주고 문제를 해결한다. 의사소통이 최고조에 달하기 위해서는 4가지 기술이 필요하다. 듣기, 스트레스 관리, 비언어적인 언어, 상대의 주장에 대한 존중이 그것이다. 통제되지 않는 감정은 의사소통을 멈추게 한다.

2. 의사소통의 목적과 특성[32)]

(1) 의사소통의 목적

① 자신, 타인 그리고 주변 상황과 세계를 알고 배우기 위해 의사소통을 한다.
② 타인과 관계를 맺기 위해 의사소통을 한다.
③ 타인에게 영향력을 미치기 위해 의사소통을 한다.
④ 타인과 놀이하거나 즐기기 위해 의사소통을 한다.
⑤ 타인을 돕기 위해 의사소통을 한다.

(2) 의사소통의 특성

① 의사소통은 최소한 두 사람을 필요로 한다.
② 의사소통에서 우리는 화자임과 동시에 청자이다.
③ 의사소통은 대부분 면대면이다.[33)]
④ 의사소통은 의도적 · 비의도적으로 이루어진다.
⑤ 한번 이루어진 의사소통은 되돌릴 수 없다.
⑥ 의사소통은 반복될 수 없다.
⑦ 의사소통은 상황 속에서 발생하고 상황으로부터 영향을 받는다.
⑧ 피드백은 높은 수준의 이해를 위해 필수적이다.
⑨ 공식적 · 비공식적 의사소통 경로는 상호보완적 관계이다.
⑩ 언어적 · 비언어적 표현은 이해와 일치되어야 효과적이다.
⑪ 메시지 의미는 송신자에 의해 결정된다.

3. 의사소통의 4가지 요소[34)]

의사소통의 4가지 요소 즉 언어는 듣기, 말하기, 읽기, 쓰기의 4가지 형태로 구분

---

32) 서혜석 외(2017), op. cit.
33) 면대면 소통과 디지털 소통의 차이점은 다음과 같다. 첫째 캘리포니아대학의 에밀리아나 사이먼 토마스 박사에 따르면, 다른 사람과 함께 있을 때 신체는 상대방의 몸짓에 맞추게 된다. 즉 상대방의 표정과 몸짓을 따라 하고 목소리도 비슷한 음역대를 내려고 하며 심장박동도 동기화된다. 이렇게 신체 상태가 일치되는 순간, 서로를 더욱 제대로 이해할 수 있다. 둘째 대화의 질에 있다. 예를 들어 친구와 저녁 식사를 하면, 디지털 방식으로 대화하는 것보다 속 깊은 대화를 할 수 있다. 펜실베이니아대학 심리학자 멜리사 헌트 박사는 생활하면서 좋은 것과 나쁜 것을 공유할 때 진정한 친밀감이 생긴다고 말했다. 셋째 면대면 소통은 효율성을 높이고 고객을 상대하는 일에 종사하는 사람들에게 중요하다. 면대면 소통은 신뢰의 토대를 만들어 결과적으로 우수한 업무 관계를 만들 수 있다. 이와 관련하여 이택경(2020), '언택트' 대세여도 면대면 소통 필요한 이유는?, https://www.research-paper.co.kr › news › articleView, 2020.06.23. 참조.
34) 김주애 외(2020), op. cit.

된다. 듣기와 말하기는 '음성언어, 구두언어, 구어'라고 하며, 읽기와 쓰기는 '문자언어, 문어, 문해, 문식성'이라고 한다.

〈표 1-5〉 의사소통의 4가지 요소와 기능

요 소	기 능
말하기	현상과 사실에 대한 자신의 생각과 감정, 느낌과 의견을 표현
듣기	상대방의 생각과 감정, 느낌과 의견을 경청하고 공감하고 이해
읽기	글을 통해 정보를 이해하고 다양한 관점으로 지식과 인식을 확장
쓰기	사실과 현상에 대한 자신의 생각과 의견, 느낌을 글로 표현

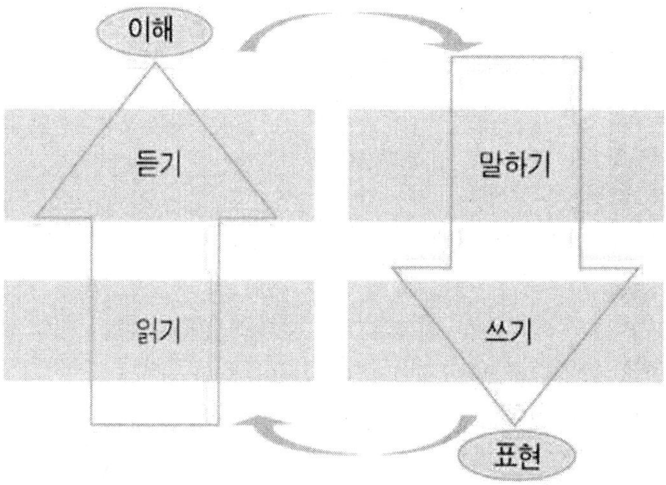

[그림 1-2] 의사소통의 4가지 요소

4. 직장생활에서 의사소통의 핵심기능과 역할

효과적이고 원활한 의사소통은 조직과 팀의 핵심요소이다. 직업생활에서의 의사소통은 조직과 팀의 효율성과 효과성을 성취할 목적으로 이루어지는 구성원 간의 정보와 지식의 전달 과정이다. 자신의 생각과 느낌을 효과적으로 표현하는 것과 타인의 생각과 느낌, 사고를 이해하기 위한 노력은 개인은 물론이고 조직이나 팀의 성과를 위한 핵심요소이다.

또한 세련된 대화의 기술이 필요하다. 즉 정확한 의사전달과 상대방을 배려하는 진정성 있는 대화가 요구된다. 일 경험에서 발생하는(혹은 공식적인 조직안에서의)

의사소통의 목적은 다음과 같다.

① 원활한 의사소통을 통해 조직의 생산성을 높인다.
② 조직 내 구성원들의 사기를 진작시킨다.
③ 조직 생활을 위해 필요한 정보를 전달한다.
④ 구성원 간 의견이 다를 경우 설득한다.

요약하면 일 경험에서 발생하는 의사소통이란 조직과 팀의 생산성 증진을 목적으로 구성원 간 정보와 지식을 전달하는 과정이다. 또한 공통의 목표를 추구해야 하는 조직 특성상 의사소통은 집단 내의 기본적 존재 기반이자 성과를 결정하는 핵심 기능이라 할 수 있다.[35)]

5. 조직 혹은 직장생활에서 의사소통의 중요성[36)]

일 경험에서 의사소통은 구성원들 사이에서 서로에 대한 지각의 차이를 좁혀주며, 선입견을 줄이거나 제거해 주는 수단이다. 직장에서 상사나 동료 혹은 부하와의 의사소통이 원활하게 이루어지면 구성원 간 공감이 증가하고, 조직 내 팀워크가 향상된다. 향상된 팀워크는 직원들의 사기 진작과 능률 향상으로 이어지게 될 것이다.

따라서 어떤 일이건 일 경험 중 의사소통은 반드시 필요하다. 그러나 조직이란 다양한 사회적 경험과 지위를 가진 구성원들의 집단이므로 동일한 내용의 메시지를 전달하더라도 각각 다르게 받아들일 수 있다. 메시지는 주고받는 화자와 청자 간의 상호작용에 따라 다양하게 변형될 수 있다는 사실을 기억해야 한다.

제3절 의사소통의 종류

의사소통의 종류는 크게 언어적 의사소통과 비언어적 의사소통으로 구분된다. 이를 달리 표현하면 진정한 의사소통이 이루어지려면 언어적 의사소통과 비언어적 의사소통이 결합되었을 때 가능하다고 말할 수 있다. 이 둘의 구성요인은 다음 〈표 1-6〉과 같다.

35) 이하 내용은 한국산업인력공단(2021), op. cit.
36) Ibid.

〈표 1-6〉 언어적 의사소통과 비언어적 의사소통의 구분

구성요인	하위 차원
언어적 의사소통	음성요인(발음, 음색)
	유사언어(속도, 크기, 억양, 쉼, 강조)
비언어적 의사소통	몸짓 언어(표정, 제스처, 눈 맞춤, 자세)

그런데 과거 한국인은 남이 내 마음을 알아주기를 기대하고 명백하고 솔직한 의사 전달을 하지 못하고, 간접적으로 표현하므로 이것이 오해의 원인이 되는 경우가 있었다. 하지만 현재는 과거에 비해, 특히 젊은 층을 중심으로 상당히 자기주장을 함에 있어 솔직하고 당당하게 의사를 전달하는 경향을 보이고 있다.

1. 언어적 의사소통

언어적 의사소통(verbal communication)은 의사소통에 있어 구두나 문서와 같이 언어에 의한 방식으로 메시지를 전달하는 커뮤니케이션 방식을 말한다.[37)]

한편 언어적 의사소통의 변형으로 일반화, 삭제, 왜곡을 들 수 있다. 일반화는 구체적이고 사소한 경험을 전체 경험으로 확대하는 것을 말하는데 일례로 모두, 각각의, 모든, 무엇이든, 결코 ~가 아니다, 아무 데도 ~없다, 조금도 ~없다, 아무것도 없다, 아무도 없다 등의 표현이 해당된다.

삭제의 경우는 언어적 표현 중 일부분을 제거 또는 누락시키는 것을 말하며, 왜곡은 타인이나 외부의 사건 및 환경이 원인이 되어 자기의 내적 상태를 초래한다고 믿고 자신의 경험을 표현하는 것을 말한다.

(1) 구두와 문서 커뮤니케이션의 특성

언어 커뮤니케이션(verbal communication)은 말로 하는 구두 커뮤니케이션(oral communication)과 글에 의한 문서 커뮤니케이션(written communication)으로 분류된다.

구두 커뮤니케이션은 가장 기본이 되는 커뮤니케이션으로 정보와 의사전달에 있어서 가장 빈번히 사용되는 방법이다.[38)] 여기에는 직접 대면(서로 얼굴을 마주보고 대함), 영상 및 전화에 의한 방법이 있다.

---

37) 언어적 의사소통에 구두와 문서 의사소통 이외에 전자공학적(electronic) 의사소통을 추가하기도 한다.

38) 문서 커뮤니케이션과 달리 시간이 지나면 소멸되기 때문에 준비 과정에서 더 많은 주의가 필요하다. 구두 커뮤니케이션은 직접 대면하여 말을 수단으로 하는 의사소통으로 즉시성과 대면성을 특징으로 한다.

〈표 1-7〉 구두와 문서 커뮤니케이션의 구분

구 분	구 두	문 서
의사소통 대상	제한적	대량
정확성	왜곡의 가능성이 큼	높음
피드백	즉각적	어려움
보존성	낮음(왜곡 가능성 큼)	높음
표현의 자유	높음	낮음

〈표 1-8〉 구두와 문서 커뮤니케이션의 장 · 단점

구 분	장 점	단 점
구 두	오해나 착오가 적음	기록이 남지 않음
	비언어 커뮤니케이션과 결합해 소통 향상	시간 낭비이거나 불편
	다수의 합의를 유도하는 데 효과적	대화를 비즈니스에 한정하기 어려움
	자연스러운 커뮤니케이션	타인의 업무방해
	속도감이 있으며, 즉각적인 피드백과 함께 메시지 수정이 가능	많은 사람을 거치는 동안 메시지가 왜곡될 가능성이 높음
문 서	영구적 기록 및 보존 가능	공식적 기록으로 많은 준비와 시간이 필요
	사전 준비를 통해 정교한 메시지 전달 가능	본질적으로 비인간적
	상호 간의 일정에 관계없이 작성, 검토 가능	문서해독 능력이 없는 사람들은 사용할 수 없으며 글쓰기 능력이 필요
	최소의 비용과 노력으로 많은 사람에게 메시지를 전달할 수 있음	즉각적인 피드백을 받을 수 없어 메시지가 정확히 전달되고 이해되었는지를 파악하는 데 많은 시간이 소요

수신인에게 감정을 표현하고, 수신인을 설득하기 위해서는 문서 커뮤니케이션보다는 일대일 대면을 통한 구두 커뮤니케이션이 바람직하다.

또한 일대일 대면에서 발신자는 수신인으로부터 바로 피드백을 받을 수 있고, 그에 따른 메시지를 조절할 수 있다. 대부분의 커뮤니케이션이 구두 커뮤니케이션이지만, 전달내용이 중요하거나 기록으로 남겨 두어야 하는 경우에는 문서 커뮤니케이션이 더 효과적이다.[39] 문서 커뮤니케이션에는 서신, 이메일, 보고서, 안내서, 협조문, 공람, 회람 등이 포함된다.[40]

2. 비언어적 의사소통

비언어적 의사소통(non-verbal communication)은 의사소통에 있어 자세, 대인 간의 거리, 시선, 어조, 몸동작 등 언어가 아닌 방식으로 메시지를 전달하는 커뮤니케이션 방식을 말한다.

언어적 의사소통의 효과를 높이고, 언어적 의사소통으로만 표현하기 어려운 복잡하고 미묘한 감정이나 태도의 전달에 효과적이다. 의사소통 중에 전달자를 조심스럽게 관찰하는 것은 생각과 의미와 감정을 주고받는 데 큰 도움이 된다.

한편 비언어적 메시지의 기능은 크게 강조, 대치, 모순 정도가 있다고 할 수 있다.[41]

"야! 정말 반갑다!"라고 말하면서 눈을 크게 뜨고 웃는 미소로 다가와 껴안는다면 나를 반가워하는 마음이 훨씬 크게 느껴지겠죠? 따라서 이것은 강조의 표현이 되기도 한다. 그리고 말없이 나의 어깨를 토닥여 주는 것은 '괜찮아, 힘내'라는 언어 메시지를 대치한 것으로 볼 수 있겠다. 그리고 괜찮다고 하지만 화가 난 표정을 지을 때도 있으니 모순을 잘 캐치해 내야 한다. 여기에 하나를 덧붙이자면, 비언어적 메시지는 대화를 할 때 고개 끄덕임, 따뜻한 눈빛 등은 원활한 대화를 만들어 주기 때문에 대화를 조절해 주는 기능을 한다고도 할 수 있다.

말을 잘하고, 잘 듣는다는 것은 결국 나의 생각을 오해 없이 전달할 수 있고, 상대의 생각을 오해 없이 이해할 수 있는 능력을 갖추는 것이다. 지나치게 언어적 표현에만 집중하지 않고 상대의 감정이 잘 드러나는 비언어적 표현에도 집중하다 보면 훨씬 더 유능한 청자이자 화자가 될 수 있을 것이다. 또 자신의 비언어적 표현을 잘 생각하면서 표현하면 나의 의도가 오해받을 일도 줄어들 것이다.

(1) 7가지 분류[42]

먼저 권인아 · 오정주(2020)가 제시한 비언어적 의사소통의 구분은 다음과 같다.

---

39) 대부분의 커뮤니케이션은 말에 의해 이루어지지만, 문서 커뮤니케이션과 병행하여 커뮤니케이션하는 것이 바람직하다. 문서 커뮤니케이션은 다음과 같은 상황에 사용하는 것이 효과적이다. → 시간적인 제약 없이 반드시 남겨 두어야 할 때, 미래에 참조할 사안일 때, 공식적인 자료일 때, 전달 내용이 중요하여 기록으로 남아야 할 때

40) 한마디로 언어표현의 정확성과 메시지 내용의 기록이 요구되는 경우에 유리하다.

41) 이하 내용은 https://bookndebate.tistory.com/239 [긍마], 비언어적 표현이란?, 2020.04.04.

42) 권인아 · 오정주(2020), op. cit.

〈표 1-9〉 비언어적 커뮤니케이션의 분류[43)]

신체 언어 (Body Language)	동작 언어라고도 함. 제스처, 몸과 다리의 움직임, 자세, 응시, 걸음걸이 등 가시적인 몸의 움직임을 이용
의사언어 (Vocalics 또는 Paralanguage)	음성언어라고도 함. 피치,[44)] 크기,[45)] 템포,[46)] 휴지,[47)] 음률,[48)] 발음,[49)] 그리고 모음동화 등 낱말 외의 음색[50)] 사용
용모(Physical Appearance)	옷, 헤어스타일, 화장, 향수, 기타 장식 등 꾸민 특성
접촉(Haptics)	빈도, 강도, 그리고 터치 방법 등 모든 접촉 행위
공간언어(Proxemics)	개인적 거리,[51)] 공간의 활용, 지역성을 포함
시간언어(Chronemics)	시간 지키기, 대기시간, 약속 시간, 시간 소모량 등 메시지 체계로서 시간의 이용
인공적 장식과 환경 (Artifacts)	꾸밀 수 있는 오브제[52)]와 디자이너나 이용자가 꾸미는 환경적 특성

(2) 3가지 분류[53)]

비언어적 의사소통을 일반적으로 물리적 언어사용, 상징적 언어사용, 신체적 언어

43) 표 내의 각주 설명은 김주애 외(2020), op. cit. 참조.

44) 음고(pitch)의 경우, 높은음은 기쁨, 두려움, 분노 등의 감정을 표현하며 낮은음은 우울, 피곤, 낙담 등의 감정을 표현한다.

45) 음량(volume)의 경우, 큰 음성은 열정, 확신, 주장, 신뢰감 등의 느낌을, 작은 음성은 의욕 없음, 불확실, 여린, 수용적 등의 느낌을 나타낸다.

46) 음속(tempo)의 경우, 빠른 말은 풍부한 표현, 흥분, 다급함 등의 느낌을 표현하며 느린 말은 부족한 표현, 평온함, 무심함 등의 느낌을 표현한다.

47) 휴지 혹은 음간(音間, pause)의 경우, 말의 어디를 끊느냐에 따라 다른 느낌을 준다. 또한, 상대방을 집중시키는 효과가 있다. 예를 들면, "지금부터 나는 너에게 중요한 얘기를 할 거야."라는 말에서 어디에 음간을 두느냐에 따라 전혀 다른 뜻이 된다.

48) 음률(rhythm)의 경우, 문맥에서 어느 부분에 강조점을 두느냐에 따라 내용이 달라지거나, 서술문이 의문문이 될 수도 있다.

49) 발음(pronunciation)의 경우, 불분명한 발음은 친근함, 답답함, 어리석음 등을, 정확한 발음은 신뢰감, 냉정함, 분명함, 똑똑함 등을 전달해준다.

50) 음질 요소는 다르게 표현한다면 음색으로도 볼 수 있다. 이는 화자가 감정을 넣어 말하는 다양한 표현으로 나타날 수 있다. 즉 음색이 좋거나 갈라진 소리, 탁한 소리, 목이 쉰 소리 등으로 표현이 분류될 수 있다.

51) ▲친밀한 거리(0~45cm) : 연인, 부부, 아기와 어머니, 레슬링 선수 ▲개인적인 거리(45cm~1.2m) : 친구, 가족, 동료 등 ▲사교적 거리(1.2m~2.1m) : 사업상 ▲공적 거리(3.6m~7.5m) : 공식적인 모임, 강의

52) 오브제(Objet)란 영어의 object에 해당하는 프랑스어. 라틴어 objectum(오브엑툼)에서 유래된 단어로서, 어원적으로는 앞으로 던져진 것을 의미한다. 철학에서는 기존에 사용되던 사고, 사상, 주체에 대립되는 무언가를 의미하는 것으로 사용되며, 예술에서는 일상의 물품이나 자연물 등을 원래의 그 기능이나 있어야 할 장소에서 분리하고, 그대로 독립된 작품으로 제시하여 일상적 의미와는 다른 상징적이고 환상적인 의미를 부여하는 것을 뜻한다.

53) https://www.sangji.ac.kr › cmm › fms › FileDown, 언어적 의사소통(제10장 의사소통).

사용의 3가지로 분류하기도 한다. 구체적으로 교통 신호 · 사이렌 · 도로표지판 · 안내판 등의 물리적 언어소통(physical language), 사무실의 크기 · 의자의 크기 · 자동차의 크기와 색깔 · 좌석 배치 · 사무실 집기의 크기와 모양의 차이 등의 상징적 언어소통(symbolic language)[54], 자세 · 얼굴 표정 · 몸짓 · 목소리 · 눈동자 · 하품 등 신체적 언어소통(body language)[55]이 있다. 비언어적 의사소통은 경우에 따라 언어적 의사소통보다 더 효과적일 수 있다.

(3) 메라비언의 법칙[56]

1) 의 미

메라비언의 법칙은 심리학자이자, UCLA의 교수였던 앨버트 메라비언(Albert Mehrabian)이 발표한 이론으로 상대방에 대한 인상이나 호감을 결정하는 데 있어서 보디랭귀지는 55%, 목소리는 38%, 말의 내용은 7%만 작용한다는 것이다. 즉 커뮤니케이션에서 말하는 사람이 듣는 사람에게 미치는 영향을 언어정보, 청각정보, 시각정보라는 세 가지 요소로 수치화한 것인데 정보의 종류와 비율이 언어정보 7%, 청각정보 38%, 시각정보 55%라는 이론이다.

메라비언의 법칙에 따르면 커뮤니케이션은 다음 3가지 요소로 구성된다.

① 언어정보로서 말하는 사람이 하는 말 자체의 의미나 말로 구성된 이야기의 내용을 말한다.

② 청각정보로서 말하는 사람이 내는 목소리의 톤이나 크기, 템포, 말하는 방식 등을 말한다.

③ 시각정보로서 화자의 표정이나 시선, 태도, 몸짓 등을 가리키는데, 신체 언어(보디랭귀지)라고 불리기도 한다.

언어정보에 근거하는 커뮤니케이션을 언어 커뮤니케이션, 시각정보와 청각정보에 근거하는 것은 비언어 커뮤니케이션이라고 부른다. 언어정보가 문자나 말을 사용하

---

54) 인간이 어떤 상징을 해석하고 그것으로부터 메시지를 얻는 통신의 형태이다. 상징적 언어를 이해하기 위해서는 상징적 언어를 공유할 수 있는 사회에 대한 이해 이외에 개인의 추론 능력이 필요하다. 일례로 기독교를 상징하는 십자가, 애정을 상징하는 포옹, 폭력적 협박을 상징하는 주먹, 전화를 그리면 근처에 전화가 있음을 의미하고, 침대를 그리면 근처에 호텔이나 여관이 있음을 의미한다.

55) 신체 언어에는 우리가 일상에서 당연하게 사용하는 많은 것들이 포함된다. 몸짓, 자세, 표정, 시선, 접촉 등은 음성이나 문자 언어와 구별되는 신체 언어들이다. 신체적 언어는 화자(話者)의 이해 정도 등을 파악하는 데 도움을 줄 수 있으므로 일상 회화의 보조 수단으로서 큰 의미를 지닌다. 신체 언어는 자신을 다양한 방식으로 표현하면서도 스스로의 내면을 결정짓는다. 이와 관련하여 서울시립대신문(2018.06.), 신체언어-표현과 내면의 열쇠, 2018.06.12. 참조.

56) https://honnkigaippai.tistory.com/760 [지혜로운 서고(書庫)], 메라비언의 법칙 의미와 구체적인 예를 쉽게 해설, 2020.11.20.

고 있는 데 반해, 청각정보와 시각정보는 오감을 사용한 커뮤니케이션이라고 할 수 있다.

메라비언의 법칙에서는 말하는 사람이 모순된 메시지를 전할 경우 듣는 사람이 언어정보, 청각정보, 시각정보를 각각 7%, 38%, 55%의 비율로 신용한다는 실험결과를 얻을 수 있었다. 그래서 '7 · 38 · 55 룰'이라고 불리기도 한다. 또 언어(Verbal), 청각(Vocal), 시각(Visual) 등 3개의 영어 앞글자를 따서 3V의 법칙이라고 불리기도 한다.

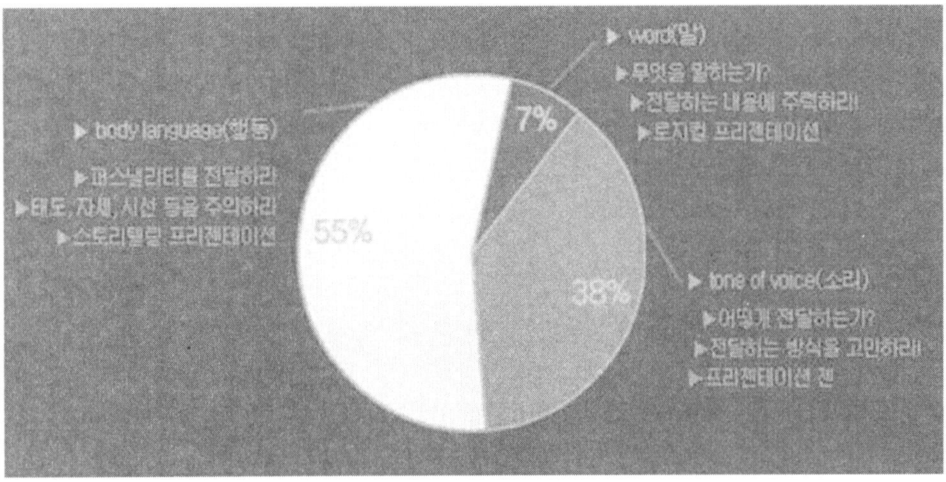

[그림 1-3] 메라비언의 법칙

2) 구체적인 예

둘이서 대화하고 있을 때, 1명이 다음과 같이 발언했다고 하자.

- 말 : "정말 즐겁네요"
- 말투 : 목소리가 작고 톤도 낮다.
- 외형 : 어깨를 떨구고, 표정이 딱딱하다.

이런 경우는 말로는 즐겁다(7%)고 하지만, 말투(38%)와 생김새(55%)에서 진심으로 즐기지 않으면 상대방은 말과 반대되는 내용으로 인식할 가능성이 높다. 즉 말하는 것과 말하는 방식이나 태도가 일치하지 않을 때 사람들은 그 말보다 말에서는 읽을 수 없는 정보를 우선시하는 경향이 있다.

3) 잘못된 확대해석

메라비언의 법칙은 의사소통능력 향상을 위한 세미나, 매너 연수 등에 자주 인용된다. 하지만 이 법칙은 화자가 모순된 메시지를 전달하는 특수한 상황을 상정하고 있기 때문에 커뮤니케이션 전반에 적용되는 것은 아니다. 또 자주 병용되고 있는 "사람은 외형이 9할이다"라거나 "첫인상이 소중하다"라고 하는 생각은 메라비언의 법칙과는 직접 연결되지 않고, 메라비언 법칙의 잘못된 확대해석이다. 언어정보를 소홀히 해서는 안되고, 동시에 비언어 커뮤니케이션도 중요하다는 것이다. 결국 효과적이고 설득력 있는 의사소통을 하기 위해서는 3가지 요소가 서로 지지되어야 한다.

(4) 올바른 비언어적 의사소통 방법 3가지

① 시선 맞춤을 적절하게 유지한다.
② 상황에 맞고 상대에게 호감을 주는 적절한 자세를 취한다.
③ 얼굴 표정을 잘 활용한다.

3. 의사소통의 유형

(1) 공식적 의사소통과 비공식적 의사소통

1) 공식적 의사소통(formal communication)

공식적 조직 내에서 공식적 통로와 수단에 의하여 공식적으로 의사가 전달되며 소통되는 것을 말한다. '누가', '누구에게', '무엇을', '어떻게' 전달할 것인가를 공식적으로 법제화하고 이에 근거하여 의사를 전달한다. 한마디로 공식적 의사소통은 조직에서 권한과 업무체계를 구분한 의사소통으로, 수직적 의사소통과 수평적 의사소통으로 구분된다.

〈표 1-10〉 공식적 의사소통의 장 · 단점

장 점	전달자와 피전달자 간에 권한과 책임 관계가 명확하고 의사소통이 확실하고 편리
단 점	융통성이 없고 소통이 느림. 조직 내 모든 사정을 사전에 예견하여 합리적 의사소통의 수단을 완전히 이룩하는 것은 불가능 (비공식적 의사소통의 보완 필요)

2) 비공식적 의사소통(informal communication)

조직의 자생집단 내에서 비공식적 방법으로 이루어지는 의사소통을 말한다. 비공식적 의사소통은 주로 구두(oral)로 전달되는 의사소통으로서 사람과 사람, 사람과 SNS 등을 통해 빠르게 전달되는 특성이 있다.

〈표 1-11〉 비공식적 의사소통의 장 · 단점

장 점	구성원들의 감정을 잘 나타내는 수단, 사회심리적인 만족감과 조직에의 적응력을 높여줌
단 점	통제를 하기도 곤란하고, 공식적인 권위 관계를 파괴하고 조정을 더 곤란하게 하는 경향

(2) 수직적 의사소통과 수평적 의사소통

1) 수직적 의사소통(vertical communication)

① 상의하달적(하향적) 의사소통 - 명령과 일반정보

조직의 위계나 명령에 따라 상급자로부터 하급자에게 전달되는 명령이나 지시를 포함하는 의사소통을 의미하며 명령, 지시, 방침, 규칙, 업무정보 전달 등이 포함된다.

〈표 1-12〉 명령과 일반정보

명 령	지시, 훈령, 발령, 규정, 규칙, 요강, 고시, 회람 등이 포함, 전달 방법에 따라 구두명령과 문서명령으로 나뉨
일 반 정 보	조직 또는 조직의 업무에 관한 지식을 구성원들에게 알려주기 위한 편람(manual), 핸드북(handbook), 뉴스레터(newsletter), 구내방송, 강연 등

② 하의상달적(상향적) 의사소통 : 보고, 면접, 의견조사, 제안제도 등

〈표 1-13〉 보고, 면접, 의견조사, 제안제도 등

보 고	가장 공식적인 것이며 조직의 책임자는 보고에 의해서 필요한 의사결정이나 명령을 내릴 수 있음
면 접	구성원들이 품고 있는 감정을 파악하여 행정에 반영하려는 방법이지만 비용, 시간이 많이 들고 익명성의 보장이 어려움
의견조사	질문서 등을 구성원에게 배포, 수집하여 구성원들의 사기 측정이나 태도 조사 등에 유용하게 사용
제안제도 (품의제도)	구성원들의 업무개선에 관한 의견이나 아이디어를 접수하여 유익한 것은 채택하여 실시하고 이를 보상하는 제도

부하가 상사에게 메시지를 전달하는 방식이며, 보고 · 의견조사 · 제안제도 등이 포함된다. 조직관리에 대한 상부의 간섭이 심하고, 상급자가 권위적이고 폐쇄적일수록 의사소통의 효율성이 저하될 수 있다.

2) 수평적 의사소통(horizontal communication)

동일 계층의 개인 또는 부서 간의 상호작용적 상황에서(즉, 상하관계에 있지 않은 사람들 사이에서) 이루어지는 의사소통으로서 사전심사제도(어떤 결정을 내리기 전에 전문가들의 의견을 구하거나 조직의 목표와 합치성 등을 검증), 각서(사전 · 사후에 관계없이 이용), 회람 또는 통지(사후에 통지 또는 주지시키는 것을 목적), 회의 또는 위원회 제도 등의 방법으로 이루어지며, 구성원이나 부서 간의 활동을 조정하고, 갈등을 해소하는 데 중요한 역할을 한다.

제4절 의사소통의 5단계57)

의사소통은 화자와 청자가 서로 대화를 통해 언어와 비언어를 주고받는 과정이며, 친밀한 사이일수록 감정을 나누는 정도가 커지는데, 대화가 일어나는 상황 · 시간 · 상대방에 따라 주고받는 내용과 감정적 소통의 확대는 단계별로 상이하게 나타난다. 우리는 타인이나 세상과의 만남에 초대될 경우 하는 수 없이 대답하는 때가 많다. 왜냐하면 적나라한 자신의 모습을 드러내야 한다는 것에 불안을 느끼기 때문이다. 이제 일반적인 상황에서 논의할 수 있는 의사소통의 단계를 5단계로 구분하여 살펴보기로 하자.

1. 1단계 : 형식적 의사소통(인사)

의사소통의 제일 낮은 단계는 상투적인 의사소통의 수준이다. 이 단계에서는 갈등에 대해 가장 약한 반응을 보일 뿐만 아니라 자신과의 대화에서도 가장 수준이 낮다. 이러한 수준의 대화는 인간적인 나눔이 전혀 없다. 누구나 자기를 꾸미고, 속이고, 서로 아는 척하지만 사실은 모두가 고립되어 있다. 따라서 모임 전체가 외로운

---

57) 존 포웰(1986), 왜 나를 말하기를 두려워하는가, 박성희 역, 자유문학사, 1986.06.25.
서혜석 외(2017), op. cit.

이들의 집합체이다.

(1) 의미 없는 대화

대화 후 공허감을 느끼거나 기억에 별로 남지 않는 내용의 대화로서 상투적 대화가 해당된다. 일례로 길에서 우연히 만난 이웃과 식당 종업원이 손님에게 하는 인사를 들 수 있다.

(2) 형식적 의사소통의 의미

진정한 인간관계는 반복되는 일상 속 주고받는 대화에서 출발한다. 일상적으로 건넨 말에 일상적으로 응답해야 한다. 그래야만 부재에서 왕래로 전환이 된다.

> **"일시적으로 아는 사람들과의 일상적인 대화도 약간의 주의와 노력을 기울이면 많은 사람을 연결해준다."**
>
> – Erving Goffman

2. 2단계 : 사실과 정보교환의 의사소통

의사소통의 두번째 단계는 다른 사람에 대하여 이야기하는 것이다. 이 단계는 아직 자신에 대한 이야기는 전혀 나누지 않은 상태다. 누가 무슨 이야기를 했고 어떻게 했는지에 대해서 이야기하면서 만족해한다.

그러나 그러한 사실에 대해 자신은 어떻게 보며 어떤 의견을 갖고 있는지에 대해서는 전혀 말하지 않고 사실만을 나열할 뿐이다. 상투적인 말 뒤로 몸을 숨기는 것과 같이 우리는 다른 사람에 관한 소문이나 이야깃거리를 늘어놓으면서 자신을 감춘다. 그러다 보면 상대방에게 아무것도 주지 않았기 때문에 상대방으로부터 아무것도 받지 못한다.

(1) 있는 사실과 정보를 이야기하는 의사소통

수업 시간을 통해 일정 시간 동안 만나는 사람과의 의사소통을 생각해 볼 수 있다. '개인적 의견과 판단을 드러내지 않는다. → 자기 자신과 무관한 남에 대한 사실과 정보를 교환한다.'

일례로 동창회나 모임에서 주로 나누는 대화로 마찰이나 갈등을 유발시키지 않는다.

(2) 사실과 정보를 이야기하는 의사소통의 의미

정보를 얻을 수 있는 원천으로 활용하거나 유유상종의 관계망 형성에 기여한다.

3. 3단계 : 생각 및 의견표현의 의사소통

의사소통의 세번째 단계는 어느 정도 나의 생각과 판단을 나누는 것이다. 즉 외로운 유폐지에서 스스로 걸어 나온다. 그리고 상대방에게 내 생각과 판단과 결심을 어느 정도까지는 내보이는 위험을 시도한다. 내 생각을 나누면서도 상대방의 표정을 유심히 살펴본다. 즉 물에 뛰어들기 전에 그 물의 온도를 알고 싶어 한다. 나는 상대방이 나의 생각과 판단과 결심을 받아들여 주기를 바란다. 상대방이 눈썹을 치켜세우거나 미간을 좁히거나, 또는 하품을 하거나 시계를 들여다보거나 하면 나는 안전지대로 물러난다. 그리고는 입을 다물거나 이야깃거리를 바꾼다. 아니면 상대방이 좋아할 만한 주제에 대해서만 이야기한다. 나는 상대방의 마음에 드는 존재가 되고 싶기 때문이다. 언젠가 한 인격체로서 성장하고 싶다는 용기를 갖게 될 때라야만 내 마음과 생각을 상대방에게 털어놓을 수 있다. 이때야말로 나의 진실한 순간이 될 것이다.

(1) 자신의 일부가 드러나기 시작한 의사소통

상대방의 표정과 태도를 관찰하기 시작한다. 일례로 나의 의견과 관점이 상대에게 받아들여지면 자존감이 향상되는 반면, 나의 의견과 관점이 상대방에게 거부되면 자존감이 손상된다. 유쾌한 혹은 불쾌한 의사소통의 시작이다.

일례로 생각과 의견을 주고받으면서 인정되고 수용되면 유쾌한 의사소통이 되는 반면에 생각과 의견을 주고받으면서 거부되면 불쾌한 의사소통이 된다.

(2) 생각과 의견표현의 의사소통 의미

자존감과 기분의 유쾌 및 불쾌한 상태를 만들기 때문에 화자와 청자 모두 유의(留意)하기 시작한다.

4. 4단계 : 느낌 표출의 의사소통

의사소통의 네번째 단계는 느낌을 나누는 수준이다. 즉 속을 드러내는 단계다. 그러나 나의 생각이나 판단, 결단을 드러냈다고 해서 속을 드러내는 대화가 이루어지는 것은 아니다. 우리 인간은 나눌 것이 참으로 많다. 나를 다른 이들과 구분 짓게 해주고 개별화하는 가장 확실한 것은 나의 느낌과 감정이다. 상대방에게 내가 누구인지를 알리고 싶다면 내 생각뿐 아니라 내 속을 털어놓아야 한다. 생각, 판단, 결심은 상당히 상투적일 수 있다. 생각, 판단, 확신 밑에 존재하는 느낌은 나만의 것이다. 아무도 나와 똑같은 열정이나 냉담함을 가지고 있지 않으며 좌절감을 맛보거나 두려움으로 몸부림치거나 열정을 느끼지는 못한다. 내가 진정 누구인가를 상대방에게 알리고 싶다면 바로 이러한 나의 느낌들을 이야기해야만 될 것이다. 우리 가운데 대부분은 다른 사람들이 내가 솔직하게 내 감정을 표현하는 것을 부담스러워 할 것이라고 생각한다.

더 나아가 그러한 솔직함이 상대방에게 상처를 줄지도 모르므로 내 느낌을 함부로 말하면 안 된다는 생각까지 한다. 그리고 그러한 행위를 품위 있다고 합리화하여 상대방과의 관계가 그저 피상적인 관계에 머물고 만다. 이러한 현상은 우연히 만난 사람에게만 볼 수 있는 것이 아니라 가족 안에서도 발견할 수 있다. 이러한 태도는 서로 간의 신뢰를 바탕으로 맺어진 결혼생활까지도 파멸로 몰고 갈 수 있다.

자기감정을 감추는 것이 미덕이라고 생각한다면 우리는 성장할 수 없으며, 성장하려는 사람마저도 도와줄 수 없다. 그렇게 되면 우리는 언제까지나 억압된 감정을 안고 위험한 자기 파멸의 길을 살아가는 것이다. 진실한 인간적 만남을 원한다면 솔직하고 개방된, 속을 드러내는 대화를 할 수 있어야 한다.

(1) 느낌을 표출하면서 서로의 느낌을 공유하는 의사소통

친밀한 관계를 지닌 중요한 타인과의 의사소통이 이에 해당한다. 일례로 느낌의 경우 정답과 오답으로 판단이 불가능하다. 즉 유일한 자신만의 것으로 개인적인 것이고, 확실히 자신만의 것이기 때문에 형식적이고 피상적 관계가 아닌 진실한 인간관계에서만 드러난다. 그리고 진실한 관계의 경우는 어느 정도 시간을 요하는 작업이라고 할 수 있다. 급진전된 관계는 잦은 헤어짐과 파괴로 연결되어 개인의 자아존중감이 손상될 가능성이 있다.

(2) 느낌 표출의 의사소통 의미

자존감을 손상시키지 않고 성장시키기 위해서 자신의 감정을 인식하고 꺼내, 있는 그대로 자각하는 연습이 필요하다. 이를 통해 자신의 모습을 확인하며 자기수용의 자세를 갖는 것이 중요하다.

5. 5단계 : 감정이입의 의사소통

의사소통의 최고 수준은 바로 의사소통의 절정이라고 할 수 있다. 깊고 신뢰할 수 있는 우정 관계, 특히 결혼한 이들의 일치는 절대적인 개방과 정직함에 그 기반을 두어야 한다. 때로는 속을 드러내는 의사소통이 그렇게 쉽게 이루어지지 않을 수도 있다. 그러나 어렵게 느껴지는 순간이야말로 가장 중요한 순간이다. 가끔 절친한 친구 사이나 결혼한 사람들 사이에 감정적, 인격적 합일이 완벽하게 이루어지는 때가 있다.

그러나 이러한 합일의 순간은 결코 영원히 지속되지 않는다. 그러나 만남에서 완전한 대화가 이루어지는 순간은 반드시 있어야 하며, 또 있을 것이다. 이때 두 사람은 완전한 감정이입을 느낄 수 있다. 나의 행복과 슬픔은 상대방에게 그대로 복제되어 우리는 마치 같은 곡을 연주하는 두 대의 악기처럼 되며, 마음은 같은 음악으로 가득 차서 한 소리를 내게 된다. 이것이 의사소통의 첫번째 수준인 대화의 절정인 것이다.

(1) 인간의 다름에 대한 진지한 이해

상대방과 차이가 있음을 인정하고, 상대방이 경험한 세계를 이해하려고 노력한다.

(2) 역지사지[58)]

상대방의 입장에서 상대방의 생각과 감정을 그대로 느끼고 이해한다. 즉 내 마음이 곧 네 마음이고, 네 생각이 곧 나의 생각이라는 자세를 보인다. 이는 오랜 시간의 연습과 훈련을 요구하는데, 결국 기술과 비결보다는 자세와 태도가 중요하다.

〈표 1-14〉 감정이입의 의사소통을 위한 자세(태도)

- 인간의 신비함에 대한 겸허한 마음을 가져야 한다.
- 남을 판단하지 않아야 한다.
- 듣는 사람의 입장에서 성급하게 누구 탓을 하지 않아야 한다.
- 상대방을 모르면 모른다고 하고 상대방에게 물어보아야 한다.
- 감정을 말할 때는 서로를 존중해야 한다.
- 느낌을 의지와 지성으로 통합해야 한다.

58) 역지사지(易地思之)는 맹자(孟子)의 '이루편(離婁編)' 상(上)에 나오는, 처지가 바뀌면 모두 그러했을 것이라는 '역지즉개연(易地則皆然)'에서 비롯된 말이다. 다른 사람의 처지에서 생각하라는, 입장을 바꾸어 생각해 보라는 뜻이다.

제5절 마무리 : 핵심체크

1. 의사소통이란 두 사람 또는 그 이상의 사람들 사이에서 일어나는 의사의 전달과 상호교류가 이루어진다는 뜻이며, 어떤 개인 또는 집단이 개인 또는 집단에 대해서 정보, 감정, 사상, 의견 등을 전달하고 그것들을 받아들이는 과정이다.

2. 의사소통은 조직 또는 팀의 효율성과 효과성을 성취할 목적으로 이루어지는, 구성원 간의 정보와 지식의 전달 과정으로서 여러 사람의 노력으로 공통의 목표를 추구해 나가는 집단 내의 기본적인 존재 기반이자 성과를 결정하는 핵심기능이다.

3. 의사소통은 제각기 다른 사람들이 서로에 대한 지각의 차이를 좁히며 선입견을 줄이거나 제거할 수 있는 효과적인 수단이다.

4. 성공적인 의사소통을 위해서는 자신이 가진 정보를 상대방이 이해하기 쉽게 표현하는 것도 중요하지만, 상대방이 어떻게 받아들일 것인가에 대한 고려가 바탕이 되어야 한다.

5. 의사소통의 능력과 종류는 대화 · 전화 통화 · 토론 등을 통해 상호 의사를 표현하고 경청하는 언어적 의사소통능력과 기획서 · 편지 · 메모 등 문서를 이해하고, 이를 바탕으로 글을 작성할 수 있는 문서적 의사소통능력, 그리고 자신의 업무 상황에서 기초외국어로 업무를 수행할 수 있는 기초외국어능력으로 구분할 수 있다.

6. 의사소통은 화자와 청자가 서로 대화를 통해 언어와 비언어를 주고받는 과정이며 친밀한 사이일수록 감정을 나누는 정도가 커지는데, 대화가 일어나는 상황, 시간, 상대방에 따라 주고받는 내용과 감정적 소통의 확대는 단계별로 상이하게 나타난다.

제 1 장	의사소통능력 I
제2장	**의사소통능력 II**
제 3 장	경청능력 I
제 4 장	경청능력 II
제 5 장	의사표현능력 I
제 6 장	의사표현능력 II
제 7 장	의사표현능력 III
제 8 장	의사표현능력 IV
제 9 장	문서이해능력
제 10 장	문서작성능력 I
제 11 장	문서작성능력 II
제 12 장	문서작성능력 III
제 13 장	기초외국어능력

누군가 의사소통을 잘하는 방법을 한 문장으로 이야기해 달라고 한다면, "매 순간 솔직하게 이야기하는 것"이라고 할 수 있다. 솔직히 의사소통하는 것은 정신건강에 매우 중요하다. 억압된 감정들은 마치 켜켜이 쌓여 굳어버린 먼지처럼 나중에 우울증 등 여러 문제를 일으키게 되고, 문제를 일으킬 정도가 되면 치유하기도 매우 어렵다.

직장에서도 마찬가지다. 솔직하지 못하면 감정이 쌓이게 되고 상대방을 은근히 공격하게 되어 서로 기싸움으로 가게 되는 경우가 많다. 그러면 두 사람 간에 관계만 문제가 되는 것이 아니라, 일에 지장을 주게 되고 같이 일하는 동료뿐 아니라 고객까지 피해를 받게 된다.[59] 따라서 모든 직업인은 누구나 의사소통능력을 개발하기 위해 의사소통의 저해 요인을 분명히 알고 이를 극복하여 의사소통의 정확성, 수용성 등을 개선하여야 한다.

이번 장에서는 의사소통능력을 방해하는 요인과 의사소통능력을 개발하기 위해 우리가 할 수 있는 다양한 노력에 대하여 알아보기로 하자.

59) 김주애 외(2021), 의사소통능력(제2판), 양서원, 2021.02.25.

제1절 의사소통능력 개발[60]

의사소통능력은 직업 생활에서 업무 효율과 대인관계를 위해 필수적으로 갖춰야 하는 요소이다. 홍보팀 S 과장은 동료들에게 본인 의견을 일방적으로 밀어붙이는 경향이 있다. 이로 인해 S 과장은 본인이 가진 뛰어난 업무수행 능력에도 불구하고 조직 내에서 갈등을 경험하고 있다. 한편 같은 팀의 M 대리는 원활한 의사소통으로 팀 내 다른 동료들에게 신임을 얻고 있다. M 대리는 입사 초기부터 동료들과 업무 관련 대화를 하거나 문서를 읽을 때 중요부분을 메모하는 습관을 들였다. 이런 메모들은 M 대리의 업무에 중요한 자료로 쓰이는 경우가 상당히 많다.

이렇게 의사소통능력은 그것을 방해하는 요인도 있지만, 노력을 통해 개발할 수 있는 방법 역시 있다.

1. 사례 : 도대체 뭐가 불만인데?[61]

"이번 회식은 선약 때문에 힘들 것 같아요." (30대 초반 A사원)

"아니 회식 공지한 게 언젠데 선약이라니 … 어차피 술도 안먹고 1차 끝나면 바로 가는 X이." (40대 후반 B 차장)

"X이라뇨." (A 사원)

1974년생 차장과 1988년생 사원 사이 말다툼은 1970년생 부장의 중재로 일단락됐다. 냉랭한 분위기가 부서 전체를 감쌌다. 회의실을 박차고 나가던 B차장은 "매주 하자는 것도 아니고 1년에 한 번 있는 송년회인데, 그렇게 개인 약속이 중요하면 자영업을 하든가, 하여튼 요즘 것들은"이라고 '누구 들으란 듯' 혼잣말을 했고, 회의실에 남겨진 A 사원의 얼굴은 벌겋게 달아올랐다. 두 사람은 기안서 방향을 두고도 이미 여러 번 충돌한 적이 있다. 조직·부서의 발전과 개인 발전을 동일시하는 선배, 반대로 조직은 조직이고 개인은 개인으로 구분될 존재라는 후배 사이의 전형적 갈등 사례다. A사원은 "의견을 내라 해서 낸 것뿐인데 저렇게 나오니 '꼰대' 소리 듣는 것"이라고 했다. '저 선배처럼 되지 말아야지', '닮고 싶은 선배가 없다'라는 말은 A 사원 동기 카카오톡 단체 대화방에 가장 많이 등장하는 푸념이다.

---

60) 이하 내용은 주로 한국산업인력공단(2021), op. cit.

61) 아시아경제(2020.01.), 세대 공존=조직 생존…'선넘네' 없는 직장, 어딨나, 2020.01.06.

(1) 사례 해설

제시된 사례는 가치관의 차이로 인한 조직 갈등의 사례이다. 이런 갈등사례는 흔하게 볼 수 있는 장면이다. 그러나 의사소통의 중요성을 인지하고 서로 존중하면서 의사소통을 하려고 노력하다 보면 갈등을 줄이거나 최소화할 수 있다. 이 점을 기억하면서 직장에서 의사소통을 가로막는 저해요인이 팀에 미치는 영향뿐만 아니라 자신의 업무에도 치명적인 영향을 미칠 수 있음을 알아야 한다.

2. 의사소통의 유형

일단 어느 조직에서든 의사소통능력은 직무능력과 직무만족을 위해 반드시 필요한 능력이다. 그러나 사람들은 자신의 의사소통능력 스타일을 잘 알지 못하기 때문에 어려움을 겪는다. 자신의 대인관계 · 의사소통 스타일에 대해 곰곰이 생각해보고, 이를 다음에 제시된 키슬러(D. Kiesler)의 대인관계 · 의사소통 양식지에 체크해 보자.

(1) 키슬러의 대인관계 · 의사소통 유형 진단

※ 매우 그렇다(4점), 상당히 그렇다(3점), 약간 그렇다(2점), 전혀 그렇지 않다(1점)

문 항					
1	자신감이 있다		11	냉정하다	
2	꾀가 많다		12	붙임성이 없다	
3	강인하다		13	수줍음이 있다	
4	쾌활하지 않다		14	고분고분하다	
5	마음이 약하다		15	다정다감하다	
6	다툼을 피한다		16	붙임성이 있다	
7	인정이 많다		17	고집이 세다	
8	명랑하다		18	자존심이 강하다	
9	추진력이 있다		19	독하다	
10	자기자랑을 잘 한다		20	비사교적이다	

문 항					
21	온순하다		31	부드럽다	
22	단순하다		32	사교적이다	
23	관대하다		33	자기주장이 강하다	
24	열성적이다		34	계산적이다	
25	지배적이다		35	따뜻함이 부족하다	
26	치밀하다		36	재치가 부족하다	
27	무뚝뚝하다		37	추진력이 부족하다	
28	고립되어 있다		38	솔직하다	
29	조심성이 많다		39	친절하다	
30	겸손하다		40	활달하다	

대인관계 유형 스타일을 진단하고 각 유형별 문항에 대한 응답을 아래의 칸에 합산해 보자. (이 결과는 자신의 대인관계·의사소통에 대하여 주관적으로 지각한 것일 뿐이므로 고정관념을 갖지 않도록 유의하여야 한다.)

유 형	번호		번호		번호		번호		번호		합 계
지배형	1		9		17		25		33		
실리형	2		10		18		26		34		
냉담형	3		11		19		27		35		
고립형	4		12		20		28		36		
복종형	5		13		21		29		37		
순박형	6		14		22		30		38		
친화형	7		15		23		31		39		
사교형	8		16		24		32		40		

(2) 대인관계 · 의사소통 유형별 특성

여러 가지 의사소통 형태 중 키슬러(D. Kiesler)가 정리한 것에 따르면 대부분의 사람들은 자기만의 독특한 성격이나 대인관계의 유형이 있으며, 그런 특성은 일관성 있게 지속된다고 한다. 키슬러의 대인관계 양식의 8가지 유형은 다음과 같다.

1) 지배형

대인관계에 있어 자신감이 있으며 자기주장이 강하고 타인에게 주도권을 행사하는 경향이 있다. 지도력과 추진력이 있어서 집단적인 일을 잘 추진할 수 있다. 그러나 이러한 성향이 과도하면 독단적이고 강압적인 행동을 나타내며 타인과 잦은 마찰을 겪을 수 있다. ➜ 개발사항 : 타인의 의견을 경청하고 수용하는 자세를 갖도록 해야 한다.

2) 실리형

대인관계에 있어 이해관계에 민감하고 치밀하며 성취 지향적이다. 이런 성향이 강하면 자기중심적이고 경쟁적이며, 자신의 이익을 우선시하기 때문에 타인에 대한 관심과 배려가 부족할 수 있다. 타인을 신뢰하지 못하고 불공평한 대우에 민감하며, 자신에게 피해를 입힌 사람에게 보복하려는 경향이 있다. ➜ 개발사항 : 타인의 이익과 입장을 배려하며 타인에 대한 관심과 감성적 접근이 필요하다.

3) 냉담형

대인관계에 있어 이성적이고 냉철하며 의지력이 강하고, 타인과 거리를 두려는 성향이 있다. 이런 성향이 강하면 타인의 감정에 무관심할 뿐만 아니라 상처를 주기 쉽다. 타인을 따뜻하게 대하지 못하고 긍정적인 감성을 쉽게 표현하지 못하며, 대인관계가 피상적이고 오랜 기간 깊이 있게 사귀지 못하는 경향이 있다. ➜ 개발사항 : 타인의 감정에 민감하고 자신의 감정을 긍정적이고 부드럽게 표현하는 기술이 필요하다.

4) 고립형

대인관계에 있어 홀로 있거나 혼자 일하는 것을 좋아하며 감정을 잘 드러내지 않는다. 이런 성향이 강하면 타인을 두려워하고 사회적 상황을 회피하며 자신의 감정을 지나치게 억제하게 된다. 침울한 기분이 지속되고 우유부단하며 사회적으로 고립될 수 있다. ➜ 개발사항 : 대인관계의 중요성을 인식하고 사회적 훈련을 강화하며 낯선 사람을 대하는 일에 두려움의 원인을 성찰해 보고, 주변 사람들과의 친밀한 관계 형성을 위하여 노력해야 한다.

5) 복종형

대인관계에서 수동적이고 의존적이며 타인의 의견을 잘 따르고 주어진 의견에 순

종한다. 하지만 자신감이 없고 타인에게 주목받는 일을 피하며 자신이 원하는 바를 잘 전달하지 못한다. 이런 성향이 강하면 자신의 의견과 태도를 확고하게 지니지 못해 리더의 위치에서 일하는 것을 부담스러워한다. ➜ 개발사항 : 적극적인 자기표현과 자기주장 훈련이 필요하며 자기 의견이나 감정, 생각에 대해 적극적으로 표현하기 위한 훈련을 강화한다.

6) 순박형

대인관계에 있어 단순하고 솔직하며 너그럽고 겸손한 편이다. 그러나 이런 성향이 강하면 타인에게 쉽게 설득당해 주관 없이 끌려 다닐 우려가 있으며, 잘 속거나 이용당할 수 있다. 타인의 의견에 반대하지 못하고 화가 나도 제대로 표현하지 못한다. ➜ 개발사항 : 대인관계에서 타인의 의도를 좀 더 깊이 생각하고 신중하게 행동하도록 가르치고 평소에도 자신의 의견을 솔직하게 표현하고 주장할 수 있도록 한다.

7) 친화형

따뜻하고 인정이 많으며 대인관계에서 타인을 잘 배려하고 자기희생적인 태도를 보인다. 타인을 즐겁게 해주려고 지나치게 노력하며, 타인의 고통과 불행을 보면 도와주려고 과도하게 나서는 경향이 있다. 타인의 요구를 잘 거절하지 못하고 자신보다 앞세우는 경향이 있어 자신의 이익을 지키지 못한다. ➜ 개발사항 : 타인과의 정서적 거리를 유지하며 타인의 이익만큼 자신의 이익도 중요하다는 사실을 명확하게 인식하도록 한다.

8) 사교형

외향적이고 쾌활하며 대화하기를 좋아하고 타인에게 인정받으려는 욕구가 강하다. 혼자서 시간 보내는 것을 어려워하며, 타인과의 활동에 적극적으로 간섭하려는 경향이 있다. 타인의 시선을 끄는 행동을 많이 하거나 자신의 개인적인 일을 쉽게 털어놓는 편이다. ➜ 개발사항 : 이성적이고 객관적이며 독립적인 성향을 개발할 필요가 있다. 또한 타인뿐만 아니라 자신에게도 좀 더 많은 관심을 갖도록 한다.

3. 직업생활의 성공요인

직업분야와 고용형태에 상관없이 효과적인 의사소통능력은 직업생활의 성공을 위한 필수요인이다. 우리는 누구나 의사소통의 중요성을 알고 있지만, 의사소통능력은 개개인에 따라 다양하다. 또한 종종 직업인들은 자신도 알지 못하는 사이에 원만한 의사소통을 저해하는 행동을 하기도 한다. 의사소통을 방해하는 습관이 없더라도 자신의 의사소통능력을 개발하는 것은 쉬운 일이 아니다.

제2절 의사소통의 저해요인 찾기

1. 커뮤니케이션 잡음을 제거해야 한다 62)

세기의 천재로 불리는 20세기 위대한 물리학자인 알베르트 아인슈타인, 그는 여섯 살 때까지도 말이 서툴고 잘 알아듣지 못해 심부름도 제대로 못한데다가 성적 또한 엉망인 저능아였다. 담임교사는 저능아 낙인을 찍고 앞으로 어느 분야에서도 성공할 수 없다고 판단했다. 아버지조차 훗날, 아들에게 절망한 나머지 여덟살까지 저능아인 줄 알았다고 고백했다. 하지만 어머니만은 또래보다 지적 능력이 떨어져 학교 수업을 따라가지 못하는 아들을 따뜻하게 감싸며 말했다. "걱정하지 마, 아인슈타인. 남과 같아지려면 남보다 나아질 수 없는 법이란다. 너는 다른 사람이 갖고 있지 않은 특별한 능력을 갖고 있으니 꼭 훌륭한 인물이 될 거야." 어머니는 아들의 어떠한 질문에도 성심껏 대답해 주었다고 한다. (중략)

커뮤니케이션 관계에서 커뮤니케이션은 사람이 부여하는 것 외에 어떤 마력을 지닌 것이 아니다. 사람이 전달 메시지에 부여하는 것 외에 메시지 그 자체가 의미를 지니지는 못한다. 따라서 커뮤니케이션을 안다는 것은 사람을 연구하는 것이다. 커뮤니케이션 능력은 정상적인 성장 과정에서 자연스럽게 갖춰지는 것이지만, 사회적 · 문화적 측면에서의 관련성을 무시할 수 없다.

또한 커뮤니케이션은 매스미디어(대중매체)를 매개로 하더라도 결국 사람과 사람의 행위이므로 먼저 사람의 마음을 이해할 필요가 있을 것이다. 사람은 대단히 복잡한 존재이기는 하지만 심리학, 철학 등의 인문과학에 대한 상식을 통해 이해가 가능한 영역도 반드시 있다.

우리의 문화권 내에서 개인은 각 세대로 계승되는 가치와 신념, 태도 등을 공유한다. 커뮤니케이션이란 송신자가 의도적으로 보낸 메시지를 수신자가 반드시 수신하는 경우에 한정해야 한다는 것이다. 커뮤니케이션 능력이 뛰어난 사람은 그때그때 상황에 적절하게 상대방 욕구에 적응하고, 타인의 감정에 관심을 가지며 경청함으로써 감정이입의 표현을 잘하고, 대화하는 동안 타인에게 적절한 피드백을 주는 사람이다. 이러한 특성의 기본을 이루는 것은 무엇보다 '경청'이다.

그러므로 커뮤니케이션 모델에서 잘 고려해야 할 마지막 요소인 잡음(noise)을 제거해야 한다. 커뮤니케이션 시스템 내의 모든 단계에서 본래 의도된 메시지의 정확한 전달을 방해할 수 있는 요인들이 많이 있기 때문이다. 사람과 사람 간의 커뮤니케이션은 잡음 때문에 남에 대한 미움과 분노가 발생하며 종국(終局)에는 전쟁을 발

62) 이창호(2009), 커뮤니케이션은 잡음(noise)을 제거해야 한다, 뉴스와이어, 2009.07.05.

생하는 데 기여하기도 한다.

예를 들어 송신자와 수신자 사이의 커뮤니케이션 경로에서 잡음 메시지를 전달해 주는 매체는 메시지 왜곡의 잠재적 원천이 될 수 있기 때문이다. 즉 전달 매체로서 오자(誤字)는 본래의 메시지를 왜곡시킬 것이며, 특히 직접적인 대화가 사용될 때에도 커뮤니케이션은 사회생활을 성립시키는 기초적인 조건이므로, 이것이 원활하게 이루어지지 않게 되면 개인과 사회 모두 바람직하지 못한 결과가 야기된다.

한편 플라톤의 페이돈(Phaedon)에 따르면, 소크라테스는 다음과 같이 지적했다. "사람은 다른 사람과 말을 할 때 듣는 사람의 경험에 맞추어 말해야만 한다. 예를 들면 목수에게 이야기할 때는 목수가 사용하는 말을 써야 한다." 이는 듣는 사람의 언어로, 그리고 그가 사용하는 용어로 말할 때에만 대화를 할 수 있다는 말이다.

2. 의사소통의 결정요인 63)

① **인간적 요인** : 조직 내 구성원들의 지식, 판단 기준, 경험, 가치관, 선입견 등
② **조직 구조적 요인** : 해당 조직의 규모, 성격, 전문화, 인간관계 구조 등
③ **사회문화적 요인** : 그 조직을 둘러싸고 있는 사회문화적 요인의 영향

3. 의사소통의 저해요인 64)

(1) 인간적 요인

① **인간의 판단 기준** : 인간이 가지고 있는 지식, 경험, 가치관, 선입견 등. 나의 의견이 100% 맞는다는 보장은 없다.
② **인간 능력의 한계** : 간소화된 의사만을 전달할 경우, 의사가 왜곡 전달될 가능성이 있다.
③ **의식적인 제한** : 경쟁 관계나 적의를 품고 있을 때는 곡해할 소지가 있다.

(2) 조직 구조적 요인

① **해당 조직의 생리** : 조직의 성격, 규모, 인간관계 구조 등
② **조직 내의 분화** : 엄격한 위계질서에 따른 신분상의 간격, 전문화에 의한 분야 상의 간격, 장소 분산에 의한 공간적 간격 등

---

63) 권인아 · 오정주(2020), op. cit.
64) Ibid.

③ **조직의 업무** : 과다한 업무량, 혹은 비밀 유지를 특히 필요로 하는 업무 등인 경우

(3) 사회문화적 요인

① **언어** : 다언어를 사용하는 다민족 국가의 경우, 은어라든가 전문용어, 방언 등
② **환경, 정세** : 물가, 안보 등 상황의 변동
③ **사회분화도** : 사회분화의 정도가 진화되어 그 전문화의 정도가 깊어진 사회일수록 의사소통이 어려워짐

4. 잡음에 따른 장애요인

(1) 잡음의 의미

잡음(noise)이란 메시지를 정확하게 이해하는 데 방해가 되는 것을 말한다. 즉 의사소통을 저해하는 요인을 의미한다. 따라서 원활한 의사소통을 방해하는 요인으로 이를 제거하지 않으면 효과적인 소통은 어려워진다.

(2) 잡음의 종류

1) 물리적 잡음

정보 격차, 생략 · 누락, 과중, 타이밍, 그리고 환경 · 분위기 등이 있다.

〈표 2-1〉 물리적 잡음의 종류

종 류	의 미
정보 격차	새로운 정보기술에 쉽게 접근할 수 있는 능력을 보유한 자와 그렇지 못한 자 사이에 경제적 · 사회적 격차가 심화되는 현상이다. 정보 격차가 소득 격차를 더욱 심화시킬 수도 있다.
과 중	전달하려는 정보 및 메시지가 너무 많아서 소통이 원활하게 이루어지지 않았다.
생략 · 누락	수신자가 정확한 판단을 하기 위해 필요로 하는 모든 정보를 전달자가 제대로 전달하지 못할 때(즉 전달 과정에서 정보가 누락되거나 생략되는 경우) 발생한다. 전달자의 능력 및 지식 부족, 매체의 불완전성이 원인이다.
타이밍	커뮤니케이션의 생명은 적시성(timing)이다. 정보가 아무리 중요해도 수신자가 필요로 하는 상황에 전달되어야 진정한 의미가 있다. 누가 먼저 정확한 정보를 얻는가가 조직의 성패를 좌우할 수 있다.

환경 · 분위기	외부의 공사, 음악 소리, 대화나 소음, 온도나 조명상태 등 주변 환경이 열악한 경우에도 의사소통은 어려워진다. 서로 집중할 수 있는 조용한 분위기의 편안한 장소가 필요하다.

2) 인지 · 심리적 잡음

인지 · 심리적 잡음으로는 왜곡, 불신, 무관심, 평가 · 조언 성향, 심리적 거리감, 그리고 감정 상태 등이 있다.

〈표 2-2〉 인지 · 심리적 잡음의 종류

종 류	의 미
왜 곡	개인의 경험이나 동기 등에 의해 형성된 가치관, 선입견, 고정관념, 편견 등에 따라 전달자(화자)의 메시지가 의도와 다르게 왜곡되어 해석될 때 소통의 질이 떨어진다. 정보이동 시, 계층수가 많아질수록 왜곡의 가능성은 더욱 커진다.
불 신	전달자가 명확한 메시지를 보내고 수신자가 그 내용을 있는 그대로 믿고 받아들여서 솔직한 피드백을 할 수 있어야 한다. 대화하는 쌍방이 서로 신뢰하지 못하는 경우에는 원활한 소통이 불가능하다.
무관심	무관심으로 인해 대화에 집중하지 못할 때 의사소통은 어려워진다. 언어적, 비언어적 소통 모두에 관심을 가질 필요가 있다.
평가 · 조언 성향	개인이 가지고 있는 평가나 조언의 성향이 소통을 어렵게 하는 것을 의미한다. 공감과 수용 능력이 부족하여 갈등 유발하고, 상대방의 생각과 감정을 수용하고 이해하는 것이 필요하다.
심리적 기대감	권위적 조직일수록 상사와 구성원 간의 관계에서 심리적 거리감이 멀게 느껴진다. 직급이 한 단계씩 멀어질수록 심리적 거리감은 제곱으로 커진다(켈의 법칙).
감정상태	감정이 격해지면 이성의 합리적 활동은 지장을 받게 된다. 감정에 치우칠 경우 진행된 의사소통 활동은 송 · 수신자 모두에게 부정적인 영향을 준다. 가능한 한 이성에 의해 합리적으로 하려고 애써야 한다.

(3) 기 타

① 어의 상의 문제 : 여러 가지 해석이 가능한 단어나 문구를 사용할 경우 왜곡이 있을 수 있다.

② 전문용어나 어려운 말 : 쉬운 용어로 바꿔서 전달, 학술용어도 쉽게 풀어서 설명할 필요가 있다.

③ 지위상의 차이가 있다.
④ 정보의 신뢰도가 있다.
⑤ 전달되는 메시지의 의미를 전혀 몰라(생소한 표현이나 외국어) 커뮤니케이션 자체가 이뤄질 수 없는 경우(의미적 잡음)이다.

5. 사례1 : 대화 중 장애 요인과 잘못된 사고방식

(1) 대화 중 발생하는 장애 요인 65)

1) 송신자(말하는 사람)와 관련된 장애 요인

① 수신자의 마음을 상하게 하지 않을까? 하는 우려가 있다.
② 수신자에게 거부 또는 무시당하거나 이해받지 못하면 어쩌나 하는 마음이 있다.
③ 잘못된 언어 습관이나 표현력 부족이 있다.
④ 의사소통의 목표 결여 : 의사의 전달 목표가 뚜렷하지 않을 때 의사소통은 생명이 없어지게 된다.
⑤ 의사소통의 기술 부족 : 부적합한 용어의 사용, 기법상의 과오, 서투른 발음이나 문장 구성력 등에 기인하는 의사소통 기술 부족은 명확한 의사소통을 반감시키는 요인이 된다.
⑥ 감수성 부족 현상 : 대인관계에서 타인의 욕구와 감정 및 정서에 무관심함으로써 수신자의 긍정적인 반응을 얻지 못하는 현상이다.
⑦ 여과(조작) : 송신자가 의도적으로 정보를 조작하여 수신자에게 보내는 현상을 말한다.
⑧ 어의 상의 문제 : 송신자가 애매모호한 말이나 전문용어 등 부적절한 용어를 사용하여 수신자로 하여금 메시지를 해독할 때 오류를 범하게 하는 것이다.
⑨ 정보의 독점 : 좋은 정보를 혼자 간직함으로써 타인에 대한 통제력을 행사하고자 할 때 발생한다.
⑩ 자기방어 : 자기에게 불리한 정보는 보류하고 유리한 것만 골라서 전달하는 경향을 말한다.

2) 수신자(듣는 사람)와 관련된 장애 요인

① 듣고 이해하는 능력의 부족이 있다.
② 선택적 지각(경청) : 자기 생각과 감정, 자신의 입장에서 듣고 있다. 즉 송신자가 보내온 메시지를 자신의 욕구, 경험, 배경, 그리고 기타 개인적 특성에 따라 선택적으로 보고 듣고 해석하는 현상이다.

---

65) 김주애 외(2020), op. cit. https://www.sangji.ac.kr › cmm › fms › FileDown, 언어적 의사소통(제10장 의사소통).

③ 고정관념이나 잘못된 선입견 : 송신자나 사건에 대해 갖고 있는 고정관념이나 선입견 때문에 정보의 내용을 왜곡하는 현상이다.
④ 평가적 경향 : 수신자가 송신자로부터 메시지를 전달받기 이전에 그 메시지의 전반적인 가치를 미리 평가해 버리는 것이다.
⑤ 피드백의 결핍 : 피드백은 일방적 전달이 아닌 의사소통이 이루어질 수 있는 가장 필수적 요소이다.
⑥ 수용거부 : 수신자가 송신자의 메시지를 수용하길 거부하는 현상이다.

3) 상황에 관련된 장애 요인

① 정보의 과중 : 메시지의 흐름이 그 체제의 처리 용량을 초과하여 유입되어 나타나는 현상이다.
② 의사소통의 시간과 정보량 : 주어진 시간에 비해 전해야 할 메시지의 양이 너무 많은 경우에 발생 → 회의 시간이 너무 촉박하거나 회의에서 다루어야 할 안건이 너무 많은 경우 원활한 의사소통을 방해한다.
③ 비언어적 의사소통 : 때론 비언어적 의사소통이 언어적 의사소통보다 더 정확하게 의사를 전달하기도 하지만, 너무 많은 상징적인 기호의 사용은 의사소통에서 오해나 왜곡을 불러올 수 있다.
④ 의사소통의 분위기 : 산만하여 집중할 수 없는 분위기와 부정적 분위기에서는 의사소통의 효과를 낮출 수 있다.
⑤ 준거 체계의 차이(문화, 나이)
⑥ 지위상의 차이(긴장)

4) 매체와 관련된 장애 요인[66)]

① 부적절한 매체의 선택
② 통신장비의 결함

(2) 의사소통에 장애가 되는 잘못된 사고방식[67)]

1) 자기 멋대로 말하고 듣는 자기중심적인 사고방식 : '일방적으로 말하고', '일방적으로 듣는' 무책임한 마음

직업생활에서 누구나 '실수를 범하지 않도록' 주의하며 의사소통을 시도한다. 그러나 내 메시지가 '정확히 전달되었는지', 상대방이 '정확히 이해했는지'를 확인하지 않

66) https://www.mokwon.ac.kr › html › sub05, 의사소통의 개념과 기능.
67) 한국산업인력공단(2021), op. cit.

고 그 순간을 넘겨 버린다면 서로 '엇갈린 정보'를 가지게 된다. 이런 '엇갈린 정보'에 대한 책임은 듣는 사람에게도 있으며 듣는 사람은 자신이 들은 정보에 대해 확인하는 책임을 가진다. (→ 의사소통 과정에서의 상호작용 부족)

2) '그래서 하고 싶은 말이 정확히 뭐야?' 분명하지 않은 메시지 : 확인하지 않고 소통이 잘 되었다고 착각

업무를 위한 의사소통은 많은 정보를 담아야 하는 경우가 종종 있다. 그러나 말하는 사람은 지나치게 많은 정보를 한 번에 담거나, 서로 경쟁하는 메시지를 듣는 사람에게 전달하지 않도록 주의해야 한다. 듣는 사람이 이해하기에 너무 복잡한 메시지, 서로 모순되는 내용을 가진 경쟁적인 메시지를 전달하는 것은 '잘못된' 의사소통으로 가는 지름길이다. (→ 복잡한 메시지, 경쟁적인 메시지)

일례로 사소한 것이라도 '엇갈린 정보'를 바로잡지 않은 채 의사소통을 하면 업무상 문제가 발생한다. 하지만 자신은 '전달했는데', '아는 줄 알았는데' 하며 착각에 빠져있기 때문에 업무상 문제를 정보공유의 부족에서 오는 것이라고 생각하지 않는다. '~는데'에서 오는 착각은 서로에게 '엇갈린 정보'만 갖게 할 뿐이다.

3) 말보다 눈치를 중요하게 생각하는 우리의 문화적 의식 : '말하지 않아도 아는 문화'에 안주하는 마음

'말하지 않아도 안다.', '호흡이 척척 맞는다.', '일은 눈치로 배워라.' 등과 같이 직접적인 대화를 통해서 관계하는 것보다, 오히려 '눈치'를 중요시하는 의사소통을 미덕이라고 생각하는 경향이 있다. 말하지 않아도 마음이 통하는 관계는 '최고의 관계'이지만, 비즈니스 현장에서 필요한 것은 마음으로 아는 눈치의 미덕보다는 정확한 업무처리임을 명심해야 한다. (→ 의사소통에 대한 잘못된 선입견)

4) 평 가

의사소통능력을 개발하기 위해서는 원활한 의사소통을 하지 못하게 하는 저해요인을 분명히 알고 이를 제거하기 위한 훈련을 해야 한다. 그러기 위해서는 무엇보다도 스스로가 의사소통의 중요한 주체임을 인지하고, 자신의 문제점을 객관적으로 분석할 수 있어야 한다. 또한, 타인을 이해하려는 노력과 조직의 구성원으로서 조직 분위기를 개선하도록 노력하는 것도 필요하다.

6. 사례2 : 기업용 메신저

한국기업의 소통 문제와 관련하여, 국내 회사 간부 응답자의 74%가 조직 성과의 장애 요인으로 커뮤니케이션을 꼽고 있는데, 주요 장애 요인은 다음과 같다.

① 정보를 전달할 때 발신자나 전달자가 의도적으로 정보를 조작하여 위로 올라갈수록 정보가 왜곡되어 전달되는 경우
② 발신자의 전달 내용이 많거나 어려워 이를 수신자가 완전히 이해하지 못하고 자신의 프레임대로 생각하여 받아들이는 경우
③ 수신자가 발신자에 대해 반응하지 않거나 답변을 주지 않아서 오해가 생기는 경우
④ 구두로 의사소통을 할 경우 당사자나 수신자의 감정 상태나 언어, 단어의 선택 등에 따라 잘못 전달되는 경우
⑤ 불필요한 회의를 통해 회사의 중요한 인적 자원이 낭비되는 경우와 여기에 더하여 세대 간의 의사소통 방법이 달라, 이러한 차이로 인해 회사 내의 소통이 더 어려워지는 것이 현실

이를 해결하기 위한 커뮤니케이션 대책은 다음과 같다.

먼저 정보 전달자의 보고서가 현장 중심적이어야 하고 간결해야 한다.

또 이슈에 관련되어 있는 참가자가 동시에 발신자의 내용을 여과 없이 전달받아야 한다. 아울러 수신자가 내용을 인지했는지 그 여부를 알 수 있어야 하고 피드백에 대한 객관적인 기록이 남아야 한다. 정보공유는 실시간으로 이루어져야 하고, 자료작성에 많은 시간이 소요되지 않아야 한다. 대면보고보다는 메신저의 형태로 전달되어야 효율성이 높다. 관련자들이 다 모이는 불필요하고 경직된 회의를 최소화하고 사이버공간에서 자유로운 토론이 이뤄져야 수월한 커뮤니케이션이 이루어진다.

최근 이러한 기업 내의 커뮤니케이션 문제를 해결해주는 대안으로 기업용 메신저가 부각되고 있다.

제3절 의사소통능력 개발방안

1. 효과적인 소통 방법

(1) 발신자의 효과적 메시지 전달

① **사전에 전달할 내용의 명확화** : 먼저 전달할 내용이 무엇인지와 왜 전달해야 하는지 한 번 더 생각해 본다.

② **수신자가 이해할 수 있는 전달 매체 선택** : 자신에게 편리한 방법이 아닌 수신자가 이해하기 편한 방법을 고려해야 한다.
③ **상호 신뢰적 분위기 조성** : 상호신뢰의 분위기는 의사소통에 큰 영향을 미치므로 중요하게 생각해야 한다.
④ **적당한 피드백 및 전달 확인** : 수신자가 제대로 이해했는지 피드백 및 전달 내용을 한 번 더 확인함으로써 오류를 줄일 수 있다.
⑤ **전문성의 확보** : 발신자가 전달하는 주제에 전문성이 있으면 메시지의 신뢰성이 향상된다.

(2) 수신자 측의 메시지 수용

① **선입견 및 섣부른 판단 금지** : 발신자가 내용을 충분히 전달하기 전에 수신자가 성급히 판단하게 되면 메시지 이해도 정확히 안 될 뿐만 아니라 발신자를 방어적으로 만들어 버린다.
② **능동적 경청** : 메시지를 능동적으로 주의 깊게 경청함으로써 신뢰와 이해를 도모할 수 있다.
③ **직접적 대면** : 중간단계를 거치지 않을수록 의사전달은 명확해진다. 따라서 가급적 직접 대면의 방법을 활용해 의사소통하는 것이 효과적이다.

2. 조직의 의사소통 활성화 방안

(1) 대인관계의 개선

① 상하 계층 간의 인간관계를 개선하고 집단 구성원 간의 사회심리적 거리를 단축시켜 의사소통을 원활하게 한다.
② 자유롭게 의사표시를 할 수 있는 분위기를 조성한다.
③ 하급자들이 상급자들에게 접근하기 용이한 개방정책(open door policy)을 실시한다.
④ 제안함(suggestion box)이나 건의함을 설치하여 의견 제시 활성화를 도모한다.

(2) 의사소통 체계의 확립

① 의사소통의 통로는 공식적으로 명시되고 명확하게 모든 구성원들에게 알린다.
② 조직의 모든 구성원에게 명확한 공식적 의사소통의 통로가 있어야 한다. (하의상달과 상의하달의 소통체계)
③ 상향식 커뮤니케이션을 장려한다. (고충 처리 절차, 문호개방 절차, 퇴직자 면접 등의 제도적 장치로 상향적 커뮤니케이션 증대)

(3) 적절한 언어의 사용

① 전달자는 수신자가 가장 잘 이해하고 해석할 수 있는 방법을 사용한다.
② 전달자는 언어적 정보와 비언어적 정보를 동등하게 사용하여 수신자의 이해를 도와야 한다.

(4) 신뢰의 분위기 조성

① 쌍방을 통해서 이루어져야 하며 상호신뢰에 기초한 공개적인 분위기 속에서 의사소통이 이루어질 때 가장 효과적이다.
② 행정가는 하위직원에게 최대한 공개적으로 모든 관련 정보를 제공하며, 자신과 하위직원 간의 접촉을 극대화하려고 노력한다.

(5) 공동의 목표 제시

① 과도한 내부의 경쟁은 조직 내에서 충성심, 팀워크, 정보의 공유를 저해한다.
② 대의를 위해 토의와 논쟁할 수 있는 건설적 문화를 구축한다.

(6) 핵심 메시지로 승부

① 조직 구성원들에게 전달하고자 하는 핵심 메시지는 반복적으로 강조하고, 충분히 이해와 공감이 가능하도록 구체적인 사례를 제시한다.
② 구성원들이 외부의 왜곡된 소문을 통해 조직 내부의 부정적인 소식을 듣기 전에 가능한 빨리 관련 정보를 투명하게 공개한다.

(7) 반복(redundancy)과 피드백(feedback)

① 반복 : 의사소통의 전부 또는 일부를 두 번 이상 되풀이해서 의사소통의 정확성을 높인다.
② 피드백 : 전달자가 발송한 정보를 피전달자가 정확히 받아서 바르게 해석하였는가를 전달자가 알 수 있도록 해준다. 이 방법은 의사소통의 신속성을 감소시키나 의사소통의 정확성을 높일 수 있는 장점이 있다.

(8) 경청 후 판단

① 조직 내 집단지성의 발휘를 위해 다양한 구성원의 소리를 경청하도록 한다.
② 구성원의 다소 엉뚱한 제안이나 아이디어도 끝까지 경청하고 판단한다.

(9) 칭찬과 격려

① 질책 위주의 회의, 거친 말 등은 조직 내 부정적인 분위기를 조성해 구성원들의 방어적인 태도를 불러일으키게 된다.
② 구성원들은 조직 내 리더의 영향을 받으며 성장한다. 칭찬과 격려로 긍정적인 분위기를 연출해 구성원 모두가 긍정의 감성을 가질 수 있도록 노력한다.

(10) 종합적 접근

커뮤니케이션은 조직의 여건과 상황에 영향을 크게 받으므로 조직 내 의사소통의 활성화를 위해서는 단편적인 사항, 하나를 개선하는 것보다 전반적·종합적·입체적 접근이 필요하다.

3. 의사소통능력 개발하기 68)

(1) 사후검토와 피드백(feedback) 주고받기

직접 말로 물어보거나 상대의 표정이나 비언어 등을 관찰해 정확한 반응을 살핀다.

1) 피드백이란?

상대방에게 그의 행동 결과에 대한 정보를 제공해 주는 것을 말한다. 즉, 그의 행동이 나의 행동에 어떤 영향을 미치고 있는가에 대하여 상대방에게 솔직하게 알려주는 것이다.

2) 사후검토와 피드백 활용

의사소통의 왜곡에서 오는 오해와 부정확성을 줄이기 위하여 말하는 사람은 사후검토와 피드백을 이용하여 메시지의 내용이 실제로 어떻게 해석되고 있는가를 조사할 수 있다.

3) 사후검토와 피드백 시 유의점

피드백은 상대방에게 행동을 개선할 기회를 제공해 줄 수 있다. 하지만 부정적인 피드백만을 계속해서 주면 오히려 역효과가 나타날 수 있으므로 피드백을 줄 때 상대방의 긍정적인 면과 부정적인 면을 균형 있게 전달하도록 주의하여야 한다.

---

68) 한국산업인력공단(2021), op. cit.

(2) 언어의 단순화

명확하고 쉽게 이해 가능한 단어를 선택해 이해를 높인다. 의사소통에서는 듣는 사람을 고려하여 명확하고 이해 가능한 어휘를 주의 깊게 선택해 사용하여야 한다. 또한 상황에 따라 용어의 선택이 달라질 수 있다.

예를 들어 전문용어는 그 언어를 사용하는 집단 구성원들 사이에서 사용하면 이해를 촉진시키지만, 조직 밖의 사람들에게 사용하면 의외의 문제를 야기할 수 있기 때문에 의사소통을 할 때 주의하여 단어를 선택해야 한다.

(3) 적극적인 경청

감정을 이입해 능동적으로 집중하며 경청한다. 우리가 다른 사람과 대화를 할 때 상대의 이야기에 관심을 보이지 않는다면 더 이상 그 사람과 의미 있는 대화를 나누기 어렵다. 단순하게 상대방의 이야기를 들어주는 것과 경청의 의미는 다르다. 듣는 것은 수동적인 데 반해 경청은 능동적인 의미의 탐색이다. 경청은 의사소통을 하는 양쪽 모두가 같은 주제에 관해 생각하고 있다는 것이다. 하지만 경청은 지적인 노력과 집중을 필요로 하기 때문에 그리 쉬운 일이 아니다. 적극적 경청은 상대방의 입장에서 생각하려고 노력하면서 감정이입이 될 때 더욱 용이해진다.

(4) 감정의 억제

감정적으로 상대의 메시지를 곡해하지 않도록 침착하게 의사소통을 한다. 우리는 감정을 가진 존재이므로 언제나 이성적인 방법으로 의사소통을 하지는 않는다. 의사소통 과정에서 어떤 감정을 경험하는 것은 자연스러운 일이다. 하지만 자신의 감정에 지나치게 몰입하게 되면, 의사소통 과정에서 상대방의 메시지를 오해하기 쉽고, 반대로 자신이 전달하고자 하는 의사를 명확하게 표현하지 못할 경우가 많다. 이러한 상황에 있을 때 가장 좋은 방법은 침착하게 마음을 비우고, 평정을 어느 정도 찾을 때까지 의사소통을 연기하는 것이다.

조직 내에서 의사소통을 무한정 연기할 수는 없기 때문에 먼저 자신의 분위기와 조직의 분위기를 개선하도록 노력하는 등 적극적인 자세가 필요하다.

(5) 평가[69)]

의사소통능력을 개발하기 위해서는 의사소통 저해 요인을 분명히 알고 이를 극복하여 의사소통의 정확성, 수용성 등을 개선하여야 한다. 이에 자신이 스스로 의사소

69) 김주애 외(2020), op. cit.

통의 중요한 주체임을 인지하고, 자신을 먼저 이해시키는 노력이 필요하다. 그리고 타인을 이해하려는 노력과 조직의 구성원으로서 조직 분위기를 개선하도록 노력하는 것이 중요하다. 다양한 표현, 상대방의 마음을 끌어당길 수 있는 새로운 표현을 활용하여야 한다. 조직 내의 의사소통 장애 요인을 알고, 이를 극복하기 위해 조직의 분위기를 개선하려는 노력이 필요하다.

의사소통능력을 개발하기 위해서는 사후검토와 피드백을 활용하고, 명확하고 쉽게 이해 가능한 단어를 선택하여 이해를 높이도록 언어를 단순화하며, 적극적으로 경청하고, 감정적으로 메시지를 곡해하지 않도록 침착하게 감정을 억제해야 한다.[70]

제4절 마무리 : 핵심체크

1. 각자 대인관계 · 의사소통 스타일에 대해 곰곰이 생각해보고, 이를 키슬러(D. Kiesler)의 대인관계 · 의사소통 양식지에 체크해봄으로써 자신의 의사소통 유형을 확인해 보는 것도 도움이 될 것이다.

2. 의사소통을 저해하는 요인은 크게 ① 인간적 요인, ② 조직 구조적 요인, ③ 사회문화적 요인으로 구분해 볼 수 있다. 또한 다양한 저해 요인들 가운데 주요 사항을 언급해 본다면 일방적인 정보 전달로 인한 의사소통 과정에서의 상호작용 부족, 메시지의 복잡성, 메시지의 경쟁, 의사소통에 대한 잘못된 선입견 등이 있다. 그러므로 바람직한 의사소통을 위해서는 이러한 저해 요인을 제거해야 한다.

3. 의사소통능력을 개발하기 위해서는 사후검토와 피드백을 활용하고, 명확하고 쉬운 단어를 선택하여 이해를 높이고(언어 단순화), 상대방과 대화 시 적극적으로 경청하며 감정적으로 메시지를 곡해하지 않도록 침착하게 감정을 조절해야 한다.

---

70) https://blog.poohsiro.com/102?category=759308 [푸우시로의 블로그], 의사소통능력 높이기, HRD STORY, 2018.02.03.

제 1 장	의사소통능력 I
제 2 장	의사소통능력 II
제3장	**경청능력 I**
제 4 장	경청능력 II
제 5 장	의사표현능력 I
제 6 장	의사표현능력 II
제 7 장	의사표현능력 III
제 8 장	의사표현능력 IV
제 9 장	문서이해능력
제 10 장	문서작성능력 I
제 11 장	문서작성능력 II
제 12 장	문서작성능력 III
제 13 장	기초외국어능력

경청을 통해 우리는 상대방을 존중하고 성실한 마음으로 대하게 되며, 그의 입장에 공감하고 이해하게 된다. 이를 통해 우리는 상대방과 관계의 깊이를 더할 수 있을 뿐만 아니라 업무의 성과까지도 기대할 수 있다.[71] 이제 경청능력의 다양한 측면을 살펴보기로 하자.

제1절 경청능력의 필요성

경청능력은 다른 사람의 말을 주의 깊게 들으며, 공감하는 능력이다. 다양한 일 경험 상황에서 개인이나 조직 간에 원만하게 관계를 유지하고 업무 성과를 높이기 위해서는 적절하게 의사소통할 수 있는 능력이 필수적이다. 의사소통을 하기 위해서는 특히 다른 사람의 말을 주의 깊게 들으며 공감할 수 있는 능력이 우선시되어야 할 것이다.[72]

인공지능, 로봇, 자동화 등 첨단기술의 도입이 가속화되면서 의사소통, 협업, 리더

71) 김민수(2019), NCS 직업기초능력평가_의사소통능력(24), 법률저널, 2019.07.09.
72) 한국산업인력공단(2021), 직업기초능력 가이드북 의사소통능력, 진한엠앤비, 2021.04.22.

십과 같은 대인관계 스킬이 보다 중요해지고 있다. 대인관계 스킬은 '인간적인' 스킬로 아직 기술이 따라잡지 못한 영역인 동시에 성과를 창출하는 데 매우 중요하다.

경청은 원활한 의사소통뿐만 아니라 신뢰 및 긍정적인 관계 형성에 핵심적이다. 경청은 '상대방의 이야기를 듣는 것'으로 매우 쉬운 일로 간주되지만 적극적 경청, 공감적 경청, 열린 경청(리더의 덕목 중 하나) 등 다양한 수식어가 방증하듯 현실에서 잘 이루어지지 않는다. 사람들은 자신이 남의 말을 귀 기울여 듣는다고 생각하지만, 실제 그들의 행동을 관찰해보면 경청하지 못하는 경우가 많다.

사람들은 왜 경청하지 않을까? 사람들이 경청하지 않는 이유는 다양하다.[73] 단순히 남의 의견에 관심이 없을 수도 있고, 타인의 의견이 가치 없다고 생각하는 오만함이나 급한 성질, 인내심 부족이 원인일 수 있다. 한 역량 전문가는 사람들이 경청 스킬이 부족한 경우는 극히 드물며, 대부분은 경청 스킬을 보유하고 있지만 자신이 필요할 때만 발휘하는 것이 문제라고 지적하였다.

경청은 신뢰 구축, 긍정적인 대인관계 형성을 넘어 더 높은 성과, 직무 만족, 헌신을 이끈다는 점에서 반드시 실천하거나 개발해야 할 스킬이다.[74]

제2절 생각해 보기

우리는 다른 어떤 종류의 의사소통보다 다른 사람의 말을 듣는 데 많은 시간을 사용한다. 한 연구에서 대학생들은 다른 사람과 의사소통하는 시간 중 55%를 다른 사람의 말을 듣는 데 사용하는 것으로 나타났다. 그만큼 듣기는 의사소통의 가장 흔한 형태이지만, 사람들은 자신의 의견을 말하는 것을 우선으로 생각하여 제대로 된 의사소통에 실패하는 경우가 많다. 경청의 의미는 무엇이고, 왜 중요한지 다음의 몇 가지 사례를 통해 각자 생각을 정리해 보자.

1. 귀 없는 사장과 귀 있는 사장의 차이[75]

경청하는 사장은 직원들의 업무 역량과 업무 태도를 바꾼다. 사장이 경청하는 자세를 보인다는 건, 직원에게 '내가 당신을 신뢰하고 있다'라는 것을 가장 강력하게

73) 경청이 안 되는 이유 : ① 자신이 할 이야기를 생각하고 있기 때문, ② 상대의 이야기를 내 경험에 비추어 생각하기 때문, ③ 상대의 이야기를 평가하면서 듣기 때문, ④ 심신이 피로하기 때문, ⑤ 다른 생각을 하고 있기 때문
74) https://hrbulletin.net [HR 블레틴], 나는 정말로 경청하는 사람일까?, 양민경, 2018.11.13.
75) 최인녕(2020), 귀 없는 사장과 귀 있는 사장의 차이, 중앙일보, 2020.07.27.

표현하는 방법이다. 직원에 대한 사장의 신뢰감은 직원의 업무 의욕을 고취하는 데에 필수적이다. 잘 듣는 리더는 비언어적인 방법과 언어적인 방법을 조화롭게 사용한다. 눈빛, 반응, 표정, 집중하는 자세뿐만 아니라 직원의 말을 듣고 목적과 목표에 맞는 질문을 하는 것, 말을 하기 전 직원에게 동기부여 되는 칭찬 한마디를 덧붙이는 것은 경청하는 리더에게서 볼 수 있는 공통점이다.

직원보다 더 많은 업무 경험과 더 넓은 시야를 지닌 리더로서, 말을 아끼고 귀를 여는 일은 항상 각성과 노력이 필요한 일이다. 그러나 잘 듣는 리더가 직원들의 책임감과 동기부여, 업무 역량 향상에 도움이 되며 건강한 조직 문화에 기여할 수 있다면, 잘 듣는 리더가 되기 위해 노력해보는 것은 어떨까?

3장

성공적 리더는 개인의 능력만 출중해서 되는 것이 아니다. 내가 이끌어야 하는 직원들 역시 각자의 역량을 충분히 발휘할 수 있도록 만들어 주어야 자신이 리더인 조직을 발전시킬 수 있다. 이처럼 성공하는 리더들은 일반 사람들과 다른 특성을 지니고 있다. 특히 다른 사람들의 말을 경청하고 또 경청하는 능력을 지니고 있는데, 이와 같이 경청이 무엇이고 왜 중요한지에 대하여 알 필요가 있다.[76]

2. 5대 그룹 임원이 되려면[77]

삼성, 현대차, SK, LG, 롯데 등 5대 그룹의 인사 관련 임원을 취재하면서 공통적으로 질문한 것이 있다. 공통적인 대답은 바로 "경청하고, 경청하라."였다.

SK도 경청의 중요성에 대해 일찍부터 인식하고 임원들이 이를 실행하도록 하고 있다. SK는 파격적인 인사를 통해 이를 실천한다. SK가 여러 가지 새로운 사업을 벌이고 있는 때, 필요한 인력을 선입관 없이 적기에 공급하자면 경청하는 임원이 인사부서에 있어야 함을 뜻한다.

삼성은 '부하들의 마음을 관리하는 법'이란 사례집을 만들어 돌렸다. 사례집에 따르면 훌륭한 상사는 부하 직원의 생일이나 입사 기념일에 메시지를 보내는 등 1대1 관리에 능하다고 한다. 심지어 어떤 상사는 외국 출장길에도 생일을 맞은 후배에게 메시지를 보내 감동의 물결을 일으켰다는 것이다. 또 부하들을 면담할 때 이들로부터 들은 장래 희망이나 지금 고민하고 있는 것을 꼼꼼히 적어 생각날 때마다 어떻게 되고 있는지 물어보기도 한다.

"5대 그룹 임원이 되려면..."의 사례에서 볼 수 있듯이 경청능력은 직장생활에서 상당히 중요하다. 자신의 경청 정도가 어느 정도인지 점검해보고, 의사소통에 실패한 사례를 생각해 보고 반성해 보자. 그리고 이를 바탕으로 올바른 경청을 위하여 자신에게 필요한 능력은 무엇이 있는지 생각해 보자.

---

76) 한국산업인력공단(2021), op. cit.
77) 신장섭 외(2016), 의사소통, 경민대학교, 2016.02.

3. 경청은 가치 있고 의미 있는 일78)

대화의 기술은 많이 듣는 데서 발전한다. 상대의 말을 귀 기울여 듣는 것은 상대의 마음을 이해하는 것을 뜻한다. 또 겸손과 존중의 뜻도 담겨 있다. 그래서 상대방을 설득하는 데 효과적인 방법 중 하나가 경청이다. 상대방이 대화하고 싶다는 느낌을 갖도록 하려면 어떻게 해야 할까? 상대가 누구든 잘 들어주는 것이 필요하다. 일방적인 명령, 설교, 유창한 언변은 한계가 있다. 자신의 주장을 말하기에 앞서 귀 기울여 듣는 자세가 필요하다. 대화의 주도권을 갖는 것이 말이 많은 것에 있는 것이 아니다. 이는 자칫하면 상대방으로 하여금 대화를 기피하게 하는 원인이 될 수도 있다.

원만한 대화를 한다는 게 어디 쉬운 일인가. 어색한 대화는 불편한 분위기를 만든다. 어색한 분위기를 호전시키기 위해 어떤 노력이 필요한가? 상대에게 열심히 듣고 있다는 긍정적인 반응을 보이면 된다. 듣는 사람들이 귀 기울여 듣지 않고 휴대폰을 보고 있다면 어떤 느낌을 가질까? 말을 계속하고 싶은 마음이 없어질 것이다. 더불어 말하는 사람의 입장에선 말에 실수가 있었는지, 재미가 없는지 등 여러 가지 걱정을 할 수 있다.

성공한 사람들을 살펴보면 경청에너지가 충만했다. 위기를 극복하고자 경청에 의해 혁신을 단행했으며 효과적인 대응력을 발휘했다. 강한 승부 근성은 바로 경청의 힘에 달려있다. 개인이든 단체든 성공하기 위해서는 상대방의 말에 귀를 기울여야 한다.

지피지기(知彼知己)면 백전백승(百戰百勝)이라는 말이 있듯이, 상대를 안다는 것은 경쟁 우위를 갖추는 것이다. 경청에 따른 일의 개선과 수정은 시행착오를 줄이는 데 큰 역할을 한다. 기업에서 어떤 제품을 만들 것인지에 대한 고민이 있다면, 고객 선호도를 통해 정보를 얻는 것이 실효성이 있다. 이처럼 경청은 가치 있고 의미 있는 일이 아닐 수 없다.

우리 역사상 정치·경제·문화적으로 찬란했던 시기를 꼽는다면 세종의 시기다. 세종대왕이 이룬 수많은 치적의 원동력은 어디에서 나온 것일까? 바로 백성들의 불만에 귀를 기울였기 때문이다. 세계적인 토크쇼 진행자로 유명한 '오프라 윈프리'를 보자. 그의 성공 비결은 상대방의 말을 잘 들어주는 것이라고 했다.

기업의 성패도 경청에 기인하는 경우가 많다. 자동차 회사인 GM과 도요타의 교훈에서 찾을 수 있다. GM은 세계 1위의 자동차 회사였지만, 운영 방법에서 상하관계를 택했다. '갑'과 '을'의 주종관계로 운영한 셈이었다. 그래서 일부 경영진에서는 직원은 물론, 고객들의 말조차 주의 깊게 들으려고 하지 않았다. 반면에 도요타의 경영진은 직원, 고객들로부터 다양한 의견을 경청하려고 노력했다. 그 결과 비용을 절감하는 방법, 품질이 좋으면서 저가의 차를 만드는 아이디어를 얻을 수 있었다. 이처럼 경청은 마음을 열어준다. 수평적 자세로 열린 마음을 가질 때 개인과 조직은 발전한다.

---

78) 박춘태(2016), 경청의 중요성, 천지일보, 2016.08.02.

상대의 말에 귀를 기울이는 것은 새로운 아이디어를 만들어 내고 성공으로 이끌 수 있다. 그렇다면 경청의 원칙에는 무엇이 있을까? 대화에 주의를 기울여 상대를 존중하는 마음으로 침묵을 지키는 것이다. 또 경청에서 핵심을 파악해 질문을 하려는 목표가 있어야 한다. 경청은 상호신뢰, 배려, 소통의 기본 매너다. 상대방 마음의 문을 여는 데 주도적 역할을 하기에 진정성 있는 대화의 원천이라 할 수 있다.

4. 경청, 그리고 리더십 79)

"말하는 것은 지식의 영역이고, 듣는 것은 지혜의 특권이다."

– 올리버 웬들 홈스(1841~1935), 미국 문필가.

옛말에 입으로는 친구를 잃고, 귀로는 친구를 얻는다는 얘기가 있다. 자기 말만 앞세워서는 친구가 멀어지고 상대의 말을 경청하면 사람들이 모인다는 얘기다.

고미숙의 '동의보감 몸과 우주 그리고 삶의 비전을 찾아서'에는 이런 내용이 있다. 현대사회는 리더십에 대한 관심이 드높고, 리더십 양성 프로그램도 난무한다. 하지만 리더십은 결코 그런 식의 서비스나 제도로 습득될 수 있는 것이 아니다. 핵심은 사람들의 마음을 움직이는 데 있다. 마음을 움직인다는 건 부러움이나 선망 같은 종류의 것이 아니라, 저 사람이라면 충분히 믿고 따를 수 있겠다고 여기는 마음이다. 친화력과 깊은 신뢰, 그 둘이 결합해야 형성될 수 있는 법이다.

2010년 10월 칠레의 한 광산에서 전세계를 뒤흔든 감동의 드라마가 펼쳐졌다. 69일 동안이나 지하갱도에 갇혔던 33명의 광부들이 전세계인들이 지켜보는 가운데 모두 무사히 귀환하게 된 것이다. 이 놀라운 드라마에서 사람들의 마음을 사로잡은 것은 다름 아닌 한 사람의 리더십이었다. 갱이 무너지자 한 연륜 있는 광부가 다른 동료들이 공포와 불안에 떨지 않도록 다독이면서 식사와 생활, 기타 모든 면에서 질서를 유지하도록 이끌어줬다.

서두에 기술했듯이 진정한 리더십이란 '말하는 것'보다 '듣는 것'을 우선하여 주변을 살피는 것이다. 여기서 '듣는 것'은 귀를 통한 소리를 듣는 것만을 의미하는 것이 아니다. 주변에 대한 이해와 관심의 폭을 넓혀 친화력과 신뢰를 쌓는 것이다. 즉 소통의 기본이 되는 것이 바로 이 '경청'의 자세이다. 진정한 경청이란 상대방이 현재 어떤 상황에 있는지를 정확히 간파하는 힘이다. 리더십이 경청에서 시작되는 이유가 여기에 있다.

---

79) 김동한(2021), 경청, 그리고 리더십, 한라일보, 2021.06.30.

5. 경청하는 리더가 성공한다[80)]

최근 소통이 기업문화와 리더십의 주요 화두로 부각되면서 그 시작점인 '경청'에 대한 관심 또한 높아지고 있다. 초경쟁, 초스피드 시대에 상대방의 말을 귀 기울여 듣기란 쉬운 일이 아니다. 특히 리더가 자신보다 직위가 낮은 사람의 말에 귀를 기울인다는 것은 더욱 어려운 일이다. 이러한 '경청'의 가치는 일정 규모 이상의 기업뿐만 아니라 종업원을 관리해야 하는 자영업자에게도 유용하고 효율적인 종업원 관리방안을 마련하기 위한 단초를 제공해줄 수 있다.

삼성경제연구소는 2010년에 발표한 보고서 '목계(木鷄)를 만드는 경청 리더십'[81)] 에서 '장자(莊子)'의 '달생(達生)' 편에 나오는 목계(木鷄) 고사를 통해 경청 리더십이 이끌어낼 수 있는 긍정적 연쇄효과를 소개하고 있다. 이 보고서를 작성한 삼성경제연구소 주세영 수석연구원은 경청 리더십의 긍정적 효과로 ① 신뢰 형성, ② 기회 제공, ③ 자발적 몰입을 제시하고 있다.

목계(木鷄) 고사는 닭싸움 구경을 좋아하던 주나라 임금 선왕에게 투계 한 마리가 생기자 기성자라는 당대 제일의 투계 조련사를 찾아가 최고의 투계를 만들어달라고 부탁하는 데서 시작된다. 선왕은 기성자에게 닭이 싸우기에 충분한지를 열흘 간격으로 세 번에 걸쳐 물었으나 아직 부족하다는 기성자의 답변을 기다린 끝에 네 번 만에 닭이 싸우기에 충분하며 비로소 닭이 완전한 덕을 갖추어가고 있다는 답변을 받아낸다.

이 고사와 관련해 주세영 수석연구원은 "선왕이 경청을 통해 장인에 대한 신뢰를 쌓게 되자 기회를 제공했고, 그 결과 장인은 몰입을 통해 최고의 성과를 창출하게 됐다"며 이 고사를 통해 ① 장인의 의견을 경청하고 기회를 부여한 선왕의 리더십, ② 최고의 성과를 위해 지속적인 몰입을 보여준 장인의 덕, ③ 덕을 갖춰 싸우지 않아도 이길 수 있는 목계의 위용에 주목할 것을 제안하고 있다.

한편 경청 리더십의 긍정적 연쇄효과의 첫단계인 '신뢰 형성'과 관련해서는 리더와 구성원 간의 공감대 형성을 가르친다. 리더의 경청은 구성원에 대한 관심과 공감의 표현으로 구성원은 자신을 존중하는 리더에 대한 강한 신뢰감을 형성하고, 경청하는 리더는 평소의 공감대 형성을 통해 빠르게 이슈를 파악하고, 조직 내에서 발생할 수 있는 문제점을 사전에 방지할 수 있다는 것이다.

두번째 단계인 '기회 제공'은 새로운 도전을 위한 초석으로 경청을 통해 공감대를 형성한 리더가 구성원의 제안을 채택하고 이를 시행할 수 있는 기회를 제공하는 것을 말한다. 이 보고서에서 관련 사례로 소개된 인도 최대의 IT업체인 바르티 엔터프라이즈는 회사의 성공 비결로 구성원에 대한 과감한 권한 이양과 주인의식 함양을 꼽고 있으며, 주인의식을 충성심을 높이고 우수한 성과를 촉진하는 핵심 요인으로

80) 열린창업신문(http://www.rgnews.co.kr), 경청하는 리더가 성공한다
81) 주세영(2010), 목계(木鷄)를 만드는 경청(傾聽) 리더십, [SERI 경영노트] 제61호, 삼성경제연구소, 2010.06.24.

간주하고 있다.

세번째 단계인 '자발적 몰입'은 성과를 이끌어내는 창조적 원동력으로 일방적 · 지시형 업무를 지양하고 자발적 몰입을 촉진할 때 열정과 창의가 발휘돼 기대 이상의 성과를 도출할 수 있다는 것을 가르친다.

주세영 수석연구원은 한 글로벌 연구기관의 보고서를 인용해 "지시형 업무에 익숙한 한국의 직장인 중 48%가 업무에 열의가 없으며, 완전히 몰입하는 경우는 6%에 불과한 것으로 나타났다."며 "구성원의 몰입을 유도하고 혁신적 성과를 창출하기 위해서는 리더의 역량 및 업무 방식의 변화가 필요하다."고 주장했다.

마지막으로 주세영 수석연구위원은 "100% 귀 기울여 듣는 경청은 화자가 무의식적으로 귀한 대우를 받고 있다는 느낌을 갖게 하고, 그 결과 화자는 청자에게 더 몰입하고 좋은 인상을 만들기 위해 노력하게 된다."는 야후 CEO 캐럴 바츠의 말을 인용해 리더의 경청과 기회 제공에 대해 구성원은 자신이 긍정적인 방향으로 리더와 관계를 유지하고 있다는 믿음을 갖게 되고 그 결과 더 나은 성과를 보여주기 위해 노력하게 된다고 주장했다.

또한 "경청 리더십은 창의적 신사업을 발굴하고 최고의 성과로 이끌어내기 위한 긍정적 연쇄효과의 시작점"이라며 "독선적 리더는 자신이 원하는 쓸 만한 투계를 만들 수는 있지만, 창의적이고 종합적인 경쟁력을 갖춘, 싸우지 않고도 이길 수 있는 목계는 만들 수 없다."고 강조했다.

제3절 경청이란

다른 사람과의 의사소통에서 듣기는 우리가 생각하는 것보다 더 많은 뜻이 있다. 듣기는 다른 사람이 전달하는 메시지를 이해하는 과정으로 좋은 청자는 다른 사람의 음성만 듣는 게 아니라 목소리 톤, 강조, 빠르기, 얼굴 표정, 자세 등 비언어적 단서에까지 주의를 기울인다.

이와 같이 경청은 상대방이 보내는 메시지 내용에 주의를 기울이고 이해를 위해 노력하는 행동을 의미한다. 경청을 통해 상대방은 우리가 그들에게 얼마나 집중하고 있는지 알 수 있다. 따라서 경청은 대화의 과정에서 신뢰를 쌓을 수 있는 최고의 방법 중 하나이다. 우리가 먼저 경청하면 상대는 자신도 모르게 더 집중하게 된다. 따라서 우리의 말과 메시지, 감정은 더욱 효과적으로 상대에게 전달된다. 즉, 경청은 우리가 상대의 말에만 귀를 기울이는 것이 아니다. 우리가 경청함으로써 상대방 역시 우리의 말에 귀를 기울이게 된다.

1. 경청의 표현[82)]

(1) 언어적 표현

1) 대화 개시자(Door opener) : 말문 열기

대화 개시자는 강요하지 않으면서 자연스럽게 상대가 말을 할 수 있도록 대화의 물꼬를 터주는 역할을 한다. 상대방이 바로 이야기를 시작한다면 신경 쓸 필요가 없는 부분이지만, 어떤 사람들은 누군가에게 말을 하거나 대화중에 이야기하기 위해서는 격려가 필요하다. 이러한 부분에서는 충고를 한다거나 강요나 판단을 하는 말을 해서는 안 된다. 대화 개시자는 '상대방의 비언어적 의사소통에 대한 묘사', '대화에의 초대', '침묵', '대화에의 집중'의 4가지 요소로 설명될 수 있다.

> ㉠ '매우 긴장되어 보이네요. 무엇 때문에 긴장하고 있는지 이야기해 보실래요?'라고 말한 후, 잠시 멈추고 듣는다.
>
> "그것에 대해 좀 더 설명해주시겠어요?"
>
> "그게 무슨 말인지 정확하게 얘기해 주세요"
>
> "지금까지 이 약을 드시면서 어땠는지 말씀해주시면 우리에게 도움이 됩니다"

2) 최소한의 촉진(Minimal encourages) : 맞장구

최소한의 촉진은 상대방이 지속적으로 대화를 하도록 격려하는 단순한 반응을 의미한다. 그것은 상대방이 한 말을 잘 듣고 이해하고 있다는 경청에 대한 간결한 확인 표시를 말한다. '음-흠', '그렇구나', 혹은 '정말?'과 같은 간략한 구절들이 이에 해당한다. 최소한도로 격려하라는 것은 상대방의 말에 최소한도로 동의한다거나 혹은 동의하지 않는다거나 대화를 틀어버리거나 혼란스럽게 하는 그런 의미가 아니다.

> ㉠ Empathic acknowlegement(맞장구) = 'Psychological Hug'
>
> "네, 그렇군요", "정말이세요?"
>
> "참 안됐군요", "얘기가 흥미롭군요"
>
> "말씀을 들으니까 그럴 수도 있겠네요."

---

82) 서혜석 외(2017), op. cit.

3) 질문(Questioning)

관심을 나타내는 질문을 하라. 상대방에게 사실이나 정보를 확인하는 질문을 삼가고, 상대방의 감정이나 태도를 탐색하는 질문을 하는 것이 좋다. 또한 의문점이 있으면 즉시 질문하라. 상대방에 대해 짐작으로 판단하지 말고 정확하게 파악하려는 노력이 필요하다. 그래야 공감 수준도 높아진다.

(2) 비언어적 표현

1) 침묵(Silence)

소극적 경청이라고 표현할 수 있다. 아무런 말도 하지 않은 것은 수용한다는 것을 말해준다. 소극적 경청은 상대방으로 하여금 더 많은 이야기를 털어놓도록 격려해주는 효과적인 비언어적 메시지이며 내가 침묵하면서 상대방의 이야기를 수용하면서 경청하면 공감과 온정을 전달할 수가 있다.

2) 시 선

부드럽고 부담 없는 시선으로 상대방을 바라보면서 경청한다.

3) 고갯짓

적절한 때 고개를 끄덕여라. 고객의 끄덕임은 매우 단순한 반응이지만, 상황에 따라서는 의미가 매우 다양하게 전달될 수 있다.

2. 경청의 개념

학생은 수업 시간에 선생님 이야기를 잘 들어야 하고, 비즈니스맨은 거래처의 이야기를 귀담아들어야 하며, 외교관은 주재국 당사자들의 이야기를 주의 깊게 경청하여야 한다. 맡은 바 임무를 착실히 수행하려면 무엇보다 우선 현장의 소리를 성실하게 듣고 대책을 강구하는 것이 좋은 방법이라 할 수 있다.

이와 같이 경청이란 다른 사람의 말을 주의 깊게 들으며, 공감하는 능력이다. 경청은 대화의 과정에서 신뢰를 쌓을 수 있는 최고의 방법이다. 우리가 경청하면 상대는 안도감을 느끼고, 무의식적인 믿음을 갖게 된다. 그리고 반대로 당신이 말을 할 때, 상대는 자신도 모르게 더 집중하게 된다. 이런 심리적 효과로 인해 우리의 말과 메시지, 감정은 더욱 효과적으로 상대에게 전달된다. 우리가 경청하는 만큼 상대방은 우리의 말을 경청할 수밖에 없는 것이다. 자기 말을 경청해주는 사람을 싫어하는 사람은 세상에 존재하지 않기 때문이다.

한편 청취에는 듣기(hearing)와 경청(listening)이 있다. 듣기는 음파가 뇌의 신경을 자극하여 소리를 신체적으로 받아들이는 생리적 활동과 무의식적인 과정이다. 이와 달리 경청은 심리적이고 다발적[83]인 과정이며 이해, 분석, 평가와 반응을 포함한다.[84]

경청은 상대방의 생각과 감정을 자신이 어떻게 이해하고 받아들이고 있는지 '입'으로 말하여 확인해 주는 것까지 포함한다. 적극적인 경청(active listening)은 미국의 인간 중심 상담학자 칼 로저스가 주장한 것으로 상대방의 말을 효과적으로 듣는 의사소통 기술이다. 상대방의 이야기를 경청할 때에는 그의 사고, 감정, 행동 등을 평가하거나 비판하지 않고 있는 그대로 받아들여야 한다. 그래야 상대방이 자신의 생각과 감정을 긍정적이든 부정적이든 솔직하고 성실하게 표현할 수 있기 때문이다.[85]

〈표 3-1〉 듣기와 경청의 비교

듣기(hearing)	경청(listening)
무의식적, 본능적	자발적
수동적	능동적
생리적(physiological)	심리적(psychological)
의식적 노력 불필요	노력과 집중 필요

제4절 경청의 중요성

1. 경청의 중요성을 일깨워주는 명언

성공한 많은 사람들이 경청의 중요성에 대하여 강조하고 있다. 다음의 명언 모음을 읽어보면서 다시 한번 경청의 중요성을 느껴보는 것은 어떨까 싶다.

83) 여러 가지 일이나 사건 따위가 동시에 일어남.

84) 듣는다는 것은 단순히 소리를 듣는 것(hearing)이 아니라, 상대방이 말하고자 하는 의도를 파악함과 동시에 전달하고자 하는 의미를 적극적으로 이해하며 듣는 것(listening)을 의미한다.

85) 적극적 경청이란 상대방이 표현하는 여러 단서들을 주의를 기울여 상대방이 말하는 메시지의 숨겨진 의도까지 파악하고 반응하는 것이다. 적극적 경청은 상대방으로 하여금 자신의 생각이나 감정을 자유롭게 표현할 수 있도록 한다. 적극적으로 경청을 하면 상대방은 자신이 대접받았다는 생각과 뭔가 통할 것 같은 느낌을 갖게 하여 방어적인 태도를 완화시키고 솔직하게 자신의 의사를 표현하게 한다. 대인관계에서 경험하는 많은 갈등은 상대방의 말을 잘 듣지 않거나, 듣는 능력이 없어서 생긴다고 한다. 대화할 때 메시지는 단지 7%만을 전달할 뿐이고, 나머지 93%는 비언어적 메시지에 의해 전달된다고 한다.

(1) 스티븐 코비의 「성공하는 사람의 7가지 습관」과 「성공하는 사람의 8번째 습관」

"성공하는 사람과 그렇지 못한 사람의 대화 습관에는 뚜렷한 차이가 있다. 그 차이점이 무엇인지 단 하나만 꼽으라고 한다면, 나는 주저 없이 '경청하는 습관'을 들 것이다. 우리는 지금껏 말하기, 읽기, 쓰기에만 골몰해 왔다. 하지만 정작 우리의 감성을 지배하는 것은 '귀'다. 경청이 얼마나 주요한 능력인지, 그리고 우리가 어떻게 경청의 힘을 획득할 수 있는지 알아야 한다."[86)]

(2) 래리 킹, 미국에서 인정받는 최고의 방송인 중 1인

"나는 아침마다 내 스스로에게 상기시킨다. 오늘 내가 말하는 것 중 나를 가르쳐 주는 건 아무것도 없다고. 그래서 만약 내가 배우고자 한다면, 나는 반드시 경청을 통해 배운다고."

(3) 조엘 막스, 코비전 미디어 부회장

"의사소통을 지배하는 진정한 힘은 입이 아니라 귀에서 나온다. 이제 리더라면 누구나 자신의 책상 앞에 이런 문구를 붙여야 할 것이다. 경청하라!"

(4) 김동건 아나운서, 「말을 잘하는 방법」

"말 잘하는 비결은 없다. 딱 한 가지 알려줄 수 있는 건 '잘 듣는 것'이다." '말을 잘하는 방법은 말을 잘 듣는 것'이란 게 그의 설명이다. 이어 "나의 진행비결은 '경청'에 있다."며 "상대가 말할 때 내 온 정신은 거기에 가 있다. 오감은 불론 육감까지 동원해 상대에게 집중하면 그 사람의 말에 빨려들게 된다."[87)]

(5) 기타[88)]

① 다른 사람의 이야기를 진지하게 들어주는 경청의 태도는 우리가 다른 사람에게 나타내 보일 수 있는 최고의 찬사 가운데 하나다. - 카네기
② 하나의 귀로 듣는 것보다는 두 개의 귀로 듣는 것이 더 잘 들린다. - 묵자
③ 다른 사람의 말을 신중하게 듣는 습관을 길러라. 그리고 가능한 한 말하는 사람의 마음속으로 빠져들도록 하라. - 마르쿠스 아우렐리우스
④ 모방이 아니라 관심을 갖고 들어주는 게 가장 진실한 아첨이다. - 조이스 브라더스

---

86) 스티븐 코비 박사의 경청의 5단계 : 무시하기, 듣는 척하기, 선택적 듣기, 귀 기울여 듣기, 공감적 경청
87) http://m.blog.naver.com › bhjang3, [네이버 블로그], 경청(敬聽)의 기술, 2016.07.13.
88) https://bonlivre.tistory.com/947 [봉리브르], 현명한 경청법 7가지·경청 명언 10선, 2016.10.31.

⑤ 상대를 설득할 수 있는 최선의 방법은 그의 주장에 귀 기울이는 것이다. - 딘 러스트
⑥ 충분히 오래 들으면, 상대방은 대개 좋은 해결책을 알려주게 마련이다. - 메리 케이 애쉬
⑦ 최고의 대화술은 듣는 것이다. - 스테판 M. 폴란
⑧ 내가 배운 교훈이 하나 있다면, 그것은 경청을 대신할 것이 없다는 것이다. - 다이앤 소여
⑨ 경청이 기술이라고 생각하지 않는 사람들은 그들 자신이 반만이라도 할 수 있나 시험해 봐야 한다. - 미하엘 엔데
⑩ 들어라, 그렇지 않으면 당신의 혀가 당신을 귀먹게 할 것이다. - 체로키 격언

2. 경청의 수준[89)]

나의 경청능력이 상대방의 경청능력을 향상시켜 의사소통이 원활해진다. 경청을 통해 상대방을 먼저 이해하고 상대방이 어떻게 받아들일 것인가에 대한 고려가 먼저 이루어진 다음 그에 맞추어 상대방에게 나의 메시지를 전달해야 한다. 그러므로 경청은 의사소통의 시작이며 기본이다.

(1) 내용 경청

내용 경청이란 상대방의 말의 내용을 이해하는 정도의 경청을 의미한다. 내용을 경청할 때 우리가 주의해야 할 것은 사실과 지각을 구분하는 것이다. 사실이란 외부 현실에서 일어난 그대로를 말하며, 지각이란 그것을 토대로 각자가 받아들이는 것을 말한다.

(2) 공감 경청

상대방의 말 속에 담긴 감정을 느끼고 대신 표현해 줄 수 있는 정도의 경청을 의미한다. 공감을 받은 사람은 자기 모습 그대로가 가치 있게 수용된다고 느끼게 해준다. 공감을 잘하는 사람은 말로 표현되지 않은 정서의 미묘한 차이나 크기까지 정확하게 느끼고 말로 표현해 줄 수 있다. 공감은 타고난 것이 아니라 공감적인 사람들로부터 배울 수 있다.

(3) 긍정적 의도 경청

부정적인 말 속에도 긍정적 의도가 있다. 말하는 사람이 부정적인 표현을 하더라

89) 김주애 외(2017), op. cit.

도 들으면서 "그 이야기를 왜 나에게 하는가?", "그 사람이 바라는 것은 무엇인가?" 의문을 갖고 상대의 입장에서 생각해 보면 의도를 짐작할 수 있다. 그것을 알아차리고 이해하며 표현해 줄 수 있는 것을 의도 경청이라고 한다.

3. 평 가

언어적 의사소통 과정에서 경청은 우리가 상대방의 소통 내용에 관심과 흥미를 가지고 있음을 전달하며, 상대방으로 하여금 개방적이고 솔직한 의사소통을 하도록 촉진하는 기능을 가진다.

의사소통은 내가 상대방에게 메시지를 전달하는 과정이 아니라 상대방과의 상호작용을 통해 메시지를 다루는 과정이다. 따라서 성공적인 의사소통을 위해서는 내가 가진 정보를 상대방이 이해하기 쉽게 표현하는 것도 중요하지만, 상대방이 어떻게 받아들일 것인가에 대한 고려가 바탕이 되어야 한다. 즉, 의사소통을 하기 위한 기본적인 자세는 경청이다.

경청을 함으로써 상대방을 한 개인으로 존중하게 된다. 이는 상대방을 인간적으로 존중함은 물론 그의 감정, 사고, 행동을 평가하거나 비판 또는 판단하지 않고 있는 그대로 받아들이는 태도이다.

경청을 함으로써 상대방을 성실한 마음으로 대하게 된다. 이는 상대방과의 관계에서 느낀 감정과 생각 등을 긍정적이든 부정적이든 솔직하고 성실하게 표현하는 태도를 말한다. 이러한 감정의 표현은 상대방과의 솔직한 의사 및 감정의 교류를 가능하도록 도와주기 때문이다.

경청을 함으로써 상대방의 입장에 공감하며 이해하게 된다. 이는 자신의 생각이나 느낌, 가치, 도덕관 등의 선입견이나 편견을 가지고 상대방을 이해하려 하지 않고, 상대방으로 하여금 자신이 이해받고 있다는 느낌을 갖도록 하는 것이다.

제5절 경청훈련

직업 생활에서 만나게 되는 고객들은 자신의 말에 귀를 기울여 주고, 공감해 주는 것만으로 도 그 직원에 대해 만족감을 느낄 것이다. 직업인들은 직장 내에서 고객 만족을 실현하는 것이 최대 목표 중의 하나이며, 궁극적으로 고객 만족은 직원들의 성과로 이어질 것이다.

1. 사례 : 경청에도 기술이 있답니다[90)]

가까이 지내는 변호사가 나에게 이런 어려움을 토로한 적이 있다.

"예전과 달리 요즘은 변호사도 영업해야 하는 시대인 건 사실입니다. 그래서 예전과 달리 좀 더 공감하는 자세로 의뢰인과 대화를 해야 한다는 점도 동의하고요. 그런데 정말 마음처럼 쉽지 않아요. 의뢰인 이야기에 경청하리라 마음먹었는데 이야기를 들어주다 보면 10분이면 끝날 상담이 40분, 50분이 되도록 끝나질 않으니…. 게다가 불필요한 이야기를 다 들어주다 보면 몸도 마음도 지치고 말이죠. 경청하라고 하는데 실제로는 너무 어렵기도 하고 아무래도 비효율적인 것 같다는 생각도 듭니다. 그래도 계속 그렇게 해야 하는 걸까요?"

그런데 막상 경청은 어렵다. 마음을 먹는 것까지는 쉽게 동의하는데, 현실적으로 마음먹은 대로 잘 안 된다. 왜 그럴까. 결론부터 이야기하자면 경청은 '마음가짐'이 아니라 '방법'이기 때문이다. (사례 생략)

(1) 사례해설

제시된 사례는 전문적 능력이 필요한 직종 역시 원활한 업무를 위해 경청이 필요하고, 경청에는 적절한 방법이 필요하다는 것을 보여준다. 경청은 대화를 나누는 상대방의 메시지에 주의를 기울여 이해하고자 노력하는 행동으로 마음가짐으로만 접근하기에는 어려운, 훈련이 필요한 행동이다. 경청을 위해 적극적으로 상대방의 메시지를 이해하려고 노력하고, 주어진 언어적 표현뿐 아니라 표정 · 자세 · 몸짓 등 비언어적인 부분까지 세심하게 주의를 기울이는 것이 필요하다. 이번 사례를 통해 경청을 하겠다는 마음가짐만으로는 당장 경청이 이뤄지지 않으며 경청 훈련이 필요하다는 것을 인식해야 할 것이다.

2. 적극적 경청 vs 소극적 경청

경청은 의사소통의 기본 과정으로, 대화를 나누는 상대방의 메시지에 주의를 기울이고 이해하기 위해 노력하는 행동을 의미한다. 의사소통 기술에서 경청의 중요성은 점점 더 강조되고 있다.

그렇다면 경청은 어떻게 하면 될까? 경청은 다른 사람의 이야기에 주의를 기울이겠다는 마음가짐으로만 볼 수는 없다. 오히려 경청은 구체적인 실천이 필요한 태도와 행동으로 볼 수 있다. 경청은 적극적 경청과 소극적 경청으로 나눌 수 있다.

---

90) 이경랑(2018), '칭·따·정' 상대방 말을 경청하는 것도 기술이 있답니다, 중앙일보, 2018.12.18.

(1) 적극적(반영적) 경청

적극적 경청은 당신이 듣고 있을 뿐만 아니라 상대방의 말을 이해하고 있음을 상대방에게 보여주는 방법이다(반영). 적극적 경청은 자신이 상대방의 이야기에 주의를 집중하고 있음을 행동을 통해 외적으로 표현하며 듣는 것을 의미한다. 상대방의 말 중 이해가 안 되는 부분을 질문하거나, 자신이 이해한 내용을 확인하기도 하고, 때로는 상대의 발언 내용과 감정에 대해 공감할 수도 있다.

적극적 경청의 효과는 청자의 흥분과 정서(감정)를 잘 처리하고 진정시킬 수 있으며, 청자가 자신의 느낌이 나쁜 것이 아니라는 것을 이해하게 된다. 그리고 청자의 문제를 스스로 해결하도록 도와주며 화자의 말을 경청하는 주의력을 높여준다. 또한 화자－청자 관계가 친밀해지고 의미 있는 관계로 된다.91)

적극적 경청의 주의점으로 반응하는 말은 가능한 한 시험적이어야 한다. 왜냐하면 부모는 자녀의 느낌을 정확하게 알 수 있다고 확신할 수 없기 때문이다. 목소리의 어조를 높이지 말아야 하지만 마음을 환히 다 읽는다는 것과 같은 어투는 피해야 한다.

〈표 3-2〉 적극적 경청의 기법

기 법	목 적	방 법	사 례
환 언	듣고 있는 것을 보여주고, 느낌의 이해를 보여준다.	수신한 정보를 자신의 단어로 재진술한다.	~ 라는 말씀이지요?
질 문	더 많은 정보를 구한다.	질문한다.	귀하는 신제품 아이디어를 어떻게 찾나요?
요 약	중요한 아이디어와 사실을 결합한다.	주요 생각과 느낌을 재진술, 제시와 요약한다.	이것들이 핵심 아이디어로 보입니다.
명료화	들은 메시지를 화자에게 확인한다.	모호한 표현을 질문한다. 잘못된 해석을 재진술한다.	귀하의 생각은 제품의 감성적 편익인 거죠?
장 려	말을 계속하도록 한다.	다양한 음성을 사용한다.	그것에 관심이 있죠. 예, 알지요. 그렇죠.
균 형	화자가 그 자신의 느낌을 평가하도록 돕는다.	질문한다.	귀하는 불편하게 인식했나요?

91) 적극적 경청의 장점은 다음과 같다. ▲상대방이 말을 잘 들어주면 마음의 문을 열게 된다 ▲상대방이 말을 잘 들어주면 호감을 갖고 좋아한다 ▲상대방이 말을 잘 들어주면 감정적인 문제가 해소된다 ▲상대방이 잘 들어주는 것을 보고 배운다 ▲잘 들어주는 사람에게는 반항하지 않는다.

(2) 소극적 경청

소극적 경청은 상대방의 이야기에 특별한 반응을 표현하지 않고 수동적으로 듣는 것을 의미한다. 즉, 상대방이 하는 말을 중간에 자르거나 다른 화제로 돌리지 않고 상대의 이야기를 수동적으로 따라가는 것을 의미한다.

수동적으로 경청하게 되면 말하는 사람도 말하고 있는 주제에 집중하지 못하고 '어디까지 말했더라?'하고 산만하게 된다. 이런 수준에서는 말을 하면서 생각을 정리하고 새로운 아이디어를 창조해내기가 어려울 수 있어 주의해야 한다.

3. 경청을 위한 기본적 태도

대다수의 사람은 의사소통 과정에서 말하기보다 듣는 것에 더 많은 시간을 보낸다. 하루 24시간 가운데 우리는 듣기에 45%의 시간을 사용한다. 또한 대다수의 사람은 들은 내용의 50% 정도를 듣는 즉시 잊어버린다.

적극적 경청은 상대가 무엇을 느끼고 있는가를 상대의 입장에서 받아들이는 공감적 이해, 자신이 가지고 있는 고정관념을 버리고 상대의 태도를 받아들이는 수용의 정신, 자신의 감정을 솔직하게 전하고 상대를 속이지 않는 성실한 태도가 필수적이다. 즉, 적극적 경청을 위해서는 첫째 비판적·충고적인 태도를 버리고, 둘째 상대방이 말하는 의미를 이해하고, 셋째 단어 이외의 보여지는 표현에도 신경을 쓰며, 넷째 상대방이 말하는 동안 경청하고 있다는 것을 표현하며, 다섯째 대화 시 흥분하지 않는다.

적극적 경청은 의사소통에 있어 기본이 되는 태도이므로 관리·감독자를 대상으로 하는 대인 능력 향상 프로그램으로 채택되는 일이 많다.

(1) 훌륭한 경청을 위한 십계명

한편 데이비스(K. Davis)는 훌륭한 경청을 위한 십계명을 다음과 같이 제시하였다.[92)]

① 말하지 말 것
② 말하는 사람을 편안하게 해줄 것
③ 말하는 사람에게 당신이 그의 말을 듣고 싶어한다는 것을 보여줄 것
④ 주의를 산만하게 하지 말 것
⑤ 말하는 사람과 감정이입을 함께 할 것
⑥ 인내심을 가질 것
⑦ 자신의 감정을 억제할 것

92) https://oasisjj.tistory.com [자기경영/커뮤니케이션], 경청의 중요성에 대한 이해와 실천 방법, 동의하면 박수 세 번, 2020.03.03.

⑧ 항의나 비판에 대해 가벼운 마음을 가질 것
⑨ 질문을 할 것
⑩ 말을 멈출 것

(2) 경청의 방법[93)]

우리는 경청을 함으로써 상대방을 한 개인으로 존중하게 된다. 이는 상대방을 인간적으로 존중함은 물론 그의 감정, 사고, 생동을 평가하거나 비판 또는 판단하지 않고 있는 그대로 받아들이는 태도이다. 이러한 감정의 표현은 상대방과의 솔직한 의사 및 감정의 교류를 가능하도록 도와준다.

아울러 경청은 자신의 생각이나 느낌, 가치, 도덕관 등의 선입견을 가지고 상대방을 이해하려 하지 않고, 상대방으로 하여금 자신이 이해받고 있다는 느낌을 갖도록 하는 것이다.

① 혼자서 대화를 독점하지 않는다.
② 상대방의 말을 가로채지 않는다.
③ 이야기를 가로막지 않는다.
④ 의견이 다르더라도 일단 수용한다.
⑤ 말하는 순서를 지킨다.
⑥ 논쟁에서는 먼저 상대방의 주장을 들어준다.
⑦ 시선(Eye-Contact)을 맞춘다.
⑧ 귀로만 듣지 말고 오감을 동원해 적극적으로 경청한다.

(3) 좋은 경청과 나쁜 경청

경청에는 '듣다, 관찰하다, 초점을 맞추다. 집중하다, 주의하다. 귀를 기울이다'와 같은 단어들이 포함된다. 즉 경청을 잘한다는 것은 단순히 잘 듣는(Hearing) 것만이 아닌, 말하는 사람의 생각을 듣는 사람이 잘 이해하고 있다는 의미이다.

〈표 3-3〉 좋은 경청과 나쁜 경청

경청의 방법	좋은 경청	나쁜 경청
흥미 유발	상대의 말을 자신의 상황에 적용시키며 관심을 가짐	상대의 이야기가 지루해서 화제를 돌림

93) 효과적인 경청 방법, 즉 적극적인 경청자가 되기 위해서 필요한 것은 다음과 같다. ▲준비한다 ▲집중한다 ▲예측한다 ▲나와 관련짓는다 ▲질문한다 ▲요약·메모한다 ▲반응한다

경청의 방법	좋은 경청	나쁜 경청
대화 내용의 판단	상대의 작은 실수에 연연하지 않고 전체적인 흐름을 중요시함	상대의 습관이나 권위·외모 등으로 내용을 평가함
감정표현	상대방을 최대한 이해하며 필요한 경우 조심스럽게 질문함	논쟁하려 함
전체 흐름 파악	이야기의 핵심을 파악하려 함	핵심을 파악하지 못하고 다른 것에 관심을 기울임
융통성	다양한 측면에서 상황을 판단하려고 함	한 가지에만 집착하는 경향이 있음
대화 집중력	상대에게 집중함	산만하게 움직임
마인드 컨트롤	분량이 많거나 이해하기 힘든 내용이라도 관심을 보이려고 노력함	분량이 많거나 이해하기 힘든 부분을 회피하려 함
열린 마음	감정적 현상에 쉽게 동요되지 않음	감정에 쉽게 동요됨
의미 전달	상대방이 전달하려는 내용과 주제를 파악하고자 함	대화 도중 딴생각을 하며 많이 움직임

4. 경청 스킬을 높이는 방법[94)]

(1) 듣 기

듣기는 경청의 가장 기본이다. 상대의 눈을 바라보고 가만히 그의 이야기에 귀 기울이는 것이다. 일부 사람들은 듣는 척하기 위해 상대방의 미간을 멍하니 바라보지만, 상대방은 그가 경청하고 있지 않음을 금세 알아차린다. 사람들이 딴생각하거나 자꾸 꼼지락거리는 등 상대방의 말에 집중하지 못하는 것은 그의 이야기가 지루하다고 느끼거나 가치 없다고 생각하는 것에서 비롯될 수 있다. 상대방의 이야기를 들을 때에는 섣부른 가정이나 가치판단은 지양하고, 그가 말하고자 하는 내용에 주의를 기울이도록 의식적으로 연습하는 것이 필요하다.

(2) 인내심 발휘하기

어떤 사람들은 상대방의 말을 자르고 끼어든다. 이들은 상대방이 말하는 중에 "아, 맞다. 오늘 결제 올려야 되는데."와 같이 대화와 상관없는 자신의 생각을 내뱉거나 상대방이 말을 다하기 전에 끊고, 끝까지 들었다면 하지 않았을 질문을 한다. 이들은

94) https://hrbulletin.net [HR 블레틴], op. cit.

상대방이 잠시 머뭇거리면 재촉하고, 상대의 말을 자신이 마무리 짓기도 한다. 그리고 상대방의 의견을 빨리 반박하거나 해결책을 제시하기 위해 상대의 말을 가로챈다. 이러한 행동들은 의도했건 의도하지 않았건 간에 사람들로 하여금 말하지 않게 만든다. 사람들은 "어차피 내 말은 안 들을 테니까."라는 생각으로 점점 입을 닫고 그들과의 의사소통을 회피하게 된다.

"왜 우리 팀원들은 말을 안 하지?"라고 생각한다면 자신이 그들의 말을 자주 끊은 것은 아닌지 생각해 볼 필요가 있다. 상대방의 말을 대신 끝내주는 것은 상대를 도와주는 것이 아니다. 상대방의 말을 가만히 듣는다고 해서 그것이 그의 주장을 수용한다는 것을 의미하는 것도 아니다. 그리고 '결론', '요점'을 요구하는 것이 업무 효율을 높이는 것은 더더욱 아니다. 마음이 조급해지더라도 인내심을 가지고 그들이 말을 끝낼 수 있도록 기다려 주어라.

(3) 제대로 이해하기

의사소통은 쉽게 발생하지만 정확한 소통은 생각처럼 쉽지 않다. 대화를 나눈 사람들은 서로 이해한 바가 동일하다고 가정하지만, 문제가 터진 후에야 각자 다르게 이해했음을 알게 된다.

말하는 사람은 자신의 감정이나 생각을 명확하게 표현하고, 듣는 사람은 화자의 이야기를 정확하게 이해해야 한다. 하지만 의사소통은 화자의 의도, 청자의 해석 및 추론 능력에 영향을 받기 때문에 원활하게 이루어지지 않는다.

예를 들면 부하 직원의 "저 지난달부터 계속 야근하고 있어요."라는 말은 지원을 요청하는 것일 수도 있고, 자신의 헌신을 알아달라는 표현일 수 있다. 따라서 화자의 말을 정확하게 이해하기 위해서는 질문을 통해 화자가 말하고자 하는 바를 명확히 해야 한다. 그리고 자신이 이해한 바가 맞는지 상대에게 다시 말해봄으로써 그 정확성을 확인해볼 필요가 있다.

제6절 경청의 방해요인

신입사원 K씨는 업무에 대해 상사에게 많은 지시를 받지만, 항상 지시사항이 무엇인지 혼란스럽다. K씨는 상대방이 이야기할 때 대충 듣고 일을 처리하는 경향이 있다. K씨의 문제는 무엇이고, 어떤 것이 올바른 경청을 방해하는지 알아보자.

1. 사례 : 사오정의 면접상황95)

사업에 실패한 후 다시 백수가 된 사오정은 생존을 위해서 미스터 손과 함께 면접시험을 보러 갔다.

면접관 : "자네는 우리나라 축구 선수 중에서 누가 가장 뛰어나다고 생각하는가?"
미스터 손 : "네! 예전에는 차범근이었는데 지금은 박지성 선수입니다."
면접관 : "이순신 장군은 어느 시대 사람인가?"
미스터 손 : "조선 시대입니다."
면접관 : "자네는 이 세상에 유에프오가 있다고 생각하는가?"
미스터 손 : "많은 사람들은 그렇다고 하는데, 저는 확실한 근거가 없어서 단정적으로 말할 수 없습니다."

친절하게도 미스터 손은 면접을 마치고 나온 후 자기가 대답한 것을 적어서 사오정에게 주었고, 사오정은 그것을 달달 외웠다.

면접관 : "자네 이름은 뭔가"
사오정 : "네! 예전엔 차범근이었는데, 지금은 박지성입니다."
면접관 : "음, 자네는 언제 태어났나?"
사오정 : "조선 시대입니다."
면접관 : "으음~~ 자네는 자신이 바보라고 생각하지 않나."
사오정 : "남들은 그렇다고 하는데, 저는 확실한 근거가 없어서 단정적으로 말할 수 없습니다."

(1) 사례해설

"사오정의 면접상황" 사례에서는 상대방의 이야기를 주의 깊게 듣는 경청의 중요성을 보여주고 있다. 자신의 경청하는 습관을 체크해 보고, 구체적인 상황을 작성해 보자. 또한 올바른 경청을 하기 위해서 어떠한 노력을 하고 있는지 각자 작성해 보자.96)

2. 경청을 위해 우리가 지양해야 할 태도97)

적극적 경청을 위하여 우리가 갖추어야 할 태도가 있듯이 어떤 태도는 우리의 경

95) 윤치영(2005), 설득·경청 논박의 기술, 일빛, 2005.11.10.
96) 자신의 경청 습관 체크해 보기. ▲나는 어려운 이야기는 흘려듣는 경향이 있다. ▲나는 반쯤 듣고 지레짐작하는 경향이 있다. ▲나는 이야기하는 사람의 외모에 한눈파는 경향이 있다. ▲나는 잡음에 신경 쓰는 경향이 있다. 상기의 사항에 대하여 각자 체크해 보고, 올바른 경청을 위해서는 어떤 노력이 필요한 것인지에 관해서도 각자 생각해 보기 바란다.
97) 한국산업인력공단(2021), op. cit.

청을 방해하기도 한다. 경청을 위해 우리가 지양해야 할 태도들에 대해 살펴보면 다음과 같다.

(1) 짐작하기

상대방의 말을 듣고 받아들이기보다 자신의 생각에 들어맞는 단서들을 찾아 자신의 생각을 확인하는 것을 말한다. 이들은 상대방이 하는 말의 내용은 무시하고 자신의 생각이 옳다는 것만 확인하려 한다.

하나의 예시로 남편이 생일을 기억해 주지 않았기 때문에 말을 걸어도 표정이 안 좋고 시큰둥하게 대답한 것인데, 그걸 보고 남편은 부인이 시집 문제로 화가 난 것이라 지레짐작한다면 대화는 처음부터 어려워질 것이다.

(2) 대답할 말 준비하기

상대방의 말을 듣고 곧 자신이 다음에 할 말을 생각하는 데 집중해 상대방이 말하는 것을 잘 듣지 않는 것을 말한다. 결국 자기 생각에 빠져서 상대방의 말에 제대로 반응할 수가 없게 된다.

(3) 걸러내기

상대의 말을 듣기는 하지만 상대방의 메시지를 온전하게 받아들이는 것이 아니라 듣고 싶지 않은 상대방의 메시지는 회피하는 것이다. 상대방이 분노나 슬픔, 불안을 토로해도 그러한 감정을 받아들이고 싶지 않을 때 자기도 모르는 사이에 상대방이 아무 문제도 없다고 생각해버린다.

(4) 판단하기

상대방에 대한 부정적인 선입견 때문에, 또는 상대방을 비판하기 위해 상대방의 말을 듣지 않는 것을 말한다. 당신이 상대방을 어리석다거나 고집이 세다거나 이기적이라고 생각한다면, 당신은 경청하기를 그만두거나 듣는다고 해도 상대방이 이렇다는 증거를 찾기 위해서만 귀를 기울일 것이다.

(5) 다른 생각하기

대화 도중에 상대방에게 관심을 기울이는 것이 어려워지고 상대방이 말하는 동안에 자꾸 다른 생각을 하게 된다면, 이는 지금의 대화나 상황을 회피하고 있다는 위험한 신호이다.

예를 들어 남편은 최근 아내가 수강하는 취미클럽 활동에 대해 말할 때마다 다른 생각을 하였다. 사실 그는 아내가 취미 활동을 하는 것에 대해 못마땅하게 생각하고 있었기 때문에 부인이 이야기할 때마다 다른 생각을 하고 있었다. 그러나 이런 회피는 부정적 감정이 내면화되어 있기 때문에 상대방은 오해받고 공격받는다는 느낌을 갖게 된다.

(6) 조언하기

어떤 사람들은 지나치게 다른 사람의 문제를 본인이 해결해 주고자 한다. 그러나 상대방은 당신이 이야기를 들어주기만 해도 스스로 자기의 생각을 명료화할 수 있고, 해결책을 스스로 찾을 수 있다. 상대가 원하는 것이 조언일 때도 물론 있다. 그러나 상대가 원하는 것이 공감과 위로였을 경우에 당신의 조언은 오히려 독이 될 수 있다. 이러한 대화가 매번 반복된다면 상대방은 무시당하고 이해받지 못한다고 느끼게 되어 당신에게 마음의 문을 닫아버리게 된다.

(7) 언쟁하기

언쟁은 단지 논쟁을 위해서 상대방의 말에 귀를 기울이는 것이다. 언쟁은 상호 문제가 있는 관계에서 드러나는 전형적인 의사소통 패턴이다. 상대방이 무슨 주제를 꺼내든지 설명하는 것을 무시하고 자신의 생각만을 늘어놓거나 지나치게 논쟁적인 사람은 상대방의 말을 경청할 수 없다.

(8) 자존심 세우기(옳아야만 하기)

자존심이 강한 사람은 자신의 자존심에 상처를 입힐 수 있는 내용에 대해서 거부감이 강하기 때문에 자신의 부족한 점과 관련된 상대방의 이야기를 듣지 않는다. 당신은 자신이 잘못했다는 말을 받아들이지 않기 위해 거짓말을 하고, 고함을 지르고, 주제를 바꾸고, 변명을 하게 된다.

(9) 슬쩍 넘어가기

대화가 너무 사적이거나 위협적이면 주제를 바꾸거나 농담으로 넘기려 한다. 문제를 회피하려 하거나 상대방의 부정적 감정을 회피하기 위해서 유머를 사용하거나 핀트를 잘못 맞추게 되면 상대방의 진정한 고민을 놓치게 된다.

(10) 비위 맞추기

상대방을 위로하기 위해서 혹은 비위를 맞추기 위해서 너무 빨리 동의하는 것을 말한다. 그 의도는 좋지만, 상대방이 걱정이나 불안을 말하자마자 “그래요, 당신 말이 맞아.", "미안해, 앞으로는 안 할 거야."라고 말하면 지지하고 동의하는 데 너무 치중함으로써 상대방에게 자신의 생각이나 감정을 충분히 표현할 시간을 주지 못하게 된다.

제7절 경청의 올바른 자세

경청의 기본은 상대를 인정하고 배려하는 자세, 상대의 경험과 느낌을 추측하면서 듣는 것이다. 경청하기 위해서는 판단하려는 나를 비워 내고 귀를 기울이며, 상대를 내가 주도하려 들지 말고 편안하게 공감하는 것이다.

① 상대를 정면으로 마주하는 자세는 그와 함께 의논할 준비가 되었음을 알리는 자세이다.
② 팔짱을 끼거나[98] 다리를 꼬는 자세를 피한다. 손이나 다리를 꼬지 않는 소위 개방적 자세를 취하는 것은 상대에게 마음을 열어 놓고 있다는 표시이다.
③ 상대방을 향하여 상체를 기울여 다가앉은 자세는 자신이 열심히 듣고 있다는 사실을 강조하는 것이다.
④ 우호적인 눈의 접촉을 통해 자신이 관심을 가지고 있다는 사실을 알리게 된다.
⑤ 비교적 편안한 자세를 취하는 것은 전문가다운 자신만만함과 아울러 편안한 마음을 상대방에게 전하는 것이다.
⑥ 진지한 태도를 보인다.
⑦ 잘 듣고 있다는 표시로 고개를 끄덕인다.
⑧ 듣고 있다는 표시로 간단한 언어표현(추임새 등)을 해준다.
⑨ 말을 중간에서 자르지 않는다.

제8절 경청과 공감[99]

대인관계에 있어서 빈번히 발생하는 문제들 중의 하나는 상대방의 입장을 이해하지 않고 자기중심적으로 생각해서 상대방을 무시해 버리는 것이다. 이런 문제를 해

98) 팔짱을 끼고 있는 자세는 자칫 방어적인 자세로 보일 수 있으며 미간을 찌푸린 표정은 짜증나는 인상으로 보일 수 있으므로 상대는 불편한 감정으로 자신의 이야기를 솔직하게 표현하기 어려울 것이다.
99) 이하 내용은 주로 한국산업인력공단(2021), op. cit.

결하기 위해 사람들에게 권장하는 방법으로 '공감적 이해'가 있다. 공감적으로 이해를 한다는 것은 나의 관점이 아닌 상대방의 관점으로 문제를 바라보는 것을 의미한다. 공감적 이해는 상대방의 관점에서 상대방의 경험과 감정, 사고, 신념 등의 내면세계를 이해하고 자신이 느낀 바를 다시 전달해 주는 것이다. 상대방을 공감적으로 이해하기 위해서는 자신의 선입견이나 편견을 버리고 상대방을 바라볼 수 있는 것이 필수적이다. 상대방의 내면의 세계를 자신이 경험한 것처럼 공감적으로 이해하는 것은 쉽지 않다. 사람은 누구나 자신을 공감해 주는 사람에게 친밀감을 느끼게 된다. 상대방에게 공감적으로 이해받고 있다는 것을 느끼게 되면 사람들은 방어적인 자세를 풀고 진솔하게 자신을 드러내게 된다.

다시 말해 경청에는 그에 대한 적절한 반응을 보여주는 것 역시 반드시 필요한 요소이다. 즉, 원활한 이해를 위해서 우리는 상대방의 말을 수용하고 공감하며 지지해주는 반응이 필요하다. 청자가 상대방의 감정에 공감하고 있음을 나타낸다면 상대방은 그 자신이 이해받고 있는 느낌을 갖는다. 그리하여 청자를 더욱 신뢰하고 자신을 더 많이 드러내 보이게 된다. 이러한 과정이 진행되면서 더욱 원만한 인간관계가 이루어지게 된다.

1. 사례 : 공감적 이해가 중요하다[100)]

같은 회사에 다니는 L씨와 M씨 그리고 N씨는 나이와 학벌, 능력이 비슷하지만, 사람들이 인식하는 정도는 천차만별이다. 특히 대화를 할 때 이들의 차이는 쉽게 드러난다. 어떤 차이가 있는지 생각해 보자.

"일단 저에게 맡겨 주신 업무에 대해서는 과장님이 너무 간섭하지 않으셨으면 합니다. 제 소신껏 창의적으로 일하고 싶습니다."

L씨 ⇒ "자네가 지난번에 처리했던 일이 아마 잘못됐었지?", "자네 나름대로의 생각이 있더라도 상사의 지시대로 해야지."

M씨 ⇒ "자네 업무에 대해서 이야기하는 것이 간섭받는 것으로 생각되어 기분이 상한 모양이구만."

N씨 ⇒ "믿고 맡겨 준다면 더 잘 할 수 있을 것으로 생각된다는 말이구만.", "자네가 맡은 일은 자신의 소신과 창의력에 따라 책임감을 갖고 일하고 싶은 모양이 구만."

"저는 입사한 지 1년이 넘었는데도 아직 일다운 일을 해본 적이 없습니다."

L씨 ⇒ "자네가 입사한 지 벌써 1년이 넘었나? 세월 빠르다 빨라!", "회사에서 중요하지 않은 일이 어디 있겠나? 모든 일에 최선을 다해야지."

100) 윤치영(2005), op. cit.

M씨 ⇒ "음, 아직 일다운 일을 해보지 못했단 말이지.", "아직 자신의 능력에 맞는 일이 주어지지 않아서 섭섭했던 모양이군."

N씨 ⇒ "자네의 능력을 맘껏 발휘해볼 수 있는 일다운 일을 이제는 해보고 싶다는 말이지?"

(1) 사례해설

제시된 사례는 공감적 이해의 세 가지 수준에 대한 내용이다. 공감적 이해란 청자가 상대방의 입장이 되어 그의 주관적인 세계를 이해하는 것을 말한다. 이것은 청자가 제3의 귀를 가지고 상대방의 마음속에 있는 '소리 없는 소리' 또는 '마음의 소리'를 듣는 것을 말한다. 또한 우리가 상대방의 눈으로 사물을 보는 것과 같이 상대방이 지니고 있는 생각과 느낌의 틀을 이용하여 그 사람의 생각과 감정을 이해하는 것이다. 청자가 상대방의 감정에 공감하고 있음을 나타낸다면 상대방은 그 자신이 이해받고 있다는 느낌을 갖게 되며 청자를 보다 신뢰하게 되어 자신을 더욱 드러내 보이게 된다. 공감적 이해에는 세 가지 수준이 있다.

① L씨의 사례로 인습적 수준이다. 이는 청자가 상대방의 말을 듣고 그에 대한 반응을 보이기는 하지만 청자가 주로 자신의 생각에 사로잡혀 있기 때문에 자기주장만을 할 뿐, 상대방의 생각이나 느낌과 일치된 의사소통을 하지 못하는 경우이다. L씨의 경우 상대방의 이야기를 듣고 난 후 성급하게 판단하여 설익은 조언이나 상투적인 충고를 하게 되는 것이다.

② M씨의 사례로 기본적 수준이다. 대체로 청자는 상대방의 행동이나 말에 주의를 기울여 상대방의 현재 마음 상태나 전달하려는 내용을 정확하게 파악하고 그에 맞는 반응을 보이는 것이다. M씨의 경우 상대방의 의견에 대하여 재언급이나 요약 등을 하면서 반응을 보이게 된다.

③ N씨의 사례로 심층적 수준이다. 청자는 언어적으로 명백히 표현되지 않은 상대방의 내면적 감정과 사고를 지각하고 이를 자신의 개념 틀에 의하여 왜곡 없이 충분히 표현함으로써 상대방의 적극적인 성장 동기를 이해하고 표출한다. N씨의 경우 상대방의 의견에 대하여 긍정적으로 반응하고 사기를 진작시킨다.

여러분들은 앞서 언급된 세 사람의 사례를 보고, 어떠한 반응이 기분이 좋아지는지 각자 생각해 보고, 자신이라면 어떻게 반응할 것인지도 차제에 성찰해 보았으면 한다.

2. 공감을 위한 경청훈련

대화는 기본적으로 말을 하는 행위와 말을 듣는 행위로 이루어진다. 대화 과정에서 자신의 말에 상대방이 어떻게 반응하는가에 따라 우리의 감정은 달라질 수 있다. 상대가 나의 말을 경청하고 수용해 준다면 우리는 그에게 긍정적 감정을 가지게 된다. 자신의 이야기를 진지하게 들어주는 사람이 있다는 것은 고맙고 기쁜 일인 만큼 상대방에게 호감을 얻기 위한 첫째 조건으로 좋은 청자가 되는 것을 들 수 있다. 그리고 좋은 청자가 되기 위해서는 마음이 편안한 상태로 듣는다거나 듣고 있다는 것을 맞장구로 표현하여 상대가 알도록 한다거나 질문을 활용하는 등으로 평소에 경청 훈련을 해 두어야 한다. 대화법을 통한 경청 훈련을 통해서 습득한 대화법은 부부관계에서뿐만 아니라 부모-자녀 관계, 직장 동료와의 대화 등 모든 인간관계에서 그대로 적용될 수 있다.

(1) 주의 기울이기(바라보기, 듣기, 따라 하기)

배우자의 이야기에 주의를 기울일 때는 몸과 마음을 다하여 들을 수 있어야만 자신의 관심을 상대방에게 충분히 보여주는 것이 된다. 따라서 산만한 행동은 중단하고 비언어적인 것, 즉 상대방의 얼굴과 몸의 움직임뿐만 아니라 호흡하는 자세까지도 주의하여 관찰해야 한다. 또한 상대방이 하는 말의 어조와 억양, 소리의 크기까지도 귀를 기울인다.

(2) 상대방의 경험을 인정하고 더 많은 정보 요청하기

다른 사람의 메시지를 인정하는 것은 당신이 그와 함께 하며 그가 인도하는 방향으로 따라가고 있다는 것을 언어적·비언어적인 표현을 통하여 상대방에게 알려주는 반응이다. 아울러 상대방이 말하고 있는 것에 대해 관심과 존경을 보이게 되면, 비록 상대방의 말에 완전히 동의하지 않더라도 상대방의 경험이 무엇인지 알게 된다. 또한 '요청하기'는 부드러운 지시나 진술, 질문의 형태를 취함으로써 상대방이 무엇이든지 당신에게 더 많은 것을 말할 수 있도록 하는 수단이 된다.

(3) 정확성을 위해 요약하기

요약하는 기술은 상대방에 대한 자신의 이해의 정확성을 확인하는 데 도움이 될 뿐만 아니라, 자신과 상대방을 서로 알게 하며 자신과 상대방의 메시지를 공유할 수 있도록 한다.

예를 들어 상대방의 요점에 대해서 들은 것을 자신의 말로 반복하는 표현과 자신의 요약을 확인 또는 명료화하기 위해 질문하는 표현을 보자.

"당신은 어제 친구와 돈 문제로 언쟁이 있었군요. 그래서 기분이 몹시 상했군요."
"당신은 지금 가사 분담을 제의하였지요? 방법은 아직 결정하지 않았군요. 같이 의논하자는 것인가요?"

(4) 개방적인 질문하기

개방적인 질문은 보통 "누가, 무엇을 어디에서, 언제 또는 어떻게"라는 어휘로 시작된다. 이는 단답형의 대답이나 반응보다 상대방의 다양한 생각을 이해하고 상대방으로부터 더욱 많은 정보를 얻기 위한 방법으로서, 이로 인하여 서로에 대한 이해의 정도를 높일 수 있다.

예를 들어 다음과 같은 표현을 사용할 수 있겠다.

"이번 주말여행 계획에 대해 말해주겠어요?"
"직장을 옮기는 것에 대해 어떤 생각을 하고 있어요?

명확하지 않은 정보와 혼돈된 정보를 명확하게 하기 위해서, 인정 또는 사과의 정확성을 검토하기 위해서는 다음과 같은 표현을 사용한다.

"당신, 기운이 없어 보이는군요. 무슨 일이 있어요? "당신은 나 때문에 정말 화난 것 같군요. 어떠세요?

(5) '왜?'라는 질문 피하기 ('왜?'라는 말 삼가기)

'왜?'라는 질문은 보통 진술을 가장한 부정적 · 추궁적 · 강압적인 표현이므로 사용하지 않는 것이 좋다.

"왜요?", "왜 전화했어요?", "당신은 왜 내가 하라는 대로 하지 않지요?"

3. 공감 반응

우리는 인간관계를 성숙하게 하기 위해서 서로가 서로의 의견을 공감하고 존중하며 의견을 조율해야 한다. 이를 위해 원활하고 깊이 있는 대화가 필요하며 이때 필요한 것이 바로 공감적 태도이다. 공감은 상대방의 마음을 깊이 있게 이해하고 느끼는 것을 의미한다. 즉, 공감이란 상대방이 하는 말을 상대방의 관점에서 이해하고 그의 감정을 느끼는 것을 뜻한다.

공감적 이해는 크게 지각(perceiving)과 의사소통(communication) 두 가지 기술을 필요로 한다. 지각은 상대방의 언어적 메시지와 비언어적 메시지 속에 숨겨져 있는 중요한 감정 · 생각 · 태도 · 신념 등을 포착하여 상대방을 공감적으로 이해하고 있다는 것을 인식하는 능력이고, 의사소통은 자신이 파악한 상대방의 감정이나 생각을 상대방에게 전달하는 능력이다. 공감을 한다는 것은 상대방의 경험과 감정을 이해할 뿐 아니라 상대의 경험과 감정을 잘 이해하고 있다는 것을 표현해 주어야 한다. 공감적

이해를 잘하기 위해서, 즉 공감적 반응을 위해서는 다음과 같은 노력이 필요하다.

첫째, 상대방의 이야기를 자신의 관점이 아닌 그의 관점에서 이해하려는 태도를 가져야 한다. 공감을 잘하기 위해서는 상대방의 말을 자신의 관점이 아니라 상대방의 관점에서 이해하는 것이 중요하다. 아무리 같은 문제라고 해도 처해 있는 상황은 각자 다르다. 상대방이 처한 상황이 자신과 다를 수 있다는 가능성을 염두에 두고 그의 마음을 헤아려 보는 노력이 필요하다. 상대방의 입장과 의견을 파악하기 위해서는 적극적인 경청이 필요하다. 원만한 대인관계를 유지하는 사람들의 공통적인 특징은 상대의 입장에서 상대의 마음을 헤아려주는 능력을 지니고 있다는 것이다.

둘째, 공감을 위해서는 상대방의 말 속에 담겨 있는 감정과 생각에 민감하게 반응해야 한다. 때로는 상대방이 전달하는 액면 그대로의 메시지만으로 상대의 감정과 생각을 헤아리기 어렵다. 따라서 우리는 상대방의 '말' 안에 담겨져 있는 감정과 기분을 이해하려는 노력이 필요하다. 다시 말해 상대방을 공감하기 위해서는 상대방이 표현한 메시지뿐 아니라 그 이면에 담겨져 있는 상대의 속마음 즉, 기분이나 감정까지도 이해하려는 노력이 필요하다. 그러기 위해서는 상대방의 입장이 되어 볼 필요가 있다.

마지막으로 공감을 할 때는 대화를 통해 자신이 느낀 상대방의 감정을 전달해 주어야 한다. 상대방의 이야기를 들으면서 그의 입장에서 그의 감정을 경험하고, 그 감정들을 다시 돌려주어야 한다. 이런 공감적 반응을 통해 상대방은 자신이 깊이 이해받고 있다고 느끼게 된다. 우리가 상대방의 의견과 감정을 깊이 헤아려 이해해줄 때, 그리고 그가 이러한 우리의 공감을 느낄 때 서로의 관계는 더욱 의미 있는 관계로 발전하며 더욱 원활한 의사소통이 가능하게 된다. 사람은 누구나 다른 사람에게 이해받고 싶어 한다. 상대방이 자신의 감정을 이해하여 줄 때 진한 감동을 느끼게 된다. 사람은 누구나 아무리 힘들고 어려운 상황에 있어도 자신의 고통을 자신과 같이 느끼고 알아주는 사람이 있다는 인식을 갖게 되면 고통을 극복하려는 힘을 얻게 된다. 원만한 대인관계를 위해서 공감적 이해는 필수적이라 할 수 있다.

상대방을 공감적으로 이해할 때의 반응은 크게 인습적 수준, 기본적 수준, 심층적 수준으로 구분할 수 있다. 인습적 수준은 상대방의 상황이나 의도를 인식하지 못한 채 자기 위주의 의사 표현을 하는 것이다. 상대방의 언어적 메시지나 비언어적 메시지에 주의를 기울이지 않기 때문에 상대방의 감정이나 생각과 일치된 의사소통을 하지 못한다. 인습적 수준의 공감은 대인관계 형성과 문제해결에 도움을 주지 못하고 오히려 파괴한다. 기본적 수준은 상대방이 명확히 표현한 내용만을 인식하여 자신이 인식한 바를 표현하는 것을 말한다. 기본적 수준은 상대방의 감정, 사고와 일치된 의사소통을 하지만 상대방의 내면적 감정이나 사고에는 반응을 보이지 못한다. 기본적 수준은 대인관계는 어느 정도 형성될 수 있는 기초적인 수준으로서 피상적이고 일상적인 문제해결이 가능한 수준이다. 심층적 수준은 상대방이 명확히 표현한 내용을 인식할 뿐 아니라 상대방이 미처 표현하지 않는 상대방의 내면적인 감정이나 사고까지 지각하여 표현하는 것이다. 심층적 수준은 문제의 해결뿐 아니라 대인관계도 심화 발전시킬 수 있는 수준이라고 할 수 있다.[101)]

제9절 비즈니스 환경에서 경청을 실천하기 위한 구체적인 행동 가이드[102)]

① 준비하자 : 마음속 생각, 편견, 해주고 싶은 말들을 모두 비워내자.
② 인정하자 : 상대에게 선입견을 갖지 말고 완전한 인격체로 인정하자.
③ 절제하자 : 말하기를 절제하고 그냥 들어주자.
④ 이해하자 : 상대의 감정에 공감하며 듣자.
⑤ 응답하자 : 상대의 말에 귀 기울이고 있음을 계속 표현하자. 메모, 끄덕임, 눈빛으로 공감하자.

제10절 마무리 : 핵심체크

1. 경청은 상대방이 보내는 메시지 내용에 주의를 기울이고 이해를 위해 노력하는 행동을 의미한다. 경청을 통해 상대방은 우리가 그들에게 얼마나 집중하고 있는지 알 수 있다. 따라서 경청은 대화의 과정에서 신뢰를 쌓을 수 있는 최고의 방법 중 하나이다. 우리가 먼저 경청하면 상대는 자신도 모르게 더 집중하게 되며 우리의 말과 메시지, 감정은 더욱 효과적으로 상대에게 전달된다. 즉, 경청은 우리가 상대의 말에만 귀를 기울이는 것이 아니다. 우리가 경청함으로써 상대방 역시 우리의 말에 귀를 기울이게 된다.

2. 경청은 적극적 경청과 소극적 경청으로 나뉜다. 적극적 경청은 자신이 상대방의

101) https://oasisjj.tistory.com [자기경영/커뮤니케이션], 공감적 이해의 중요성, 동의하면 박수 세 번, 2020.03.04.
102) 조신영·박현찬(2007), 경청-마음을 얻는 지혜, 위즈덤하우스, 2007.05.02.

이야기에 주의를 집중하고 있다는 것을 행동을 통해 외적으로 표현하며 듣는 것을 의미한다. 소극적 경청은 상대방의 이야기에 특별한 반응을 표현하지 않고 수동적으로 듣는 것을 의미한다.

3. 적극적 경청은 상대가 무엇을 느끼고 있는가를 상대의 입장에서 받아들이는 공감적 이해, 자신이 가지고 있는 고정관념을 버리고 상대의 태도를 받아들이는 수용의 정신, 자신의 감정을 솔직하게 전하고 상대를 속이지 않는 성실한 태도가 필수적이다.

4. 올바른 경청을 방해하는 10가지 요인들은 다음과 같다.

① 짐작하기 : 상대방의 말을 믿고 받아들이기보다 자신의 생각에 들어맞는 단서들을 찾아 자신의 생각을 확인하는 것을 말한다.
② 대답할 말 준비하기 : 처음에는 상대방의 말을 듣고 곧 자신이 다음에 할 말을 생각하기에 바빠서 상대방이 말하는 것을 잘 듣지 않는 것을 말한다.
③ 걸러내기 : 상대의 말을 듣기는 하지만 상대방의 메시지를 온전하게 듣는 것이 아닌 경우이다.
④ 판단하기 : 상대방에 대한 부정적인 판단 때문에, 또는 상대방을 비판하기 위해 상대방의 말을 듣지 않는 것을 말한다.
⑤ 다른 생각하기 : 상대방에게 관심을 기울이는 것이 점차 더 힘들어지고 상대방이 말을 할 때 자꾸 다른 생각을 하게 된다면, 이는 현실이 불만족스럽지만 이러한 상황을 회피하고 있다는 위험한 신호이다.
⑥ 조언하기 : 어떤 사람들은 지나치게 다른 사람의 문제를 본인이 해결해 주고자 한다.
⑦ 언쟁하기 : 단지 반대하고 논쟁하기 위해서만 상대방의 말에 귀를 기울이는 것이다.
⑧ 옳아야만 하기 : 자존심이 강한 사람은 자존심에 관한 것을 전부 막아버리려 하기 때문에 자신의 부족한 점에 대한 상대방의 말을 들을 수 없게 된다.
⑨ 슬쩍 넘어가기 : 대화가 너무 사적이거나 위협적이면 주제를 바꾸거나 농담으로 넘기려 한다.
⑩ 비위 맞추기 : 상대방을 위로하기 위해서 혹은 비위를 맞추기 위해서 너무 빨리 동의하는 것을 말한다.

5. 대화를 통한 경청 훈련은 다음에 중점을 둔다.

① 주의를 기울여야 한다. 상대방의 이야기에 주의를 기울일 때는 몸과 마음을 다하여 들을 수 있어야만 자신의 관심을 상대방에게 충분히 보여주는 것이 된다.
② 상대방의 경험을 인정하고 더 많은 정보를 요청한다. 다른 사람의 메시지를 인정

하는 것은 당신이 그와 함께하며 그가 인도하는 방향으로 따라가고 있다는 것을 언어적 · 비언어적인 표현을 통하여 상대방에게 알려주는 반응이다.

③ 정확성을 위해 요약한다. 요약하는 기술은 상대방에 대한 자신의 이해가 정확한지 확인하는 데 도움이 될 뿐만 아니라, 자신과 상대방을 서로 알게 하며 자신과 상대방의 메시지를 공유할 수 있도록 한다.

④ 개방적인 질문을 한다. 개방적인 질문은 보통 "누가, 무엇을 어디에서, 언제 또는 어떻게"라는 어휘로 시작된다. 이는 단답형의 대답이나 반응보다 상대방의 다양한 생각을 이해하고, 상대방으로부터 더욱 많은 정보를 얻기 위한 방법으로서, 이로 인하여 서로에 대한 이해의 정도를 높일 수 있다.

⑤ "왜?"라는 질문을 피한다. "왜?"라는 질문은 보통 진술을 가장한 부정적 · 추궁적 · 강압적인 표현이므로 사용하지 않는 것이 좋다.

6. 공감은 상대방의 마음을 깊이 있게 이해하고 느끼는 것을 의미한다. 즉, 공감이란 상대방이 하는 말을 상대방의 관점에서 이해하고 그의 감정을 느끼는 것이다. 공감적 반응을 위해서 우리는 여러 가지를 노력해야 한다.

① 상대방의 이야기를 자신의 관점이 아닌 상대방의 관점에서 이해하려는 태도를 가져야 한다.

② 공감을 위해서는 상대방의 말 속에 담겨 있는 감정과 생각에 민감하게 반응해야 한다.

③ 공감을 할 때에는 대화를 통해 자신이 느낀 상대방의 감정을 전달해 주어야 한다.

제 1 장	의사소통능력 I
제 2 장	의사소통능력 II
제 3 장	경청능력 I
제4장	**경청능력 II**
제 5 장	의사표현능력 I
제 6 장	의사표현능력 II
제 7 장	의사표현능력 III
제 8 장	의사표현능력 IV
제 9 장	문서이해능력
제 10 장	문서작성능력 I
제 11 장	문서작성능력 II
제 12 장	문서작성능력 III
제 13 장	기초외국어능력

질문은 상대방과의 의사소통을 활발하게 하기 위한 중요하고도 적극적인 행동이다. 질문은 그 사람의 수준과 능력을 드러낸다. 질문을 잘하는 사람은 핵심을 찌르는 포인트에 집중한다. 이와 함께 인간 행동을 연구하는 심리학자들은 피드백이 높은 수준의 수행을 지속시키기 위해 가장 필요한 것 중의 하나라는 사실을 오래전에 발견하였다.

이제 질문을 통하여 대화를 깊이 있게 만드는 방안과 의사소통에서 효과적인 피드백을 통해 정보전달이 잘 이루어졌음을 확인할 수 있는 적절한 피드백 방안에 대하여 생각해 보기로 하자.

제1절 질 문

1. 생각해 보기

다음에 제시된 질문에 관한 글을 통해 질문의 중요성, 질문의 가치 등에 대하여 각자 생각을 정리해보자.

(1) 질문하는 사람, 질문하는 문화[103)]

대중강연을 종종 한다. 학생 대상으로도 하고, 일반인이나 교사 대상으로도 한다. 늘 느끼는 점은 한국 사람들이 너무 질문이 없다는 것이다. 강연내용을 완벽히 이해해서 질문하지 않는 것은 아닐 것이다. 개인적으로 프랑스 유학 시절에도 한국 학생들은 유난히 질문을 안하고 말이 없다고 느꼈었다. 그게 한국인들의 조용한 기질 탓만은 아닐 것이다. 호기심 많고 말 많은 프랑스인이나 이탈리아 사람과 비교하면 차이가 크다. 왜 그럴까. 동방예의지국 민족답게 가볍게 말하지 않고 점잖게 행동하는 민족성도 이유 중 하나이겠지만 민족성은 원래 생물학적인 게 아니라 사회적인 것이다. 유전자 차이 때문에 특정 민족은 호기심 많은 사람으로 태어나 질문 많은 사람으로 성장하지는 않는다. 개개인도 어떤 나라에서 자라나 어떤 교육을 받고 어떤 사회에서 사느냐에 따라 질문 많은 사람으로 성장할 수도, 그렇지 않을 수도 있다. 개인별 차이는 있지만 어떤 나라 사람은 질문이 많고, 어떤 나라 사람들은 질문이 적다. 그것은 문화적 차이다. 질문 많이 하는 사회는 문화적으로도 뭔가 다르다. 어릴 때부터 자유롭게 질문하는 교육 환경, 눈치 보지 않고 당당하게 의사를 표현할 수 있는 자유로운 사회 환경이라야 사람들은 질문도 많이 하고 자유롭게 토론하는 데 익숙해진다.

인간에게 질문은 중요하다. 사전에는 '질문'을 '알고자 하는 바를 얻기 위해 묻는 것'이라 정의하고 있다. 질문하려면 궁금한 것이 있어야 하고 알려는 욕구도 있어야 한다. 20만 년 전 나타난 현생인류 호모 사피엔스는 오랜 기간 침묵하며 어둠 속에서 살아왔다. 실제 기록하며 지식과 지혜를 축적해온 것은 5,000년에 불과하다. 호모 사피엔스가 만물의 영장이 될 수 있었던 것은 생각하고 상상하는 능력 때문이다. 사물의 이치와 자연현상의 원리를 알아내면서 과학을 만들었고 과학을 바탕으로 기술과 공학을 발전시켜왔다. 인간의 역사는 과학기술의 역사라 해도 과언이 아니다. 그 과학의 출발점은 호기심이고 질문이다. 물질세계가 무엇으로 구성되고, 생명체는 어떻게 살아 움직이는지, 지구 바깥에는 뭐가 있는지 궁금해 하고 질문하는 존재는 우주 생명체 중 인간밖에 없다. "사람은 왜 새처럼 날 수 없을까"라는 질문은 결국 과학연구를 통해 비행기를 만들어냈고, "왜 물고기처럼 바다 밑을 다닐 수 없을까"라는 질문은 잠수함을 만드는 출발점이 됐다. 호기심과 질문이 없었다면 인류는 찬란한 물질문명과 정신문화를 이룰 수 없었을 것이다.

우리는 질문만 봐도 그 사람이 어떤 사람인지 알 수 있다. 생각지도 못한 날카로운 질문을 하는 사람은 창의적이고 탐구심이 강하다. 엉뚱한 질문을 하는 사람은 상상력이 풍부하다. 호기심과 상상이 어우러지면 기발하고 창의적인 질문이 만들어진다. 좋은 질문은 지식의 밑거름이다. 그러고 보면 훌륭한 인재란 좋은 질문을 하는 사람이라 할 수 있다. 문제의식은 좋은 질문에서 나오므로 질문이 없다면 문제의식조차 가

103) 최연구(2016), 질문하는 사람·질문하는 문화, 한국일보, 2016.09.23.

질 수 없다.

좋은 리더도 마찬가지다. 리더는 질문을 잘해야 한다. 자기 생각을 지시하고 강요하는 리더는 바람직한 리더가 아니다. 모름지기 리더는 질문을 통해 사람들이 생각하게 하고 함께 답을 찾는 조직문화를 만들어야 한다. 이게 바로 질문 리더십이다. 메리 올리버라는 시인은 인간이 가진 최고 능력은 사랑하는 힘과 질문하는 능력이라고 했다. 질문하는 능력은 인공지능 기계가 가질 수 없다. 인간은 질문하는 존재다. 질문하는 사람, 질문하는 사회가 창의적이다. 답은 제한적이지만 질문은 무한하다. 질문하는 습관과 문화를 만들어야 한다. 질문하지 않고서는 결코 발전할 수 없다.

(2) 질문은 가능성의 세계로 향하는 관문이다 104)

먼저 호기심을 가지고 질문하는 능력에 대해 이야기를 해보겠다. 미국의 작가 메리 올리버는 『휘파람 부는 사람』에서 우주가 우리에게 준 두 가지 선물로 사랑하는 힘과 질문하는 능력을 꼽았다. 그런데 이 두 가지는 서로 다른 능력일까? 사랑하면 질문이 많아지지 않나? 당연하다. 상대에 대해 알고 싶고 궁금한 것이 많아지니까. 따라서 사랑하는 힘과 질문하는 능력은 두 가지가 아니고 한 가지 능력이다.

처음 사랑을 시작했을 때는 아주 사소한 것부터 궁금해진다. 밥은 먹었는지, 잠은 잘 잤는지, 비가 오는데 우산은 챙겨 갔는지 등등 소소한 일상의 모습부터 습관 하나 하나까지 궁금해서 매일매일 질문을 쏟아낸다. 그런데 어느 정도 시간이 지나면 어떻게 되나? 질문이 점점 줄어든다. 상대에 대해 아는 것이 많아져서이기도 하지만, 궁금한 것이 줄고 더 이상 서로에게 묻지 않는다면 그 사랑은 식었거나 끝난 것일 수도 있다.

그렇다면 질문하는 능력은 어떻게 키울 수 있을까? 일단 교육이 혁명적으로 바뀌어야 한다. 문제의 정답을 찾는 것은 인공지능이 인간을 압도할 것이다. 그렇다면 인간의 역할은 대답하는 데 있는 것이 아니라 질문하는 데 있다. 인간의 존재 이유는 기계가 쉽게 대답할 수 없는 질문을 던지는 데 있는 것이다.

지금까지 우리는 정답을 찾는 능력을 연마해왔다. 질문하는 능력은 배워본 적이 없다. 틀에 박힌 질문은 틀에 박힌 답을 부른다. 지금 이 시대에 필요한 인재는 '문제아'이다. 질문을 던지는 능력, 문제를 잘 내는 능력을 갖춘 인재 말이다.

재미있는 질문을 하나 해볼까? 개미 다리는 몇 개일까? 6개이다. 혹시 8개라고 생각하지 않았나? 앞에 붙어 있는 두 개는 다리가 아니고 더듬이이다. 그럼 지네의 다리는 몇 개일까? 셀 수 없을 정도로 많다. 어느 날 개미가 호기심이 생겨 지나가는 지네에게 물어본다. "지네야, 너는 앞으로 걸어갈 때 저 수많은 다리 중에서 도대체 어떤 다리를 첫발로 내딛니?" 그러자 지네가 깜짝 놀란다. 지네는 한 번도 그런 생각

---

104) 유영만(2021.06.), 질문은 가능성의 세계로 향하는 관문이다, 한국강사신문, 2021.06.01.

을 해본 적이 없으니까. 몸에 다리가 있으니 걸은 것뿐이다.

스스로에게 질문을 던지지 않고 습관적으로 반복하는 삶을 살아가는 사람은 누구나 지네 같은 인생을 살고 있는 것이다. 사람이 남다른 생각, 새로운 발견을 위해서는 질문이 필요하다.

2. 질문의 개념과 중요성

(1) 질문이란

질문이란 현재 이루어지고 있는 해당 내용에 대해 모르는 사람이 관련 내용을 설명하거나 가르치는 사람에게 묻는 물음을 의미한다. 질문은 경청을 위한 필수적인 요소로 설명이나 설득을 위한 가장 효과적인 의사 표현의 기술이다. 질문은 기본적으로 소통하려는 의지를 가지고 있어야 한다. 듣는 사람의 생각과 말에 진심으로 관심이 있어야 한다. 그래야만 질문이 효과를 발휘할 수 있다.

질문이란 일단 '모른다'의 상태에서 하는 것이 질문이고 '아하~!'의 상태로 가는 것이 질문인 것이다. 그렇다면 질문은 좋은 것인가? 아는 것이 무조건 좋은 것은 아니지만, '아는 것이 힘이다'라는 말이 진실이라면 우리는 질문으로 힘을 가질 수 있게 된다. 하지만 여기서 우리는 진짜 우리에게 힘을 가져다줄 수 있는 질문과 오히려 자신의 힘이나 타인의 힘을 빼앗는 가짜 질문을 구분해야 할 필요가 있다.

"너 진짜 왜 그래~?", "대체 뭐가 문제야?"와 같은, 질문의 형태만 띠었을 뿐 타인에 대한 메시지나 의문을 사용한 강조, 감탄사 등은 우리의 문제를 해결하고 지혜와 답을 가져다주는 '진짜 질문'과는 차이가 있다고 볼 수 있겠다.

무언가 모르는 상태에서 아는 지혜의 상태로 가기 위한 도구가 바로 질문인 것이다. 우리가 원하는 그 어떤 것을 찾기 위한 질문, 우리가 원하는 세계로 데려다줄 유일한 도구가 바로 질문이다.[105)]

(2) 질문의 중요성[106)]

질문의 가치 중 하나는 잠든 성장을 일깨우는 것이다. 특히 크든 작든 조직을 이끄는 리더라면 미래를 예측할 수 있어야 하며, 이를 위해서는 이 문제가 왜 일어났는지, 이 문제를 해결하려면 어떤 대책을 세워야 하는지 스스로에게 질문할 수 있어야 한다. 그래야 조직이 좌초하지 않고 앞으로 나아갈 수 있기 때문이다.

리더십의 대가 존 맥스웰은 『인생의 중요한 순간에 다시 물어야 할 것들』에서 자

105) http://m.blog.naver.com › igekorea [네이버 블로그], 질문이란 무엇인가?, 2017.03.02.
106) https://bonlivre.tistory.com/1353 [봉리브르], 질문이 중요한 7가지 이유, 2018.09.17.

신은 물론 타인의 삶을 변화시킨 질문의 중요성에 대해 들려주고 있는데, 이 중 '질문이 중요한 7가지 이유'를 정리해보았다. 각 조직의 리더는 물론 스스로의 성장을 위해 끊임없이 노력하고 있는 수많은 직장인들에게 적절한 사람에게, 적절한 질문을 하는 것이 얼마나 중요한지에 대한 지침을 줄 것이다.107)

1) 질문을 해야만 답을 얻을 수 있다

누구나 질문할 게 있는데도 혹 바보처럼 보일까 봐 속으로만 질문을 삭이다가 꼭 필요한 지식과 정보를 날려버린 경험이 있을 것이다. 하지만 궁금한 것이 있으면 반드시 질문을 해야만 답을 얻을 수 있다. 단, 질문의 가치를 최대한 높이려면 적절한 순간에, 적절한 사람에게, 적절한 질문을 해야만 한다.

이런 질문을 통해 얻은 대답은 성공의 토대가 된다. IBM의 설립자 토마스 왓슨은 "답을 구하기 위해 적절한 질문을 할 능력이 있다면, 절반 이상은 이기고 시작하는 셈이다."라며 적절한 질문의 가치를 높이 평가한 바 있다.

2) 질문은 꽉 닫힌 문을 여는 알리바바의 주문이다

우리는 살아가면서 많은 문을 만난다. 그런 문 뒤에는 기회와 경험, 그리고 새로운 인연으로 이어지는 온갖 가능성이 숨어 있다. 하지만 그 가능성의 세계로 들어가기 위해서는 반드시 문을 열어야 한다. 그 문을 열 수 있는 기회가 바로 질문이다.

현대 경영학의 아버지 피터 드러커는 "컨설턴트로서 나의 가장 큰 강점은 아는 척 하지 않고 이런저런 질문을 한다는 것이다."라고 말했다. 성공하는 리더들은 하나같이 집요하게 질문을 함으로써 만나는 사람들로부터 지혜를 얻고자 하는 데 큰 노력을 기울인다.

3) 질문은 타인과의 연결고리를 만드는 가장 효과적인 방법이다

누구나 한 번쯤 경험했겠지만, 초행길에 지나가는 사람에게 길을 물어볼 경우 먼저 질문을 던져 상대방의 관심을 끌어야 한다. 사람들은 대부분 가던 길을 멈추고 기꺼이 도와주려고 한다. 이처럼 질문은 사람들을 연결시키는 가교역할을 한다.

물론 적절한 질문을 해야 한다. 즉 어떤 질문을 하느냐가 중요하며, 또 어떻게 질문하느냐도 중요하다. 또한 상대방으로부터 제대로 된 대답을 듣기 위해서는 일방적인 주장을 펼치는 대신 효과적인 소통을 위한 노력도 필요하다. 극작가 버나드 쇼는 "소통과 관련해 가장 큰 문제는, 사람들이 스스로 제대로 소통하고 있다고 착각한다는 것이다."라고 말했다.

---

107) 이외에 목적에 대한 질문과 적합한 질문에 관한 추가 설명은 윤선영(2018.12.), '아름다운 대답' 듣고 싶다면 '아름다운 질문' 먼저 던져라, 매일경제, 2018.12.14. 참조.

4) 질문은 사람을 겸손하게 만든다

질문을 하려면 어느 정도 심리적인 안정감이 필요하고, 자신의 약점을 드러낼 각오를 해야 한다. 하지만 두려움이 방해를 하는 바람에 약점을 드러내지도 못하고, 심리적으로 안정적이지 못한 경우도 허다하다.

이런 바람직하지 못한 습관을 버리기 위해서는 스스로에게 정직해지고 자신의 단점을 인정할 수 있어야 한다. 자신의 실수와 약점을 기꺼이 인정하는 겸손함을 가지면 다른 사람들과 친밀한 관계를 맺고 진정한 우정을 나누면서 신뢰를 얻을 뿐만 아니라 누구에게나 기꺼이 자신의 약한 모습을 보여줄 수 있다.

5) 질문은 좋은 아이디어를 탄생케 한다

세계적인 경영 컨설턴트이자 동기부여가인 브라이언 트레이시는 “제대로 된 질문에는 문제의 본질을 꿰뚫고 새로운 아이디어와 통찰력을 유발시키는 무언가가 있다.”고 말했다. 실제로 적절한 사람에게 적절한 질문을 하는 리더는 위대한 아이디어를 발전시킬 수 있는 잠재력을 가지고 있다.

“내가 사용하는 아이디어의 대부분은 다른 사람의 머리에서 나왔지만, 그들이 발전시키지 못한 것들이다.”라는 토마스 에디슨의 말은 제대로 된 질문의 중요성을 꿰뚫고 있다.

6) 질문은 새로운 관점을 제공한다

자신의 관점에 집착하면서 다른 사람의 의견을 알기 위해 노력하기보다는 자신의 의견을 납득시키는 데 더 많은 시간을 할애하는 리더가 많다. 하지만 질문을 하고 대답에 귀를 기울인다면, 자신과는 확연히 구분되는 다른 관점을 발견할 수 있다.

잘못된 의사소통은 대부분 저마다 다른 관점을 갖는 데서 비롯된다. 이때 적절한 질문은 각자의 그릇된 관점을 바로잡아 똑바로 보게 해주는 치료제이자 의사소통이 잘못되는 것을 막아주는 예방주사 역할을 한다.

7) 질문은 타성에서 벗어나게 해 준다

질문은 정신적 나태함을 예방하고 틀에 박힌 일상에서 벗어나게 해주는 특효약이다. 무언가를 발견하고, 현재의 정체된 상태를 깨뜨리고, 새로운 사고와 행동방식을 찾고 싶을 때도 질문을 해야 한다. 질문은 발견과 혁신을 위한 첫걸음이다.

미래는 호기심 많은 사람들이 지배한다. 그들은 시도하고 탐구하며, 찔러보고 의문을 제기하며, 뒤집어보는 것을 두려워하지 않는다.

3. 질문의 기능

질문은 학교에서는 학습활동의 추진력을 제공하며, 직장에서는 새로운 문제 제기를 통해 업무의 실패를 줄이고, 성공 가능성을 높이는 토대가 된다. 질문은 문제해결에 자극이나 암시를 주게 되어 업무 담당자가 스스로 문제를 해결할 수 있도록 도와준다.

질문은 업무 진행 과정에서 상호 간의 인간관계를 원만하게 만들어 주는 기능을 한다. 질문은 청중의 사고활동을 촉진하고 발전시켜 새로운 업무 기획과정에서 구성원들이 주체적 자기학습을 통해 성과에 도움을 줄 수 있는 아이디어를 창출하는 기능을 한다.108)

4. 질문의 종류109)

질문을 어떻게 사용하고 주고받느냐에 따라 대화의 방법은 달라진다. 질문을 통해 상대방의 생각을 정확히 파악할 수 있으며 상대가 어떤 의도를 가지고 있는지, 어떤 입장인지 알아볼 수 있다.

이제 질문의 유형과 특징에 관해 좀 더 구체적으로 살펴보기로 하자.

(1) 과거형 질문과 미래형 질문

과거형 질문을 하다 보면 대부분의 사람들은 감정적으로 반응하며 변명이나 핑계를 댄다. 미래형 질문은 사람들이 미래의 희망적인 해결책을 찾도록 한다. 따라서 과거형 질문보다 미래형 질문이 효과적이다.

과거형 질문은 과거의 경험 속에서 긍정적인 자원을 찾아 활용할 수 있게 돕는 질문으로서, 문제의 근원이나 시작의 동기를 묻는 질문들이 많다.

과거형 질문	미래형 질문
• 비슷한 일로 성공했던 경험이 있나요? • 이것을 원하게 된 동기가 무엇인가요? • 처음의 의도는 무엇인가요? • 어떤 노력을 해보았나요?	• 3년 뒤에 어떤 모습을 하고 있을까요? • 그렇게 했을 때 예상되는 결과는 어떨까요? • 성공했다고 가정했을 때 모습을 그려보세요. • 10년 뒤에 지금을 되돌아본다면, 지금의 나에게 뭐라고 할 것 같아요?

108) 김종두 외(2019), 의사소통능력, 양성원, 2019.07.26.
109) 권인아·오정주(2020), op. cit. 김주애 외(2020), op. cit. https://oasisjj.tistory.com [자기경영/커뮤니케이션], 질문을 잘하는 법, 동의하면 박수 세 번, 2020.03.06.

미래형 질문은 결과를 생각해 보게 하거나 미래의 계획을 묻는 질문으로 더욱 강한 동기를 일으키고자 할 때 사용하거나, 지금 이야기를 좀 더 현실적으로 점검해 보고자 할 때 사용한다.

(2) 부정형 질문과 긍정형 질문

부정형(부정적) 질문을 하면 상대방은 자신에게 잘못이 있음을 지적당하고 있다고 생각한다. 그래서 자신의 잘못이 아님을 표현하고자 방어적이거나 회피하는 태도를 보이게 된다.

긍정형(긍정적) 질문은 미래형 질문과 마찬가지로 상대방 스스로 희망적인 해결책을 찾도록 노력하게 만든다. 따라서 부정형 질문보다 긍정형 질문이 효과적이다.

긍정적인 질문과 부정적인 질문은 모두 사용할 수 있지만, 특별히 원인을 탐색해야 할 때를 제외하고는 부정적인 질문은 자주 사용하지 않는 것이 좋다. 그 이유는 예시를 통해 살펴보자.

부정형 질문	긍정형 질문
• 왜 그런 일이 발생했다고 생각하나요? • 왜 아직 그것밖에 하지 못했나요? ⇓ 좌절, 변명	• 그런 일이 다시 생기지 않게 하려면 어떻게 해야 할까요? • 어떻게 하면 그것을 빨리 마칠 수 있을까요? ⇓ 희망, 생각

(3) 개방형 질문과 폐쇄형 질문

질문에는 개방형(Open) 질문과 폐쇄형(Closed) 질문이 있다.

폐쇄형 질문은 '예' 혹은 '아니오'로 대답하는 질문(사고 폐쇄)이고, 개방형 질문은 자율적인 사고를 촉진하는 질문(사고 확장)이다. 그러므로 대답하는 사람은 자유롭고 편안하게 대답할 수 있다.

질문할 때는 상대방의 생각과 의견을 묻는 개방적인 질문을 하는 것이 좋다. "당신의 의견은 무엇인가? 당신은 왜 그렇게 생각하는가?" 등과 같이 묻는 것이 상대방이 넓은 범위에서 생각해 볼 수 있기 때문에 서로에게 더 유익한 대화를 나눌 수 있게 된다. 반대로 "예, 아니오"로 답할 수 있는 폐쇄형 질문을 하게 되면 상대방의 생각의 폭이 그만큼 좁아지게 되며 서로에게 아쉬움이 남는 대화가 된다.

개방형 질문	폐쇄형 질문
• 그 문제를 해결하려면 당신은 무엇을 해야 할까요? • 이 결정에 대해 어떻게 생각하시나요? • 친구들과의 관계는 어떻습니까? • 이 수업의 방식은 어떤가요? • 아침에 무엇을 드셨습니까? • 오늘 미팅에서 잘된 점은 무엇인가요?	• 당신이 그 문제를 해결할 수 있을까요? • 이의가 있나요? • 친구들과 사이좋게 지내나요? • 이 수업이 마음에 드나요? • 아침식사 하셨습니까? • 오늘 미팅은 잘 진행된 것 같으십니까?

한편 개방형 질문과 폐쇄형 질문의 장단점은 많은 사람이 알고 있지만, 의식적으로 구별하여 사용하는 사람은 거의 없다. 아무튼 개방적 질문과 폐쇄적 질문의 장단점을 정확히 파악하고 상황에 따라 구별하여 사용하는 것이 좋다.

	개방형 질문	폐쇄형 질문
장점	• 일반적이고 폭넓은 대답을 요구하는 질문 • 상대의 관점, 의견, 사고, 감정까지 끌어내어 많은 정보를 얻을 수 있고 상대로 하여금 자신의 생각을 보다 상세하게 표현할 수 있게 하기 때문에 질문을 통해 얻은 정보로 상대를 충분히 이해할 수 있다. • 대인관계에 있어서 바람직한 관계를 형성하는 데 많은 도움이 된다.	• 구체적인 내용을 담고 있을 때, 듣고 싶은 답이 즉시 나오기 때문에 때로는 유용할 때도 있다.
단점	• 대화에 초점이 애매한 상황에서는 대답하기 어렵고, 묻고 싶은 것과 어긋나는 답을 들을 수 있다.	• 폭이 좁고 대답 범위가 한정 • 간결한 반응을 유발하고 명백한 사실만을 요구한다.

(4) 중립적 질문과 유도형 질문

중립적 질문은 생각과 의도를 담지 않은 질문(사고 확장)을 말한다. 순수하게 상대방의 의견을 듣고자 하는 질문으로 깔끔하고 담백하다. 즉, 본인이 생각을 안하고 상대방의 의견대로 순수하게 하려고 하는 것이다. 문제는 그런 행동이 계속 이어지면 결정 장애가 올 수 있기 때문에 나의 할 일은 내가 반드시 정해야 한다.

반면에 물음표의 형태는 띠고 있지만 이미 답을 내포하고 있는 질문들도 있다. 얼핏 들으면 생각을 묻는 것 같지만 특정한 방향으로 대화를 이끄는 의도가 엿보이는 질문(가치 편향적 질문으로 사고 폐쇄)을 유도 질문이라고 한다. 기본적으로 질문은 상대방을 대화에 적극적으로 참여시키기 위해 사용하는 도구이다. 질문은 사람을 향한 호기심을 토양으로 한다. 그러나 사람이 아닌 말에 더 관심을 두는 유도 질문은 상대방이 진짜 생각을 꺼낼 수 없게 만들 뿐 아니라 질문에 대한 거부감과 상대방에 대한 불쾌함을 증폭시킨다. 그런 의미에서 유도 질문은 다양한 질문의 형태 중에서 가장 피해야 할 질문 유형이다. 만약 당신의 의견이 따로 있거든 애매하게 질문하지 말고 직접적으로 말해야 한다. "나는 이렇게 생각해"하고 확실하게 뜻을 밝히는 것이 괜한 의혹을 피하는 방법이 될 수 있다.

중립적 질문	유도 질문
• 각각의 장단점은 무엇이지? • 예전 경험을 활용한다면 어떻게 할 수 있을까? • 이 일을 가능하게 하기 위해 필요한 것은 무엇일까? • 어떤 기준으로 판단해야 할까? • 오늘 회의는 어디서 하는 것이 좋을까요?	• 네 생각대로 잘 될까? • 예전에 이거 해본 적 없지? • 과연 기한 내에 하는 게 가능할까? • 나는 이렇게 생각하는데, 넌 어때? • 이게 먼저이지 않나?

(5) 대안 탐색형 질문과 책임 추구형 질문

대안 탐색형 질문(Possibility-Searching Questions, 가능성 탐색형 질문)은 상대방의 아이디어를 알아보는 질문인 반면(사고 확장), 책임 추구형(혹은 책임추궁형) 질문은 상대방에게 문제의 책임을 문책하는 질문(사고 폐쇄)이다.

대안 탐색형 질문	책임 추구형 질문
• Ground Rule을 잘 지킨다는 것은 우리에게 어떤 의미가 있나요? • 이번 시험에서 목표점수를 달성하기 위해서 어떻게 해야 할까요? • 내가 무엇을 도와주면 될까요? • 앞으로 어떻게 하면 이 문제를 원만하게 해결할 수 있을까요?	• Ground Rule을 왜 지키지 않습니까? • 이번 성적이 왜 이렇게 저조해? • 왜 리포트 제출 마감 시간을 넘긴 거지? • 왜 이렇게 회의 시간에 늦는 거죠?

따라서 대안 탐색형 질문은 경청에 도움이 되는 질문이라고 할 수 있는 반면에 책임 추구형 질문은 경청에 도움이 되지 않는 질문이라고 할 수 있다. Why형 질문은 질문을 받는 사람으로 하여금 비난, 추궁받는 느낌이 들게 하여 불편하거나 핑계를 대도록 만들 수 있으므로, Why형보다는 What형, How형 질문을 사용하는 것이 좋다.

(6) 일반적 질문과 구체적 질문

일반적 질문은 관심 정도 수준의 질문이며 좀 막연한 느낌을 주기도 한다. 그러나 구체적 질문은 어떤 문제를 더 깊이 있게 파고들어 생각하게 한다. 구체적 질문은 좀 더 명확한 소통에 도움을 준다.

일반적 질문	구체적 질문
• 당신은 행복하신가요? • 지금 하는 일은 좋아하세요?	• 당신이 행복한 이유 세 가지만 얘기해 보세요. • 당신이 하는 일에서 가장 힘든 것은 무엇인가요?

(7) 직접질문과 간접질문

질문에는 직접적 질문과 간접적 질문이 있다. 간접질문은 넌지시 물어보는 것임에 반하여 직접질문은 직선적으로 물어보는 것이다. 간접질문은 물음표가 없다. 그렇지만 분명히 답을 요구하는 것이다.

직접 질문	간접 질문
• 당신은 이 상황에 대해 어떻게 생각하세요? • 회사의 방침에 대해 어떻게 생각하세요? • 주말 어떻게 지내니?	• 당신이 이 상황에 대해 어떻게 생각하시는지 궁금합니다. • 회사의 방침에 대해 여러 가지 생각이 드실지도 모르겠군요. • 주말을 어떻게 지내는지 궁금하구나.

대화할 때 단순한 정보를 제공받을 수 있는 질문은 직접적 질문이고, 상대방의 감정을 유발할 수 있는 질문은 간접적 질문이다. 직접적 질문은 곧바로 질문하는 것이고, 간접적 질문은 직접적으로 물어보지 않고 어떤 말을 함으로써 넌지시 물어보는 것이다, 직접적 질문은 물음표로 끝내는 것이 보통이지만, 간접적 질문은 그 끝에 물음표가 없는 서술형으로 이루어져 직접적 질문보다 효과를 볼 수 있다. 물음표가 생

략되었음에도 불구하고 분명히 질문을 하는 것이고, 상대의 답변을 요구한다. 간접적 질문은 관심을 보여주면서도 상대가 질문처럼 느끼지 않는다는 점에서 가치가 있다.

(8) 가설적 질문과 기적 질문

가설적 질문은 타인의 입장이나 다른 상황 속에서 자신이나 자신의 문제를 생각해 보게 하는 질문이다. 기적 질문은 말 그대로 기적 같은 일이 일어났을 때의 자신을 상상하게 해서 오히려 해결책에 관심을 돌리고, 숨겨진 문제의 기능을 밝혀내며, 이를 통해 대답하는 사람이 문제의 핵심에 다가갈 수 있도록 돕는다.[110]

가설적 질문	기적 질문
• 당신이 내 입장이라면 그럴 때 어떻게 할 것 같아요? • 만약 다른 부서로 옮긴다면 어떤 일이 생길까요? • 당신의 친한 또는 적대감이 있는 동료는 당신의 문제에 대해 어떤 생각을 할까요?	• 오늘 밤에 기적이 일어나 그 문제가 다 해결된다고 상상해 보세요. 내일 무엇이 달라질까요? • 10억 복권에 당첨되었다고 생각해 보세요. 그럼 어떻게 하고 싶어요?

(9) 수사 질문과 탐색 질문[111]

수사 질문(Rhetorical Question)은 질문이라기보다는 본인의 생각을 강조하기 위해서 사용하는 질문형 문장을 말한다. 수사적인 질문은 상대방과 좀더 적극적인 대화를 원할 때 혹은 칭찬이나 인정을 하기 위해서 사용하면 효과적이다.

탐색 질문(Probing Question)은 한 개의 질문이라기보다는 일련의 질문을 하는 스킬이다. 하나의 열린 질문이나 닫힌 질문으로는 정확한 정보를 얻기가 어려울 때가 있는데, 이때 초점 맞추기 질문을 사용한다. 탐색 질문을 할 때는 속도를 조절하여 질문받는 사람이 추궁당하고 있다는 생각이 들지 않도록 유의한다. 이 질문 스킬을 잘 사용하면 상호 신뢰와 관심도를 높일 수 있다.[112]

110) 기적 질문이란 막막한 상황에 처해 있는 내담자에게 마치 기적이 일어나기라도 한 것처럼 문제가 해결된 상황을 가상적으로 상상을 해보고 해결하기를 원하는 것을 명료화하고 구체화하도록 하기 위해 하는 질문이다. 그리고 기적 질문 과정에서 자기 문제를 재인식하고 해결된 상황에 대한 그림을 작은 것에서 점차 확대해나가도록 하는 것이다.

111) https://blog.daum.net › sskimpt [Daum 블로그], 질문의 종류, 2014.09.04.

112) 소크라테스의 문답법은 철저히 끊임없는 질문과 답변의 연속으로 되어 있다. 이러한 과정을 통하여 진리를 깨닫거나 상대나 자신의 사고를 정련(충분히 단련함)해 나간다.

수사 질문	• 이 제품의 디스플레이는 정말 신선하지 않아? • 이 대리는 정말 창의적인 디자이너이지?
탐색 질문	Q : 그 프레젠테이션의 참석자는 몇 명인가? A : 약 10명입니다. Q : 분위기는 어땠지? A : 조금 산만했습니다? Q : 어떤 사람들이 집중하지 못하던가? A : 생산기술에서 참석한 사람들의 관심도가 낮았습니다. Q : 왜 관심도가 낮은 것 같은가? A : 그 회의 직후에 본부장 보고가 있는데 그 회의에 대한 준비가 덜 된 것 같았습니다. Q : 그럼 앞으로는 어떻게 해야 하나? A : 회의 소집할 때 주요 참석자들의 집중을 저해할 만한 요소가 있는지 사전에 체크하도록 하겠습니다.

(10) '왜?'보다는 '어떻게'나 '무엇 때문에'로 바꾸기

의사소통을 하면서 질문할 경우 가장 많이 사용하기도 하고 질문이라는 것을 가장 잘 상징하는 단어가 '왜?'라는 단어일 것이다. 그런데 이 말을 잘못 해석하면 '왜'라는 말의 원래 의미를 왜곡시킬 수 있다. 원래 '왜'라는 말은 정보를 구하거나, 사건 또는 행동의 원인이나 이유를 탐색하는 용어로 사용되는 것이 맞다. 질문하는 사람은 '왜?'라고 쉽게 묻지만, 가끔은 대답하기 어려운 공격적이고 비난하는 말로 들릴 수도 있다. 그 이유는 실제로 자신이 왜 그랬는지 몰라서 당황스러울 수도 있고, 자신의 행동을 부끄러워하고 있을지도 모르기 때문이다. 질문을 받고 해석을 어떻게 하느냐에 따라 자신이 잘못했거나 나쁘게 행동해서 자신을 비난하고 평가, 변명하라는 뜻으로 왜곡하여 불쾌감을 느끼게 할 수도 있다. 이런 점에서 '왜'라는 말을 들을 때 자신을 방어하거나 그 상황을 회피하려 하거나 혹은 공격적으로 의사소통할 가능성이 있다.

그러므로 '왜?'라는 질문 대신에 '무엇 때문에' 혹은 '어떻게'라는 질문으로 바꾸는 것이 상대방으로 하여금 훨씬 더 자연스럽게 반응할 수 있게 한다. '왜?'라는 질문 대신에 '무엇 때문에' 혹은 '어떻게'라는 질문으로 바꾸어 보는 예는 다음과 같다.

'왜' 질문	'어떻게'/'무엇 때문에' 질문
• 너는 왜 동생을 미워하니 • 왜 그렇게 했지?	• 너는 동생이 어떻게 할 때 밉니? • 무엇 때문에 그렇게 했지?

(11) 되도록 하지 않아야 할 질문

1) 유도 질문

묻는 사람이 이미 답을 정해 놓고 질문의 형태로 묻는 말로, 내가 원하는 방향으로 답변을 유도하고 싶을 때 많이 쓴다.

유도 질문

- 오늘 저녁은 한식당이 어떨까요?
- 이유를 알기 위해서 홍길동 교수님을 모셔보면 어떨까요?

2) 선택형 질문

서너 개의 가능성 가운데 하나를 선택하도록 강요하는 질문이다. 이때 질문을 받는 사람은 어떤 생각도 할 수 없고, 스스로 해결책도 만들 수 없다. 상대를 수동적이고 의존적으로 만든다.

3) 이중 질문

이중 질문이란 일종의 선택 질문으로, 두 가지 내용의 질문을 동시에 하는 것이다. 두 가지 내용의 질문 중에서 하나를 골라서 대답해야 하는데, 어떤 내용에 대해서 반응해야 할 것인지 몰라서 당황하게 된다. 이런 경우 듣는 사람이 혼란스럽거나 이해하기 어려울 수가 있다. 질문은 한 번에 한 가지씩 하는 것이 좋다. 이중질문의 예는 다음과 같다.

이중 질문

- 영수와 싸운 이유가 뭐니? 지난번에는 철수와 싸웠잖아?

질문을 받은 사람은 영수와 싸운 이유를 대답해야 하는지, 아니면 지난번에 철수와 싸웠던 이유를 대답해야 하는지 혼란스러울 수 있다. 그리고 대답을 듣는 사람도 상대의 대답이 먼저 질문의 답인지, 나중 질문의 답인지 모르고 오해할 여지도 있다.

5. 조직에서 질문의 상황과 중요성

(1) 질문의 상황

조직에서 질문을 하게 되는 상황은 수시로 발생한다.

① 신규직원을 채용하는 지원자의 면접에서 적합한 인재를 채용하는 상황
② 신규 프로젝트 과업 계획을 발표하는 상황
③ 직원들의 프로젝트 과업 수행 진척도 점검
④ 조직의 인사이동 상황

(2) 질문의 중요성

① 단점을 해결하는 단서
② 업무성과를 향상시키는 결과를 가져오는 토대
③ 개인의 성장에 유리한 기회를 제공
④ 문제점을 사전에 차단

6. 질문의 목적 및 효과

(1) 질문의 목적[113)]

① 답을 얻기 위해서
② 생각을 자극하기 위해서(즉, 사고능력을 개발하기 위하여)
③ 마음을 열도록 유도하기 위해서
④ 설득하기 위하여
⑤ 대화의 흐름을 통제하기 위하여
⑥ 대화에 집중시키기 위하여
⑦ 알고 있지 못한 사항이 무엇인가를 파악하기 위하여
⑧ 누군가가 무엇을 알고 있는지, 그 여부를 확인하기 위하여
⑨ 학습 동기 유발을 위하여
⑩ 훈련이나 연습을 위하여
⑪ 학습 자료의 조직과 설명을 돕기 위하여
⑫ 중요한 점을 강조하기 위하여
⑬ 인과 관계와 같은 관련성을 증명하기 위하여
⑭ 학생의 흥미를 끌기 위해서
⑮ 요약하거나 표현 연습을 하기 위하여
⑯ 사고 과정을 나타내기 위하여
⑰ 학생들과의 관계를 부드럽게 만들기 위하여
⑱ 진단하고 평가하기 위하여

---

113) http://m.blog.naver.com › yunseongmin [네이버 블로그], 질문의 목적과 유형, 왕칠이, 2003.11.23.

(2) 질문의 효과

① 질문하는 사람에게 자신감과 용기를 심어준다.
② 청중에게 질문자는 적극적 참여자가 된다.
③ 조직에서 질문은 해당 프로젝트의 문제를 감소시킬 수 있는 기회가 된다.
④ 질문은 조직의 성과를 높이고, 부서 간의 경쟁을 유발시키는 기회가 된다.
⑤ 조직구성원들의 조직에 대한 관심을 높이고, 홍보를 할 수 있는 정보를 제공한다.
⑥ 질문은 개인에게 능력 향상의 성과를 가져오는 데 필요한 최고의 기회를 제공한다.

제2절 GROW 모델[114)]

GROW 모델(또는 프로세스)은 목표설정 및 문제해결을 위해 영국에서 개발되었고, 1980년대 후반과 1990년대 기업 코칭에 광범위하게 사용되었다. Goal, Reality, Option, Will의 이니셜을 나타내는 코칭 모델이며 간단하면서도 코칭의 전체 그림을 보여주고 코치이(coachee, 코칭받는 사람)의 성장을 강력하게 지원해 줄 수 있다. 따라서 GROW 모델의 각 단계는 효과적인 의사결정을 위한 단계적인 대화법이라고 할 수 있다.

1. Goal : 목표 정하기(목표설정)

코치와 코치이가 코칭에서 논의할 주제와 코칭의 목적에 대해 동의한다. 코칭을 통해 얻고자 하는 것을 구체적으로 정의하는 것은 코치이가 코칭 과정에 적극적으로 참여하도록 이끌어주며, 코칭에 대해 긍정적인 기대를 갖게 한다. 이를 통해 '신뢰관계'를 형성할 수 있다. 코칭의 목표는 함께 정하는 것이므로 일방적으로 코치가 결정한 주제로 이끌지 않도록 해야 하며, 성급한 가정이나 호기심을 충족하기 위한 질문이 되지 않도록 주의해야 한다.

다시 말해 회의의 주제와 목표를 명확히 하고 공유하는 단계이다. 질문과 피드백은 목표가 분명히 정해진 '목적 지향적 대화'이어야 하며 그것은 우리가 스스로 원하는 목표여야 한다. 또한 상대방이 모호하고 분명하지 않은 목표를 이야기할 때에는 SMART[115)] 목표설정 규칙에 맞춰 설정한다.

---

114) 권인아·오정주(2020), op. cit. https://work-life.tistory.com [워크앤라이프/심리연구원], 코칭 GROW 모델, 2014.07.14.
115) SMART(specific, measurable and achievable in a realistic time frame)

(1) SMART 목표설정 규칙

① Specific : 구체적인(그 계획은 구체적인가?)
② Measurable : 측정 가능한(그 계획은 측정 가능한가?)
③ Agreed(Actionable/Achievable) : 합의된(그 계획은 행동으로 실행 가능한가?)
④ Realistic(Responsible) : 현실적인(그 계획은 현실적인가?)
⑤ Time-bounded(Timely/Timeline) : 시간이 정해진(그 계획은 시의적절하고 시한이 정해져 있는가?)

(2) 이 단계에서 유용한 질문

① 당신이 진정으로 이루고 싶은 것은 무엇인가?
② 대화를 통해서 해결하고 싶은 주제는 무엇인가?
③ 만약에 그것이 이루어졌다면 무엇을 보고 알 수 있을까?
④ 목표가 이루어졌다면 당신의 삶에 무슨 의미가 있을까?
⑤ 목표를 이루었다면 어떤 결과를 예상하는가?

2. Reality : 현실 파악하기

목표점을 정확히 정의한 후에는 목표와 관련된 코치이의 '현실'을 구체적으로 알아볼 필요가 있다. 이 과정을 통해 코치이는 코칭 이슈를 둘러싼 현상들이 어떤 연관성을 갖고 있는지에 대한 통찰력과 목표와 현실 간의 차이(gap)에 대해서도 인식할 수 있다. 코치이의 진술 내용을 사실(fact)과 감정 및 해석으로 구분하는 것이 필요한데, 성급한 가정이나 가치 판단을 하지 않도록 한다. 코치이가 자신을 방어하기 위해 변명하거나 합리화할 수 있다. 이 과정을 통해 코치이는 자신의 코칭 이슈를 둘러싼 주요 경험 및 사건들을 이전보다 분명히, 그리고 통합된 시야에서 재인식한다. 이러한 자각은 단순히 '문제해결'을 위한 코칭을 넘어서서 '코칭을 통한 성장'을 가능하게 한다. 코치이가 방어적인 태도를 보일지라도 끝까지 신뢰하고 지지하는 것이 필요하며, 코칭이 미래지향적인 것임을 상기시킨다.

다시 말해 상사의 눈치를 보지 않고, 참석자 자신의 의견을 편안하게 표현하는 단계이다. 목표를 정했다면 다음 단계는 그 목표의 어디쯤에 자신이 있는지 현실 파악하기이다. 현실을 검토하여 우리 눈앞에 놓인 일에서 한 걸음 뒤로 물러나서 상황을 보다 객관적으로 검토할 수 있는 여유를 갖는 것이다. 주제를 둘러싼 현실적 요소들에 대해 서로가 어떤 연관성을 갖는지에 대한 통찰력을 얻을 수 있다.

(1) 이 단계에서 유용한 질문

① 지금까지 목표를 이루기 위해 무엇을 했는가?

② 목표를 이루는 데 힘든 장애물이나 애로사항이 있는가?
③ 당신이 가지고 있는 자원은 무엇인가?
④ 그 자원 외에 당신이 필요한 것은 무엇인가?
⑤ 구체적으로 현재 상황에 대해 설명해 줄 수 있는가?

3. Options : 대안 찾기

코치이가 자신의 문제에 대한 인식을 새로이 하고 통찰력이 생겼다면 이제 구체적으로 어떤 변화된 행동을 함으로써 목표를 실현시킬 수 있을 것인가에 대한 대화를 나누도록 한다. 이 과정을 통해 코치이는 합리적이고 현실적인 대안을 발견할 수 있으며 목표달성을 위한 보다 분명한 행동 지침을 갖게 된다. 코칭 주제에 대해 코치이가 갖고 있는 강점, 약점, 위기, 기회를 분석하며, 행동계획은 SMART(Specific, Measurable, Achievable, Responsible, Time-bound) 원칙에 입각하여 세운다. 코치이가 장애물로 간주하고 있는 것을 간과하지 않도록 주의해야 한다.

다시 말해 회의 목표에 도달하기 위한 구체적인 실행계획을 도출하는 단계이다. 이전의 단계에서 얻어진 내용을 바탕으로 새롭게 무엇을 시도해보면 좋을지에 대한 아이디어를 생각해 본다. 현실에 맞지 않는 것도 떠오를 수 있으나 그런 것에 연연해하지 말고 창의적인 아이디어도 찾아보자.

(1) 이 단계에서 유용한 질문

① 지금 구체적으로 세울 수 있는 대안은 무엇이 있는가?
② 다른 사람들은 당신과 같은 상황에서 어떻게 할까?
③ 새롭게 시도해보고 싶은 일이 있다면 무엇인가?
④ 대안들의 장점과 단점은 무엇인가?
⑤ 과거를 통해서 배운 점은 무엇인가?

4. Will : 실행 의지

코칭의 목표가 실현되기 위해서는 코치이가 코칭 세션이 종료된 후에 행동 변화를 보여야 한다. 행동의 변화가 있지 않으면 목표와 현재의 차이는 저절로 줄어들지 않는다. 마지막 단계에서는 행동계획의 실천을 다짐하는 것과 코칭 세션 전체를 리뷰하는 작업이 필요하다. 과정 전체에 대한 리뷰는 코치가 아니라 코치이가 하도록 해야 한다. 코치이의 지나친 의욕을 조절할 수 있어야 하고, 실행에 대한 지나친 부담을 주어서도 안 된다.

다시 말해 회의 내용을 요약하여 정리하고 모두가 도출된 대안을 실천할 수 있도록 의지를 다지는 단계이다. 다양한 대안들을 생각했다면 이제는 대안들을 정리하고 계획을 세워야 한다. 무엇을 할지 실행계획을 구체화하고 언제까지 어떤 방식으로 이루어갈 것인지에 대해서도 결정해야 한다. 이때 실행 가능하고 실행하기 쉬운 것부터 하면 좋다.

(1) 이 단계에서 유용한 질문

① 당신은 무엇을 구체적으로 어떻게 할 것인가?
② 실행계획을 세운다면 무엇이 있을까?
③ 목표가 이루어졌다면 그것의 측정기준이나 방식은 무엇인가?
④ 다른 고려해야 할 것이 있는가?
⑤ 누군가의 도움이 필요한가?

제3절 피드백

1. 피드백의 개념 및 기능

(1) 피드백의 개념

피드백(feedback)이란 용어는 2차 세계대전 당시에 미국 공군에서 적을 효과적으로 제거하기 위해 사용됐던 전술 용어에서부터 시작되었다. 피드백은 앞으로의 개선에 의지를 둔 미래지향적인 활동이라고 할 수 있다. 그저 상대방의 의견을 듣는 것이 아니라 현재까지의 자신의 행동이나 성과에 대해 되돌아보고 개선하도록 촉진할 수 있다.[116] 교육에서 피드백은 학생들의 행위에 대한 결과를 제시해 줌으로써 더 나은 행동을 유발하기 위한 동력을 제공한다.[117]

1) 고려사항

① 개인의 감정이나 기분을 고려해야 한다.
② 언제 어떤 방식으로 이루어져야 하는가에 대해 고려해야 한다.

116) 권인아·오정주(2020), op. cit.
117) 이하 내용은 김종두 외(2019), op. cit.

③ 개인의 업무성과에 대한 명확한 정보 제공이 이루어져야 한다.
④ 개인이 조직구성원들에게 어떤 평가를 받고 있는가에 대한 정보를 명확하게 제공해야 한다.

(2) 피드백의 기능

교육에서 피드백의 핵심적 기능은 다음과 같이 요약할 수 있다.[118]

1) 학생 차원의 학습 개선

피드백의 기능 중 가장 핵심이 되는 것은 학생들의 학습 개선에 도움을 준다는 것이다. 또한 피드백은 학생들이 학습 목표에 대해 명확하게 이해하도록 할 뿐만 아니라 자신의 학습 수준과 목표 수준의 차이를 파악할 수 있게 한다. 따라서 학생들이 자신의 학습을 개선해나가도록 하기 위해서는 스스로가 자신의 수행을 평가해 보는 것이 도움이 된다고 한다. 즉 피드백을 제공하는 주체가 더 이상 교사에 제한될 필요가 없다는 것이다. 학생이 피드백 제공자가 되어, 학습 개선을 위해 무엇이 필요한지를 능동적으로 결정하면서 교사와 협력적 관계를 형성하는 것 바람직하다는 것이다. 피드백은 교사와 학생이 상호작용하면서 학생으로 하여금 학습을 개선해나가는데 도움을 줄 수 있는 것이다.

2) 학생의 학습 동기 유발

피드백은 행동주의 학습관에서 보상 또는 강화의 기능[119]에 의해 학생들의 학습 동기를 향상시키는데 효과적이라고 설명되어왔다. 또한 피드백은 학생의 수행에 대해 정보 제공의 역할[120]을 한다는 점에서도 내재적 동기유발에 도움이 되는 것으로 알려져 왔다.[121] 목표 수준과 달성 수준의 차이가 너무 커져서 목표와 자신의 학습을 조화시킬 수 없다고 생각되어질 때, 학생들은 실패를 경험하며 더 이상 학습에 대한 동기를 느낄 수 없게 되는데, 피드백은 이러한 실패의 경험을 줄일 수 있다는 점에서 학습 동기유발에 효과적인 것이다.[122]

3) 교사 차원에서의 교수 개선

피드백이 효과적으로 수행될 때 이는 인지적·정의적 차원에서 학생들에게 도움을

---

118) 지은림(2009), 교사의 피드백 수행을 위한 구성요인 및 특성에 관한 연구, 아시아교육연구 10권 3호, 2009년, Vol.10, No.3, pp.77-102.
119) 현재의 수행을 지속적으로 유지할 수 있도록 하거나, 수행 중 바람직하지 않은 수행을 수정하며 이후 성공적인 수행을 하도록 이끌어낸다.
120) 학습자에게 효율적인 수행에 필요한 정보 제공
121) 학습자의 수행을 위한 동기를 유발시켜 지속적으로 목표를 성취할 수 있도록 유도
122) 그러나 피드백의 학습 동기유발 효과는 피드백과 학생의 개인적 특성에 따라 달라질 수 있다.

줄 수 있을 뿐만 아니라, 피드백을 수행한 교사들에게도 영향을 미치게 된다. 교사는 피드백을 지속적으로 제공하면서 학생들의 학습에 대한 정보를 누적시킬 수 있는데, 이는 교수 개선을 위한 유용한 자료가 될 수 있다. 피드백을 통해 수집한 자료를 활용하여 교사들은 학생들의 학습에 대한 이해를 높이고 자신의 수업을 수정하여 개선시켜 나갈 수 있는 것이다.

한편 일부 학생들은 피드백을 제공받아도 자신의 학습 개선을 위해 어떻게 활용해야 할지 모르는 경우가 있다. 이는 피드백이 제 기능을 발휘하지 못할 수 있다는 것을 의미하는데, 이때 교사가 이러한 상황을 파악하고 교수 전략에 반영함으로써 교수 효과를 높일 수 있는 것이다.

교사는 피드백을 준비하는 과정에서도 교수 개선의 효과를 거둘 수 있다. 교사는 피드백 과정을 통해 적절하면서도 구체적인 목표들을 학생들에게 제시하고 이해시킬 수 있게 되기 때문에 학생들에게 보다 효과적인 교수를 실행할 수 있게 된다는 것이다. 또한 교사가 피드백을 수행하면서 학생들의 학습에 대한 이해를 바탕으로 학습 목표 자체를 보다 적절하고 의미 있게 수정할 수 있다는 점에서도 교수 개선의 효과를 거둘 수 있는 것으로 보인다.

2. 피드백을 제공하는 방법[123)]

① 조직구성원들의 업무평가에 대한 결과는 개인에게만 공개하는 것을 원칙으로 한다.
② 조직구성원들의 업무평가에 대한 피드백은 서류로만 이루어지는 것이 아니라 조직의 팀장이나 부장이 협력적 차원에서 제공한다.
③ 피드백은 개인에게 일회성 차원이 아닌 지속성 차원에서 다양한 경로를 통해 제공한다.
④ 개인의 문제점이 아닌 조직의 문제점으로 인식하고 업무에 적극적으로 임할 수 있는 방안을 마련하여 제공한다.
⑤ 피드백을 제공함에 있어 개인에게 부정적인 감정을 갖지 않고 긍정적인 감정으로 대한다.

3. 조직에서 피드백의 효과

① 가장 먼저 자신의 변화를 가져오는 동기를 제공한다.
② 개인의 성장 가능성을 높여 준다.
③ 조직에서 업무를 대하는 태도에 변화를 가져온다.

123) 김종두 외(2019), op. cit.

④ 조직의 성장과 구성원 모두에게 도움을 준다.
⑤ 조직구성원들의 인식을 긍정적으로 변화시킨다.
⑥ 조직구성원과의 협력적 업무수행을 통해 조직의 성과를 높이는 데 기여한다.

4. 피드백의 종류와 유형

(1) 피드백의 종류124)

무의미한 피드백이 돼버리는 이유는 피드백의 포인트가 없는 경우로서 피드백 내용이 너무 막연하거나 일반적이어서 받는 사람이 피드백으로 인식하지 못하기 때문이다.

한편 긍정적인 피드백의 원칙으로는 ① 구체적으로 칭찬하라, ② 사소한 면이라도 자주 칭찬하라, ③ 진심으로 인정하고 칭찬하라 등을 들 수 있다. 이에 덧붙여 결과와 함께 과정에 대해서도 피드백이 있어야 한다. 결과만 따지게 되면 자칫 과정이 올바르지 않을 수도 있다. 피드백의 종류는 다음과 같다.

구 분	내 용
긍정적 (혹은 지지적) 피드백	반복되기를 원하는 행동을 독려하는 피드백. 직원의 잘한 행동, 강점 등에 대해 짚어 줌으로써, 직원의 자신감을 강화시키는 피드백
교정적 피드백	행동을 변화시키는 목적의 피드백. 직원의 잘못한 행동, 조직의 방향에 부합하지 않는 행동, 개선이 필요한 행동 등에 대한 피드백으로 행동의 교정, 개선을 불러오는 피드백. 교정적 피드백은 정말 꼭 필요할 때만 주려고 노력해야 한다.
무의미한 피드백	내용이 너무 막연하거나 일반적이어서 받는 사람이 피드백의 목적이 무엇인지 파악하지 못하게 되는 피드백. 상대방에게 아무 영향도 미치지 못하는 피드백
비판적 (혹은 학대적) 피드백	상기 3개의 피드백을 제외한 모든 피드백이 사실 학대적 피드백에 들어간다. 잘못에 대해 행동 자체가 아니라 그 행동을 한 사람에게 초점을 맞춤으로써 받아들이는 사람의 입장에서 비난, 비판받았다고 여기게 만드는 피드백. 안타깝게도 많은 사람들이 학대적 피드백을 주면서 상대방에게 엄청난 결과를 기대한다. 사실은 전혀 아닌데도, 스스로는 지지적 피드백을 했다고 생각하기도 한다.

124) 에리카(2020), 당신의 피드백, 혹시 상대방을 학대하고 있진 않나요?, 브런치(brunch.co.kr), 2020.10.04.

(2) 피드백의 유형[125)]

피드백의 종류를 유형별로 다시 구분하면 다음과 같다.

구 분	개 념	영 향
강 화	적극적 피드백으로 바람직한 행동이나 결과에 대해 이야기하여 지지, 격려한다.	상대방의 자신감을 높이고 동기를 강화시킨다. 성과가 향상된다.
조 언	기대에 미치지 못하는 행동이나 결과에 대해 이를 개선, 보완하기 위한 방법을 권유하거나 제시한다.	행동을 교정하고 성과를 향상시킬 수 있다.
침 묵	아무런 반응을 하지 않는다.	자신감이 떨어지고 불안감을 초래한다.
비 난	기대에 미치지 못하는 행동이나 결과에 대해 규명하고, 지적하고 질책한다.	변명이나 핑계, 저항을 가져온다. 행동이나 성과를 왜곡한다. 상황을 회피한다. 관계를 악화시킨다.

5. 효과적인 피드백 방안

① **기억하라(Remember)** : 자신 앞에 벌어진 일이 한 사람의 책임 때문이라는 생각이 들어 그를 비난하고 있다면 당장 그 비난을 멈추고 이 말을 기억하라. “최대한 긍정적으로 생각하라.”

② **설명하라(Explain)** : 직원에게 잘못을 따지기 전에 그가 왜 그런 행동을 하는지 그 이유를 5가지 정도 생각해 보라. 직원 개인의 잘못을 ‘포함하지 않는’ 시나리오 말이다.

③ **질문하라(Ask)** : 직원에게 피드백을 할 때 자신이 생각한 직원의 좋은 의도에 대해 언급한 뒤 이유를 물어보라.

④ **계획하라(Plan)** : 함께 원인을 분석하고 해결 방안을 찾아라. 문제를 해결하기 위해 함께 찾은 방법은 결국 직원의 몫이 아니라 리더의 몫이다.

6. 미래형 피드백 : 피드포워드

최근 국내에 출간된 책 한 권이 지금 기업에서 활용하고 있는 “피드백이 잘못됐다”라고 주장하는 내용을 담고 있어 주목받고 있다. 그 주인공은 바로 ‘피드포워드 : 사람의 마음을 움직이는 미래형 피드백의 6가지 비밀’(원제 : The Feedback Fix : Dump

125) 권인아·오정주(2020), op. cit.

the Past, Embrace the Future, and Lead the Way to Change)이다. 이 책은 미국의 커뮤니케이션 전략 컨설팅 회사 세마카 파트너스의 대표인 조 허시가 집필했다.

허시 대표가 지적한 피드백의 문제점은 바로 "바꿀 수 없는 과거의 성과에 집중한다"는 점이다. 조직에서 직원들에 대한 피드백을 할 때 대개 일정한 기간 성과를 놓고 평가하는데, 해당 성과는 사실 되돌릴 수 없는 과거의 결과물이다. 피드백 대신 허시 대표는 개인의 미래성과를 개선하도록 돕는 소통전략을 제안했다. 이것이 바로 '피드포워드(feedforward)'다.[126)]

(1) 피드포워드의 개념

피드포워드는 미국의 저명한 기업 임원 코치인 마셜 골드스미스가 처음 만든 콘셉트다. 골드스미스는 사람들이 직장에서 갖고 있는 문제에 대해 빠르게 누군가의 피드백을 구하고, 이에 대해 함께 이야기를 나누는 방법으로 피드포워드를 제안했다. 피드포워드의 요지는 간단하다. 개인이 갖고 있는 문제를 다른 사람들과 이야기하고, 타인의 조언을 구하며, 조언을 준 것에 대한 감사를 표하고, 자신이 갈 길을 가는 것(move on)이다.

골드스미스는 피드백을 주는 사람과 받는 사람 모두 피드백을 나누는 경험을 부담스러워한다는 점을 발견했다. 또 자신감이 넘치는 비즈니스 리더들이 타인으로부터 피드백, 특히 자신의 실패에 관한 피드백을 듣는 것을 매우 힘들어한다는 점을 봐왔다. 이를 지켜본 결과, 그는 과거 성과를 바탕으로 하는 전통적 피드백을 대체하는 전략을 세웠다. 즉 미래에 어떤 일을 더 잘할 수 있는지에 대한 다른 사람의 의견을 구하는 '피드포워드'가 바로 그것이다. 이에 피드포워드란 자신이 설정한 행동 목표를 실천하기 위해 함께 일하는 사림들로부터 아이디어를 받는 것으로 정의할 수 있다.

(2) 피드백과 피드포워드의 차이[127)]

전통적인 피드백은 개인의 과거 성과를 기준으로 진행됐다. 피드포워드는 무엇을 기준으로 진행되는가. 그 어느 누구도 과거를 바꿀 수는 없다. 그렇기에 이미 제어할 수 없는 문제를 놓고 피드백을 주고받는 것은 비생산적이다. 피드포워드는 미래지향적이다. 즉, 피드포워드의 기준점은 개인의 현재 모습이 아닌 개인이 변화하는 모습(who people are still becoming)이다.

저서에서 허시 대표는 피드포워드 방식을 도입한 기업의 예로 영국 회계법인 딜로이트를 소개했다. 2013년 전통적 상하평가 제도에서 평가 시스템을 재구성한 딜로이

126) 이하 내용은 윤선영(2019.07.), 과거의 잘못을 '피드백'하지 말고 미래에 잘할 일 '피드포워드' 하라, 매일경제, 2019.07.25. 참조.
127) 이와 관련하여 [부록 4-1] 참조.

트는 직원들이 본인의 장점을 파악하고 자신이 어떤 직원이 되고 싶은지 혹은 어떤 일을 이루고 싶은지를 생각하도록 한다. 이를 바탕으로 직원들은 매주 상사와의 '면담' 시간을 갖고 추후 업무에 대한 이야기를 나누며 개인을 발전시킬 수 있는 방법에 대한 이야기를 나눈다.

〈표 4-1〉 피드백과 피드포워드 차이[128)]

구 분	내 용
과거의 일을 기반으로 함(과거의 잘못한 행동을 분석하는데 초점)	미래에 일어날 일을 기반으로 함(다가온 미래를 변화시키는데 초점)
피드백을 주는 사람이 주체가 됨(과거지향적인 사실이나 현상 분석을 다루는 기법)	피드백을 구하는 사람이 주체가 됨(미래지향적인 아이디어나 해결책을 찾아가는 기법)
현실적으로 현재 어떤 상황인지를 이야기함	가능성을 열어놓고 생생한 아이디어를 듣는 것에서 시작함
과거의 실패에 대한 기억과 교정 강화가 목적	미래의 변화 가능성에 대한 생각과 안목 키우기가 목적
격식을 따짐(대상이 사람이 아니라 성과에 대해서 다룸)	격식에 얽매이지 않음(건설적인 대화로 현재 성과보다 미래의 사람 성장에 대해서 다룰수록 좋음)
피드백은 가끔씩 일어남	피드포워드는 항상 진행됨

(3) 피드포워드의 진행 세부 절차

일명 'WRAP' 과정으로 피드포워드가 진행된다. WRAP는 (피드백의 주제가 되는) 특정한 일을 설명하는 '무엇'과 '어디서'(What and Where)로 시작해 무엇을 바탕으로 해당 일에 대한 본인의 생각이 이뤄졌는지(Reason)에 대해 상대방에게 설명하고, 그 일이 자신에게 어떤 감정을 일으켰는지(Affect)에 대해 말하며, 마지막으로 조언을 나누는(Prompt) 과정이다. 관리자들은 WRAP 방식을 사용하는 것을 매우 좋아한다. 상대방에게 말하기 힘든 일에 타인의 자존심을 건드리지 않고 이야기를 나눌 수 있기 때문이다. 그렇다면 조직 내 리더는 피드포워드 방식의 조언을 줄 때 직원들과 어떻게 하면 소통을 잘할 수 있을까.

최근 들어서 겸손한 리더에 대한 연구결과가 많이 나왔다. 다른 사람들로부터 최대한 배우려고 노력하는 겸손한 리더가 효율적인 리더라는 사실이 밝혀졌다. 겸손한 리더는 피드포워드를 직원들의 성과에 영향을 미치는 근무 환경에 대해 이야기를 듣고, 더 좋은 환경을 만들기 위해 리더 본인이 어떻게 도울 수 있는지를 알 수 있는

128) https://brunch.co.kr [브런치], 피드백과 피드포워드의 미묘한 차이는 무엇인가?,2020.07.04. 참조.

기회로 여긴다. 겸손한 리더 특성 중 하나는 다른 사람의 말을 잘 듣는다는 점이다. 나는 가장 뛰어난 소통가들은 최대한 말을 아끼는 사람이라고 생각한다. 이렇게 뛰어난 소통 능력을 갖춘 겸손한 리더들은 피드백을 받는 사람들에게 '답변'을 주지 않는다. 대신 개인이 스스로의 성과를 알게 하는 질문을 한다.

(4) 피드포워드의 효과

피드백의 효과는 해당 조언을 듣는 사람이 이를 받아들이고 실천한 후에 나타난다. 만약 피드포워드 방식의 조언을 개인이 받아들이지 않는다면, 해당 조언을 주는 사람은 무엇을 할 수 있을까.

피드포워드는 상대방이 무언가에 대한 통찰을 할 수 있도록 만드는 것이지, 변화를 강요하는 방법이 아니다. 사람들이 자신에게 주어진 피드백을 대부분 무시하는 이유는 피드백을 받아들이길 강요했다는 느낌이 들어서다. 아울러 피드백은 개인이 스스로 무언가를 개선할 수 없다는 가정하에 주어진다. 이와는 달리 피드포워드는 개인 스스로가 변화의 주체가 될 수 있도록 한다.

제4절 마무리 : 핵심체크

1. 바람직한 질문의 조건은 미래지향적, 긍정적, 개방형, 중립형 등이 있다.

2. GROW 대화 모델은 ① Goal(목표 정하기), ② Reality(현실 파악하기), ③ Options(대안 찾기), ④ Will(실행 의지) 등의 프로세스로 이루어진다.

3. 피드백의 네 가지 유형은 강화, 조언, 침묵, 그리고 비난이다.

4. 효과적인 피드백 방안 네 가지는 ① 기억하라, ② 설명하라, ③ 질문하라, ④ 계획하라 등이다.

5. 피드백은 부하의 육성이나 코칭에 있어 중요한 수단 중 하나로도 사용되고 있으며, 업무상 타인의 의견을 듣는다는 의미로 '피드백을 받는다'라는 표현을 쓰기도 한다. 반면에 피드포워드란 미래형 피드백으로서 자신이 설정한 행동 목표를 실천하기 위해 함께 일하는 사람들로부터 아이디어를 받는 것으로 정의할 수 있다.

부록 4-1 : 피드백과 피드포워드[129)]

피드백(Feedback)과 피드포워드(Feedforward)는 무엇이 다를까? 또 언제 주고받아야 할까?

먼저 우리에게 익숙한 피드백은 2차 세계대전 당시에 미국 공군이 적을 효과적으로 제압하기 위해 사용했던 전술 용어에서부터 시작되었다. 적군의 위치에 폭탄을 투하하려면 파일럿에게 이동 경로에 대한 정보를 정확하게 주어야 하는데 이때 서로 주고받으면서 경로를 조정하는 단어가 바로 피드백이다. 조직에서도 업무나 프로젝트가 끝나면 성과 평가를 하고, 앞으로 동일한 실수가 반복되는 것을 방지하여 더 좋은 성과를 얻기 위하여 사용하고 있다.

'사람을 움직이는 힘 피드백 이야기'의 저자 리처드 윌리암스(Richard Williams)는 "모든 인간관계는 피드백으로 완성되고, 피드백은 사람을 움직이는 힘과 인생을 창출하는 에너지를 만든다"고 했다. 또한, 피드백을 지지적, 교정적, 학대적, 무의미한 피드백으로 구분하였다. 두말할 필요 없이 지지적, 교정적 피드백은 서로의 견해를 존중하고, 배려하고, 격려하여 관계를 개선하고 발전시킨다. 학대적, 무의미한 피드백은 오히려 상처와 절망을 주어 형식적인 관계로 만들어 버릴 수 있다.

하버드 비즈니스 스쿨의 '피드백의 기술'에서는 좋은 피드백은 긍정적 또는 발전적 피드백이라고 하고, AID 모델로 정의한다. 구체적인 행동을 지적하고 (Action), 그 행동이 미치는 영향을 표현하고 (Impact), 바라는 행동에 대해 구체적으로 말한다(Desired outcome).

'멋진 응원 코칭'을 보면 "피드백에서 중요한 요소는 사람 자체가 아닌 행동의 결과에 대한 평가이어야 한다"고 한다. 또한, 피드백의 힘은 이미 잘한 행동과 성과를 더 잘할 수 있도록 촉진하고, 부족한 점을 개선하고 원하는 성과를 내도록 이끌며, 다른 사람을 피드백할 수 있는 태도와 능력을 길러준다고 한다.

다음으로 피드포워드에 대해서 알아보자. '일 잘하는 당신이 성공을 못하는 이유 20가지 비밀'의 저자 마셜 골드스미스 (Marshall Goldsmith)는 '성공을 내 편으로 만드는 7가지 원칙'에서 피드백, 사과, 선언, 경청, 감사, 팔로우업과 함께 미래의 목표를 위한 조언 구하기로 피드포워드를 소개했다.

이미 한 행동이나 성과에 대한 피드백보다는 피드포워드를 통해 미리 실수나 실패를 방지할 수 있도록 지원하는 것이다. 지극히 긍정적이고 미래지향적인 접근이다. 요즘처럼 예측불허인 상황에서 어느 정도 결과를 예측할 수 있고 올바른 결정을 할 수 있게 도와준다면 더할 나위 없을 것이다. 금기시해야 할 것도 있다. 바로 '나 때는 말

129) 유용린(2020.08.), 피드백(Feedback)과 피드포워드(Feedforward), 경기신문, 2020.08.05.

이야'이다. 도와준답시고 케케묵은 경험담을 끄집어내는 것은 의욕을 떨어뜨리고 사기를 꺾는 일이다. 올바른 경로를 알려 주고 기다려주는 것도 미덕이다.

코칭을 할 때도 피드포워드를 많이 사용한다. 코칭 자체가 미래지향적인 대화이기 때문이다. 고객의 이슈로부터 이상적인 상황을 그려 보고 그 목표에 다가갈 수 있게 하려면 피드포워드로 긍정적인 에너지를 높이고 실행 의지를 북돋아야 한다. 이를 통해 사고가 바뀌고, 행동의 변화가 생겨 원하는 모습으로 성장하는 고객을 이끄는 것이다. 질문 또한 미래의 성과에 대한 피드포워드 개념이다.

예를 들면 '고객님이 원하는 이상적인 상황은 어떤 모습일까요?', '새롭게 시도해볼 게 있다면 무엇이 있을까요?' 등이다. 이런 질문을 통해 고객은 자기 성찰의 시간을 갖고 관점의 전환이 일어나 실행 의지를 높이게 된다.

피드백과 피드포워드 모두 주고받는 것이다. 받을 준비가 안 되어 있으면 아무리 좋은 피드백이나 피드포워드라도 무의미할 수가 있다. 또한, 주고받긴 하지만 진정성 없는 피드백이나 피드포워드는 오히려 시간 낭비이다. 둘 다 상호 간의 신뢰가 뒷받침되어야 한다. 진정으로 서로를 존중하고 서로에게 감사하는 마음으로 서로의 성장을 지지하고 응원해야 한다.

제 1 장	의사소통능력 I
제 2 장	의사소통능력 II
제 3 장	경청능력 I
제 4 장	경청능력 II
제5장	**의사표현능력 I**
제 6 장	의사표현능력 II
제 7 장	의사표현능력 III
제 8 장	의사표현능력 IV
제 9 장	문서이해능력
제 10 장	문서작성능력 I
제 11 장	문서작성능력 II
제 12 장	문서작성능력 III
제 13 장	기초외국어능력

의사표현능력이란 말하는 사람이 자신의 생각과 감정을 듣는 사람에게 음성 언어나 신체 언어로 표현하는 능력이다. 의사표현능력은 의사소통의 중요한 수단으로 직업인들이 개인이나 조직 간에 원만하게 관계를 유지하고 업무성과를 높이기 위해서는 필수적인 능력이다. 해야 할 말을 자신 있게 말하는 사람이야말로 진정 용기 있는 사람이다. 자신의 능력을 제대로 표현하기 위해서 효과적인 의사표현능력을 갖추어야 한다.[130)]

제1절 의사표현능력[131)]

현대사회를 일컬어 자기표현의 시대라고 한다. 자기를 표현하기 위해 화장 또는 옷을 코디하거나 헤어스타일 등 여러 가지 방법을 사용한다. 그중 일상생활에서 가장 많이 사용하는 방법은 말하기라고 할 수 있다. 피터 드러커(Peter Drucker) 교수

130) 한국산업인력공단(2021), op. cit.
131) 이성범(2020), 의사표현능력은 자신의 역량표현이다, 중부매일, 2020.01.16.

는 "인간에게 가장 중요한 능력은 자기표현이며 현대는 의사소통에 의해 좌우된다."고 하였다. 이처럼 우리의 일상 중 대부분은 다른 사람과의 의사소통을 통해 이루어진다는 점에서 자신의 생각과 감정을 적절히 표현하고 전달하는 의사표현도 하나의 능력으로 인식되고 있다.

특히 조직 생활에 있어 의사표현능력은 개인의 중요한 부분으로 부각되고 있다. 직장 내에서는 수시로 업무 관련 진행사항과 결과를 보고하고 회의를 통해 정보와 아이디어를 공유한다. 상황에 따라서는 여러 사람 앞에서 브리핑하거나 프레젠테이션을 한다. 이 과정에서 업무와 관련된 자신의 지식, 기술, 태도를 보여줄 수 있다. 조직 내에서 의사표현능력은 자신의 역량을 드러내는 방식이면서 동시에 역량 평가에 중요한 영향을 미치게 되었다. 따라서 직장인들이 개인과 조직 간에 원만하게 관계를 유지하고 업무성과를 높이기 위해서는 필수적인 능력이다.

과거 권위주의 시대에서는 신분이나 출신이 그 사람의 능력을 판단하는 데에 큰 영향을 미쳤다. 그러나 사회가 변화하면서 사람들은 개인의 능력이나 인격을 보고 합리적으로 판단하고자 하는 경향이 강해지고 있다. 특히 여러 사람 앞에서 그 사람의 능력을 공정하게 평가하려는 노력들이 사회 곳곳에서 이루어지면서 공식적인 상황에서 말하기 비중이 높아지고 있다.

일례로 기업에서는 직원채용 시 면접 비중을 높이고 그룹 토의와 경쟁 프레젠테이션 등 다양한 형태의 의사표현능력을 통해 신입사원으로서의 역량과 기본소양을 평가하고 있다. 수업이 이루어지는 학교 현장 역시 이러한 변화와 무관하지 않다. 교수자가 아무리 아는 것이 많아도 전달하는 방법이 미숙하면 학습자로서의 전문성을 인정받지 못한다. 학생들의 경우 수업 시간에 토론이나 발표를 제대로 하지 못하면 주어진 과제를 성실히 수행한 것으로 평가받지 못할 수도 있다.

이처럼 말은 자신을 표현하는 중요한 수단이 되고 말하는 능력에 따라 '명석한 사람', '능력 있는 사람' 또는 반대로 '별로인 사람'이라고 판단하는 경우도 있다. 자신이 알고 있는 것을 효과적으로 전달하지 못한다면 그 사람이 전달하는 내용을 의심할 수밖에 없고 심한 경우에는 말하는 사람의 능력까지도 의심하게 된다. 반대로 말하는 사람의 의사표현능력이 좋은 경우 정보 자체도 효과적으로 전달되며 그 사람에 대한 신뢰도도 높아져서 능력 있는 사람으로 평가받게 된다.

그렇다. 오늘날 사회에서는 말이 곧 사람의 능력을 대변한다. 의사표현능력이란 말하는 사람이 자신의 생각과 감정을 듣는 사람에게 음성언어나 신체언어로 표현하는 능력이다. 특히 의사표현능력은 의사소통의 중요한 수단으로 말하는 이의 의도 또는 목적을 달성하는 데 효과가 있는 말하기를 의미한다. 이러한 의사표현능력은 무엇보다도 가치 있고 인간다운 삶을 영위하는 데 있어 가장 중요한 부분인 자신의 이미지 형성에도 큰 영향력을 미칠 수 있다. 의사표현능력 신장은 자신의 발전을 위해서도 필수적인 요소임은 물론 나아가 우리의 삶의 질을 더욱 풍요롭게 만들어 줄 것이다.

제2절 생각해 보기

다음에 제시된 사례와 이야기를 통해 의사표현능력의 중요성에 대하여 각자 생각해 보기로 하자.

1. P씨의 프레젠테이션[132)]

P씨는 자신의 업무성과에 대해 발표를 하였으나 동료 대부분 이해를 하지 못했고, 주어진 시간 안에 준비하였던 내용을 다 끝내지도 못하였다. P씨는 발표상황만 되면 당황하여 혼자 중얼거리거나, 헤매게 되는 경우가 종종 발생된다. P씨의 문제는 무엇인지 생각해 보자.

(1) 사 례

광고회사에 다니는 P씨는 좋은 아이디어를 갖고 있어도, 이를 제대로 표현하지 못한다. P씨는 남들 앞에서 프레젠테이션을 하는 상황만 되면 당황하여 혼자 중얼거리거나 헤매게 된다. 입술을 닫고 말하거나 분명치 않게 발음하면 사람들은 P씨가 중얼거리고 있다고 생각한다. P씨가 중요한 부분에서 자꾸 중얼거리자 사람들은 말하는 내용의 진실성을 의심하기 시작했다. 또한 P씨는 자신이 말해야 할 내용을 순서에 따라 전개하지 못하고 중간에 딴 곳으로 흘러가곤 한다.

이러면 듣는 사람들은 말하는 사람이 전하려는 내용의 진위를 파악할 수 없다. 말하는 사람의 지나친 반복과 앞 내용이 연결되지 않는 발표는 듣는 사람의 불만을 일으킨다. 이러한 상황은 듣는 사람들에게 P씨의 발표 준비 부족으로 인식하게 되고, 말하는 사람의 돌출적인 성격 때문이라고 생각하게 한다.

'P씨의 프레젠테이션' 사례에서 볼 수 있듯이 의사표현능력은 개인의 능력에도 영향을 미칠 정도로 중요하다.

2. 전달의 기술[133)]

(1) 사 례

탄성이 절로 나오는 멋진 의사 표현법이 영화 〈해피 플라이트〉에 나온다. 항공회

132) 신장섭 외(2016), op. cit.
133) 권인아·오정주(2018), 의사소통능력, 한올, 2018.01.15.

사의 신입 승무원인 아야세 하루키가 기내식을 서비스하던 장면이었다. 소고기와 생선 요리가 있었는데, 너도나도 소고기만을 찾아 생선만 남게 된 상황, 아야세는 우왕좌왕 어찌할 바를 모르고 있었다. 그때 베테랑 선배가 등장했다. 그녀는 "균등하게 배분했어야지. 자, 봐봐"라고 한마디 던지더니 멋진 전달법을 보여주었다.

"허브를 골고루 얹고, 미네랄이 풍부한 천연 돌소금과 굵은 흑후추를 뿌려 구운 맛있는 흰살생선, 그리고 일반적으로 조리한 소고기가 있습니다."

물론 영화이기 때문에 연출된 장면이긴 하지만, 이렇게 소개하면 아무래도 생선 쪽이 맛있어 보이고 선택하고 싶어진다. 역시 대부분의 승객이 앞다투어 생선을 달라고 말한다. 상대가 좋아하는 것 파악하기 방식을 멋지게 활용한 것이다.

"죄송합니다. 생선만 남아 있어서…"라고 말하면 왠지 남은 음식을 강요하는 듯한 느낌이 들기 때문에 먹고 싶은 마음이 싹 사라진다. 그런데 베테랑 선배처럼 말을 조리해서 표현하면 기꺼이 생선을 선택하고 싶어진다. 이것이 바로 전달법이 가진 힘이다.

제3절 의사표현의 개념과 종류134)

1. 의사표현의 개념

의사표현이란 한마디로 말하기이다. 즉, 말하는 이가 자신의 생각과 감정 · 욕구 · 바람 등을 듣는 이에게 음성언어나 신체언어로 표현하는 행위이다. 의사표현에는 음성언어와 신체언어가 있다. 음성언어는 입말로 표현하는 구어이고, 신체언어는 신체의 한 부분인 표정 · 손짓 · 발짓 · 몸짓 따위로 표현하는 몸말을 의미한다. '말'이 우리 생활에 미치는 영향이 매우 크기 때문에 제대로 말을 하는 방법에 대한 노력이 필요하다.

의사표현은 의사소통의 중요한 수단으로 특히, 말하는 이의 의도 또는 목적을 가지고 그 목적을 달성하는 데 효과가 있다고 생각하는 말하기를 의미한다. 의사소통의 중요한 수단인 말하기가 사용되는 예는 다음과 같다.

① 말하는 이가 듣는 이의 생각이나 태도를 변화시키려는 의도로 주장하는 것이다.
② 말하는 이가 자신에게 필요한 정보를 제공받기 위하여 청자에게 질문하는 것이다.

---

134) 권인아·오정주(2018), op. cit.

③ 말하는 이가 청자에게 어떤 일을 해주도록 요청할 때 하는 것이다. 다시 말해 자신에게 필요한 일을 하도록 요청하는 것이다.

2. 의사표현의 종류

의사표현의 종류는 상황이나 사태에 따라 공식적 말하기, 의례적 말하기, 친교적 말하기로 구분한다. 구체적으로 대화, 토론, 보고, 연설, 인터뷰, 낭독, 구연, 소개하기, 전화로 말하기, 안내하는 말하기 등이 있다.

〈표 5-1〉 의사표현의 종류

공식적 말하기	사전에 준비된 내용을, 대중을 상대로 말하는 것 ㉕ 연설, 토의, 토론 등
의례적 말하기	정치적 · 문화적 행사 등에서 의례 절차에 따라 하는 말하기 ㉕ 식사, 주례, 회의 등
친교적 말하기	매우 친근한 사람들 사이에서 자연스럽게 떠오르는 대로 주고받는 말하기 ㉕ 일반적인 대화, 잡담 등

① 공식적 말하기는 사전에 준비된 내용을 대중을 상대로 말하는 것이다. 공식적 말하기에는 연설, 토의, 토론 등이 있다. 연설은 말하는 이 혼자 여러 사람을 대상으로 자기의 사상이나 감정에 관하여 일방적으로 말하는 방식이다. 토의는 여러 사람이 모여서 공통의 문제에 대하여 가장 좋은 해답을 얻기 위해 협의하는 말하기다. 토론은 어떤 논제에 관하여 찬성자와 반대자가 각기 논리적인 근거를 발표하고, 상대방의 논거가 부당하다는 것을 명백하게 하는 말하기이다.

② 의례적 말하기는 정치적 · 문화적 행사 등에서 의례 절차에 따라 하는 말하기다. 예를 들어 식사(식장에서 주최자가 그 식에 대하여 인사로 말하거나, 또는 그 말, 즉 인사말), 주례, 회의 등이 있다.

③ 친교적 말하기는 매우 친근한 사람들 사이에서 가장 자연스럽게 떠오르는 대로 주고받는 말하기다.

제4절 의사표현의 중요성

피터 드러커는 "인간에게 가장 중요한 능력은 자기표현이며, 현대는 의사소통에 의해 좌우된다."고 언급했다. 해야 할 말을 자신 있게 말하는 사람이야말로 진정 용기 있는 사람이다. 오늘날은 의사표현의 시대이므로 표현을 못하면 자신의 능력을 충분히 표출하기 어렵다. 반면에 의사표현을 잘하면 인생의 목적을 쉽게 달성할 수 있다.

1. 사 례

다음의 사례를 통해 의사표현의 중요성에 관해 각자의 생각을 정리해보자.

(1) 전설적인 판매왕 A씨[135)]

먼저 후배 판매원이 재미있는 말투로 상품을 소개하며 사람들을 끌어 모았고, 이윽고 상품이 팔려 나가기 시작했다. 그때 유명한 '가격 깎기의 달인'이 나타났다. 후배의 설명을 듣고 그는 가격을 깎기 시작했다. 그렇지만 원래 정가에 판매하게 되어 있었기에 "죄송합니다. 가격을 깎아드릴 수는 없습니다."라고 하며 후배 판매원이 도리도리 고개를 저었다. 물론 가격 깎기의 달인이었기에 그 정도의 말에 순순히 물러서지 않았다. 제품의 비뚤어진 인쇄 상태를 지적하는 등 다양한 각도로 접근하여 가격을 깎으려고 시도했다. 그때 진땀을 흘리는 후배를 뒤쪽에서 보고 있던 A씨가 앞으로 나섰다. 후배 판매원을 대신해서 상품의 매력을 살짝 나시 설명해줬나. 그리고 주머니에 손을 넣었다가 주먹을 쥔 상태로 꺼내더니, 그 상품에 '보이지 않는 뭔가'를 소중하게 올려놓는 동작을 했다. 그 순간 판매왕 A씨는 고객에게 이렇게 말했다.

"저의 진심을 더해 드렸는데 어떻게 안 되겠습니까? 감사합니다!" 이 말을 들은 가격 깎기의 달인은 "이 아저씨, 재미있네, 재미있어."라며 웃음을 터트리고 선뜻 정가에 상품을 구매해서 돌아갔다.

(2) 말하기의 중요성[136)]

한 취업포털에서 직업인 회원 585명을 대상으로 실시한 설문조사에서 '가장 비호감 동료는 누구입니까'란 질문에 1위는 '말이 잘 안 통하는 동료'(25.7%)가 꼽혔다. 이처럼 의사소통이 회사 생활을 좌지우지하다 보니 많은 이들이 시간과 노력을 들여

135) 사사키 케이이치(2017), 인생이 바뀌는 말습관, 황선종 역, 한국경제신문사(한경비피), 2017.02.20.
136) 김미향(2020.08.), 아무도 가르쳐주지 않았던 '회사어' 공부 열풍, 한겨레, 2020.08.01. 한국산업인력공단(2021), op. cit.

의사소통을 공부하고 있다. (사례 생략)

월급의 상당 부분을 투자하는 것도 아끼지 않는다. 올해 회사 생활 3년 차인 직업인 오아무개(27)씨는 지난 1년간 월급의 15%를 말하기 공부에 썼다. 업무에서 좀 더 '프로답게' 말하고 싶었기 때문이다. 기업에서 직원 교육을 담당하는 오씨는 많은 직원들이 모인 자리에서 마이크를 잡아야 할 일이 잦았다. "어린아이 같은 말투를 고치고 싶어서 일주일에 한 번씩 1년간 일대일 수업을 받았다. 말이 개선되니 일상에서 자신감이 붙고 대인관계에도 도움이 됐다."고 했다.

1) 사례 해설

제시된 사례는 직장에서의 의사표현의 중요성을 보여준다. 실제 기사에서 많은 직업인들은 업무 내용과는 무관해 보이는 '말하기'를 위해 시간과 돈을 투자하고 있다. 그것은 결국 동료들과의 소통이 업무의 가장 기본이기 때문이다. 이처럼 우리는 많은 사람과 의사소통을 해야 하는 상황에 처해 있고, 특히 직장에서는 남들 앞에서 자신의 능력을 표현해야 되는 경우가 종종 발생된다. 과연 의사표현이란 무엇이고 왜 중요한지에 대하여 명확히 알 필요가 있다.

2. 의사표현은 화자의 이미지와 운명을 결정

일 경험을 할 때 상대방의 생각과 감정, 의견을 이해하는 것도 중요하지만, 자신의 의견과 감정을 상대방에게 잘 표현하는 것 역시 중요하다. 성공적인 일 경험을 위해서는 반드시 자신의 의사표현을 상대에게 정확히 전달해야만 하며, 이는 일 경험을 넘어 전반적인 인간관계에서 필수적인 요소라고 할 수 있다.

의사표현, 즉 그 사람이 하는 말은 그 사람의 이미지를 결정한다. 우리는 메시지를 통해 상대방에게 자신이 보여 주고 싶은 모습을 전달할 수 있다. 즉 의사표현을 통해 우리를 바라보는 다른 사람들의 방식에 영향을 미칠 수 있다.

우리는 적절한 의사표현을 통해 자신이 보이고 싶은 성격, 능력, 매력 등을 타인에게 보여 줄 수 있다. 이를 통해 새로운 사람과의 관계를 시작하거나, 이미 맺은 관계를 관리할 수 있다. 또한, 우리가 의사표현을 통해 전달하는 이미지들은 우리에 대한 다른 사람들의 순응을 얻는 데 도움이 될 수 있다. 예를 들어 일 경험에서 다른 사람들과 나누는 사교적인 대화는 그 사람에게 호의를 얻음으로써 나중에 어떤 문제나 협업이 필요한 상황이 발생했을 때 도움이 될 수 있다.[137]

이렇듯 의사표현은 말하는 사람의 이미지를 결정한다. 언어로 그려내는 이미지를 통해 어떤 사람의 이미지가 형상화될 수 있다. 마치 그림을 그리듯이 언어를 이용해

137) 이상의 내용은 한국산업인력공단(2021), op. cit.

서 이미지를 만들어내면, 그 미학적 효과로 인해서 그 말은 살아 있고 좀 더 역동적으로 상대방에게 전달된다. 화룡점정(畵龍點睛)처럼 언어로 그리는 이미지로 인해서 우리의 이미지가 형상화될 수 있다. 자신의 말하기, 즉 의사표현은 자신을 보여주는 토대가 된다. 다시 말해 우리가 자주 하는 말로 우리의 이미지가 결정된다는 것이다. 또한 말은 자신의 운명을 결정하기도 하는데, 죽고 싶다는 말을 자주 하면 죽고 싶다고 착각하게 만들고, 결국 마음을 병들게 만들어 자살에 이르게 되기도 한다.

이제 잘못된 의사표현을 고침으로써 자기 자신의 이미지와 운명을 성공하는 사람으로 바꿔 보도록 노력해 보자.

제5절 성공하는 사람들의 의사표현

1. 관상불여 심상

관상학의 유명한 용어 중에 '관상불여 심상(觀相不如 心相)'이 있다. 타고난 얼굴이라 하더라도 마음가짐이 더 중요하다는 뜻이다.[138] 사람들은 일반적으로 사람을 판단하는 데에 얼굴을 주로 본다. 그런데 관상가들의 말에 의하면, 관상이라는 것이 그 사람이 어떻게 어떤 마음으로 살아왔느냐에 따라서 조금씩 변한다고 한다. 인색하게 재물만 모을 것 같은 관상도 남에게 베풀고 선행에 앞장서는 행동을 하다 보면, 후덕하고 온화한 상으로 변한다는 것이다.[139]

그렇다면 우리도 말을 통하여(즉 언행일치의 삶을 통해) 이미지와 운명을 바꾸는 것이 가능할 것이다. 말을 바꿈으로써 자기 자신의 이미지와 운명을 성공하는 사람으로 바꾸어 보자. 결국 말은 항상 신중하게 해야 한다.

(1) 김구 선생 이야기

관상학을 공부하던 김구 선생은 어느 날 자신의 얼굴을 거울에 비추어 보면서 자신의 관상을 살펴보았다. 그런데 눈도 거지요, 귀도 거지요, 코도 거지요, 입도 거지라는 풀이가 나왔다. 이에 실망한 선생은 과거시험에 장원급제해도 제대로 대접을

138) 사주불여 관상(四柱不如 觀相), 관상불여 심상(觀相不如 心相) : 사주가 아무리 좋아도 관상이 좋은 것만 못하고, 관상이 아무리 좋아도 심상보다는 못하다. 즉 관상이 아무리 좋아도 심상, 즉 마음의 씀씀이(또는 그 사람이 가지고 있는 생각, 마음씨, 마음을 쓰는 태도, 마음가짐)보다는 못하다. 마음이 곱고 심성이 착하고 남에게 배려하고 베풀어 德誠(덕성)을 쌓으면 사람의 관상은 은은하고 편안하게 변한다고 한다.

139) 언상(言相), 덕상(德相) 등으로 관상을 다양하게 표현하고 있다.

받지 못할 것이고(왜냐하면, 중인의 신분이기 때문에), 관상마저 거지 관상이니 살 이유가 없다며 자살을 결심하기에 이른다. 그런데 관상책 마지막 구절을 보고 눈이 번쩍 뜨였다. '관상불여 심상', 이는 관상이 제아무리 뛰어나도 심상을 따라갈 수 없다는 뜻이다. 마음먹기에 따라 얼마든지 관상을 극복할 수 있음을 깨닫고 선생은 세상을 보는 눈을 더 크게 키우게 된다.

김구 선생의 이야기를 통해 운명은 타고난 것이 있겠지만, 개척하여 다른 삶으로 변화시킬 수도 있다는 것을 깨닫게 된다.

2. 성공하는 사람들의 이미지 형성을 위한 원칙

성공하는 사람의 이미지를 위해 다음의 사항을 실천해보도록 하자.

(1) 긍정적인 표현

부정적인 말투보다는 긍정적인 말투를 사용하라. 무엇이든지 긍정적으로 말하자. 긍정적으로 말하고 그럴 힘이 부족하면 도움을 요청하자. 또한 감사의 말을 하고, 더 많이 감사할 일이 있을까를 생각하자.

무엇을 보든지 부정적으로 평가를 내리는 사람이 있다. 선물을 받고 나서도 기뻐하기보다는 마음에 안 드는 점을 탓하기만 하는 사람이 있다. 이런 사람들은 다른 사람에게 조그마한 선물도 받기 어려운 처지가 될 수 있다. 자기 자신이 긍정적으로 변할 때까지 긍정적인 말투를 사용하자. 그러면 우리의 이미지와 환경이 긍정적인 모습으로 우리 앞에 나타날 것이다.

(2) 공 감

상대의 말에 공감하자. 가장 쉽게 다른 이에게 친절을 베풀 수 있는 것은 무엇인가? 그것은 상대의 말을 듣고 그럴 수도 있다고 생각하는 것이다. 그리고 상대가 원하는 대답을 해주는 것이다. 분명 그것이 정답은 아니지만, 상대는 매우 고마워할 것이며, 우리도 그에게 긍정적인 대답을 들을 수 있을 것이다.[140] 남에게 기쁨이 되는 말을 하면, 그에게서 기쁨이 되는 말을 들을 수 있다. 그리고 그런 말을 자주 듣게 되면, 우리의 이미지도 스스로 기뻐할 만한 모습으로 변할 것이다.

(3) 자아 존중

자신을 너무 과소평가하거나 낮추지 말자. 자신의 모습을 비하하지 말자. 낮은 자

140) 가는 말이 고우면 오는 말도 고운 것처럼 우리가 말로써 상대에게 심으면, 상대가 좋은 열매를 가지고 우리에게 주는 것은 당연한 결과일 것이다.

존감과 열등감으로 자기 자신을 대하지 말아야 한다. 안 좋은 일이 생기면, "내가 못 배운 게 한이지." 혹은 "내가 가난한 게 죄지."라고 말하는 사람이 있다. 또한 평소에 "죄송합니다.", "미안합니다."를 입에 달고 사는 사람들이 있다. 얼핏 보면 예의 바르게 보일지 모르지만, 자신의 모습을 비하시키는 모습으로 비춰질 수 있다. 그렇기 때문에 꼭 필요한 경우가 아니라면 너무 많이 사용하지 않는 것이 좋다.

(4) 모니터링

자신의 대화유형을 성찰하는 습관을 기르자. 기회가 된다면 자기가 다른 사람과 대화하는 것을 녹음해서 들어보자. 즉 대화를 모니터링을 해보자. 불필요한 어휘나 부정적이거나 거부감을 주는 표현을 많이 쓰지는 않는지, 또는 상대방이 못 알아듣는 전문용어나 사투리를 사용하지는 않는지 점검해보자. 그래서 자신의 언어사용 패턴을 바꾸어 보자. 얼마 안 가서 자기 자신의 이미지도 변하고 삶의 모습도 변할 것이다.

(5) 사례 : 상대의 마음을 움직이는 말[141)]

"미안, 갑자기 일이 들어와서, 다음에 봐야겠네." 데이트를 약속한 날에 느닷없이 이런 연락이 왔다면? 이는 종종 있는 일이다. 이런 말을 들으면 마음이 상하고 야속하다는 생각도 하게 마련이다. 그리고 "날 소중하게 생각하지 않는구나."라는 느낌도 받게 된다.

무엇이 잘못된 걸까? 이 말을 전달하는 방법에는 문제가 없을까? 한마디로 상대를 소중히 생각하고 있다는 느낌을 전혀 담지 않았다는데, 문제가 있는 것이다. 그렇다면 이렇게 말해보면 어떨까?

"미안해, 일이 들어와서…. 근데 더 보고 싶어지네." 이 정도로만 바꾸어 말해도 상대의 기분이 확 달라진다.

말을 전달하는 방법에 따라 인생이 바뀐다. 인생의 중요한 순간에 말을 어떻게 전달하느냐에 따라 결과가 달라진다. 같은 내용을 말하고 있는데도 전달 방법에 따라 '노'가 '예스'로 바뀌는 것이다. 말을 전달하는 법, 즉 의사표현이 중요하다는 사실은 누구나 알고 있다. 하지만 어떻게 하면 제대로 된 전달법을 익힐 수 있는지는 알지 못한다.

말에도 조리법이 있다. 요컨대 '조리법만 알면 누구나 잘할 수 있는' 것이다. 조리법을 알면 더욱 능숙하게 말을 전달할 수 있다.

유능한 사람일수록 말 조리법을 무의식적으로 사용한다. 이는 곧 말 조리법을 이미 체득한 상태임을 의미한다. 타고난 감각이나 센스로 치부되던 전달법을 이제 연

---

141) 권인아·오정주(2018), op. cit.

습 가능한 조리법(스피치 기술)이란 형태로 차근차근 익혀 나간다면, 누구나 자신 있게 말을 할 수 있게 될 것이다.

제6절 마무리 : 핵심체크

1. 의사표현이란 말하는 이가 자신의 감정과 사고, 욕구, 바람 등을 상대방에게 효과적으로 전달하는 중요한 기술이며, 음성언어와 신체언어로 구분할 수 있다. 한편, 음성언어는 입말로 표현하는 구어이고, 신체언어는 신체의 한 부분인 표정, 손짓, 발짓, 몸짓 따위로 표현하는 몸말을 의미한다.

2. 의사표현은 의사소통의 중요한 수단으로 특히, 말하는 이의 의도 또는 목적을 가지고 그 목적을 달성하는 데 효과가 있다고 생각하는 말하기를 의미한다.

3. 말하기는 다음과 같은 경우에 주로 사용된다. 첫 번째는 말하는 이가 듣는 이의 생각이나 태도를 변화시키려는 의도로 주장할 때, 두 번째는 말하는 이가 자신에게 필요한 정보를 제공받기 위하여 듣는 이에게 질문할 때, 세 번째는 말하는 이가 듣는 이에게 자신에게 필요한 일을 하도록 요청할 때이다.

4. 의사표현의 종류는 상황이나 사태와 관련하여 공식적 말하기, 의례적 말하기, 친교적 말하기로 구분하며, 구체적으로 대화, 토론, 보고, 연설, 인터뷰, 낭독, 구연, 소개하기, 전화로 말하기, 안내하는 말하기 등이 있다. 말이 그 사람의 이미지를 결정하며 우리가 자주 하는 그 말로써 우리의 이미지가 결정된다.

5. 의사표현이 중요한 이유는 의사표현, 즉 말이 그 사람의 이미지를 결정하기 때문이다.

6. 성공하는 사람들의 의사표현으로는 긍정적인 표현, 공감, 자아 존중, 모니터링 등이 있다.

부록 5-1 : 말 그릇 키우는 비법[142)]

말 그릇이 자라고 성장하도록 노력합시다. 그러기 위해서 어떻게 해야 할까요? 말에 걸려 넘어지지 않고 사람의 마음을 받아내는 방법은 다음과 같다.

① "나를 공격하려는 것이 아니야"
② "저 사람에게도 좋은 의도가 있었어"

이렇게 생각해 보면, 상대방의 말을 감정 상하지 않고 잘 받아낼 수 있다는 것이다.

첫번째, 내가 말을 하더라도 상대가 잘 받을 수 있도록 조절할 수 있는 힘을 가진 사람이 있다. 소위 피구형이 아니라 케치볼형이다. 그런 사람들은 자신의 감정도 조절할 수 있고, 상대방이 어떤 입장인지도 고려할 줄 알아 언어 선택을 더 잘한다. 한마디로 말 그릇이 큰 사람의 특징은 캐치볼을 할 줄 안다는 것이다. 그래서 상처 되는 말은 어지간해서는 하지 않는다.

두번째, 피구 하듯 말하는 사람들의 말도 케치볼형은 잘 받아낼 줄 안다. 말 그릇이 큰 사람은 말을 받아내서 새로운 기회를 만든다는 것이다. 그러면 말 그릇이 큰 사람은 어떻게 그것을 받아내는 것일까? 그 사람의 말을 듣지 말고, 그 사람을 보면서 앞으로 나아간다는 것이다. 두 가지를 기억해야 한다. 첫째, 피구 하듯 말하지만, '나를 공격하려는 것이 아니야'라는 것을 기억하라. 처음부터 화살을 겨눈 것은 아니라는 것을 기억하라. 그것을 기억할 때 후회할 말을 줄일 수 있다. 둘째, 피구 하듯 말하는 사람에게도 처음에는 좋은 의도가 있었다는 것이다. 작정하고 나쁜 마음 갖지 않고서는 공감하고 위로하고 싶었다는 것이다. 즉, 처음에는 좋은 마음으로 이야기하고 싶었다는 것인데, 말로 뱉어지는 유통과정에서 변질이 된 것이다. 말 그릇이 큰 사람은 유통과정을 넘어서 이 사람이 본래 가지고 있는 원석(좋은 의도)이 무엇인지를 찾아본다는 것이다.

마지막으로 우리의 말 그릇이 커지면 내가 사랑하는 사람 한 명은 지킬 수 있는 힘이 생긴다는 것이다. 그리고 무엇보다 그런 내가 괜찮아 보일 것이다. 왜냐하면 우리가 그토록 찾는 자존감은 남이 박수 쳐 주는 일을 멋지게 해낼 때 생기는 것이 아니라, 그냥 나만 아는 기특한 구석이 있을 때, 내가 피구한 사람도 받아내려고 하는 그런 기특한 일을 할 때, 그런 내 모습을 보면서 자존감이 한 장 올라간다는 것이다.

여러분도 말 그릇 열심히 키워서 남는 장사하시기 바란다.

142) 김윤나(2021), 말 그릇을 키우는 비법, YouTube - 세바시 강연, 2021.03.20.

제 1 장	의사소통능력 I
제 2 장	의사소통능력 II
제 3 장	경청능력 I
제 4 장	경청능력 II
제 5 장	의사표현능력 I

제6장 의사표현능력 II

제 7 장	의사표현능력 III
제 8 장	의사표현능력 IV
제 9 장	문서이해능력
제 10 장	문서작성능력 I
제 11 장	문서작성능력 II
제 12 장	문서작성능력 III
제 13 장	기초외국어능력

소통은 사람과 사람과의 연결의 다리이다. 이 다리가 제대로 형성이 되지 않으면 가슴과 가슴은 물론 머리와 머리도 연결이 될 수 없게 된다. 소통이 잘 되기 위해서는 말하는 이가 듣는 이의 입장을 배려하고 듣는 이도 말하는 이의 말을 경청하면서 집중해서 들어야만 한다. 그렇지 않으면 말은 오갔으나 남는 것은 왜곡되고 삭제된 비틀어진 조각만이 남게 된다. 자신이 지금 어떤 방해요인의 하나를 또는 둘을 사용하고 있는지를 점검하는 일은 소통지수를 증가시켜 자신을 소통의 달인, 그리고 성공의 길로 안내할 것이다.143)

제1절 의사표현에 영향을 주는 요인

P씨는 좋은 아이디어와 기획력을 가지고 있으나 기획안을 발표할 때마다 부적절한 시선 처리와 발음으로 동료들에게 부정적인 평가를 듣는다. 무엇이 P씨의 프레젠테이션을 방해하고 있으며, 이를 어떻게 개선할 수 있는지 알아보자.

말을 잘하고 싶지만, 뜻대로 되지 않은 경우가 많다. 말을 할 때 영향을 끼치는 요

143) 유하진(2019), 그렇게 중요한 소통이 안 되는 이유, 브런치(brunch.co.kr), 2019.04.09.

소는 여러 가지가 있다. 무엇이 원활한 의사표현을 방해하는지, 이를 개선하려면 어떠한 노력을 해야 하는지 알아보자.

1. 사례 : 기획은 좋으나

광고회사에 다니는 P씨는 좋은 아이디어를 갖고 있어도, 이를 제대로 표현하지 못해 안타까운 상황이다. P씨는 남들 앞에서 프레젠테이션을 하는 상황만 되면 당황하여 혼자 중얼거리거나, 헤매게 되는 경우가 종종 발생된다.

P씨의 발음은 부정확하고 청중이 아닌 다른 곳으로 시선을 향하기 때문에 듣는 사람들은 그의 발표에서 불편함을 느끼고 있다. P씨는 이번에도 좋은 기획안을 계획했으나 그의 프레젠테이션이 끝난 후 내용을 이해하지 못한 동료들에게 부정적인 평가를 받았다. 결국, 그의 기획안은 채택되지 못했고 이것은 P씨에게도 그의 회사에도 분명한 손해가 되는 상황이다.

2. 의사표현의 방해요인 : 언어적 요소[144)]

(1) 남 탓하는 말하기

"그 친구가 욕을 먼저 하지 않았다면, 나도 그렇게 욕하지 않았을 거야."
"부장님의 말투가 문제야. 들을 때마다 너무 기분이 상한다니까."

남에게 자신의 행동이나 감정의 원인을 떠넘김으로써 자신을 합리화하고 정당화시키고자 할 때 남을 탓하는 말을 많이 하게 된다. 이렇게 우리는 자기변명을 하는 데 익숙해 있다. 그러나 남에게 책임을 돌린다고 문제가 해결되지 않는다.

"나는 네가 욕을 하지 않았으면 좋겠어. 나는 욕을 들으면 화가 많이 나."
"부장님, 좀 더 저를 존중해 주는 표현을 써 주시면 좋겠어요. 저는 비난하는 말을 들으면 마음에 상처가 돼서 오래 가요."

이런 표현은 자신의 감정을 상대에게 떠넘기는 것이 아니라, 자신의 책임으로 생각하고, 상대방에게 자신의 감정을 이해할 수 있도록 표현함으로써 문제를 해결하고자 하는 태도를 보여준다.

(2) 강요하는 말

"지각은 더 이상 용납할 수 없어. 앞으로 제시간보다 일찍 출근하도록." (지시, 명령)

---

144) 김주애 외(2020), op. cit.

"한 번만 더 지각하면, 사직서 쓸 각오를 하게." (경고, 위협)

자신의 불편함을 상대방이 해소해 줘야 한다는 생각에서 벗어나 함께 해결하려는 마음으로 상대방에게 다가가야 한다. 할 말이 있을 때 참지 말고 바로 의사표현을 하는 것이 좋다. 전달력도 좋고, 상대방에게 부담을 주지 않는다.

(3) 자기 기준으로 평가하고 판단하기

"어쩌면 너는 사람이 그러니?"
"너는 참 해도 해도 너무 한다."
"너도 사람이면 생각을 좀 해봐."
"어디서 말도 되지 않는 소리를 하고 있어?"

위 예시는 상대방의 입장이나 형편을 생각하지도 않고 자기 기준에서 평가하고 판단해서 원망하는 말들이다. 자기중심적인 사고방식에서 벗어나 사람이 다 다를 수 있다는 것을 받아들이고 상대방의 입장에서 이해하려고 노력해야 소통이 가능해진다.

(4) 일방적으로 충고하기

일방적인 충고나 조언은 그것을 따랐을 때 아무리 결과가 좋더라도 강요이고 폭력이다. 상대방이 충고를 받아들일지 말지는 상대방이 선택해야 할 문제이다. 나와 남의 경계가 없이 자꾸 간섭하려 들면, 결과와 상관없이 관계가 매우 불편해질 수 있다. 대부분의 사람들은 스스로 선택하고 그 결과를 책임지고 싶어한다. 타인의 꼭두각시처럼 살고 싶어하는 사람은 없을 것이다.

(5) 약점을 꼬집기

"너는 마음이 약한 게 탈이야."
"요즘 학생들은 개념이 없어."
"고집 좀 그만 부려."
"넌 참 말 많은 게 흠이야."

이런 말을 자주 한다는 것은 오히려 자신의 약한 부분을 직면하기보다 상대방을 공격하면서 자신의 약점을 감추려는 의도일 수도 있다. 타인의 약점을 꼬집는다는 것은 자신의 약점을 드러내는 것과 같다. 타인의 약점이 나에게 불편한 감정을 일으킨다면 그것은 내가 인정하기 싫은 나의 약점일 수도 있다는 것을 명심하자.

(6) 지나친 자기 자랑

"말이 나왔으니 말이지, 내가..."

"내 자랑은 아니지만, 사실..."
"우리끼리 하는 말이지만, 내가..."
"내가 잘 나가던 때에는 ..."

지나친 자기 자랑은 듣는 사람을 지치게 한다. 나만큼 타인도 인정받고 싶은 욕구가 있다. 칭찬을 받는 것만 좋아하기보다는 타인을 진심으로 칭찬해 주는 걸 좋아해 보자. 타인을 진심으로 인정해 주면, 진심으로 나를 인정해 주는 사람도 많아질 것이다.

(7) 혼자 떠들기

상대가 관심이 있는지 없는지 안중에도 없고, 상대에게는 말할 기회나 심지어 제대로 반응할 기회도 주지 않고 혼자서 끝도 없이 떠드는 사람들을 간혹 본다. 심지어 상대의 말을 끊거나 끼어드는 데도 선수이다. 이런 사람들은 외로워서 그럴 수도 있다. 소통을 제대로 하지 못하니, 아무리 말을 해도 공허하고 대인관계에서도 피하고 싶은 사람이 되었을 것이다. 그러나 정작 자신이 듣는 사람을 외롭게 하고 있다는 것을 알아야 한다.

(8) 빈정대기

"너야 워낙 똑똑하니까. 이런 생각도 하지, 나 같은 보통 사람은 뭐 따라갈 수가 있나."
"일류대 출신도 별수 없네."

대개 이런 사람은 자기 기대가 높고, 끊임없이 남과 비교하며, 타인이 나보다 나은 점이 있으면 빈정대는 말을 하게 된다. 자신을 타인과 비교하지 않고, 있는 그대로 사랑하는 사람은 타인을 대할 때 이런 질투나 자격지심 때문에 빈정대지 않는다. 타인의 장점을 칭찬하고 함께 하는 것을 자랑스러워하고 기뻐한다.

(9) 말꼬리 돌리기

말꼬리 돌리기란 상대의 말을 듣고 갑자기 화제를 바꾸거나 딴청을 피워 말하는 사람을 어리둥절하게 하는 말과 행위를 말한다. 대개 그 이야기의 화제를 회피하고 싶지만 불편한 감정을 드러내는 것이 힘들기 때문에, 또는 그 이야기를 하는 것이 곤란하기 때문에 그런 경우가 있다.

3. 의사표현의 방해요인 : 비언어적 요소

의사표현에 영향을 미치는 비언어적 요소(달리 표현하면 의사표현의 방해요인)는 여러 가지 열거할 수 있지만, 여기서는 연단 공포증, 말, 음성, 몸짓, 유머 등 5가지에 대하여 알아보고자 한다.

(1) 연단 공포증

우리는 연단에 섰을 때나 혹은 면접이나 발표 등 청중 앞에서 이야기해야 하는 상황일 때, 정도의 차이는 있지만, 누구나 가슴이 두근거리고 입술이 타고 식은땀이 나고 얼굴이 달아오르는 생리적인 현상을 느끼게 된다.

독일의 유명한 가수 슈만 하이크는 “음악회에서 노래를 부를 때 심리적 긴장감을 갖지 않느냐?”는 한 기자의 질문에 대해 “노래하기 전에 긴장감을 느끼지 않는다면, 그때는 내가 은퇴할 때다.”라고 솔직히 연단 공포증을 고백한 바 있다.

또한 영국의 유명한 작가 버나드 쇼도 젊은 시절 매우 내성적인 청년이었기 때문에 잘 아는 사람의 집을 방문할 때도 그 집의 문을 두드리지 못하고, 20분이나 문밖에서 망설이고 거리를 서성거렸으며, 이러한 그가 자신의 내성적인 성격을 극복하기 위하여 런던에서 공개되는 모든 토론에 의도적으로 참가한 결과, 장년에 이르러서야 20세기 전반에 가장 재치와 자신이 넘치는 웅변가가 될 수 있었다고 그의 자서전에서 밝힌 바 있다.

이와 같이 연단 공포증은 소수인의 심리상태가 아니라, 90% 이상의 사람들이 호소하는 불안이다. 그러므로 이를 걱정할 필요는 없으며, 오히려 이러한 심리 현상을 잘 통제하면서 구두표현을 한다면 청자는 그것을 더 인간다운 것으로 생각하게 될 것이다.

이러한 공포증은 본질적인 것이기 때문에 이것을 완전히 치유할 수는 없다. 그러나 식사나 수면 욕구를 다소 통제할 수 있듯이, 우리는 의사전달 시 노력에 의해서 우리를 당황케 하는 심리적 불안을 얼마간 유화시킬 수 있다. 공포증을 심하게 느끼는 사람은 가까운 친척 친구들을 제외하고는 의사전달을 회피하려고 한다. 또는 다른 사람과 별로 접촉이 없는 직업을 선택하려고 하며, 인적이 드문 장소에서 기거하기를 좋아하게 된다. 연단 공포증의 원인은 아직 분명히 규명되고 있지는 못하다. 단지 인간이 선천적으로 가지고 있는 부끄러워하는 기질 또는 어린 시절부터 학습된 행동의 재현이라는 주장이 있다.

(2) 말

의사표현은 기본적으로 ‘말하기’이기 때문에 말하는 이가 전달하려는 메시지의 내용만큼이나 ‘비언어적’ 측면 역시 중요하다. 한번 뱉은 말은 돌이킬 수 없는 말의 일회성 때문에 우리는 책임 있는 말을 하여야 한다. 또한 가능하면 간결하게 상대방에게 의사전달을 하여야 한다. 즉, 우리의 말은 마치 주방 일을 할 때 낀 고무장갑이

주는 편안한 감촉같이 그 말은 그 상황에 적절하게 어울려야 한다.

또한 화자의 발음이 정확한지의 여부도 그 사람의 의사표현에 미치는 영향은 매우 크다. 사회적으로 저명인사가 패배(敗北)를 '패북'이라 발음하고 도전(挑戰)을 '조전'이라고 태연하게 말했다고 상상해 보자. 그의 이야기가 아무리 무게 있고 귀중한 말이라도 그 가치는 땅에 떨어지고 신뢰성이 떨어질 것이다.

그럼 지금부터 말을 할 때 중요한 요소인 장단, 고저, 발음, 속도, 쉼, 띄어 말하기 등이 가지는 힘에 대해서 알아보자.

1) 장 단

목소리의 길이는 한 음절을 얼마나 오래 끌며 발음하느냐를 뜻한다. 소리의 길이 문제도 우리말에서 그다지 큰 문제가 되지 않지만 같은 '말'이지만 짧게 발음하면 말(馬)이 되고, 길게 발음하면 말(語)이 된다. 즉, 표기가 같은 말이라도 소리가 길고 짧음에 따라 전혀 다른 뜻이 된다. 이런 단어의 경우 긴소리와 짧은소리를 구분하여 정확하게 발음할 필요가 있다.

우리가 영어를 배울 때 엑센트와 억양에 신경을 쓰고 발음을 연습하였다. 영어에서 엑센트는 한 단어 안에서 음절 간의 강약, 고저의 힘을 주는 상태를 구분 짓는 것이고, 억양은 한 문장 내에서 강약, 고저의 기복을 가리킨다. 우리말은 영어와 달리 단어를 발음할 때는 엑센트에는 별로 신경을 쓰지 않고 단지 그 길이, 즉 장단만을 구분한다.

2) 고 저

우리말에는 낱말의 구조에 따라 소리남에 차이가 생기는 고조 현상이 있다. '암행어사 출두요!'할 때 어사의 '어'음이 보통 '어린이'의 '어'음과는 소리남이 다르다. '아기를 등에 업다'와 '돈이 없다'에서 '업'의 경우도 마찬가지다. 음의 장단과 겹치는 현상이기도 한데, 이는 음의 고저에서 높은 '어'가 그 발음이 길기 때문이다. 이외에도 거북하다, 거룩하다, 거부권, 헌법, 건물, 검사, 서무과, 거인 등은 높은 '어'로 발음이 된다. 또한 "우리는 ○○해야 합니다. 그렇지 않습니까, 여러분!"이라는 문장에서 '여러분'을 올리는 경우와 같이 선거 연설에서도 흔히 들을 수 있는 발성 중의 하나이다. 물론 동의를 구하는 의도에서 이렇게 표현하는 것이다.

3) 발 음

사람들과 말하는 것은 의사전달을 하기 위함이다. 그런데 발음이 분명하지 못하면 상대가 여러분이 말하고자 하는 것을 정확히 파악하기 어렵다. 발음이 분명하지 못한 사람들은 대다수가 한 구절의 끝부분을 얼버무린다. 사투리에 젖어 있는 사람도 마찬가지다. 발음을 정확하게 하기 위해서는 천천히 복식 호흡을 하여 깊은 소리를 내며 침착하게 이야기하는 습관을 가져야 한다. 발음을 바르게 내는 기본요령은 다음과 같다.

① 호흡을 충분히 한다.
② 목에 힘을 주지 않는다.
③ 입술과 혀와 턱을 빨리 움직인다.

우리말의 발음은 음가대로 발음해야 할 경우, 음가를 더해 내는 경우, 음가를 줄여 내는 경우, 음가를 바꾸어 내는 경우, 이 소리 저 소리 두루 쓰이는 경우 등으로 나누어 볼 수 있다. 음가를 바꾸어 내는 경우의 예를 들면 다음과 같다.

- '의'의 발음 : 어두의 '의' → 으이(의사당, 의무, 의협심, 의논)
- 관습 자음 : 암여우 – 암녀우, 밤이슬 – 밤니슬, 살고기 – 살코기, 안밖 – 안팎
- 받침법칙 : 맏이 – 마지, 값이 – 갑시, 밖이 – 박기, 꽃아리 – 꼬다리
- 두음법칙 : 녀자(女子) – 여자, 뇨도(尿道) – 요도, 니승(尼僧) – 이승
- 된소리 : 헌법 – 헌뻡, 인권 – 인꿘, 인격 – 인껵, 옷감 – 옷깜
- 축약 : 어두운 – 어둔, 하여서 – 해서, 되어서 – 돼서
- 자음접변 : 백리 – 뱅리, 신라 – 실라, 국립 – 궁립, 공로 – 공노

4) 속 도

말을 할 때 속도에 의도적으로 변화를 주면 말하는 사람의 감정을 실어 표현할 수 있다. 날카롭게 또는 화나서 말하면 말이 빨라진다. 그러나 정중하게 또는 상냥하게 말하면 다소 느려진다.

누구나 한 번쯤 화가 날 때 말이 빨라지는 것을 경험해 본 적이 있을 것이다. 사람마다 말의 속도는 모두 다르지만, 말을 할 때 속도 변화를 통해 그 순간 화자의 감정을 알 수 있다. 그렇다면 말의 속도에 대한 적절한 기준은 무엇일까? 발표할 때 기본적인 말의 보통 속도는 10분에 200자 원고지 15장 정도로 하는 것이 적당하다. 이 기준보다 빠르게 말하면 청중이 내용에 대해 생각할 시간이 부족하고 놓친 메시지가 있다고 느낀다. 또한, 빨리 말하는 것은 말하는 사람이 바쁘고 성의 없는 느낌을 주게 된다. 반대로 느리게 말하면, 분위기가 처지게 되어 청중이 내용에 집중하지 못할 수 있다.

자신이 평소에 빠르거나 느리게 말하는 습관이 있다면 말하는 속도를 검토해보며 보통의 속도대로 말하려고 노력해야 할 것이다. 발표에 능숙하게 되면 청중의 반응을 감지하면서 분위기가 처질 경우, 좀 더 빠르게, 내용상 중요한 부분을 짚고 넘어가고자 할 경우는 조금 여유 있게 말하는 기술을 더하게 된다.

5) 쉼

쉼이란 대화 도중에 잠시 침묵하는 것을 말한다. 쉼은 의도적인 경우와 비의도적인 경우로 구분할 수 있는데, 주로 심리적 효과를 증대시키기 위하여 의도적으로 말을 끊는 것으로, 이를 잘 활용함으로써 논리성, 감정제고, 동질감 등을 확보할 수 있다. 듣기 좋은 속도의 이야기에서 숨의 총량이 이야기 전체의 35~40%가 적당하다는 주장이 있다. 쉼의 경우는 여러 가지가 있는데, 이를 열거하면 다음과 같다.

① 이야기의 전이(轉移) 시
② 양해 · 동조 · 반문의 경우
③ 생략 · 암시 · 반성의 경우
④ 여운을 남길 때

6) 띄어 말하기

띄어 말하기란 분절에 의해 문장의 전후가 구분되는 호흡 단위이다. 이러한 음성[145] 분절의 원인은 여러 가지다.

① 발화시(發火時)라도 숨을 들이쉬면 발음 운동이 일시 정지되고,
② 이야기를 남에게 쉽게 이해시키려면 일시 발언이 멈춰지고,
③ 극적 표현일 때 발언이 일시 공백이 필요한 경우가 있다.
④ 말을 잘못 했을 때 역시 음정이 분절된다.[146]

(3) 음 성

좋은 음성[147]이란 개인의 취향, 시대, 지방, 직업에 따라 그 기준이 달라질 수 있

6장

---

145) 음성은 뜻의 변별 기능이 없이 발음할 때 나는 구체적인 소리다. 한 음운이 환경에 따라 달리 발음될 수 있는데 소리는 다르게 나지만 음운은 하나로서 그 다른 소리는 의미 변별 기능이 없다.

146) 참고로 음운이란 말의 뜻을 구별해주는 소리의 가장 작은 단위이다. 일례로 '발'과 '팔'은 뜻(의미)이 다른 단어죠? 각 단어를 더 작은 단위로 분석해 보면, '발': ㅂ+ㅏ+ㄹ, '팔': ㅍ+ㅏ+ㄹ → 여기서 ㅏ, ㄹ은 똑같죠? 다른 건 'ㅂ'과 'ㅍ'이다. 그렇다면, '발'과 '팔'은 'ㅂ'과 'ㅍ'의 차이로 인해 뜻이 달라지네요. 따라서 'ㅂ'과 'ㅍ'이 '음운'이다(자음에 해당). 한편 분절 음운은 자음과 모음이고, 비분절 음운은 ① 소리의 길이(장단), ② 소리의 세기/높낮이 (억양) 등이 포함된다. 먼저 분절 음운에서 분절(나눌 분, 마디 절)이란 '마디를 나눈다'는 뜻으로, 다른 소리와 잘 나누어지는 소리를 뜻한다. 일례로 밤: ㅂ + ㅏ + ㅁ에서 'ㅂ'은 다른 소리인 'ㅏ', 'ㅁ'과 잘 나누어지기 때문에 분절 음운(자음)이고, 'ㅏ'도 마찬가지로 다른 소리와 잘 나누어지기 때문에 분절 음운(모음)이다. 다음으로 비분절 음운에서 비분절이란 '마디가 나누어지지 않는다'는 뜻으로, 자음과 모음 등 눈에 보이는 글자인 음운(=음소)으로 나누어지지 않는 경우이다. 자음과 모음 이외의 의미 구별에 참여하는 요소, 즉 소리의 길이, 높낮이 등이 해당된다. 글자가 같은 단어인데 의미가 다른 경우는 보통 비분절 음운으로 의미가 구별되므로 비분절 음운도 말의 뜻을 구별해주는 소리의 가장 작은 단위인 음운의 한 종류이다.

147) 음운이란 머릿속에 저장된 추상적이며 심리적인 속성을 띠는 소리, 변별적 기능을 지닌 음성인 반면에 음성은 실제로 발음할 때 나는 구체적이고 물리적인 속성을 띠는 소리를 말한다.

다. 영국 NBC 방송국의 아나운서 켈리(Keely)가 “100명 중 5명만이 선천적으로 좋은 음성을 타고 났다.”라고 말했듯이, 우리는 자신의 음성의 결함을 발견하고 그것을 고쳐보려는 노력을 부단히 해야 한다. 즉 녹음기에 자신의 스피치를 녹음해서, 음성, 고저, 명료도, 쉼, 감정이입, 완급, 색깔, 온도 등의 면에서 자기 목소리의 진상을 점검해보아야 한다.

목소리는 메시지의 전달뿐만 아니라 화자에 대한 인상을 반영한다. 즉 약하고 여린 목소리는 화자의 용기와 열성을 감소시키며, 단조로운 목소리는 내적 열정을 잠자게 한다. 시각표현과 마찬가지로 청각 표현도 청자의 주의를 환기시킨다.

좋은 목소리를 위해서는 다음과 같이 주의해야 한다.

① 편안한 마음으로 경청할 수 있는 적절한 크기의 목소리를 가져야 한다.
② 분명하고 명확한 음성을 갖도록 노력해야 한다.
③ 음성에는 온도와 색깔이 있으므로 내용에 따라 음성을 변화시키는 요령을 습득해야 한다. 즉, 단어의 의미를 확산시키고 주의를 집중시키기 위하여 우리는 음성을 변화시켜야 한다. 최근의 스피치 연구가들은 일정한 음도를 유지하다가, 보다 낮은 목소리로 갑자기 전환하는 것이 오히려, 보다 높은 목소리로 전환하는 것보다 강조의 효과적 수단이라고 주장하고 있다.
④ 목소리는 그 사람의 개성, 연령, 인생체험의 깊이와 밀접한 연관을 갖는 만큼 개인의 여건에 맞는 진실된 목소리를 가져야 한다.

그럼 느낌이 좋은 목소리를 만드는 방법 3가지를 살펴보자.

1) 복식 호흡

① 코로 천천히 숨을 들이마신다.
② 아랫배에 모은 숨을 천천히 뱉어낸다.
③ 배에서 소리를 낸다.

2) 기본 모음의 입 모양 아, 이, 우, 에, 오

① ‘아’는 손가락 세 개가 들어갈 정도로 입을 크게 벌린다.
② ‘이’와 ‘에’는 입을 옆으로 최대한 크게 벌린다.
③ ‘우’와 ‘오’는 입을 되도록 앞으로 많이 내민다.

3) 혀의 위치

혀의 위치는 모음에 따라 변한다. 직접 소리 내어 ‘아, 오, 우’, ‘아, 에, 이’를 읽으며 혀의 위치를 확인하며 연습한다.

(4) 몸 짓

우리는 각기 다른 정도이기는 하지만 의사를 표현할 때 두려움을 경험한다. 이 공포증을 감소시키기 위하여 우리는 준비를 하고, 심리적 불안은 정상적인 것으로 생각하여 안정을 회복하며, 내용에 부합되는 제스처로써 오히려 이것을 긍정적인 방향으로 전환해야 한다. 성공적인 화자는 언어적인 요소와 비언어적인 요소를 잘 결합하여, '어떻게'와 '무엇을'이 일치되도록 노력해야 한다.

다시 말해 의사표현의 성공을 위해서는 언어적 요소와 비언어적 요소를 모두 고려해야 한다. 비언어적 요소는 위에서 이미 언급한 말의 장단 · 발음 · 속도뿐 아니라 화자의 몸짓 · 표정 · 신체적 외모 등도 포함한다. 여기에서는 주로 말하는 이가 의사표현 중에 보이는 몸의 방향 · 자세 · 동작 · 몸짓이 갖는 의미에 대해 알아보도록 하자.

1) 몸의 방향

먼저 몸의 방향은 주로 말하는 이의 머리 · 몸 · 발 등이 듣는 이를 향하는가, 피하는가를 본다. 예를 들어 대화 도중에 끼어든 제3자가 있다고 상상했을 때, 말하는 이가 제3자가 대화에 합류하는 것이 반갑지 않을 경우, 그에게서 살짝 몸을 돌릴 수 있다. 물론 이런 몸의 방향은 의도적일 수도 있고, 비의도적일 수도 있으나 적어도 현재 말하는 이가 그 사람을 '피하고' 있음을 표현하는 방식이 된다.

6장

2) 자 세

외모 면에서 자세, 복장, 얼굴 표정이 청자에게 보낼 수 있는 모든 신호일 것이다. 몸동작의 기초가 되는 것은 화자의 자세이다. 여기서도 자연스러운 자세가 화자에게 좋은 자세이다. 그러나 실제 문제는 어느 사람에게나 공통되는 좋은 자세가 있는 것은 아니라는 점이다.

좋은 자세란 화자의 몸이 정상적일 때를 말한다. 가령, 화자가 근육을 움직여도 어색하거나 부자연스러운 점이 없고, 또 호흡이나 발성에 부담을 주지 않는 자세가 좋은 자세다. 다시 말하면 몸 자체가 편안한 상태, 청자에게 불쾌감을 주지 않는 자세를 말하며, 이런 좋은 자세가 자연스럽게 취해지기 위해서는 사전에 말할 때와 자세를 가까운 사람에게 보이고 결함이 있으면 이를 고치도록 해야 한다.

자세는 의사표현의 비언어적인 요소 중에 가장 덜 모호한 유형이다. 실제로 사람들은 다른 사람들의 자세를 보며 그 사람의 감정을 이해할 수 있다. 적어도 특정 자세를 보고 그 사람의 분노, 슬픔, 행복과 같은 일부 감정들을 맞히는 것은 90% 이상 일치한다는 연구 결과가 있다. 그만큼 자세는 우리가 미처 언어적으로 표현하지 못하는 감정을 표현하는 효과적인 의사표현의 요소로 볼 수 있다. 따라서 자신뿐 아니라 지금 대화를 나누고 있는 상대방의 자세에 주의를 기울임으로써 우리는 언어적 요소와는 다른 중요한 정보를 얻을 수 있다.

3) 동 작

화자의 동작은 그것이 의도적이든 아니든, 청자에게 어떤 의미를 부여한다. 화자가 잠시 말을 멈추고 한 발짝 청중에게 다가갔다면, 그것은 상황에 따라서 "나의 신념을 믿으시오.", "중요한 말을 하고자 합니다.", "내 이야기를 어려워하지 마시오." 등의 의미를 가질 것이다. 또한 몸을 좌우 · 전후로 한 발짝 옮긴다면 이것은 사상의 이전 또는 심화를 의미할 수 있다. 이러한 동작에서 화자의 정신상태, 태도, 여건, 역할, 생명력 등이 은연중에 표출된다고 보인다. 이것은 역으로 필요할 경우 동작의 통제도 같은 효과를 나타낼 수 있음을 의미하는 것이라고 하겠다.

연단에서 온몸의 움직임은 부자연스러워서는 안 된다. 남녀노소는 각기 그 동작이 달라야 한다. 남성이나 젊은이가 여성이나 늙은이보다 힘 있고 움직임이 커야 하는 것은 당연한 사실이다. 연단에서 몸의 위치를 바꿀 때가 더러 있다. 위치를 바꾸는 것은 바꿀 필요가 분명할 때 행한다. 그렇지 않으면 무의미하게 몸을 움직이게 되어 청자를 불안하게 만든다. 분명한 동작, 명확한 움직임은 동작의 필수조건이다.

4) 몸 짓

몸짓은 손과 팔의 움직임으로 중요한 비언어적 요소 중 하나이다. 어떤 학자들은 인간의 몸짓이 말보다 수십만 년 앞서는 첫번째 의사소통 유형이라고 주장한다. 몸짓의 가장 흔한 유형은 몸동작으로 화자가 말을 하면서 자연스럽게 동반하는 움직임이다. 예를 들어 누군가가 우리에게 길을 물어볼 때 여러분은 자연스럽게 말과 함께 손가락과 몸짓을 통해 그 사람에게 길을 알려준 경험이 있을 것이다. 이런 몸동작은 말로 설명하기는 어려운 것들을 설명하는 데 자주 사용되며, 몸동작이 전혀 배제된 의사표현은 때로 어색함을 줄 수 있다.

몸짓의 또 다른 유형으로 상징적 동작이 있다. 예를 들어 우리는 누군가에게 "정말 잘하고 있다." "최고다."라는 긍정적 신호를 보내기 위해 엄지를 들어 올리기도 한다. 이런 상징적 동작은 말을 동반하지 않아도 의사표현이 가능한 몸짓이다. 그러나 몸동작과 달리 상징적 동작은 문화권에 따라 다를 수 있다. 엄지를 드는 동작이 한 문화권에서는 "좋아"라는 의미이지만 다른 문화권에서는 모욕적인 표현이기도 하다. 따라서 우리가 외국과 같은 다른 문화권의 사람들과 의사소통을 해야 할 경우에는 이런 문화적 차이 역시 고려해야 한다.

(5) 유 머

유머는 우리의 의사표현을 더욱 풍요롭게 도와준다. 유머가 없는 의사표현은 새가 없는 정원에 비유될 수 있다. 또한 일정한 속도로 달리는 고속버스 같아 청자에게 지루한 감을 준다. 그리고 이미 다 아는 진부한 웃음거리는 재탕한 한약 같아서 혀를 쏘지 못하고 입안만 텁텁하게 할 뿐이다. 그렇지만 하루아침에 우리가 유머를 포함한 의사표현을 할 수 있는 것은 아니며, 평소 일상생활 속에서 부단히 유머 감각을 훈련하여야만 자연스럽게 상황에 맞는 유머를 즉흥적으로 구사할 수 있다. 건전한 유머를 만끽하며 살아갈 수 있다면 우리의 하루하루는 더욱더 기쁘고 즐겁고 유쾌한 생활이 될 것이다.

유머는 흥미 있는 이야기로, 과장된 표현으로, 권위에 대한 도전으로, 자기 자신의 이유로, 엄숙한 분위기를 가볍게 만들 때, 변덕스러운 말로, 풍자 또는 비교로, 반대 표현으로, 모방으로, 예기치 못한 방향 전환으로, 아이러니 등의 방법이 사용될 때 그 성과를 기대할 수 있을 것이다.

제2절 방해요인 제거방법

1. 언어적 요소

(1) 긍정적으로 표현하기148)

무의식적으로 부정 표현을 자주 쓰는 사람이 있다. 그러나 '아닌데', '싫은데'와 같은 부정적인 대꾸를 좋아할 사람은 아무도 없다. 같은 말도 '아' 다르고 '어' 다른 법. 조금 더 긍정적으로 표현할 수 있는 방법은 없을까.

1) 의식적으로 부정 표현을 덜어내 보자

'아니야, 싫어, 안 돼, 못해' 등의 표현 대신 긍정 표현으로 대체하는 훈련을 하는 거다. "이번 프로젝트에 대리급은 참여 못 해요."라고 말하면 듣는 대리 섭섭하다. 이보다는 "이번 프로젝트는 과장급 이상이 함께할게요."가 훨씬 부드럽다.

2) 가정법을 활용해 표현해보자

점심시간이 다 되어 들어간 식당에서 "아직 식사 안 돼요!"라고 거절당하고 민망했던 기억이 난다. "10분만 기다리시면, 식사 가능해요!"라고 얘기해주었으면 덜 뻘쭘했을 것이다.

3) 상대가 얻을 이익을 언급하자

"이번 교육은 쉬는 시간 없이 진행할게요." 이 끔찍한 말을 바꾸는 방법은 간단하

148) https://brunch.co.kr [브런치], 긍정의 말 습관, 2019.02.14.

다. "대신 일찍 끝내드릴게요!!"를 살짝 덧붙여 주는 것. 조삼모사라 할 수도 있지만, 듣는 사람 입장에서는 완전히 다른 느낌이 든다.

4) 간접적으로 표현하는 습관을 들이자

말끝마다 명령조인 사람들이 있다. "히터 좀 꺼!", "오늘 일찍 와!" 이런 식이다. 시키면 더 하기 싫은 게 사람 마음이다. "여기 좀 덥지 않아?", "오늘 같이 저녁 먹고 싶은데..."처럼 간접적으로 표현하면 훨씬 부드러운 느낌을 준다.

온화한 사람들의 말에서는 이처럼 배려와 긍정이 묻어난다. 사소한 말 습관이 한 사람의 인상, 즉 이미지를 결정짓는 법이다.

(2) 있는 그대로 표현하기[149)]

말하는 것 자체를 어려워하는 이들이 있다. 이런 부류의 사람들은 인터넷에 올라온 유머나 남에게 들은 이야기를 거의 외워서 전달한다. 그런데 자신이 전해 들었을 때와는 다르게 이를 옮길 때는 분위기가 썰렁해지고 어색해지는 것을 느낀다. 또 어떤 이들은 여럿이 대화를 할 때 무슨 말을 해야 할지 정리가 안 되고, 뭔가 말을 하려고 생각하다 보면 긴장이 돼서 아무 생각이 안 난다고 한다. 남들은 다들 이야기를 잘 하는데, 대화에 참여하지 못하는 스스로를 돌아보며 소외감도 생기고, 한심하게 느껴지기도 한다.

이런 사람들의 공통점은 마음에 없는 말을 하려고 애쓰는 것이다. 자신이 할 말에 대해 고민을 하다가 삼켜버리거나, 무언가 멋진 말을 생각하다가 상대방의 대화를 못 들어 진행이 어렵게 되며 할 수 있는 말조차 놓쳐버린다. 이런 과정이 반복되면 점점 더 말을 안 하게 되고, 나중에는 대인관계에서 무슨 말을 해야 할지 몰라 긴장까지 하게 된다. 그런데 우리에겐 이미 마음에 떠올라 있는 말이 있다. 어떤 말을 하기 위해 고민하지 않아도 나타나는 수많은 말들이 있다. 어렸을 때는 곧잘 했지만, 너무나도 간단하고 쉬운 말이어서 놓칠 수 있는 매우 생생하고 재미있는 말들이 있다.

예를 들어 처음 상대를 만났을 때 어색하다면 어색한 대로, 긴장이 되면 긴장이 되는 대로 솔직하게 마음의 문을 열어야 한다. 상대로부터 심각한 이야기를 들었는데, 간단한 말 한마디조차 힘들 것 같은 상황이라도 이야기를 풀어야 한다. "위로를 해 드리고 싶은데, 조심스러워서 뭐라고 위로를 전하면 좋을지 모르겠어요."라고 하면 된다.

사랑을 고백할 때도 있는 그대로 말하면 더 진솔하게 느껴진다. 어쩌면 오글거릴 수도 있다. 하지만 시집에 있는 문구를 베껴 고백하는 것보다는 훨씬 더 좋은 감정을 느끼게 될 수 있다.

---

149) 주동준(2017.11.), 긴장도 유머로 바꾸는 '솔직한 표현'의 힘, 매일경제, 2017.11.27.

유머도 마찬가지다. 일상에 있는 그대로를 한 말이 유머가 되는 경우가 많다. 송년 모임에서 신입사원들에게 노래를 한 번 해보라는 주문이 들어왔을 때 "미치겠네요. 저 집에 가고 싶네요."라고 말하면 웃음바다가 된다. 그냥 있는 그대로의 감정을 솔직하게 말하니 사람들이 공감을 하는 것이다. 이를 알고 나면 소심함도 훌륭한 유머가 될 수 있다.

미국의 저명한 대화 명상가 그레고리 크레머는 〈통찰대화명상〉이란 책에서 '무엇을 말할지를 생각하지 말고, 무엇이 나타나는지를 바라보라'고 했다. 어떤 말을 할지가 생각나지 않고 당황스럽다면 당황스러운 마음을 알아차리고 그 상태를 말하면 된다. 그러면 그다음에 무언가가 떠오른다.

있는 그대로 말하는 것은 있는 그대로의 나로 존재하는 것이다. 감추고 꾸밀 것이 없으니 홀가분하고 좀 더 어린아이와 같은 상태로 유쾌해진다. 말을 할 때 걱정을 덜 하게 되고, 준비하는 시간도 줄어드니 대화를 할 때 좀 더 상대방에게 집중하고, 자신의 마음을 잘 표현하게 된다. 그리고 이런 경험이 많아질수록 대화를 하는 것도 편안해지게 된다.

(3) 주어를 '나'로 표현하기[150]

사람들은 너무나 자주 타인이 우리 자신의 감정을 안다고 생각하는 것 같다. 그러나 우리가 효과적으로 자신의 감정과 생각을 표현하지 못한다면 타인은 우리가 느끼고 생각하는 것들을 그대로 알고 이해할 수 없는 것이다. 다른 사람의 감정을 상하게 하지 않으면서, 자신의 욕구를 표현하여 상대방 스스로 행동을 수정할 수 있도록 하는 효과적인 표현기법을 배워보기로 하자. 즉 효과적으로 타인에게 감정과 생각을 전달하는 방법인 '나-전달법(I-message)'에 관해 살펴보기로 하자.

1) 나-전달법(I-message)이란?

상대방이 나의 상황을 명확히 이해할 수 있게 해 주는 기술이다. 나-전달법(I-message)은 아이가 부정적인 문제 행동을 했을 때 비난하지 않고 그 문제를 해결할 수 있게 만들어 준다. 나-전달법(I-message)은 문제가 되는 아이의 행동과 그 행동 결과를 구체적이고 객관적으로 표현한다. 아이의 문제 행동으로 불쾌한 감정이 될 경우, 우리는 대부분 '너'를 주어로 사용하여 문제를 해결하려고 시도한다. 이때 아이의 문제 행동을 비난하는 입장에서 말하는 것을 '너-전달법(You-message)'이라고 한다. 너-전달법으로 말을 하게 되면 오히려 문제가 해결되지 않고 상황이 더 악화된다.

---

150) https://blog.naver.com/domi11/120010037503 [퍼온것and기타], 나-전달법(I-message), 2005.02.06.
https://picasokids.com/345 [오산 피카소 미술학원], 나-전달법(I-message) 예시를 통해 쉽게 이해하기, 2018.01.07.

앞으로 소개할 나-전달법(I-message)을 잘 활용하여 나의 마음을 전달하게 되면 문제 행동이 줄어들 뿐만 아니라 아이와의 관계 개선에도 좋은 영향을 주게 된다.

2) 나-전달법(I-message)의 구성요소

나-전달법은 다음의 3요소로 구성되어 있다.

① 상대방의 행동 : 수용할 수 없는 행동에 대한 비난이나 비평 없는 서술
② 그 행동이 나에게 준 느낌 : 그 행동이 당신에게 미치는 구체적인 영향
③ 그 행동이 미치는 결과 : 상대방의 행동 또는 구체적인 영향에 대한 당신의 감정이나 느낌

예를 들어 엄마는 운전 중인데 아이는 뒷자리에서 가만히 앉아 있지 않고 장난을 치고 있을 때 나-전달법(I-message)으로 이야기하면 다음과 같다.
"네가 차 안에서 심하게 장난을 치면(행동) 엄마는 정신이 산만해지고 운전에 집중이 안되서 위험을 느껴(느낌) 계속 장난을 치면 사고가 날 것만 같아(결과)"

3) 나-전달법(I-message)의 요령

① 당신이 문제 행동이라 여기는 상황을 있는 그대로 말한다. 상대방의 행동만을 언급하기 때문에 상대방의 인성이나 자존심을 공격하지 않게 된다. "네가 ~할 때에"라든가 "~에는 문제가 있단다."라고 말을 시작한다.
② 그 상황에 대해 당신이 느끼는 바를 표현한다. 우리는 보통 "~때문에 화가 났다"는 표현을 쓰는데 "~때문에 속이 상하는구나"라는 표현으로 바꿔주는 것이 좋다. 상대방이 위협감을 덜 느끼는 표현이기 때문이다.
③ 상대방이 취한 행동이 당신의 일이나 상황을 어떻게 방해하고 있는지 설명해준다.
④ 마지막으로 내가 원하는 바를 구체적으로 말하면 된다. 상대방이 알아서 해주기를 바라기보다는 구체적으로 요청하는 편이 문제 행동을 없애는 더 빠른 방법이다.

나-전달법(I-message)은 내가 문제를 직접적인 영향을 받은 사람일 때에만 효과적으로 전달이 된다. 나-전달법으로 말할 때는 조용하고 단호한 목소리로 표현해야 한다. 화가 많이 났을 때는 나-전달법이 효과가 없으니 피하도록 한다. 화난 상태에서 나-전달법을 사용하면 상대방의 반항심만 불러일으킬 수 있다.

4) 나-전달법(I-message)과 너-전달법(You-message) 예시

너-전달법(You-message)은 상대방의 행동을 비난, 평가하는 의미를 전달하는 의사소통법이다. 모든 문제 행동의 원인을 상대방에게 두고 말로 공격한다. 다음은 너-전달법으로 대화하는 것을 나-전달법(I-message)으로 바꿔 표현한 예시들이다. 나-

전달법(I-message)에서 반드시 행동→느낌→결과의 세 단계로 이루어지는 것은 아니다. 상황에 따라 행동과 느낌만 혹은 결과만 표현할 수도 있다.

① 사례 1

영희는 자기 방은 자기가 치우기로 엄마와 약속했다. 그러나 매일 아침마다 방을 치우지 않고 그냥 학교에 갔으며 학교에서 돌아온 후에도 방을 치울 생각은 하지 않고 TV만 보고 있다.

• 너-전달법(You-message)

엄마 : "넌 어떻게 생겨 먹은 애길래 치우라는 방은 안 치우고 텔레비전만 밤낮으로 보고 있냐?"

영희 : "텔레비전 보고 치우면 되잖아요"

엄마 : 며칠 동안 한 번도 치우지 않았잖아! 오늘은 꼭 치워! 넌 이제 6학년인데 자기 방 하나 치울 줄도 모르고 큰일이다. 게다가 엄마와 약속까지 해 놓고 한 번도 지키지 않았으니 거짓말쟁이에 게으름쟁이야."

영희 : "그래, 난 거짓말쟁이에 게으름쟁이야. 그러니까 앞으로도 방 안 치워!"

• 나-전달법(I-message)

엄마 : "엄마는 네가 약속한 대로 방을 치우지 않아서 지금 기분이 좋지 않구나. 엄마는 그래도 오늘만은 네가 방을 치울 줄 알았는데..."

영희 : "엄마를 실망시켜 드려 죄송해요. 이제 곧 치울게요."

엄마 : "엄마는 네가 약속한 것을 수없이 들었단다. 그렇지만 엄마는 네가 약속한 것을 지키지 않는 것에 더 실망한단다. 이제 6학년이 되는데 날마다 야단칠 수도 없지 않니?"

영희 : "저는 엄마가 약속을 그렇게 중요하게 생각하시는지 몰랐어요. 이제 꼭 지킬게요."

② 사례 2

• 너-전달법(You-message)
"너 정말 형편없는 아이구나!"

• 나-전달법(I-message)
"네가 그런 식으로 행동하니(행동) 주변 사람들에게 욕을 먹게 될 것 같아(결과) 내가 속이 상하는구나(느낌)"

③ 사례 3

• 너-전달법(You-message)
"나이 값 좀 해라!"

- 나-전달법(I-message)
  "네가 그런 일도 제대로 처리하지 못하고 계속해서 실수하니(행동) 앞으로 더 힘든 일을 제대로 처리하지 못할 것 같아(결과) 걱정이 되는구나(느낌)"

④ 사례 4

- 너-전달법(You-message)
  "당신 일이나 신경 쓰세요!"
- 나-전달법(I-message)
  "당신이 나의 일에 일일이 참견하니(행동) 내가 일을 하는 데 방해가 되고 또 나를 무시하는 것 같아(결과) 기분이 나쁘고 화가 납니다(느낌)"

⑤ 사례 5

- 너-전달법(You-message)
  "엄마가 높은 곳에서 뛰지 말랬지! 도대체 똑같은 말을 몇 번이나 해야 들을래? 혼나고 싶어!"
- 나-전달법(I-message)
  "높은 곳에서 뛰어내리면 엄마는 걱정이 된단다. 높은 곳에서 뛰어내리다가 다칠 수 있기 때문이야."

⑥ 사례 6

- 너-전달법(You-message)
  "넌 어떻게 된 애가 이 늦은 시간까지 전화도 없고 집에 들어오지도 않니?"
- 나-전달법(I-message)
  "네가 학교를 마치고 전화도 없이 집에 오지 않으면 네가 무슨 일이 생긴 것이 아닐까 걱정이 된단다. 네가 어디 있는지 모르기 때문이지..."

⑦ 사례 7

- 너-전달법(You-message)
  "너는 왜 자꾸 동생을 때려서 울리냐?"
- 나-전달법(I-message)
  "네가 자꾸 동생을 때려서 울리니까 집안이 시끄럽고 엄마는 할 일도 제대로 못 해서 짜증이 나는구나. 앞으로는 동생을 때리지 않았으면 좋겠어."

⑧ 사례 8

- 너-전달법(You-message)
  "너는 왜 미리 책가방을 챙겨 놓지 않고 학교 가기 직전에 준비물을 챙긴다고 난리를 치냐?"
- 나-전달법(I-message)
  "네가 미리 책가방을 챙겨 놓지 않으니 바쁜 아침에 엄마는 일도 못하고 네 준비물을 챙기느라 정신이 없단다. 앞으로는 전날 저녁에 미리 책가방을 챙겨 놓았으면 좋겠구나."

⑨ 사례 9

아빠가 모처럼 휴일에 TV를 보며 휴식을 취하는데 아이는 아빠와 같이 놀고 싶어한다.

- 너-전달법(You-message)
  아빠 : 귀찮게 굴지 말고 저리 가!
  아이 : '나는 귀찮은 아이로구나...'
- 나-전달법(I-message)
  아빠 : 아빠가 지금 몹시 피곤하구나
  아이 : '아빠가 피곤하시구나...'

⑩ 사례 10

부부가 서로에 대해 부정적인 감정을 표현할 때 충고 형식으로 말하면 안 된다. 이때의 충고는 상대를 공격 또는 비난하는 말의 변형일 뿐이기 때문이다. 이럴 때는 상대의 말이나 행동을 평가하지 말고 내가 느낀 감정을 나-전달법(I-message)을 활용하여 전달하는 것이 좋다. 다음은 부부간에 일어날 수 있는 대화의 예시다.

- 너-전달법(You-message)

부인 : "당신 요즘 왜 이렇게 늦게 들어오는 거야?"
남편 : "미안해, 일찍 들어오려고 했는데." (소파에 앉아 TV를 켠다)
부인 : "요즘 들어 계속 늦게 들어오고 당신 가정생활에 너무 소홀한 거 아냐?" (그러니까 가정생활에 충실해!)
남편 : "당신이나 잘해" (계속 TV를 본다)
부인 : "내가 못 하는 게 뭐가 있어? 그리고 당신은 내가 말하고 있는데 계속 TV나 보고 있고, 말하고 싶은 생각이 싹 달아나! (당신은 내가 말하고 싶은 기분을 없애는 재주가 있어) 당신, 지금 나 무시하는 거야?"
남편 : "참 내~당신이야말로 사람 무시하는데 재주 있는 사람 아냐?"

6장

- 나-전달법(I-message)

부인 : "당신 요즘 왜 이렇게 늦게 들어오는 거야?"
남편 : "미안해, 일찍 들어오려고 했는데." (소파에 앉아 TV를 켠다)
부인 : "요즘 당신이 계속 집에 늦게 들어오니까, 나는 중요한 사람이 아닌 것 같아 낙담이 되네."
남편 : "정말 정말 미안해, 다음부터는 빨리 들어올게" (계속 TV를 본다)
부인 : "알았어. 그런데 당신이 지금 내 말을 들으면서 TV를 계속 보고 있으니까 내가 이야기를 지루하게 하는가보다 라는 생각이 들어서 말을 멈추게 되네."
남편 : "아, 그랬어? 미안해 (TV를 끄고 부인을 바라보며) 그럼 우리 방으로 들어가서 같이 더 많은 대화를 해볼까?" (좋은 분위기)

5) 나-전달법의 몇 가지 지침

① 나-전달법은 서로가 얼마나 신뢰하느냐 하는 상호관계의 질에 큰 영향을 받는다. 다시 말해 이제까지의 상호관계가 얼마나 친근했느냐에 따라 효과가 달라진다. 적극적 경청이 선행되어 서로 신뢰 관계가 형성되어 있어야 효과가 더 크다.

② 나-전달법을 부정적인 감정의 전달에만 집중하지 말고 긍정적 감정의 표현에도 활용하라. 관계가 좋을 때 긍정적인 나-전달법을 통해 더 관계를 돈독하게 할 수 있다. 일례로 꽃을 사 왔을 때 "당신이 꽃을 사 오니 집 안이 다 환해지고 너무 좋고 내가 기뻐"라고 할 수 있다. 부정적인 상황에서만 나-전달법을 사용하면 말을 시작할 때 이미 귀찮아하는 마음을 가지게 된다.

③ 상대방의 비수용적 행위에 대한 확실하고 구체적인 영향을 말할 수 없다면, 상대가 그들의 행위를 수정하기를 기대하지 말라. 구체적인 영향이 없을 때도 나-전달법을 하면 그것은 잔소리에 불과하다.

④ 모든 나-전달법이 효과를 보리라고 기대하지 말라. 당신 역시 친구나 배우자와의 관계에서 항상 당신의 행동을 변경시키고 싶지는 않을 것이다. 상대방이 항상 알아서 행동을 변화시키고 싶지 않을 때도 있음을 알아야 한다.

⑤ 첫번째 나-전달법이 효력을 발생하지 않는다면, 더 강하고 당신이 무시당했을 때 느낀 감정에 더욱 일치하는 나-전달법을 다시 한번 시도해 보라.

⑥ 나-전달법은 상대방의 말에 귀 기울이는 적극적 경청과 함께 활용되어야 한다. 겨울에 밖에 추운 외투를 안 입고 아이가 나가 놀려고 할 때 엄마는 걱정이 되어 외투를 입으라고 한다. 이때 실랑이를 벌이다 나-전달법을 한다. '네가 밖이 추운 데 외투를 안 입고 나가려고 하니까 감기에 걸려 병원에 다녀야 하나 엄마는 걱정이 돼.' 이때 아이가 수용하지 않아도 명령하지 말고 '너는 네가 감기에 걸리지 않을

거라고 생각하는구나.' '네.' 아이는 이렇게 말을 했지만, 외투를 입고 밖으로 나갔다는 실례가 있었다. 효과적으로 의사전달이 됐고, 아이가 알아서 수용했다.

⑦ 나-전달법은 힘을 쓰지 않고 당신이 원하는 것을 얻을 수 있는 언어적 기술이므로 이런 강력한 기술을 명령이나 물리적 힘, 혹은 위협이나 벌과 함께 섞어 쓰지 말라. 시도했으나 안 됐을 때 물리적인 힘을 쓰면 다음에는 더 쓰기가 힘들다. 일상에서 겪는 모든 문제를 해결해주지는 못한다. 하지만 말을 경청해주는 것만으로도 해결해 줄 수 있는 문제가 많았던 것처럼 나-전달법을 통해 나를 바르게 전달만 해도 많은 부분이 해결될 수 있다. 단순히 전달하는 것만이 중요한 것이 아니라 그것이 어떻게 영향을 주느냐도 중요한 것이다.

2. 비언어적 요소

(1) 연단 공포증 극복 방법

익숙하지 못한 임무, 생소한 환경, 의사표현 성과에 대한 불안 등이 심리적 불안 요인이다. 이러한 요인들은 다음과 같은 방법으로 극복할 수 있다.

① 완전무결하게 준비
② 청중 앞에서 말할 기회 자주 갖기
③ 시간보다 더 많이 준비하기
④ 충분히 휴식하기
⑤ 처음부터 웃기기
⑥ 심호흡하기
⑦ 청자분석 철저히 하기
⑧ 청자를 호박으로 보기
⑨ 청자의 코를 보기

(2) 말 연습 방법

① 등이 의자 등에 닿지 않도록 몸을 앞으로 조금 당겨라.
② 앉은 채로 키를 최대한 높일 수 있도록 상체를 위로 쭉 뻗어라.
③ 가장 큰 소리로 말하는 것처럼 가능한 한 성대와 목의 근육을 조여라.
④ 한꺼번에 긴장된 모든 근육을 풀어라.
⑤ 가능한 한 몸을 이완시키고 곧바로 앉아, 목과 목구멍의 근육이 완전히 이완되도록 하라.
⑥ 머리를 정상적인 자세보다 더 어깨에 가까워져야 한다.

⑦ 말하는 동안 하품을 하는 자세로 목의 근육과 목청을 유지할 수 있도록 하품을 해 보아라.
⑧ 이러한 자세를 계속 유지하면서 짧은 문장을 크게 소리 내어 읽어 보아라.

(3) 음성을 좋게 하는 방법

① 숨을 얕게 들이마시면 목소리가 떨리기 때문에 숨을 깊게 들이마셔라.
② 음가를 정확히 내기 위해서는 입을 크게 벌려라.
③ 입안이 타는 듯하면 소금을 먹어라.
④ 긴장이 되면 껌을 씹어라.
⑤ 당분과 지방질 음식이 성대 보호에 좋다(오미자차, 꿀, 과일, 쥬스, 사탕 등).
⑥ 술과 담배를 절제하고, 충분한 휴식을 취하라.

(4) 몸짓을 자연스럽게 하는 방법

① 두 다리 사이를 너무 넓게 벌리지 않는다.
② 몸의 체중을 한쪽 다리에 의존하지 않는다.
③ 지나치게 경직된 자세를 피한다.
④ 갑자기 자세를 고치지 않는다.
⑤ 뒷짐을 지든가, 팔짱을 끼든가, 손을 주머니에 넣지 않는다.
⑥ 화자와 청자의 시선을 연결시킨다.
⑦ 시선을 골고루 배분한다.
⑧ 눈동자를 함부로 굴리지 않는다.
⑨ 시선을 불안하게 두지 않는다(즉, 둘 곳에 둔다).
⑩ 대화의 내용과 시선을 일치시킨다.

(5) 유머를 활용하는 방법

① 자기의 실패담을 이야기한다.
② 기발한 재료를 모은다.
③ 한 단계 더 파고든다.
④ 습관적인 사고방식을 배제한다.
⑤ 청자 가운데 한 사람을 화제로 삼는다.
⑥ 쾌활한 태도로 간단한 이야기를 임기응변식으로 처리한다.
⑦ 이야기는 빨리하고 빨리 끝낸다.
⑧ 서투른 유머를 해서는 안 된다.
⑨ 무리하게 웃기려 해서는 안 된다.

⑩ 청자를 염두에 두고 이야기를 선택해야 한다.
⑪ 뒷맛이 나쁜 이야기는 하지 말아야 한다.
⑫ 화자가 먼저 웃어버리면 안 된다.
⑬ 진지한 내용의 연설을 전개할 때, 요점 보강에 주력하되 유머 삽입은 가능하면 피한다.

제3절 마무리 : 핵심체크

1. 의사표현에 영향을 미치는 언어적 요소는 다음과 같다.

① 남 탓하는 말하기
② 강요하는 말
③ 자기 기준으로 평가하고 판단하기
④ 일방적으로 충고하기
⑤ 약점을 꼬집기
⑥ 지나친 자기 자랑
⑦ 혼자 떠들기
⑧ 빈정대기
⑨ 말꼬리 돌리기

2. 의사표현에 영향을 미치는 비언어적 요소로는 연단 공포증, 말, 몸짓, 유머 등이 있다.

① 연단 공포증 : 면접이나 발표 등 청중 앞에서 이야기해야 하는 상황에서 가슴이 두근거리고 입술이 타고 식은땀이 나고 얼굴이 달아오르는 생리적인 현상이며 이는 누구나 호소하는 불안으로 걱정하기보다 적절히 통제하는 것을 연습해야 한다.
② 말 : 말의 장단, 발음, 속도, 쉼, 등 언어의 내용이 아닌 비언어적인 요소들이 의사표현에 영향을 미친다.
③ 음성 : 목소리는 메시지의 전달뿐만 아니라 화자에 대한 인상을 반영하기 때문에 시각 표현과 마찬가지로 청각 표현도 청자의 주의를 환기시킨다.

④ 몸짓 : 청자에게 인지되는 비언어적 요소로 대체로 화자의 몸의 움직임, 표정, 신체적 외모 등이 있으며 몸의 움직임은 몸의 방향, 자세, 동작, 몸짓으로 구별할 수 있다.

⑤ 유머 : 웃음을 주는 것으로 흥미 있는 이야기나, 풍자 또는 비교, 반대표현, 모방, 예기치 못한 방향 전환, 아이러니 등의 방법을 활용한다.

3. 의사표현의 방해요인을 제거하는 방법과 관련하여 언어적 요소와 비언어적 요소로 구분하여 설명하면 다음과 같다.

(1) 언어적 요소

① 긍정적으로 표현하기

② 있는 그대로 표현하기

③ 주어를 '나'로 표현하기

(2) 비언어적 요소

① 연단 공포증 극복 방법

② 말 연습 방법

③ 음성을 좋게 하는 방법

④ 몸짓을 자연스럽게 하는 방법

⑤ 유머를 활용하는 방법

제7장 의사표현능력 III

효과적으로 의사표현을 하기 위해서는 메시지를 전달하는 매체와 경로를 신중하게 선택해야 하며 듣는 이가 어떻게 자신의 메시지를 받아들였는지 피드백을 받아야 한다. 그리고 반복적으로 전달해야 확실하게 의사표현이 된다.[151)]

제1절 효과적인 의사표현방법[152)]

올바른 의사소통을 위해서는 자신의 의도, 생각, 감정을 효과적으로 상대방에게 전달하는 동시에 상대방의 메시지를 정확하게 전달받는 것이 중요하다. 이 중에서 의사표현은 자신의 메시지를 상대방에게 전달하는 중요한 능력이다.

1. 메시지의 효과적인 전달 방법

메시지를 효과적으로 전달하는 방법은 무엇일까?

151) https://doubleplanet.tistory.com/639 [@DOUBLE PLANET], 효과적인 의사표현 방법, 2021.03.18.
152) 한국산업인력공단(2021), op. cit.

① 말하는 이는 자신이 전달하고 싶은 의도, 생각, 감정이 무엇인지 분명하게 인식해야 한다.
② 전달하고자 하는 내용을 적절한 메시지로 바꾸어야 한다. 메시지에 전달하려는 내용이 충분히 그리고 명료하게 담겨야 듣는 이가 이해하기 쉽다.
③ 메시지를 전달하는 매체와 경로를 신중하게 선택해야 한다. 같은 내용의 메시지라도 직접 얼굴을 보고 이야기하는 것과 전화나 이메일로 간접 표현하는 경우 듣는 이에게 다른 의미로 전달될 수 있다.
④ 듣는 이가 자신의 메시지를 어떻게 받아들였는지 피드백을 받는 것이 중요하다. 즉, 전달한 내용이 듣는 이에게 어떻게 해석되었는가 확인해야 한다.
⑤ 효과적인 의사표현을 위해서는 비언어적 방식을 활용하는 것이 좋다. 말하는 이의 표정, 음성적 특성, 몸짓 등을 통해 메시지의 내용을 더욱 강력하게 전달할 수 있다.
⑥ 확실한 의사표현을 위해서는 반복적 전달이 필요하다. 한 번의 의사표현으로 자신의 의도가 충분히 듣는 이에게 전달되는 경우는 드물다.[153]

2. 'PREP' 스피치 기법[154]

말 참 잘한다 싶은데 막상 다 듣고 나면 도대체 무슨 말을 하고 싶었던 것인지 모르는 스피치를 종종 접한다. 청중에게 자신의 핵심 메시지를 제대로 전달하지 못한 스피치다. 그런데 의외로 이런 경우를 꽤 많이 볼 수 있다. 대체 왜 그런 걸까.

많은 사람들이 학창시절 국어 시간에 배운 대로 서론·본론·결론 순서로 스피치를 풀어야 한다는 고정관념이 있다. 서론에서는 들어가는 이야기로 분위기를 만들고 본론에서는 이유나 근거를 쭉 늘어놓다가 결론에 이르면 핵심 메시지를 제시하는 식이다. 하지만 이 구조는 글에서는 효과적일지 몰라도 스피치에서는 치명적인 약점을 가진다. 대부분의 사람들은 글을 읽을 때보다 누군가의 말을 들을 때 집중력이 부족해지기 때문이다. 그래서 세계적인 컨설팅 회사 맥킨지에서는 설득력을 향상시키기 위해 'PREP' 스피치 기법을 제시한다.

PREP는 윈스턴 처칠 전 영국 총리도 즐겨 사용해 '처칠식 말하기 기법'이라고도 불린다. 청중을 자신의 핵심 메시지에 몰입하게 할 수 있게 한다는 PREP를 살펴보자.

PREP는 포인트(Point), 리즌(Reason), 이그잼플(Example), 포인트(Point)라는 4단계의 각 영문 앞 글자를 따서 만든 약자다. 포인트는 이야기의 결론, 핵심 메시지를 뜻하며 리즌은 이유, 이그잼플은 객관적 사례를 말한다. 사실 우리는 일상생활에서도 자연스럽게 PREP를 자주 쓴다.

---

153) 이와 관련하여 [부록 7-1] 참조.
154) http://blog.daum.net/windada11/8764044 [마음의 정원], 핵심 메시지의 효과적인 전달법과 커뮤니케이션 5단계 <김자영의 소통 경영>, 2013.02.28.

"여보, 밥 좀 차려줘. 지금 배가 너무 고파. 일이 너무 바빠 오늘 한 끼도 못 먹었어. 빨리 밥!"

흔히 접할 수 있는 이 말에는 PREP 4단계가 모두 들어 있다. '밥을 차려 달라'는 핵심 메시지인 포인트, '배가 고프다'는 주관적 이유인 리즌, '한 끼도 먹지 못했다'는 실제 사례 이그잼플인 셈이다. 마지막에 밥을 달라고 다시 한번 핵심 메시지인 포인트를 반복하며 완벽하게 PREP를 사용한 예다.

비즈니스 상황을 예로 들어 다시 한번 살펴보자. 만약 연구·개발(R&D) 센터 확장을 위해 임원들을 설득하는 스피치를 한다고 가정하자. 먼저 포인트로 "우리는 R&D 센터를 확장해야 한다"고 결론에 해당하는 메시지를 먼저 말한다. 이는 스피치의 종착점인 핵심 메시지를 미리 알려줌으로써 청중으로 하여금 다음 이야기를 처음부터 이 한 방향으로 모아 생각할 수 있게 해준다.

두번째 단계인 리즌은 주장을 하게 된 이유로, 주로 주관적인 근거를 제시하는 단계다. 여기서는 "우리 회사의 장기적 발전을 위해서는 R&D 센터가 꼭 필요하다"가 그 예로, 뒤이어 나올 구체적인 근거들을 한데 모을 수 있는 보다 추상적이고 넓은 개념의 근거를 들면 된다.

세번째 단계 이그잼플로는 주장을 뒷받침할 수 있는 객관적인 데이터나 전문가의 의견이나 사례가 들어간다. 예를 들면 "경쟁 업체인 A사와 B사도 각각 내년 R&D 투자를 올해의 두 배 이상으로 늘린다고 한다. 우리 업계에서 R&D 확대는 지금 생존 여부를 판가름 짓는 문제다. R&D 센터에 대한 이번 투자를 통해 우리는 내년에 최소 15% 이상의 성장이 가능할 것이라고 예상한다"는 정도가 될 수 있다. 한마디로 핵심 메시지를 제대로 받쳐 주는 든든한 지원군인 셈이다. 이 단계에서 가장 중요한 것은 설득력을 높여 핵심 메시지에 청중을 더욱 집중할 수 있게 하는 신뢰성 있는 근거 자료다.

마지막 P는 다시 포인트로, 주장을 한 번 더 언급해 강조함으로써 막판 굳히기에 들어간다. 야구에서 막판에 홈그라운드를 다시 밟아 점수를 올리듯이 PREP를 통해 처음에 제시했던 주장을 끝에 다시 한번 반복함으로써 강조의 효과를 극대화하는 것이다.

3. 커뮤니케이션 5단계[155)]

최고경영자(CEO)들을 만나 보면 종종 '직원들과 친해지기 위해 자신을 먼저 보여주고 다가가는데 가까워지는 느낌이 전혀 들지 않는다'고 고민하는 이가 많다. 기업 경영 환경, 재무 상황 등까지 밝히며 다가가도 직원들과의 벽이 허물어지지 않는다

155) http://blog.daum.net/windada11/8764044 [마음의 정원], op. cit.

면 분명 무엇인가 잘못됐다. 그 이유는 혹시 '커뮤니케이션의 세 번째 단계'에 도달하지 못해서는 아닐까.

세계적 커뮤니케이션 전문가인 존 파월(John Powell) 신부는 그의 저서 '나는 왜 내가 누구인지 당신에게 말하기 두려워하는가? (Why am I afraid to tell you who I am?)'에서 직원들과 친밀감을 형성하고 더 나아가 신뢰를 심어주기 위해서는 우선 CEO가 자신을 솔직하게 밝혀야 한다고 이야기한다. '무작정 솔직하라'는 것이 아니다. 존 파월이 서로가 얼마나 가까워졌는지의 정도에 따라 정의한 커뮤니케이션의 5단계 속에 그 해답이 있다.

1단계가 "잘 지냈나요?" 같은 상투적인 인사를 나누는 단계라면, 2단계는 "오늘은 회의가 5개나 있어서 매우 바쁩니다"처럼 공적인 정보를 교환하는 수준이다. "난 명예가 더럽혀지느니 차라리 좀 손해를 보는 편을 택하겠어"처럼 자신이 중요하게 생각하는 가치를 이야기하는 수준이 3단계다. 나아가 개인의 감정이나 속마음을 이야기하는 것은 4단계, 마지막으로 다른 이에게 알려져서는 안 되는 비밀을 공유하는 5단계로 구성된다.

이 다섯 단계를 조금 더 깊이 살펴보면, 1단계와 2단계는 그저 업무적으로 알고 지내는 사이 정도다. 반면 4단계와 5단계는 꽤 친밀한 관계에서 이뤄지는 커뮤니케이션 수준이다. 그 사이 자신의 생각과 가치에 대해 이야기하는 3단계가 있다. 이는 평범한 사이에서 각별한 사이로 발전하기 위해서는 가치를 나눌 필요가 있다는 중요한 의미를 가진다.

그렇다면 가치란 무엇일까. 한마디로 말하면 어떤 상황에서는 "어떤 것이 가장 중요하다"고 생각하는 것이다. '우리 호텔에 가장 중요한 것은 한 푼을 더 버는 것이 아니라 고객에게 집과 같은 안락함을 제공하는 데 있다'고 여긴다면, 그것이 바로 사업에서 그 사람의 가치가 된다.

이쯤 되면 "친해지려고 하는데 이런 것까지 이야기해야 하나"라고 의문이 들 수도 있다. 하지만 기업에나 사람에게나 가치라는 것은 삶의 방향을 정하는 큰 기준이다. 직원들은 리더가 중요하게 생각하는 가치를 들음으로써 진짜 모습을 알게 됐다고 생각하고 더 친근하게 느낀다.

물론 주의해야 할 것이 있다. 이런 종류의 이야기가 자연스럽게 이뤄지려면 반드시 일상적인 표현을 하는 1단계부터 시작해 정보를 교환하는 단계인 2단계를 거쳐야 한다. 이를 통해 가치에 대한 이야기가 너무 뜬금없거나 무겁지 않을 만큼의 친근한 분위기를 형성해 놓으라는 것이다.

사내에서뿐만 아니라 대외적인 자리에서 회사를 대표해 이야기할 때도 마찬가지다. "우리 회사는 연 매출이 얼마고 직원이 몇 명이고 몇 년 사이에 얼마만큼 성장한 기업"이라고 한다면 그것은 2단계에서 멈추는 스피치로, 듣는 사람들의 마음을 두드리기는 힘들 것이다. 하지만 "우리는 비즈니스 출장 중인 고객들에게 집과 같은 안락함을 주는 것을 우리의 사명으로 생각하고 있다"처럼 구체적으로 말한다면 듣는 이들이 기업의 가치를 공유함으로써 보다 친근감을 느끼게 될 것이다.

4. 원활한 의사표현을 위한 지침156)

원활한 의사표현을 하기 위해서는 다른 사람의 마음을 읽어낼 줄 알아야 한다. 좋은 말은 더 기분 좋게, 부담스러운 내용이라도 실망이나 다툼을 야기하지 않고 상호 이해할 수 있도록 부드럽게 처리하는 요령이 필요하다. 성의 있고 진실한 자세, 상대에 대한 세심한 관찰, 긍정과 공감에 초점을 둔 의사표현 기법을 습득하고 있다면 안정감 있는 인간관계를 이루는 것이 그리 어렵지는 않을 것이다.

(1) 올바른 화법을 위해 독서하라

대화는 일방적인 것이 아니라 주고받는 것이다. 따라서 상대방의 채널에 맞춘다는 기분으로 하는 것이 바람직한 의사표현법이다. 핵심은 구체적으로 짚되, 표현은 가능한 한 간결하게 한다. 중언부언은 가장 나쁜 의사표현 버릇이다. 상대방이 말할 때 '지금 당신의 이야기를 이해하고 있다'는 신호를 보내면서 가능한 한, 끝까지 들어준다. 올바른 의사표현법의 기본은 독서에 있다. 유창하고 능숙한 말솜씨를 가지려면 풍부한 어휘력이 필요한데, 어휘력을 기르는 데는 책을 읽는 것이 크게 도움이 된다.

(2) 좋은 청중이 되라

말을 잘하는 사람은 남의 말을 잘 듣는 사람이다. 평판 좋은 이들을 보면 대개 말수가 적고, 상대편보다 나중에 이야기하며, 다른 이의 말에 세심히 귀를 기울임을 알 수 있다. 의사표현의 목적을 파악한 뒤 그 기준에 맞추어 상대방의 말을 경청한다. 상대방의 말이 채 끝나기 전에 어떤 답을 할까 궁리하는 것은 좋지 않다. 주의가 분산돼 경청에 몰입하는 것이 어려워지기 때문이다. 불필요한 감정, 시간의 소모 없이 생산적인 의사표현을 이끌어가기 위해서는 상대방의 성격, 인품, 습관을 미리 파악하는 것도 한 방법이다.

(3) 칭찬을 아끼지 마라

사람은 자신을 칭찬하는 사람을 칭찬하고 싶어한다. 그러므로 남을 칭찬하는 것은 곧 나를 칭찬하는 일이다. 누구라도 한두 가지 장점을 갖고 있게 마련이다. 그것을 발견하여 진심 어린 말로 용기를 북돋워 준다. 간혹 보면 거짓 찬사를 늘어놓는 사

---

156) http://blog.daum.net/junghunsa/1740 [다음블로그], 효과적인 의사표현법-2, 정훈사, 2016.11.01.

람이 있는데, 그럴 경우 오히려 관계를 더 뒤틀리게 할 수도 있으므로 주의해야 한다. 아첨인지 칭찬인지는 듣는 사람이 더 빨리 파악하게 된다.

(4) 공감하고, 긍정적으로 보이게 하라

가장 쉬운 방법은 상대편의 말을 그대로 받아서 맞장구를 치는 것이다. '요즘 사업하기 너무 힘들어!'라는 말을 들었을 때, 곧 '정말 힘이 드시겠군요.' 하고 맞장구를 쳐주면 상대방이 편안함을 느낄 것이다. 사람은 자신의 희로애락에 공감하는 이들에게서 안정감과 친근감을 느끼기 때문이다. 긍정의 기술도 필요하다. '얼굴이 왜 그렇게 안 좋아요?'라고 하는 것보다는 '요즘 바쁘신가 봐요. 역시 능력 있는 분은 다르군요'라고 말해주는 편이 훨씬 효과적이다. 또한 '당신이 이렇게 멋있었나!'라고 하는 것보다, '당신 정말 멋있어!'라고 표현하는 쪽이 훨씬 더 담백하고 긍정적으로 보이게 한다.

그때그때 적절한 감탄사를 동원하여 맞장구를 치는가 하면, 조심스럽게 의견을 제시해보자. 그렇게 하면 상대방은 당신이 자신의 말을 경청하고 있음을 확실히 느낄 것이다.

(5) 겸손은 최고의 미덕임을 잊지 마라

누구나 다른 사람 앞에서 자신의 장점을 자랑하고 싶은 심리가 있다. 그러나 이러한 욕구를 적정선에서 제어하지 못하면 만나는 게 부담스럽고 껄끄러운 사람으로 낙인찍힌다. 내면적으로 자신감을 갖고 있는 것과 잘난 척하는 것 사이에는 큰 차이가 있다. 장점은 남이 인정해 주는 것이지, 자신이 애써 부각시킨다고 해서 공식화되는 것이 아니다. 또 너무 완벽해 보이는 사람에겐 거리감이 느껴질 수도 있으므로, 자신의 단점과 실패담을 앞세움으로써 더 많은 지지자를 얻을 수 있다는 사실을 기억해야 한다.

(6) 과감하게 공개하라

비밀의 공유는 강력한 유대감을 불러온다. 좋은 관계를 유지하고 싶은 상대방에게 먼저 자신의 속내를 드러낸다면 상당한 효력을 발휘할 것이다. 이는 곧 '나는 당신을 나 자신처럼 믿는다'라고 하는 신뢰의 표현이기 때문이다.

(7) '뒷말'을 숨기지 마라

별것 아닌 일에도 버릇처럼 중의적인 표현을 사용하는 사람들이 있는데, 이는 곧이곧대로 칭찬하거나 감탄하는 대신에 석연치 않은 뉘앙스를 풍겨 상대방을 몹시 기분 나쁘게 한다. 피해야 할 대표적인 어법 중 하나이다. 특수한 상황이 아니라면 비꼬거나 빈정대는 듯한 표현은 삼가는 것이 좋다. 산뜻한 칭찬과 비판은 의사표현의 격을 높인다. 반대로 단정적인 말은 금물이다. 따라서 같은 내용이라도 보다 완곡하게 표현할 수 있도록 평소에 훈련해야 한다.

(8) '첫마디' 말을 준비하라

의사표현에도 준비가 필요하다. 첫 만남을 앞둔 시점이라면 어떤 말로 이야기를 풀어갈지 미리 생각해두는 것이 좋다. 재치 있는 말이 떠오르지 않을 때는 신문 또는 잡지를 참고하거나, 그날의 대화 주제와 관련된 옛 경험을 떠올려보는 것도 한 방법이다. 사업상의 만남일 경우, 상대방이 미처 생각하지 못하고 있을 법한 분야에 대한 지식을 한두 가지라도 쌓아두면 큰 도움이 된다.

(9) 이성과 감성의 조화를 꾀하라

논리적 언변은 대화를 이끌어가는 데 큰 힘이 된다. 그러나 이견이 있거나 논쟁이 붙었을 때 무조건 앞뒤 말의 '논리적 개연성'만 따지고 드는 자세는 바람직하지 않다. 그러한 자세는 사태 해결에도 도움이 되지 않지만, 설사 논쟁에서 승리한다 해도 두 사람의 관계를 예전으로 돌려놓는 것은 거의 불가능해진다.

학문적, 사업적 토론에는 진지하게 임하되 인신공격성 발언은 피하도록 한다. 또한, 제압을 위한 논리를 앞세우지 말고, 합의를 위한 논리를 지향해야 한다. 논쟁이 일단락된 다음에는 반드시 서로의 감정을 다독이는 과정을 밟도록 한다. 논쟁 자체가 큰 의미가 없는 것일 땐 감정에 호소하는 말로 사태를 수습하는 것도 나쁘지 않은 방법이다.

(10) 대화의 룰을 지켜라

좋은 의사표현에는 일정한 규칙이 있다.

① 상대방의 말을 가로막지 않는다.
② 혼자서 의사표현을 독점하지 않는다. 의견을 제시할 땐 반론 기회를 준다.
③ 임의로 화제를 바꾸지 않는다. 익히 알고 있는 것들이지만 지키기는 쉽지 않다. 말을 주고받는 순서, 그리고 자기가 하려는 말의 분량을 늘 염두에 두고 있으면 실수를 줄일 수 있다.

(11) 문장을 완전하게 말해라

그냥 '됐어요'라고 하는 것보다는 '저 혼자 옮길 수 있습니다'라든지, '갈게요'보다는 '다녀오겠습니다'가 훨씬 단정하고 분명하다. 축약된 말은 자칫 무례하거나 건방지다는 느낌을 줄 수 있지만, 바른말로 이루어진 완전한 문장은 말하는 이의 품격을 높여줄 뿐 아니라 원활한 의사소통에도 도움이 된다.

제2절 상황과 대상에 따른 의사표현법[157)]

의사표현을 하다 보면 상대방에게 하기 어려운 곤란한 말을 해야 할 때도 있고, 불쾌한 감정을 타인에게 전해야 할 때도 있다.

여름 방학을 맞아 단기 알바를 하던 A씨는 최근 같은 일터에 있는 B씨 와 사소한 다툼을 하게 됐다. A씨와 B씨는 교대로 근무를 하는데 B씨가 집안 행사가 있다며 A씨에게 근무 시간을 바꿔줄 것을 요청한 것이다. A씨는 근무 시간을 바꾸는 것이 큰 문제가 없었으나 자신에게 일방적으로 요구하는 B씨의 태도에 기분이 상해 거절했고, 가볍게 말다툼을 하기에 이르렀다. 우리가 의사표현을 하는 상황은 굉장히 다양하며 각 상황마다 의사표현을 하는 방식은 조금씩 다르다. 의사표현의 다양한 상황에 대하여 알아보자.

일 경험에서, 학교에서, 이웃과의 대화 같은 일상생활에서 우리가 의사표현을 하는 상황과 대상은 다양하다. 그때마다 같은 방식의 의사표현 전략을 사용하는 것은 효과적일 수 없다. 상황과 대상에 따라 의사표현을 어떻게 해야 하는지 알아보자.

1. 사례 : '회사어' 공부 열풍[158)]

"사회생활에서 사람들과 대화하는 법을 누가 가르쳐주지 않잖아요. (사례 생략) 그런데 의사소통은 한번 실수하면 되돌리기가 힘들어요. 적절한 말을 제때 잘하고 싶다는 생각에 지난해 초부터 꾸준히 커뮤니케이션 코칭을 받고 있어요."

3년 전 창업한 젊은 사업가 A(31)씨는 지난해부터 2주에 한 번 1시간씩 스피치 컨설턴트를 만난다. 10여 년 외국 생활을 했던 A씨는 사업 파트너나 직원들과 어색하지 않게 의사소통을 하고 싶었다. 지난 30일 서울 서초구의 한 스터디룸, A씨는 이날 만난 사업 파트너와의 미팅에서 어려웠던 점을 털어놓고 전문가의 조언을 받았다.

"미국에선 가릴 말, 안 가릴 말이 훨씬 적었는데 한국에선 어려워요. 칭찬을 들어도 뭐라 화답해야 할지 잘 모르겠어요."(A씨) "그렇죠. 좋은 취지로 칭찬했는데 상대

---

157) 이하 내용은 주로 한국산업인력공단(2021), op. cit. 김주애 외(2020), op. cit.
158) 김미향(2020.08.), op. cit.

방의 민감한 걸 건드리면 과하다는 평가를 듣고요. 첫 미팅이라면 일에 대한 적절한 관심 표현 정도가 좋겠어요. 적당한 말을 모르겠을 땐 활짝 웃는 비언어적 표현으로 화답할 수도 있고요." (전문가) (중략)

10년이면 강산도 변한다는데, 10년이면 직장의 언어도 변한다. 최근 나온 자기계발서들은 10년 전 책과 판이하게 다른 조언을 한다. 2011년에 나온 책 〈회사어로 말하라〉(비즈니스북스)는 "회사가 무슨 말을 하더라도 일단, 무조건, 긍정으로 말하라"며 "부당한 명령이라는 것을 알아도 긍정어로 말하라. 속으로 억울하고 화가 나도 '네!'라고 답하라"고 충고한다. 하지만 지금은 지혜롭게 거절 잘하는 법을 이야기한다. 서점가에 〈죄책감 없이 거절하는 용기〉(2016), 〈거절 잘하는 법〉(2018), 〈때론 이유 없이 거절해도 괜찮습니다〉(2019) 등이 나와 있다. 코로나바이러스가 세상을 덮친 2020년엔 "부디 회사에서는 말로 대화하라. 문자는 전달 과정에서 왜곡되기 쉽다"고 조언한 9년 전 자기계발서가 더 이상 유효하지 않다. 성인의 절반 가까이는 갑작스러운 전화를 꺼리는 '콜 포비아'[159)]를 겪으며, '메신저 등 비대면 의사소통이 익숙하다'는 설문조사도 있다.(잡코리아, 2019) 이제 의사소통 전문가들은 재택근무가 일상이 된 상황에서 메신저로 정확히 의사소통하는 법을 가이드하고 있다.

책 〈일 잘하는 사람은 단순하게 말합니다〉의 저자 박소연 작가는 "비대면 의사소통은 활자 그 자체만으로 명확하게 소통해야 한다. 메신저를 사용할 땐 막연한 생각이나 느낌 대신 정보를 중심으로 단순하게 보내야 하고, 받는 이가 몇 분 뒤 읽어도 이해할 수 있도록 하나의 메시지에 핵심과 결론을 넣어 완결형으로 작성하는 게 좋다"고 조언했다.

2. 상대방의 잘못을 지적할 때

우리는 보통 상대방의 잘못을 지적해야 할 때 충고나 질책을 통해 의사표현을 한다. 질책은 샌드위치 화법을 사용하면 듣는 사람이 반발하지 않고 부드럽게 받아들일 수 있다. 샌드위치 화법이란 '칭찬의 말', '질책의 말', '격려의 말' 순서대로 질책을 가운데 두고 칭찬을 먼저 한 다음 끝에 격려의 말을 하는 것이다.

충고는 주로 예를 들거나 비유법을 사용하는 것이 효과적일 수 있다. 사람들은 자신을 인정해 주고 칭찬해 주는 사람에게 더욱 우호적이지 자신에게 부정적인 반응을

159) '콜 포비아'(Call phobia, 통화 공포증)란 통화를 불편해하는(혹은 피하는) 현상을 말한다. 전화를 뜻하는 'Call'과 공포증 'Phobia'의 합성어인 이 증상은 단순히 전화를 기피 하는 것뿐 아니라 전화가 오거나 통화 전 필요 이상으로 긴장하는 현상을 말한다. 심한 경우 전화가 와도 일부러 받지 않는 사람들도 있을 정도다. 통화 공포증과 관련해 취업포털 '커리어'가 설문 조사한 결과 직장인 응답자 336명 중 91.1%가 전화 공포증에 공감한다고 답했다. 이는 '콜 포비아'가 소수만이 겪는 독특한 공포증이 아니라는 것을 여실히 보여주는 지표다. 이와 관련하여 이른바 '콜 포비아' 세대란 통화보다는 문자나 모바일 메신저, 이메일로 소통하는 것을 선호하는 세대를 말한다. 이데일리(2019.09.), 전화가 무서운 사람들, 2019.09.24. 참조.

보이는 사람에게 결코 타협적이거나 우호적일 수 없다. 따라서 충고는 가급적 최후의 수단으로 은유적으로 접근하는 것이 더 나을 수 있다.

(1) 지적할 경우의 기본요령

① 상대방이 명확하게 알 수 있도록 해야 한다.
② 지적은 지금 일어난 일 그 한 가지만 해야 한다.
③ 아랫사람이 윗사람에게 지적해야 할 때에는 구체적인 근거가 있어야 한다.

(2) 질책할 경우의 기본요령

① 일대일로 이야기할 수 있는 조용한 장소를 선택해야 한다.
② 칭찬으로 시작해서 격려로 마무리하는 것이 좋다.
③ 문제점이나 아쉬운 점을 분명하고 짧게 이야기한다.

3. 상대방을 칭찬할 때

칭찬은 상대방을 기분 좋게 만드는 의사표현 전략이다. 그러나 상황과 상관없이 별 의미 없는 내용을 칭찬하면 빈말이나 아부로 여겨질 수 있다. 따라서 상대에게 정말 칭찬해 주고 싶은 중요한 내용을 칭찬하거나, 대화 서두에 분위기 전환 용도로 간단한 칭찬을 사용하는 것이 좋다.

칭찬은 조금이라도 그 사람의 좋은 점을 보았을 때 언제 어디서든 바로 하는 것이 좋다. 사람에게 관심을 주고 있다 보면, 칭찬할 기회는 정말 많다. 칭찬은 상대방이 긍정적인 행동을 하려고 의도하고 노력하는 것을 알아주는 것이 중요하다. 어떤 것이든 나의 기준을 정해 놓고, '잘했다', '못했다' 식의 평가가 들어 있는 칭찬의 표현은 좋지 않다. 공개적인 자리에서 상사를 지나치게 칭찬하는 것은 아부로 보일 수 있으므로 조심해야 한다. 칭찬도 센스가 필요하다. 처음 만나는 사람에게 칭찬을 건넬 때는 바로 그 사람에 대해 칭찬하면 부담스러울 수 있다.

(1) 칭찬을 잘하는 방법

① 구체적으로 칭찬한다. 칭찬할 때 막연하고 추상적인 표현을 쓰면 성의가 없고 진심이라 느껴지지 않는다. 칭찬할 때는 능력과 자질, 태도, 성과, 행동 등에 대한 구체적인 내용이 드러나야 한다.
② 진심을 담되 과장되지 않도록 한다. 구체적으로 표현하는 것은 좋지만 도가 지나치면 오히려 신뢰를 얻지 못한다.
③ 칭찬은 그 자리에서 해야 한다. 시간이 지난 뒤의 칭찬은 칭찬하는 사람과 듣는

사람 모두 열정이 없어서 효과는 반감된다. 그 자리에서 칭찬이 이루어지지 않았다면 가장 적절한 타이밍을 찾는 것이 좋다.

④ 칭찬은 공개적으로 해야 한다. 받는 사람뿐 아니라 다른 사람들에게도 긍정적인 영향을 미친다. 노력에 따라 인정과 보상을 받는 모습에 동기부여 될 수 있기 때문이다.

(2) 칭찬을 받아들이는 방법

칭찬은 하는 것 못지않게 받아들이는 방법도 중요하다. 한국 사람들은 칭찬을 받게 되면 겸손의 의미로 부정함으로써 공손함을 표현하려 한다. 하지만 칭찬에 대해 지나치게 겸손한 태도를 보이는 것도 바람직하지 않다. "어머, 아니에요∽"와 같은 부정적인 반응을 보이면 칭찬을 한 사람이 무안해지거나, 칭찬을 들은 사람이 어떤 마음의 상태인지 알아차리기 힘들기 때문이다.

이와 함께 지나친 자신감을 표현하는 것도 인간관계에 부정적인 영향을 미칠 수 있다. 칭찬을 너무 당연한 것으로 받아들이면 상대방은 당황할 수 있다. 얼핏 유머로 웃고 넘어갈 수도 있지만, 상황과 대상을 고려하지 않으면 오히려 비호감을 불러일으켜 대화의 걸림돌이 될 수 있다.

4. 상대방에게 요구해야 할 때

여러 상황에서 상대방에게 우리가 원하는 무언가를 하도록 요구해야 하는 경우가 발생한다. 이런 경우 우리는 그 일이 사적인가, 공적인가, 업무상 반드시 필요한 일인가 등 여러 상황을 고려해서 상대방에게 부탁할 수도 있고 명령할 수도 있다.

(1) 부탁할 경우의 기본요령

부탁해야 하는 경우는 상대방의 사정을 듣고, 상대가 들어줄 수 있는 상황인지 확인하는 태도를 보여준 후, 응하기 쉽게 구체적으로 부탁한다. 물론 이때 거절을 당해도 싫은 내색을 해서는 안 된다.

부연 설명하면, 부탁할 때에도 우선 내가 원하는 것을 먼저 이야기하는 실수를 많이 한다. 내가 원하는 것을 말할 때도 먼저 상대방의 상황을 살피는 태도를 보여야 한다. 거절하더라도 싫은 내색을 해서는 안 된다. 싫은 내색을 하면 상대방에게 거부감이 생겨서 다시 한번 부탁을 할 기회마저도 없어지게 된다.

(2) 지시, 명령해야 할 경우의 기본요령

업무상 지시와 같은 명령을 해야 할 때는 '○○을 이렇게 해라!' 식의 강압적 표현보다는 '○○을 이렇게 해주는 것이 어떻겠습니까?'와 같은 청유식 표현이 훨씬 효과적이다.

한 사람이 여러 사람을 통제하고 일을 진행해야 할 때는 지시나 명령이 효과적이다. 상황에 따라 조금은 다르겠지만, "~해." 식으로 강압적인 말 표현보다는 상대방을 존중하는 표현으로 지시하는 것이 좋다. " ~ 해주기를 바랍니다.", "~하는 것이 어떻겠습니까?" 등 구체적이고 명확하지만 부드러운 표현으로 하는 것이 상대방이 거부감 없이 받아들일 수 있어서 훨씬 효과가 좋다.

5. 충고해야 할 때

충분한 공감을 통해 답답한 감정에서 빠져나와 이성적으로 생각할 수 있도록 도와주어야 한다. 그리고 질문을 통해 스스로 답을 찾을 수 있도록 도와주고 경청하면서 기다려 주는 것이 좋다. 그런데도 답을 못 찾는다면 그때 해줄 수 있는 것이 충고나 조언이다. 대화를 듣다가 충고나 조언이 필요하다고 생각될 때는 상대방이 충분히 이야기할 수 있도록 경청을 한 후 가장 마지막에 말하는 것이 좋다.

6. 상대방의 요구를 거절해야 할 때

먼저 요구를 거절하는 것에 대한 사과를 한 다음, 응해줄 수 없는 이유를 설명한다. 요구를 들어주는 것이 불가능하다고 여겨질 때는 모호한 태도를 보이는 것보다 단호하게 거절하는 것이 좋다. 그러나 정색하는 태도는 자칫하면 인간관계까지 나빠질 수 있으므로 주의해야 한다.

부연 설명하면, 거절해야 할 때 잘 판단하여 관계를 해치지 않으면서 거절을 할 수 있는 의사표현능력이 필요하다. 거절해야 하는 이유가 분명하다면, 먼저 단호하게 거절의 의사를 밝히는 것이 좋다. 그리고 상대방의 실망스러운 감정에 대해서 충분히 사과한다. 거절할 때 주의할 것은 표정이나 어투이다. 지나치게 정색을 하거나, 매정한 표현으로 감정적인 상처를 주지는 말아야 한다. 비언어적인 표현이나 태도 등이 오히려 감정을 더 상하게 하는 경우가 많다.

거절할 때는 문제해결뿐 아니라 상대와의 관계에 긍정적인 방향으로 도움을 줄 수 있는 방법을 찾는 것이 좋다. 적절한 거절의 방법으로는 대안 제시, 합당한 이유 제시, 상대의 입장 고려하기 등이 있다.

(1) 대안 제시

대안 제시는 상대의 요구나 호의를 거절하여 생기는 갈등상황에서 두 사람이 모두 만족할만한 새로운 해결안을 제시하는 방법이다. 거절을 통해 손상될 수 있는 상대의 자존심을 세워주면서 상황을 해결할 수 있는 가장 좋은 방법이다.

순간을 모면하기 위한 거짓 이유로 거절을 하게 되면 부탁한 사람과의 관계가 깨지는 건 시간문제다. 이런 거짓말은 곧 탄로가 나기 때문에 이러한 상황에서는 오히려 상황을 솔직히 이야기하고 새로운 대안을 찾아 제시하는 방법을 택하는 것이 좋다.

1) 사 례

우리 고양이 때문에 걱정이야. 혼자 두고 갈 수가 없어서 말야. 그래서 말인데, 소윤아. 며칠만 우리 고양이 좀 돌봐주면 좋겠다.

나도 고양이 돌봐주고 싶어. 근데 사실 나는 동물을 키워 볼 적이 없어서 조금 걱정이 되네. 그리고 가족들 생각도 어떨지 몰라서 지금 당장 말해주기가 좀 어렵네. 고양이 좋아하는 내 친구가 있는데 그 친구가 혹시 도와줄 수 있는지 한번 물어볼까?

(2) 합당한 이유 제시

거절할 수밖에 없는 상황에서 합당한 이유를 제시해 상대의 이해와 동의를 구하는 방법이다. 이는 상대가 거절의 이유를 수락할 것이라는 것을 전제로 진행되기 때문에 제안한 당사자의 경우, 상대에 대한 지지 발언을 함께 사용하면 서로 간의 신뢰를 쌓는 긍정적인 분위기를 유도할 수 있다.

1) 사 례

남희야, 너 오늘 저녁에 나 옷 사러 백화점 갈 건데 같이 가지 않을래?

어떡하지? 나 오늘은 들어가서 아기 돌봐야 하는데. 맞벌이하는 육아맘이다 보니 개인적인 약속은 잡기가 쉽지 않네. 미안

그러게. 네 말이 맞다. 아기 있으면 다 그렇지 뭐. 힘내.

(3) 상대의 입장 고려하기

이는 거절을 하면서도 상대방의 입장에 대해서 충분히 이해하는 마음을 전하는 표현법이다. 상대의 요구를 거절은 하지만 상대에 대한 걱정이나 배려가 원인이라는 것을 전달할 수 있도록 한다.

1) 사 례

할머니, 내일 유학 갔던 희윤이가 돌아온대요.

그래? 이게 얼마 만에 한국에 돌아오는 거냐. 나도 공항에 마중 나가야겠다.

아유~ 할머니. 그냥 제가 대표로 나갈 테니 할머닌 집에서 쉬세요.

7. 사과해야 할 때

사과하기는 말하는 사람이 자신의 잘못을 스스로 인정하고 용서를 구하는 행동을 말한다. 사과는 받아들이는 사람이 거부하게 되면 말하는 사람의 체면에 치명적인 손상을 주기 때문에 대화 당사자들 사이의 조화와 배려가 필수적이다.

사과할 때는 사과의 의도를 명백하게 알 수 있는 "미안하다", "죄송하다", "용서를 구한다" 등의 표현과 더불어 부가적인 표현을 병행할 때 듣는 입장에서 더욱 공손하다고 느끼게 된다. 명료한 사과표현만 사용하는 것보다는 부가적으로 연결되는 내용이 공손성160)을 나타내는 요소로 기능하기 때문이다. 흔히 사과표현과 함께 나타나는 표현에는 자기 비난이나 설명, 재발에 대한 방지 약속 등을 들 수 있으며, 이 세 가지가 병행될 때 화자의 진심이 상대에게 좀 더 쉽게 전달될 수 있다.

(1) 자기 비난

자기 비난의 표현은 사건에 대한 책임이 전적으로 자신에게 있음을 밝힘으로써 적극적인 사과를 표명하는 데 효과적이다. 상대방의 질책에 대해 자기를 비난하는 표현은 자신의 잘못을 인정할 뿐만 아니라 동시에 자신을 낮춤으로써 상대를 높이는 공손의 태도를 동시에 보여준다. 자기 비난은 자신의 잘못을 인정하는 것에서부터 시작된다.

1) 사 례

애초에 자네가 거래처로부터 그 돈만 안 받았어도 일이 이렇게까지 꼬이지는 않았을 거 아냐. 바보같이 왜 그 돈을 받아서 일을 어렵게 만드냐. 지금 상황이 얼마나 곤란하게 된 줄 알아?

미안해 정말. 이게 다 나 때문에 벌어진 일이니 뭐라 할 말이 없네. 미안해.

(2) 설명하기

설명하기는 문제가 된 상황에 대해 상대방의 이해를 구하기 위한 내용으로 구성하는 말하기다. 일반적으로 설명하기는 자신의 책임보다는 사건이 발생할 수밖에 없는 이유를 주로 말하는 것이 특징이다. 설명하기는 모두가 용납할 수 있는 상세한 설명을 통해 상대방이 이해해주기를 기대하는 마음이 나타난 말하기이다.

1) 사 례

결론부터 말하자면 우리 레스토랑은 다음 달에 문을 닫게 되었습니다.

---

160) 대화할 때 상대방에게 예의 바른 태도를 해야 하는 것, 또는 그런 것을 말한다. 흔히 공손성의 원리란 대화할 때 상대방을 배려하고 존중하면서, 공손하고 예절 바르게 말해야 한다는 것을 말한다.

네? 뭐라고 말씀하셨습니까?

모두 놀라셨을 텐데 갑자기 이렇게 말해서 미안합니다. 그동안 저도 고민이 왜 없었겠습니까? 모두 알다시피 지금 경기가 매우 안 좋고 우리 가게도 1년이 넘게 적자를 이어오고 있습니다. 여러분의 월급도 3개월이 밀린 상태이구요. 다들 역량 있고 어딜 가면 더 좋은 대우를 받을만한 분들인데 이렇게 기약 없이 여러분의 발목을 잡고 있을 수는 없다는 결론을 내렸습니다. 여러분들도 제 마음을 이해할 것으로 생각합니다. 장사라는 게 열정만 가지고 할 수 있는 게 아니라는 걸 깨달았습니다. 미안합니다.

(3) 재발 방지 약속하기

사과할 때 말하는 사람이 자신의 잘못을 인정하는 것을 넘어서 앞으로 동일한 잘못을 되풀이하지 않겠다는 다짐을 부가적으로 사용하는 경우를 말한다. 사과하는 사람 스스로 재발 방지를 약속하게 되면 상대의 비난이 반복되는 것을 막고 상황을 빠르게 종결시키는 기능을 하기도 한다. 하지만 무엇보다도 중요한 것은 사과하는 데 있어서 스스로 잘못을 시인하고 자신의 행동에 책임을 지고자 하는 태도이다. 또한, 잘못된 행동을 다시는 되풀이하지 않기 위한 실천적 변화가 필요하다.

7장

1) 사 례

엄마. 죄송해요. 제가 요즘 취업도 안 되고 일이 잘 안 풀려서 예민해졌었나 봐요.

아니다. 네 마음이 오죽하겠냐. 엄마가 다 이해한다. 좀 더 좋은 환경에서 너를 교육시키지 못해 미안한 마음도 들고. 지금 이렇게 마음고생하는데 부모로서 딱히 해줄 수 있는 것도 없고. 엄마가 많이 미안하다.

아니에요, 엄마. 엄마 아니면 내가 어떻게 이렇게 잘 자랄 수 있었겠어. 내가 다 잘못했어요. 미안해요. 다시는 성질 안 부릴게.

8. 설득해야 할 때

설득은 상대방에게 나의 태도와 의견을 받아들이고 그의 태도와 의견을 바꾸도록 하는 과정이다. 일방적인 강요는 금물이다.

(1) 설득해야 할 경우의 기본 요령[161)]

상대방이 무엇을 원하는지 아는 것이다. 내가 원하는 것이 있으면, 상대방이 원하

161) 이와 관련하여 [부록 7-2] 참조.

는 것이 있다. 우선 상대방이 무엇을 원하는지 파악해야 한다. 그리고 상대방이 원하는 것도 받아들일 마음이 있다는 것을 먼저 보여줘야 상대방도 마음의 문을 열고 나의 말에 귀를 기울여 줄 수 있다. 나의 말대로 하면 상대방에게 어떤 이익이 발생하는지를 찾아내어 설득하는 것이다.

일방적으로 강요하거나 상대방에게만 손해를 보라는 식으로 하는 '밀어붙이기식' 대화는 금물이다. 먼저 양보해서 이익을 공유하겠다는 의지를 보여주어야만 상대방도 받아들이게 된다. 따라서 자신이 변해야 상대방도 변한다는 사실부터 받아들여야 한다.

(2) 설득력 있는 의사표현 지침

우리는 때로 상대방의 도움을 얻기 위해 절충과 협상을 해야 할 때가 있다. 나의 요구 혹은 도움 사항과 상대방이 들어줄 수 있는 여건을 절충해서 요구의 일부분이라도 도움을 얻는 경우들이다. 이런 현상과 절충을 통해 내가 원하는 도움을 효과적으로 얻는 두 가지 방법이 있다.

첫째는 '문 안에 한 발 들여놓기 기법(foot-in-the-door technique)'이다. 말하는 이가 요청하고 싶은 도움이 100이라면 처음에는 상대방이 'Yes'라고 할 수 있도록 50, 60 정도로 부탁을 하고 점차 도움의 내용을 늘려서 상대방의 허락을 유도하는 방법이다.

둘째는 위와 정반대로 '얼굴 부딪히기 기법(door-in-the-face technique)'이라고 해서 말하는 이가 원하는 도움의 크기가 50이라면 처음에 100을 상대방에게 요청하고 거절을 유도하는 것이다. 이후 이미 한 번 도움을 거절한 듣는 이는 말하는 이에게 미안한 마음을 가지게 되고, 좀 더 작은 도움을 요청받으면 미안한 마음을 보상하기 위해 100보다 작은 요청을 들어줄 수 있다.

제3절 마무리 : 핵심체크

1. 효과적인 의사표현 방법 가운데 메시지를 효과적으로 전달하는 방법은 다음과 같다.

① 말하는 이는 자신이 전달하고자 하는 내용을 분명하게 인식해야 한다.
② 전달하고자 하는 내용을 명료하고 적절한 메시지로 바꾸어야 한다.
③ 메시지를 전달하는 매체와 경로를 신중하게 선택해야 한다.

④ 듣는 이가 어떻게 자신의 메시지를 받아들였는지 피드백을 받아야 한다.
⑤ 표정, 몸짓 등 비언어적 요소를 활용하여 의사표현의 메시지를 강조한다.
⑥ 반복적으로 전달해야 확실하게 의사표현이 된다.

2. 상황과 대상에 따른 의사표현법은 다음과 같다.

① 상대방의 잘못을 질책하는 경우에 샌드위치 화법을 사용하면 듣는 사람이 반발하지 않고 부드럽게 받아들일 수 있다.
② 상대방에게 충고하는 경우는 예를 들거나 비유법을 사용하면 효과적이다.
③ 칭찬은 상대방을 기분 좋게 만드는 전략으로 상대에게 중요한 내용을 칭찬하거나 대화 서두에 분위기 전환을 위해 간단한 칭찬을 사용한다. 칭찬을 잘하는 방법으로는 첫째 구체적으로 하며, 둘째 그 자리에서 하고, 셋째 진심을 담되 과장되지 않도록 하는 것이다.
④ 상대방에게 부탁할 때는 상대방의 사정을 듣고, 상대방이 가능한 상황인지 확인한 후, 응하기 쉽게 구체적으로 부탁한다.
⑤ 상대방에게 명령해야 할 때는 강압적 표현보다 청유형으로 부드럽게 하는 것이 효과적이다.
⑥ 상대방의 요구를 거절해야 할 때는 먼저 거절에 대한 사과를 한 후, 응할 수 없는 이유를 분명하게 설명하는 것이 좋다. 효과적인 거절의 방법으로는 첫째 대안 제시, 둘째 합당한 이유 제시, 셋째 상대의 입장 고려하기 등이 있다.
⑦ 효과적인 사과의 원칙으로는 첫째 자기 비난, 둘째 설명하기, 셋째 재발 방지 약속하기 등이 있다.
⑧ 설득은 상대방에게 나의 태도와 의견을 받아들이게 하는 과정으로 문 안에 한 발 들여놓기 기법(foot-in-the-door technique)과 얼굴 부딪히기 기법(door-in-the-face technique)이 있다.

부록 7-1 : 효과적인 메시지 전달[162)]

의사소통은 기업 관리자들의 최우선 과제이면서도 잘 이루어지기 힘든 과제이기도 하다. 사람의 기억력은 그리 믿을 것이 못 된다. 메시지를 전달받을 사람들의 환경도 예측할 수 없어서 얼마나 잘 받을 수 있는 환경인지도 알 수 없다. 의사소통의 주도권을 쥐고 있는 자는 받는 자인데 그들의 상태를 알 수 없으니 효과적인 전달을 보장하기 힘든 이유다.

그래서 혹자는 이렇게 말한다. '전달하고자 하는 메시지는 일관성 있고, 명확해야 하며, 끊임없이 반복적이어야 한다'라고. 일리가 있다. 직관적으로 인식할 수 있는 메시지를 끊임없이 반복해야 한다. 몇 번의 강조와 반복으로는 이들(메시지 받는 자)의 머릿속에서 생각의 씨가 뿌리를 내릴 수 없다. Jeanie Daniel Duck(보스턴 컨설팅 그룹 부회장)이 '하버드 비즈니스 리뷰' 경영 학술지에 '균형의 예술'이라는 제목으로 다음과 같이 메시지에 관해서 기술했다. '자신이 견딜 수 없을 정도로 지겹도록 이야기할 때에 비로소 자신의 메시지가 전달된다.'

무엇을 전달하고자 할 때, 그것이 그들에게서 생소하거나 추상적이라면, 적절한 메타포[163)]를 찾아주고, 그것을 끊임없이 반복하여 머리에서 가슴으로, 가슴에서 행동(손과 발로 움직이는)으로 전이될 때까지 인내심이 필요하다. 바로 내면화되는 과정이다. 이 과정이 진행되는 동안 전달자가 지칠 수도 있고, 환경이 변할 수도 있고, 대상자가 바뀔 수도 있는 불확실성 때문에 메시지를 전달하는 것은 쉬운 일이 아니다.

조직원이 내 말에 귀담아듣지 않는다거나, 메시지의 직관화에 문제가 있다고 생각하기 전에 메시지 전달의 이런 특성을 인식하고 있다면, 문제(메시지 전달)를 바라보는 안목을 높일 때 원하는 목표를 이룰 수 있는 가능성이 약간은 커질 수 있을 것이다.

---

162) https://yunsunghan.tistory.com/365 [Max], 효과적인 메시지 전달, 2009.03.25.

163) 메타포(metaphor)는 간단하게 사전을 찾아보면 단순히 은유법이라고 나온다. 사실 메타포는 은유법보다 더 깊은 뜻을 가지고 있다. 일단 네이버 사전에서는 수사법 가운데 비유법의 하나로, 그리고 지식사전에서는 전달할 수 없는 의미를 표현하기 위하여 유사한 특성을 가진 다른 사물이나 관념을 써서 표현하는 어법(語法)이라고 설명하고 있다.

부록 7-2 : 설득은 소통을 낳는다[164)]

필자의 스피치 컨설팅에는 남녀노소 불문하고 다양한 사람들이 찾아온다. 고민도 다양한데 '회사 내 PT에서 잘하고 싶어요', '면접에 합격하고 싶어요', '건배사 한마디 잘하고 싶어요', '선거에서 멋진 연설을 하고 싶어요', '자녀와 소통을 잘하고 싶어요' 등등

어떤가. 위의 고민을 관통하는 키워드는 바로 '설득'이란 단어다. 설득이란 '상대편이 이쪽 편의 이야기를 따르도록 여러 가지로 깨우쳐 말함'을 의미한다. 즉, 내 이야기가 다른 사람에게 공감되도록 하고, 그 이야기에 따라 행동하게 만드는 것인데, 이는 여간 쉬운 일이 아니니다.

아리스토텔레스는 수사학에서 3가지를 제시한다. 바로 에토스, 파토스, 로고스이다. 성공적인 소통을 위해서 에토스, 파토스, 로고스 순으로 접근해야 하는데, 호감도와 진정성으로 상대의 신뢰를 구축한 후(에토스), 상대방이 받아들일 수 있는 열린 마음 상태일 때(파토스), 논리적으로 설득(로고스)하라는 것이다.

1. 말에는 자신의 인격이 숨어있다-ETHOS

에토스는 화자 고유의 성품, 권위 등으로 화자에 대해 신뢰를 느낄 수 있도록 해주는 것인데, 설득이 가능하려면 우선 화자를 신뢰할 수 있어야 한다.[165)]

삶의 궤적과 인격, 바로 에토스가 녹아 있느냐 아니냐의 차이이다. 에토스는 명성, 신뢰감, 호감 등 말하는 사람에 대한 인격적인 측면을 나타내는 것으로 설득 과정에서 무려 60%의 영향을 미친다고 한다. 즉, 연사 그 자체라고 해도 크게 무리는 아닐 것이다. 상대방에 대한 배려와 겸손함, 진심을 담아 의사소통을 해야 한다. 예수가 청중 분석의 대가였다는 점, 짧고 명확하게, 그리고 강렬하게 메시지를 전했다는 점은 우리 모두 아는 사실이다.

에토스는 언어적인 것과 비언어적인 것(몸짓, 음성, 외모, 명성, 표정 등)을 모두 포함한다. 3가지 설득의 수단 중 가장 강력한 것이 에토스이다.

2. 감성적인 말이 주는 힘-PATHOS

공감, 동감, 경청 등으로 친밀감을 형성하거나, 유머, 공포나 연민, 슬픔 등의 감정

164) 최효정(2018.11.), 스피치 칼럼-설득은 소통을 낳는다. 경남도민신문. 2018.11.18.

165) 화자가 아무리 말을 잘한들 화자가 전하는 메시지의 신뢰성이 떨어지면 아무도 믿지 않는다. 오히려 거부감이 든다. 무엇보다 중요한 것이 화자의 인격이고 신뢰감이다. 에토스가 '윤리학(ethics)'의 어원이 된 이유이기도 하다.

을 자극해 마음을 움직이는 감정적 측면이 반드시 필요하다. 젊은 층은 명예보다는 야망과 실용성을, 연령이 높아질수록 명예를 중시하는 것을 파악하여 연령별로 감성을 사로잡는 의사소통을 해야 한다. 상대방이나 청중의 상태를 파악하여 잘 맞는 감성적인 방법을 찾아서 사용할 수 있어야 한다.[166] 말하기의 T(시간), P(장소), O(상황)도 이에 해당된다.

파토스는 듣는 이의 심리상태, 감정 상태를 말하는데, 감정 상태가 어떤가에 따라 "기쁘고 호감을 느낄 때의 판단은 고통과 적의를 느낄 때의 판단과 같지 않기" 때문이다. 연말 불우이웃돕기 모금 및 캠페인 등에서 사람들이 연민의 감정을 느낄 수 있도록 하는 여러 장치들이 바로 파토스다.

3. 논리적인 말하기-LOGOS

다양한 증거를 제시하거나 논리적 추론이 가능하다면 의사소통의 신뢰도는 증대된다. 삼단논법과 사례를 통한 추론 방법은 보편적이며 일반적인 진리에서 특별한 경우에 대한 결론을 이끌어내는 방법이다. 나의 주장을 펼칠 때는 명확한 근거와 사례를 들어야 한다. 그리고 그 사례를 통해 깨달은 점을 논하고, 이를 나에게, 우리에게 어떻게 적용해야 하는지를 이야기하는 것이다.

로고스는 청중에게 명확한 증거를 제공하기 위한 논리이자 메시지의 본질이다. 설득의 방법들을 발견하는 이성적이고 논리적인 능력, 즉 로고스가 그것이다. 인간은 무언가 결정할 때 합리적인 이치에 근거하는 이성적인 존재이고, 따라서 논리를 갖추지 못한다면 설득할 수 없다고 할 수 있다.[167]

설득의 수단 3가지, 에토스, 파토스. 로고스 이 세 가지는 현재에도 설득 스피치의 아주 중요한 3요소이다. 에토스는 연사의 인격/권위, 파토스는 감정/정서, 로고스는 논리/이성을 의미한다. 이 세 가지 요소가 모두 잘 어우러질 때 스피치는 설득력을 가지게 된다. 스피치가 잘되지 않는 사람들이 가장 쉽게 하는 실수는 '좋은 내용, 정확한 정보'에 지나치게 집중한다는 것이다. 물론 틀린 내용은 신뢰가 떨어지지만, 아무리 좋은 내용, 정확한 정보를 말한다고 하더라도 청중에게 제대로 전달되지 않는다면 그것은 좋은 스피치가 될 수 없다.

세 가지 모두가 조화를 이루는 것이 기본이지만 쉽지 않다. 그럼에도 상대방은 자신이 믿을 수 있다고 판단하고 호감을 가진 사람에게 더 귀를 기울이고, 자신의 감정과 정서에 부합하는 이야기를 더 잘 받아들인다는 점을 꼭 명심하고 실천해보길 바란다. 설득은 그렇게 어렵지 않다.

166) 파토스는 청중의 감정이나 욕구에 호소해 마음을 움직이는 설득 수단이다. 먼저 청중의 심리적 상태나 욕구 등을 고려해 설득해야 한다는 얘기다. 영어로는 '페이소스(pathos)'다.
167) 로고스는 논리적이고 이성적으로 자신의 주장을 설득하는 방법이다. 객관에 바탕을 두고 있어야 한다. 로고스가 '논리학(logic)'과 학문을 의미하는 '로지(logy)'의 어원이 된 것도 그래서다.

4. 사 례[168)]

에토스와 파토스를 잘 이용한 대표적 인물은 아돌프 히틀러(Adolf Hitler)다. 그는 나치 정권의 선전 장관이었던 파울 괴벨스(Paul Joseph Goebbels)를 등에 업고 독일인의 전폭적인 신뢰를 이끌어냈다. 괴벨스는 예술과 뉴미디어를 통해 독일 대중이 히틀러를 사랑하게 만들었고, 독일 대중이 스스로 나치가 되어 전쟁에 자발적으로 참여하게 만들었다. 그는 최후까지 히틀러에게 충성했으며, 히틀러가 자살한 다음 날 총리관저 대피호에서 부인과 함께 자살했다. 히틀러 스스로도 명연설가였다. 어떤 집회에서나 청중이 듣고 싶어하는 말을 했다. 본능적으로 이들의 동경과 욕구를 파악해 자신에게 유리하게 이끌어냈다. 그 결과 청중은 광기에 가까운 충성심을 보인다. "지성은 2류, 기질은 1류"라고 평가받던 프랭클린 루스벨트(Franklin Roosevelt)가 미국 대통령에 당선된 이유 역시 친근감으로 무장한 그의 감성 능력 덕분이라는 분석이 나온다.

아리스토텔레스는 로고스가 파토스를 이길 수 없다고 생각했다. 인간은 입증된 사실보다 믿고 싶어하는 사실에 더 이끌리기 때문이다. 그래서 사람을 설득함에 있어 그 중요성을 에토스 60, 파토스 30, 로고스 10의 비중으로 봤다. "국민의, 국민에 의한, 국민을 위한 정치"로 대표되는 에이브러햄 링컨(Abraham Lincoln)의 게티즈버그 연설이나 "나에게는 꿈이 있습니다"로 유명한 마틴 루서 킹(Martin Luther King Jr.) 목사의 연설이 지금도 회자되는 것은 에토스, 파토스, 로고스를 잘 활용해 청중의 감동을 이끌어내고 뇌리에 남게 했기 때문이다.

168) https://www.hanbit.co.kr › biz › channel › view [한빛비즈], 설득의 3대 요소 - 에토스, 파토스, 로고스, 2021.01.13.

제 1 장	의사소통능력 I
제 2 장	의사소통능력 II
제 3 장	경청능력 I
제 4 장	경청능력 II
제 5 장	의사표현능력 I
제 6 장	의사표현능력 II
제 7 장	의사표현능력 III
제8장	**의사표현능력 IV**
제 9 장	문서이해능력
제 10 장	문서작성능력 I
제 11 장	문서작성능력 II
제 12 장	문서작성능력 III
제 13 장	기초외국어능력

소위 '의사표현의 기술'이라고 말할 수 있는 대표적인 기술, 즉 회의의 기술, 설득의 기술, 발표 및 프레젠테이션의 기술에 대하여 살펴보기로 하자.

제1절 회의의 기술[169)]

1. 회의의 종류

회의는 종류에 따라 크게 보고형 회의와 참여형 회의의 두 가지 종류로 나눌 수 있다.

(1) 보고형 회의

보고형 회의는 기본적으로 회의를 주도하는 사람이 참석한 사람들에게 일방적으로 내용을 전달하는 일방향 커뮤니케이션이다. 보고형 회의는 다시 두 가지로 구분되는데, 하나는 일반적인 정보제공 회의와 조직 내 공유할만한 일이 있을 때 함께 모여

169) 회의 진행과 참여에 관한 내용으로 권인아·오정주(2018), op. cit.

축하해 주는 동기유발형 회의로 나누어진다. 대부분의 보고형 회의에서는 정보를 제공하는 사람이 가장 활동적이며, 나머지 참가자들은 상대적으로 수동적으로 회의에 참석하게 된다.

정보제공형 회의라면 참석자는 궁금한 사항에 대해서 추가적인 질문을 할 수 있고, 동기유발형 회의라면 함께 축하와 격려를 나눌 수 있지만, 대부분의 경우 참가자들은 대부분의 시간을 듣는 데 집중하게 된다.

(2) 참여형 회의

참여형 회의는 크게 두 가지로 문제해결형과 아이디어 창출 회의로 나눌 수 있다. 이 두 종류의 회의는 의견교환의 형식으로 진행되지만 차이점이 있다.

먼저 문제해결형 회의의 목적은 현안을 해결하는 것이다. 분석적 접근으로 개선점을 찾고 문제상황의 재발을 방지, 혹은 예방하는 것이 초점이라고 볼 수 있다. 이에 반해 아이디어 창출 회의의 초점은 미래지향성과 조직의 발전에 맞춰져 있다. 자유롭고 창조적인 분위기가 편안하게 조성되며, 이러한 과정을 통해 새롭고 신선한 아이디어를 찾아 실무에 적용하는 것이 목적이다.

참여형 회의에서 참석자들은 활동적인 역할을 하며, 이 회의의 성공은 참여자를 독려해 의견을 촉진하는데 달려있다.

2. 효과적인 회의 준비와 진행

(1) 회의 준비

회의의 목적을 정확히 하고, 계획을 수립한 뒤, 참석자를 잘 선정하는 것이 필요하다.

1) 사 례

① 공지 : 하단의 내용을 참조하여 회의 준비 부탁드립니다.
② 일시 : 6월 30일, 금요일
③ 시간 : 오전 10시~11시
④ 장소 : 회의실 A
⑤ 의제 : 신메뉴 출시를 위한 메뉴 컨셉 회의
⑥ 첨부 : 신메뉴 제안과 관련된 정보 정리
⑦ 추신 : 첨부파일을 숙지하고 회의에 참석 부탁드립니다.

2) 목 적

회의 시작 전에 목적을 정확히 하는 것은 무엇보다 중요한 일이다. 목적과 얻고자 하는 결과를 분명하고 구체적으로 정하게 되면 회의 시간을 정하고, 참석자들을 선정하는 것도 수월해진다. 회의 시작 전에는 다시 한번 회의의 목적을 공유해 침석자들이 활발하게 의견을 제시할 수 있도록 한다. 또한 회의가 끝나면 목적에 부합한 결과가 도출되었는지 확인한다.

3) 계획 수립

회의 목적을 정하면 다음은 어떻게 회의를 진행할지 계획을 수립할 차례다.

① **주제 명시** : 회의 주제가 여러 개라면 초반에 집중도가 높으므로 중요한 주제는 앞에 배치한다. 그리고 각각의 주제를 어떤 방식으로 다룰지도 명시한다. 예를 들어 토론, 보고, 브레인스토밍,[170] 발표 등의 방식을 명확히 정해 놓으면 참가자들이 맞추어서 준비하고 올 수 있다. 참고로 회의를 마칠 때는 긍정적인 분위기로 마무리할 수 있도록 한다.

② **시간 배분** : 주제의 중요도와 긴급도에 따라 미리 시간을 정하고 회의에 임한다. 이때 너무 빠듯한 스케줄을 짜지 않도록 주의한다. 회의 주제가 너무 많거나 시간이 부족하면 참석자들이 회의가 끝난 뒤에도 별로 남는 것이 없다는 느낌을 받게 된다.

③ **참여 유도** : 회의가 진행될 때 대부분의 사람들은 소극적인 태도로 임한다. 그래서 활발한 참여를 이끌어내기 위해 회의에서 발언한 사람을 우대해 주는 규칙을 만들거나, 발언한 사람이 낸 아이디어가 자신의 일이 되는 것을 방지할 수 있는 나름의 방지막을 만들어 주는 것이 좋다. 또한 모든 의견은 동등하고 귀하다는 전제를 기억하고 공유한 상태에서 회의가 진행될 수 있도록 한다. 참석자들은 또한 회의에 적극적으로 참여하는 것이 결국 자신을 위한 것이라는 것을 인식하고 주도적으로 회의에 임하도록 한다.

4) 참여자 선정

모든 사람이 다 회의에 참여할 필요는 없다. 그렇기 때문에 회의의 목적을 고려해 누가 회의에 참석해야 하는지 잘 검토하도록 한다. 회의를 진행할 때는 역할을 선정해 놓고 진행하는 것이 좋다. 회의를 진행하고 마무리하는 리더와 상황에 따라 주제에 대한 브리핑을 해줄 발표자, 시간을 관리하는 사람, 서기 등을 미리 선정해 회의가 원활하게 진행될 수 있도록 한다. 그리고 이러한 역할은 돌아가며 맡아서 직원들 모두가 주인의식을 고취시키고 자발적으로 참여할 수 있도록 한다.

---

170) 이와 관련하여 [부록 8-1] 참조.

(2) 회의 진행

1) 시간 관리

① 정시에 시작한다.
② 늦게 오는 사람을 기다리는 것은 시간 맞춰 온 사람을 배려하지 않는 일이다.

2) 규칙 수립

① 회의 준비를 해서 참석한다.
② 누군가 발언할 때 끼어들지 않는다.
③ 혼자 이야기를 독점하지 않고 다양한 사람이 발언할 수 있도록 한다.
④ 회의 중 잡담이나 휴대전화 사용은 금지한다.
⑤ 직급에 상관없이 참석자를 존중하는 태도로 예의를 지킨다.
⑥ 휴식 시간을 정확히 지킨다.

3) 주제에서 벗어나지 않게 하기

회의에서 결론으로 얻고자 하는 문제해결의 답이 있다면 논리적이고 계통적인 과정으로 진행하도록 한다. 각 과정은 다음의 4단계로 이루어진다.

문제정의 → 문제 진단 → 아이디어 발산 → 아이디어 수렴(해답 결정)

(3) 회의 마무리

회의를 마칠 때는 다음의 세 가지 질문을 던져 회의가 잘 진행되었는지 확인한다.

① 오늘 회의에서 어떤 것을 논의했는가?
② 향후 업무처리 분배가 명확히 이루어졌는가?
③ 오늘 회의에서 어떤 것을 얻었는가?

3. 회의 커뮤니케이션

이제 효과적인 회의 참여 방법에 관해 살펴보기로 하자.

(1) 효과적인 질문 기술

1) 입장을 바꿔 생각하도록 유도

• ㉯ 당신이 고객이라면 이 신제품을 고르겠습니까?

2) 상대 의견 재확인을 통한 푸시 전략

- ㉮ 방금 하신 말씀에 따르면, 이 메뉴의 성공 확률이 100이라고 확신하시는 것 같네요. 맞습니까?

3) 타당한 근거를 찾기 위한 "왜?"

- ㉮ "왜 그렇게 생각하십니까?", "왜 고객들이 이 메뉴에 관심이 없다고 생각하십니까?"

(2) 상대의 의견에 대한 반응법

1) 상대의 의견이 회의 주제에서 벗어날 때

- ㉮ "우리가 논의하고 있는 주제에 초점을 맞춰주시겠습니까?" (주제와 맞지 않는다는 사실을 인지시킨다.)

2) 대안없이 문제만 지적할 때

- ㉮ "저 또한 여기 말씀하신 문제들을 인식하고 있습니다. 지금 00씨가 생각하고 있는 해결책이 어떤 것인지 궁금하네요." (구체적인 해결책을 요구한다.)

3) 나와 같은 의견이 나왔을 때

- ㉮ "저도 같은 생각입니다. 그런데 그 방법이 적용되었을 때 혹시 문제점은 없을까요? 혹시 이 부분은 생각해 보셨나요?" (적극적으로 동의하고 내용을 발전시킬 수 있도록 돕는다.)

(3) 효과적인 메모의 기술

① 중요한 내용은 밑줄이나 다른 색 펜을 통해 핵심이 한눈에 보이게 정리한다.
② 그림이나 마인드맵[171] 등의 도구를 통해 쉽고 간단히 메모한다.
③ 이야기의 논점이 달라질 때마다 숫자를 넣어 구분해 정리한다.
④ 회의 전용 노트를 따로 만들어 별도로 관리한다.

---

171) 마인드맵(Mind Map)이란 문자 그대로 '생각의 지도'란 뜻이다. 자신의 생각을 지도 그리듯 이미지화해 사고력. 창의력. 기억력을 한 단계 높이는 두뇌 개발기법이다. 어떤 문제에 대하여 창조적으로 사고하고 있을 때, 시간이 흐르거나 연속적인 사고의 연상이 진행되면서 그 사고한 내용 중 일부는 잃어버리게 되고 재생하기가 어렵게 된다. 마인드맵은 유기적으로 연결되는 일련의 생각을 훌륭하게 상기시켜준다. 마인드맵은 영국의 토니 부잔이 1960년대 브리티시 컬럼비아대 대학원을 다닐 때 두뇌의 특성을 고려해 만들어냈다. 부잔은 일부 사람들은 그림과 상징물을 활용해 배우는 것이 훨씬 더 효과적이라는 생각이 들어 '마인드맵'을 고안해 냈다고 한다. 학습법과 기억력뿐 아니라 기업의 업무능력 향상 등에도 효과가 있는 것으로 알려져 있다. 그래서 각국의 학교뿐만 아니라 IBM, 골드만삭스, 보잉, GM 등 유수한 기업체들이 마인드맵 이론과 교재를 사원교육에 활용 중이다.

(4) 회의 시 참고할 비언어 커뮤니케이션

① 팔짱을 낀다. 팔짱을 끼는 것은 자신을 보호하고 방어하려는 무의식적인 행동으로, 회의에서 이 같은 모습이 보인다면 상대의 의견을 쉽게 수용하지 않겠다는 무언의 표시라고 볼 수 있다.
② 소매를 걷어 올린다. 당신의 의견에 반대한다는 표현일 가능성이 높다.
③ 손가락으로 장난을 친다. 무료함, 지루함에서 벗어나고자 하는 행동이다.
④ 턱 밑에 양손을 괸다. 집중할 때 나오는 자세로 상대의 의견에 관심이 있다는 뜻이다.
⑤ 다리를 흔든다. 불안함을 느끼고 있는 상태로 상대의 의견에 대응할 말이 생각나지 않거나 무언가 자신에게 불리하다고 생각하는 상태라고 볼 수 있다.

4. 회의의 중요성과 가치172)

흔히 비효율적인 회의로 ① 성과가 낮은 회의에 매달리는 경우, ② 시간만 끄는 회의, ③ 불필요한 의견을 제시하는 경우, ④ 칭찬으로만 이루어지는 회의, ⑤ 상사의 눈치를 보는 회의 등을 꼽을 수 있다. 문제는 이러한 비능률적인 회의가 조직의 현장에서 자주 목격되고 있다. 올바른 회의문화의 정착은 실천에 달렸다. 회의의 기술들과 함께 효율적인 회의를 통해 회의의 가치와 성과가 온전히 나타날 수 있도록 조직 구성원 모두 노력해야 할 것이다.

8장

(1) 회의의 중요성

① 회의는 조직의 정책을 결정하는 기능을 한다.
② 회의는 구성원 간 교류의 기회가 된다.
③ 회의는 정보교환과 공유의 기능을 한다.
④ 회의는 조직 구성원들의 의견을 수렴하는 기능을 한다.
⑤ 회의는 조직 구성원들의 단합을 가져오는 기능을 한다.

(2) 회의의 가치

회의를 성공적으로 마무리한 후 기대해 볼 수 있는 효과는 다음과 같다.

① 업무 진행에서 새로운 아이디어를 얻을 수 있다.
② 많은 사람의 긍정적인 참여를 이끌어낼 수 있다.
③ 좋은 정보 획득에 대한 긍정적인 이미지를 심어줄 수 있다.

172) 김종두 외(2019), op. cit.

(3) 회의의 성과

① 사업 진행의 생산성을 크게 향상시킬 수 있다.
② 새로운 사업 진행의 아이디어를 찾아낼 수 있다.
③ 진행 과정에서 얻은 노하우를 토대로 조직의 문제점을 분석할 수 있다.
④ 조직 구성원들의 특성을 이해하고, 조직문화를 개선하기 위한 정보를 획득할 수 있다.

5. 시간이 아깝지 않은 회의가 되려면173)

온종일 회의만 하다 끝나는 날이 있다. 일하는 시간보다 회의 자리에 앉아 있는 시간이 더 긴 날도 있다. 회의를 많이 하는 회사일수록 망하기 쉽다고 투덜거려봐도 회의를 피할 수는 없는 노릇이다. 그래도 시간이 아깝지 않은 회의를 만들 수는 있다.

(1) 좋은 회의를 만드는 방법

1) 침묵은 낭비

회의는 회식이 아니다. 참석에 의의가 있는 것이 아니라 좋은 아이디어에 의미가 있다. 다른 사람의 이야기를 경청하는 것은 물론 중요하지만, 경청만 해서는 안 된다. 회의에서 자신의 의견을 주장하지 않으면 능력을 인정받지 못하는 것은 차치하더라도 업무를 분담할 때 불리하게 작용할지도 모른다. 회의에서 발표할 때는 몇 가지만 기억하라.

우선순위를 정해 중요한 것부터 말하고 한 문장에 한 가지 생각만 담을 것, 듣는 사람이 잘 이해하고 있는지 살펴보는 것 역시 필요하다. 그리고 긍정적인 의견부터 얘기해야 한다. 처음부터 반대 의견이나 부정적인 의견을 말하면 거부감을 줄 수 있다. 자신의 의견을 설득력 있게 표현하려면 짧은 문장으로 명확하게 설명하는 것이 좋다. 상대방이 알아서 자신의 뜻을 알아줄 거라고 기대해서는 안 된다. 하고자 하는 것, 원하는 것을 부드러우면서도 확실히 말해야 한다.

2) 회의 분위기의 8할을 결정하는 건 장소

회의는 자신의 생각을 일방적으로 발표하는 자리가 아니라 다른 팀원들과 대화를 나누며 아이디어를 도출하는 자리라는 사실을 잊어서는 안 된다. 회의 참석자 전원이 서로 바라볼 수 있는 형태로 앉는 것이 좋은데 발표자와 회의를 이끄는 사람이 서로 바라볼 수 있어야 한다.

---

173) https://gscaltexmediahub.com › story › conference-skills [GS칼텍스 매거진], 회의의 기술로 시간이 아깝지 않은 회의를 하자, 2017.06.30.

회의 성격에 따라 장소 세팅도 달라야 한다. 이를테면 역동적인 회의가 필요하다면 사람들이 쉽게 지나다닐 수 있도록 자리를 배치하는 방식 같은 경우다. 상사만 바라보는 형태로 앉아 회의하는 경우도 있는데 이런 회의에서는 서로 의견을 내기보다는 한 사람의 의견을 일방적으로 듣기만 하게 된다.

3) 다양한 의견을 유도하는 방법

모든 사람이 회의에 적극적으로 참여할 수는 없다. 회의에서 말을 많이 한다고 좋은 팀원은 아니며, 발표에 소극적이라고 해서 아이디어가 평범한 것도 아니다. 소극적인 팀원까지 포용할 수 있는 회의 방법 중 하나는 '파킹 롯'[174]이다. 차를 주차하듯이 질문이나 의견을 써 붙일 수 있는 곳으로 회의실 한쪽 벽면에 회의 참석자들이 뒤늦게 생각난 아이디어나 더 설명하고 싶은 내용 등을 적어두는 것이다. '파킹 롯'에 커피 한 잔만 준비해도 딱딱한 회의 분위기가 더욱 편해질 것이다.

4) 중요한 건 회의를 마친 다음

회의에서 가장 중요한 건 실행목록을 정리하는 것이다. 회의가 회의로 끝나면 아무런 의미가 없다. 회의가 끝난 후에는 의견을 취합해 어떤 일을 실행할지 결정해야 한다. 해당 업무를 실행할 담당자가 결정되면 일을 마쳐야 하는 기일을 정하는 것도 중요하다. 이렇게 처음과 끝이 정해지면 일을 진행하며 추가로 필요한 것을 보충해 나가면 된다. 오피스 정글에서 살아남으려면 추진력이 무엇보다 중요하다.

5) 회의 자체에 대한 질문

회사에는 불필요한 회의가 많다. 꼭 필요한 회의인지 팀원들 스스로 객관적으로 평가할 필요가 있다. 회의를 많이 한다고 해서 좋은 아이디어가 풍부해지는 것도 아니고, 일을 많이 하는 것도 아니다. 간단한 일대일 미팅이 더 효율적인 경우도 있으며 메신저로 가볍게 의견만 주고받는 게 나을 때도 있다. 회의를 위한 회의는 낭비다.

(2) 잘 나가는 회사의 잘되는 회의

1) 안티 파워포인트

국내 한 카드사는 불필요한 회의를 줄이기 위해 '파워포인트 금지령'을 내렸다. 그

174) 논의를 원활하게 진행하기 위해 이용하기 좋은 방법이 화이트보드 구석에 선을 긋고 '파킹 롯(parking lot)'이라는 장소를 만드는 것이다. 파킹 롯은 주차장이란 뜻인데, 본 주제에서 벗어난 의견에 대해 "중요하기는 한데 지금 이야기하는 것과는 방향이 약간 다르니 일단 여기에 넣어두죠"라며 보류하는 것이다. 파킹 롯은 그런 의견을 제시한 사람이 기분 나쁘지 않게 논점을 되돌릴 수 있게 하는 도구다. 모처럼 발언했는데 아예 다루어지지 않는다면, 이야기한 사람은 불만을 느낀다. 이때 파킹 롯에 넣어두면 '좋은 지적이니 존중하고 있어요'라는 신호가 된다. 원래 이야기하던 논의가 정리되고 시간이 남으면, 파킹 롯에 적어둔 이야기를 할 수도 있다.

로 인해 회사에서 사용하는 사무용지가 전년 대비 40%가량 감소했다. 파워포인트를 사용하지 않는 수치와 관련한 내용은 엑셀 파일로 정리하고, 그림이나 도식이 필요할 때는 손으로 직접 그리는 것이다. 화려한 비주얼보다 내용과 본질에 집중하기 위한 선택이다.

2) 피자 두 판 규칙

아마존에도 회의와 관련한 기본 규칙이 있다.[175] 우선 회의에 참석하는 인원은 피자 두 판을 나눠 먹을 수 있는 규모여야 한다는 것. 그래야 협조가 잘 이뤄지고 참석에만 의미를 둔 사람이 없어진다. 파워포인트 사용도 금지한다. 숫자와 기호로 정리한 프레젠테이션은 정리한 사람은 설명하기 쉬울지 몰라도 받아들이는 사람에게서는 깊이 와 닿지 않는다. 또 몇 분간 소리 없이 자료를 읽고 회의를 시작하는데 이렇게 하면 사전 정보를 잘 숙지하게 되고 자연스레 전체 회의 시간이 줄어든다.

3) 실리콘밸리를 만든 해커톤

인스타그램, 페이스북 등 지금의 실리콘밸리를 만든 회사들이 주로 열고 있는 해커톤.[176] 형식을 갖춘 회의라기보다는 자신이 맡은 프로젝트를 중단하고 그동안 생각해온 아이디어에 몰두하도록 독려하는데, 24시간 이상 쉬지 않고 아이디어를 짜고

---

175) 의사결정 회의를 활성화시키는 기법과 관련하여 아마존에서 자주 경험하여 특히 중요하다고 느낀 방법 3가지는 다음과 같다. 첫째는 앞서 언급된 것으로 '파킹 롯에 일단 넣어두라'이다. 두 번째는 '리프레이즈로 의견을 끄집어내라'이다. 아마존 회의에는 필요 없는 사람은 호출되지 않는다. 다시 말해 회의 참석자는 그 의사결정에 필요하기 때문에 호출된 것이므로 반드시 발언을 해야 한다. 따라서 회의의 오너는 발언을 적게 하는 사람에게 발언할 기회를 준다. 특정한 사람만 발언해서 그것이 의사결정으로 이어져서는 안 되기 때문이다. 그렇기에 오너는 고개를 갸웃거리며 잠자코 듣고 있는 사람에게 의견을 묻는다. 사실 이런 사람이 해법에 대한 아이디어를 가지고 있을 가능성이 있는데, 다만 어떻게 표현해야 할지 몰라서 말하지 못하는 것일 수 있다. 이때는 퍼실리테이터(회의구성원 간 상호작용을 촉진하여 목적을 달성하도록 돕는 전문가)가 리프레이즈한다. 리프레이즈란 불충분한 표현을 보충하거나 다른 표현으로 말하는 것이다. 이렇게 함으로써 적게 발언하는 사람의 의견을 논의의 장으로 이끌어낼 수 있다. 세 번째는 '발코니에서 차분히 내려다보라'이다. 의견이 나오지 않아도 곤란하지만, 모든 사람이 지나치게 열의를 보이며 합의가 이루어지지 않는 것도 문제다. 특히 오너는 자신이 원하는 결과물을 이끌어내기까지 차분하고도 객관적인 자세를 유지해야 한다. 아마존에서 흔히 쓰는 영어 표현 중에 '발코니에서 차분히 내려다보라'라는 말이 있다. 댄스홀에서 춤을 추다 보면 전체를 차분하게 둘러볼 수 없다. 그러니 발코니에 올라가 모든 사람의 움직임을 보라는 말이다. 이를 실천하는 기법이 자리에서 일어나는 것이다. 실제로 아마존에서는 회의 중에 누군가가 갑자기 자리에서 일어서는 경우가 자주 있다. 그렇게 하면 바라보는 경치가 달라져서 지금까지와는 다른 관점에서 이야기할 수 있게 된다. 이와 관련하여 https://post.naver.com › viewer › postView [네이버 포스트], 회의가 활기를 띠게 하는 3가지 방법, 2021.04.20. 참조.

176) 해커톤(Hackathon)이란 "hack('만들다, 파고들다'라는 뜻)"과 "marathon(장시간의 달리기)"의 합성어로 무언가를 집중해서 파고든다는 의미이며, 한정된 기간 내에 프로그래머, UI 디자이너, 그래픽 디자이너 등이 모여서 쉼 없이 아이디어를 도출하고, 이를 토대로 앱, 웹서비스 또는 비즈니스 모델을 완성시키는 행사를 지칭한다. 혁신에 관심 있는 사람들이 기술을 이용해서 문제를 해결하고 더 나은 세상을 만들기 위해 조직한 행사를 말한다. 해커톤은 보통 하루에서 일주일까지 지속된다. 최근 몇 년간 해커톤은 충혈된 눈과 에너지 드링크, 피자, 소프트웨어 개발로 상징되는 전형적인 컴퓨터 프로그래밍 행사에서 다양한 분야에서 실질적인 아이디어를 모으는 수단으로까지 진화해왔다.

프로그램을 기획하고 제작한다.

원래는 페이스북의 사내 행사였는데 이제는 실리콘밸리의 여러 회사뿐 아니라 다른 나라의 IT 관련 업체에서도 널리 열리게 되었다. 페이스북의 CEO 마크 저커버그는 회의를 잘하는 CEO이기도 하다. 회의를 준비하는 그의 원칙은 명확하다. 회의 주제에 맞는 자료를 사전에 충분히 공유하고 회의를 시작해 다른 주제로 새지 않게 회의의 목표와 의도를 분명히 하는 것. 주제가 흔들리면 원래의 회의 목적을 상실한 채 시간만 버릴 뿐이다. 이건 페이스북 캠퍼스에 걸려 있는 문장과 맥을 같이한다. '실천이 완벽보다 낫다.'

4) 놀이터 회의

〈1박 2일〉, 〈꽃보다 청춘〉, 〈삼시세끼〉 등의 예능 프로그램으로 승승장구해온 나영석 PD의 회의법이다. 말하자면 '브레인스토밍 회의'인데 아무것도 준비하지 않고 회의하는 것이다. 적을 종이도 없고 정해진 주제도 없이 제로 베이스에서 시작하는 회의다. 회의라기보다는 놀이터에서 친구끼리 얘기를 나누듯이 수다를 떠는 것이다. 부담 없이 참여하기 때문에 생각하지 못한 아이디어를 뽑아내기에 좋지만, 오히려 효율성이 떨어지는 것도 사실이다.

5) 8가지 회의의 법칙

구글에는 8가지 회의의 법칙이 있다.

① 최종 의사결정자가 참석해야 한다는 것. 회의에 책임자가 참석해야 아이디어가 회의 자리에서 끝나지 않고 실무로 연결되기 때문이다.
② 회의가 끝나면 48시간 내에 회의 내용을 공유하고 뒤이어 실행할 사항을 공지해야 한다.
③ 모든 회의에 명확한 목적이 있어야 하고, 회의 주제에 필요한 사람들만 참석하는 것이다.
④ 굳이 만날 필요가 없는 회의는 과감히 취소하거나 일정을 변경하는 유연성을 가져야 한다는 것이다. 이 회의가 유용한지, 지나치게 자주 모이는 것은 아닌지, 사람들에게 필요한 정보를 전달하고 있는지 객관적으로 평가해야 한다.
⑤ 모든 사람이 의견을 낼 수 있도록 인원을 최대 8명으로 제한한다.
⑥ 아무리 중요해 보이는 회의더라도 그 회의 내에서 자신의 역할이 없으면 참석하지 말아야 한다.
⑦ 시간 관리. 제시간에 시작해서 칼같이 끝내야 한다. 점심시간과 퇴근 시간을 배려하는 것은 물론이다.
⑧ 회의에 참석했으면 스마트폰으로 이메일을 확인하거나 SNS를 보는 등 딴짓을 하지 말아야 한다.

제2절 설득의 기술

설득해야 할 때의 의사표현에 대하여 간단히 내용을 살펴본 바 있지만, 설득의 기술이란 측면에서 좀 더 구체적으로 설득의 의사소통에 관해 살펴보기로 하자.

1. 설득의 개념

설득(persuasion)이란 다양한 형태의 의사소통 행위를 사용하여 상대방의 신념, 태도, 가치관, 행동에 변화를 줄 수 있는 것을 의미한다. 사회구성원 간 갈등이 한층 심화·격화되는 상황에서 설득의 중요성은 더욱 커지고 있다. 설득 과정은 설득자와 수용자 모두에게 하나의 상징적 행위로서 강요가 아닌 행동을 취하게 하는 논리적 수단이다.

2. 설득의 프로세스[177)]

설득은 일반적으로 5가지 프로세스를 거쳐 결과가 나오게 되는데, 먼저 상대방이 자신의 이야기에 귀를 기울일 수 있도록 분위기를 유도하고, 두번째 알아듣기 쉬운 말과 태도로 설명하여 이해시킨 다음, 세번째로 상대방의 입장을 충분히 이해해 요구나 제시를 받아들일 만한 가치가 있다는 납득 과정을 통해(즉, 공감을 얻어냄으로써), 네번째 긍정적인 의사결정을 유도하여, 다섯번째 최종적으로 실행하도록 하는 방법이다. 특히 상대방이 믿을만한 자료나 구체적인 근거가 뒷받침된다면 더 빠른 실행 결과를 얻을 수 있다.[178)]

> 귀를 기울인다 → 이해한다 → 납득한다 → 결정한다 → 실행한다

3. 설득의 6가지 법칙

(1) 호감의 법칙

사람들은 자신이 좋아하는 사람이 하는 것은 모두 좋아 보이기 마련이다. 또한 자

177) 이와 관련하여 보다 자세한 내용은 http://kostat.go.kr › regional › hn_ntc, 설득의 비밀. EBS 다큐프라임. 참조.
178) 권인아·오정주(2018), op. cit.

신을 좋아해 주는 사람을 좋아하며 자신과 유사한 부분이 많으면 호감을 가지게 된다.[179] 한마디로 사람들은 자기가 좋아하는 사람의 요청을 잘 거절하지 못하는 심리적 특성을 가지고 있다.

호감의 법칙은 좋아하는 사람이 어떤 부탁을 하면 그것을 거절하기 쉽지 않다는 게 그 핵심이다. 특히 놀라운 것은 전혀 모르는 낯선 사람이더라도 호감의 법칙이 작동한다는 사실이다. 다시 말해 내가 모르는 사람이지만 그 사람에게 호감을 갖게 되면 그 사람의 부탁을 거절하기 어렵다는 의미다.

내가 호감을 갖고 있는 사람의 이름을 대면서 호감의 법칙을 이용하는 경우도 있다. 방문판매에서 자주 쓰이는 '끝없는 체인' 기법이다. 고객 A가 제품을 구입하면 A에게서 이 제품을 살만한 친구 B의 이름을 알아내고 B에게 "당신의 친구 A가 이 제품을 소개해 드리라."라고 했다며 구입을 권하는 식이다. B에게 물건을 판 뒤 다시 제품을 살만한 친구 C의 이름을 알아내 같은 방법을 계속 반복하게 되므로 끝없는 체인이란 이름이 붙었다.

이 밖에도 호감의 법칙이 작동하는 방식은 다양하다. 신체적 매력, 그러니까 잘생긴 사람에게 호감을 느껴서, 자신과 공통점이 있는 사람에게 호감을 갖게 돼서, 칭찬해 주는 사람을 좋아해서, 어떤 사람에게 익숙해져서 등과 같이 여러 가지다.

테슬라와 머스크[180]의 경우는 호감의 법칙 작동방식 중 '연상의 법칙'과 관련이 깊다. 연상의 법칙의 대표적 예는 자동차 광고에 등장하는 아름다운 모델이다. 광고주들은 아름다운 모델의 긍정적 이미지가 자동차에 전이돼 소비자들이 그 차를 소유(구매)하고 싶어하기를 기대한다. 광고주들은 연상의 법칙을 사용해 자신의 제품과 유명한 사람을 연결시키기도 한다. 유명 운동선수가 자신과 전혀 관련 없는 제품에 연결되는 대가로 엄청난 모델료를 받는 게 여기 해당한다. 이때 연상 관계는 긍정적이기만 하면 될 뿐 논리적일 필요는 없다.

머스크는 '몽상을 현실로 옮기는 혁신적인 기업가'의 이미지를 갖고 있다. 이 이미지는 전기차라는 혁신적인 제품을 알리는 데 매우 적합하다. 마케터는 "우리 회사 제품이나 서비스에 연상의 법칙과 호감의 법칙이 작동하게 하려면 어떻게 해야 할까"를 고민하게 된다.[181]

(2) 상호성의 법칙

사람들은 흔히 받은 것을 돌려주려 한다. 'Give and Take', '황금률의 법칙'[182]과

---

179) Ibid.

180) 머스크는 테슬라를 석유의 시대를 끝내고 친환경 에너지로의 전환을 이끄는 에너지 플랫폼 기업으로 만들었다. 스페이스X를 통해선 2026년 사람을 태운 화성 탐사선을 발사해 인류의 생활 터전과 시장을 우주로 확장시키려 하고 있다. 테슬라는 다른 자동차 회사들과 달리 광고비를 쓰지 않는다. 일론 머스크 CEO가 다른 어떤 광고보다 탁월한 광고 효과를 만들어내기 때문이다. 비용을 한 푼도 들이지 않고 최고의 '스타 마케팅'을 하는 셈이다. 이런 스타 마케팅이 가능한 이유는 치알디니 교수가 '설득의 심리학'에서 제시한 사람의 마음을 사로잡는 6가지 법칙 중 '호감의 법칙'으로 설명할 수 있다.

181) 장경영(2021.02.), 테슬라, 머스크 그리고 설득의 심리학, 한경닷컴, 2021.02.12.

같은 상호성의 법칙을 협상에서 활용하면 '내가 먼저 하나 양보하면 상대방도 하나 양보하겠지'라고 생각할 수 있는 '일보후퇴, 이보전진'의 설득 전략이 될 수 있을 것이다.[183)]

상호성의 법칙은 주변에서 흔히 찾아볼 수 있다. 대형마트의 무료시식 코너,[184)] 화장품 가게의 샘플이 바로 그 예다. 사람은 누군가에게 호의를 받으면 그 호의를 다시 돌려줘야 하는, 이른바 '빚진 마음'을 가지게 된다. 심리학자인 라일리(Riley)와 에켄로드(Eckenrode)는 "오히려 호의에 '상응'하는 보답이 아닌 '빚진 상태'라는 심리적 압박감을 벗어나기 위해 받은 호의보다 훨씬 큰 호의라도 갚으려고 한다."라고 하였다. 즉 소비자들은 샘플을 받음으로써 그보다 더 비싼 물품을 구매하게 되는 것이다. 물론 너무 과한 호의는 역효과를 가져와 소비자들이 거부반응을 느끼게 된다. 하지만 적당한 호의는 소비자들의 거부가 아닌 긍정적 감정을 일으키며 소비를 끌어낼 수 있는 좋은 수단이 된다.[185)]

(3) 사회적 증거의 법칙

사람들은 어떤 행위나 요구 혹은 결정을 할 때, 대부분 남들이 하는 대로 따라 하려는 경향이 있다. 즉 사회적으로 남들이 많이 하는 것을, 자신도 하고 싶어 하는 것이다. 수많은 다이어트 방법 중에서 인기를 끄는 방법이 언론매체에 소개되었다면 사람들은 자신의 체질이나 건강에 상관없이 인기 있는 다이어트 방법을 따라 한다.[186)] 한마디로 사람들은 답을 모를 때 대개 유사한 사람들 혹은 다수의 의견을 따르게 된다는 말이다.

이 법칙의 가장 좋은 예는 개그 프로그램이나 시트콤에서 볼 수 있는 '가짜 웃음소리'다. 똑같이 웃어야 할 포인트이지만 가짜 웃음소리가 나오면 시청자들은 더 크게 웃음을 터뜨린다. 가짜 웃음소리가 없으면 웃어야 할 포인트에도 크게 웃고 싶은 감정이 나오지 않는다. 혼자 웃기 뻘쭘하기 때문이다.

TV에서 웃음소리가 나오면 '아, 지금이 웃어야 할 때구나'라고 생각하고 마음껏

---

182) 황금률은 그리스도교의 윤리관을 표현하고 있는 말이다. 신약성서 마태복음에 나오는 "그러므로 무엇이든지 남에게 대접을 받고자 하는 대로 너희도 남을 대접하라"와 누가복음 중 "남에게 대접을 받고자 하는 대로 너희도 남에게 대접하라"는 예수의 가르침이다. 황금률이란 말의 기원은 정확히 알 수 없지만, 3세기 로마 황제 세베루스 알렉산데르(로마 제국의 제24대 황제로 세베루스 왕조의 마지막 황제)가 이 문장을 금으로 써서 거실 벽에 붙인 데에서 유래한 것으로 알려져 있다. 예수의 말씀뿐 아니라 이 황금률의 법칙은 다른 많은 곳에서 어렵지 않게 만날 수 있다. 논어에서는 내가 원하지 않는 바를 남에게 행하지 말라고 말한다. 불교나 다른 많은 종교도 다르지 않다. 내가 싫어하는 것을 남에게 권하지 말 것이며 내가 대접받기를 원하는 대로 상대방을 대하라고 말한다. 이와 관련하여 중앙일보(2018.02.), 내가 좋은 건 상대도 좋아할 거란 생각은 착각, 2018.02.02. 참조.

183) 권인아·오정주(2018), op. cit.

184) 음식을 무료로 먹고 나면 심리적인 빚을 져서 어쩔 수 없이 구매하는 경우가 많다. 시식만 하고 그냥 가는 것은, 사실 쉽지 않다. 호의를 받으면 나도 호의를 베풀어야 한다는 상호성의 법칙이 작용하게 된다. <출처: https://powerofcs.tistory.com/109 [상식의 힘]>

185) 정진섭(2018.07.), 지피지기면 백전백승!! 소비자의 심리를 활용해라!, 소비자평가, 2018.07.04.

186) 권인아·오정주(2018), op. cit.

웃게 된다. 이와 같이 '아, 남들이 하는 걸 보니까 나도 해야 되겠구나' 혹은 '해도 되는구나'하는 느낌을 주게 하는 것이 사회적 증거의 법칙이다.

마케팅의 경우에는 '많은 사람이 구매한 제품'이라고 하면 별다른 의심 없이 구매하게 되고, 아무도 안 사는 제품이라면 아무리 품질이나 효능에 믿음이 가도 선뜻 구매하지 않게 된다. 따라서 마케팅 차원에서는 '많은 사람이 구매하는, 혹은 구매하고 있는 상품'이라는 점을 특히 강조해야 한다.

'많은 사람이 구매한 제품'이라는 사회적 증거에 의해 설득당하는 데는 두 가지 차원의 중요한 판단 요소가 있다. 하나는 '많은 사람이 구매했으니 품질이나 가격이 괜찮겠지'하는 '신뢰'의 요소와 '나도 다른 사람들과 함께하고 싶다'라는 '동조'의 요소가 있다.

'유행'이라고 하는 것은 품질과 가격, 혹은 효능과 기능이라는 본질적 요소보다는, 많은 사람들이 하는 것을 나도 함께하고 싶다는 동조 욕구에 의해 일어난다.[187]

(4) 일관성의 법칙

일관성의 법칙은 우리가 지금까지 행동해 온 것과 일관되게 혹은 일관되게 보이도록 행동하려 하는 거의 맹목적인 욕구를 말한다. 홈쇼핑이나 인터넷쇼핑 후 게시판에 베스트 상품평을 쓴 고객에게 추가 증정품을 보내주겠다고 하면 이에 공모한 사람들은 포상의 유무와 상관없이 그 제품의 열렬한 응원자가 되는 것이다.[188] 한마디로 사람들은 자신이 공개적이거나 자발적으로 밝힌 의견에 맞춰 행동하려 한다는 것이다.

일관성의 법칙 또한 브랜드 충성도를 이용한 마케팅 전략에 활용된다. 흔히 얼리어답터나 애플 기종만을 사용하며 '앱등이'라 불리는 사람들은 자신들이 사용하는 브랜드에 높은 충성도를 보인다. 물론 이들이 보이는 브랜드 충성도의 원인은 해당 브랜드의 성능이나 디자인이다. 하지만 그러한 근본적인 원인 이외에도 이들은 타인의 시선에 영향을 받기도 한다. 주변 사람들에게 자신이 해당 브랜드의 마니아라는 점을 말하게 되면 쉽게 행동을 바꾸지 못하는 것이다. Conway, Ross, 고설스(Goethals), Kennedy, 자칼론(Giacalone) 등 수많은 심리학자는 "일단 어떤 관점을 취하게 되면, 그 결정에 대한 일관성이라는 심리적 압력에 따라 자신의 행동이나 감정들을 결정된 입장을 정당화하는 방향으로 맞추어 나간다."라고 하였다. 즉, 한번 어떠한 태도를 보이게 되면 그 입장을 쉽게 바꾸지 않으며 다른 상황을 줘도 원래의 자신의 태도에 맞추게 된다는 것이다. 그 때문에 기업들은 VIP와 같은 혜택을 주며 그러한 충성도를 더욱 강조하는 것이다.[189]

일관성의 법칙의 핵심은 일단 어떤 감정이나 입장을 가지기 시작하면 그것이 계속 일관성 있게 유지된다는 것이다. 어떤 계기를 통해 '이 제품이 괜찮다', 혹은 "관심이

8장

187) 고일석(2018.06.), 사회적 증거의 법칙, 서해신문, 2018.06.07.
188) 권인아·오정주(2018), op. cit.
189) 정진섭(2018.07.), op. cit.

간다'라는 감정이나 입장이 생기면 특별한 일이 없는 한 이 감정과 입장은 계속 유지되어 결국은 궁극적인 행동으로 이어질 가능성이 커진다는 것이다.

상품 판매의 관점에서 표현하면 "일단 발을 걸치게 하면 그 뒤로 큰 실책이 없는 한 구매 단계까지 끌고 갈 수 있다."라는 것이다. 그래서 고객으로 하여금 우리의 마케팅 영역에 일단 '발을 걸치게 하는 것'이 중요하다. 이것을 '문전 걸치기 기법(the foot-in-the-door technique)'이라고 부르기도 한다.

발을 걸치게 하는 데는 세 가지 원칙이 있다. 첫번째는 쉬워야 한다는 것이고, 두번째는 스스로의 판단이라는 책임성을 가질 수 있도록 해야 한다는 것, 세번째는 구체적인 말이나 행동이 따르게 해야 한다는 것이다. 이 세 가지 조건을 잘 조화시켜야 한다. 이것은 마치 복어요리와 마찬가지다. 복어요리는 복어 독의 양이 좌우하는데 너무 적으면 맛이 없고, 너무 많으면 중독의 위험이 있다. 그래서 이 수준을 잘 맞추는 것이 중요하다.[190]

(5) 권위의 법칙

권위의 법칙은 보편적으로 누구나 활용하는 설득 기법이다. 즉, 어떤 분야 권위자의 말은 당연히 말에 힘이 실린다. 따라서 사람들은 답을 모를 때 흔히 전문성과 경험을 가진 사람을 따르게 된다.

화장품 광고에 저명한 피부과 의사가 나와서 주름을 없애주는 성분이 들어있다고 하면 소비자들을 설득하는데 더 효과적이다.[191] 인간은 권위에 복종하려는 속성을

---

190) 좀 더 부연 설명해보기로 하자. 첫째 발을 걸치기 쉬워야 한다. 처음 발을 걸치게 하는 행위를 너무 어렵게 하면 고객이 도망가 버린다. 예를 들어 어떤 자료나 경품을 주겠다고 하면서 이름, 성별, 나이, 주소, 생일, 결혼여부, 결혼기념일 등등 개인정보를 잔뜩 적으라고 하면 자료나 경품이 어마어마한 것이 아닌 한, 거기에 응할 고객은 많지 않다. 아주 쉽고 간단하게 응할 수 있는 행동이라야 한다. 둘째 책임성이 있어야 한다. 그런데 또한 발을 걸치는 행동이 너무 쉽고 간단하면 "스스로의 판단에 따른 것이라는 책임성"이 떨어진다. 아무 생각 없이 그냥 받기만 한다든가 클릭만 하는 정도의 간단한 행동이면 그렇게 하고 나서는 그냥 잊어버릴 수가 있다. 그래서 꼭 뭔가를 받고 싶어서, 뭔가가 필요해서 스스로 선택한 행위라는 약간의 절박함을 부여할 수 있도록 해야 한다. 또 어마어마한 경품을 건다면 개인정보를 기꺼이 내놓기는 하겠지만, "내 스스로의 판단에 의해 기꺼이 개인정보를 제공했다"라는 책임성보다는 "경품에 눈이 멀어서 하기 싫지만 억지로 했다"라는 책임회피의 의식을 가지게 된다. 그래서 그다음 단계의 행동을 요구하면 쉽게 발을 빼버릴 수가 있다. 또한 경품만 받고 달아나버릴 수도 있다. 흔히 말하는 체리피커들이 이런 유형이다. 셋째 글이나 말의 형태일수록 좋다. 판매자의 요구에 "네/아니오"만 응답하는 것보다는 직접적으로 글을 쓰거나 말을 하도록 하고, 방문이나 전화와 같은 구체적인 행동을 하게 하는 것이 중요하다. 어떤 행동이 수반될수록 발을 걸치는 정도가 더 견고해진다. 그래서 어떤 이벤트를 한다고 할 때 그냥 뭔가를 클릭만 하게 하는 것보다는 설문에 대한 답의 형태로 뭔가를 쓰게 하고, 전화상담의 경우 "예/아니오"와는 다른 본인의 선택이 개입되는 대답을 유도하는 것이 필요하다. 그래서 이벤트를 진행한다고 하면 응모하는 이유를 묻는다거나, 경품이 필요한 이유를 쓰게 한다거나, 우리 브랜드에 대한 평소 의견을 쓰게 하는 방법 등을 활용할 필요가 있다. 또한 그것이 개인 설문이 아니라 공개 게시판의 형태라면 "자기가 한 말의 책임성"은 더욱 커진다. 혼자서 속으로 담배를 끊겠다고 결심하는 것보다는 금연 결심을 온동네방네 소문을 내면 그 결심을 실천할 가능성이 더 높아지는 것과 같다. 이 세 가지 조건을 잘 따져서 아주 쉽지만, 어느 정도는 책임성이 부여되는 방법으로 첫발을 담그도록 하고 점점 더 조건을 강화해가면서 구매에 이르도록 해야 한다. 이 법칙 역시 "마케팅에 원샷·원킬은 없다"라는 원칙을 생각하면 좀 더 이해가 쉬울 것이다. 이와 관련하여 고일석(2018.05.), 일관성의 법칙, 서해신문, 2018.05.24. 참조.

191) 권인아·오정주(2018), op. cit.

가지고 있다. 마케팅에서 우리가 설득해야 할 대상은 고객이다. 그런데 어떤 제품의 구매를 염두에 두고 있거나 필요성을 가지고 있는 고객들은 사실 매우 약한 존재다.

뭔가가 필요하고, 어떤 문제가 있어서 해결하기 위해 제품을 구매해야 하는데 과연 이 제품이 내 문제를 해결해줄 수 있을 것인지, 가격만큼의 효과나 기능이 있을 것인지, 구매를 앞둔 고객에게는 모든 것이 불투명하다. 이때 고객의 심리는 누군가, 나를 확 믿게 해주기를 간절히 바란다. 그래서 권위 있는 존재를 찾는다.

구매에 있어서 가장 큰 권위를 가진 것은 역시 브랜드다. 유명 브랜드는 품질, 기능, 효용에서부터 A/S까지 고객들이 불안해하는 모든 문제들을 해결해놓고 있다. 굳이 의심하거나 불안해할 필요가 없다. 그러나 브랜드 제품이 아니라면 어쩔 수 없이 의심하고 불안해하게 된다. 비용을 지불하는 행위, 즉 돈을 쓰는 행위는 대단히 큰 스트레스를 수반한다. 누구에게나 돈은 소중한 것이고, 이 돈을 잘못 쓰면 큰 낭패이기 때문이다. 그래서 이럴 때는 누군가 권위 있는 사람이 조언하거나, 권유해주기를 기대한다. 어떤 경우는 다른 쪽으로 마음이 가 있다가도 권위 있는 사람이 선택해주면 거기에 따르기도 한다.

고객이 우리의 제품을 놓고 고민하고 망설일 때 가장 권위 있는 조언을 해줄 수 있는 사람은 바로 판매자인 우리다. 그래서 우리는 고객이 신뢰할 만한 권위를 갖추고 고객에게 이를 드러내야 한다. 우리가 고객들에게 권위를 내보이는 것은 잘난 척을 하려는 것도 아니고 고객을 무시하는 것도 아니다. 그것은 바로 고객을 안심시키고 편안하게 해주기 위한 것이다.

고객을 안심시키기 위한 권위는 그리 엄청난 것이 아니어도 좋다. 예를 들어 무슨 박사라거나 어디 대학원을 나왔다거나 어느 대기업 출신이라거나, 혹은 매우 권위 있는 상이나 인증을 받은 것 등은 물론 훌륭한 권위가 된다. 그러나 꼭 그 정도가 아니어도 좋다. 한 업종을 오랫동안 해왔던 것은 당연히 믿고 따를 만한 권위다.

지금의 업종을 갓 시작했어도 철저하게 준비하고 깊이 공부했다면 그것 역시 믿고 따를 수 있는 권위다. 평생을 원리원칙대로만 살아왔다거나 착하게만 살아왔다는 것도 권위가 될 수 있다. 좋은 제품을 판매하기 위해 밤낮으로 애쓰고 노력하는 모습을 보여주는 것 역시 훌륭한 권위다.

'제발 나를 설득해주세요' 고객은 제품을 앞에 놓고 의심을 하는 것 같지만 사실은 확실히 믿을 만한 근거만 있다면 흔쾌히 믿고 싶은 마음이 더 크다. 고객은 바로 우리 제품이 필요하고, 우리 제품을 쓰지 않아서 이런저런 불편을 겪고 있는 사람이기 때문이다. 제품을 고를 때 고객의 마음은 제발 나를 설득해주세요라고 애원하고 있는 것과 마찬가지다. 이럴 때 필요한 것이 바로 우리의 권위다.[192)]

(6) 희소성의 법칙

사람들은 귀한 것을 갖고 싶어 하는 본능을 가지고 있다. 특히 이 순간이 지나고

192) 고일석(2018.07.), 권위의 법칙, sbn뉴스, 2018.07.26.

나면 없어지는 많은 것들에 대한 애착이 많다. 한마디로 사람들은 부족하면 더 간절하게 원하게 된다. 홈쇼핑 방송에서 자주 등장하는 "이 조건, 오늘 이 방송이 마지막입니다. 매진 임박입니다."라는 시간제한 또는 숫자제한 등이 있다. 이런 방송을 보면 당장 사야 할 것 같고, 안 사면 안 될 것 같은 조급한 마음이 든다. 사람의 마음을 조급하게 만들어 설득하는 것이다.[193)]

희소성의 법칙은 '기회를 잃어버릴 것 같은 두려움'을 자극하는 것이다. 인간에게 기회는 언제나 소중하기 때문에 기회가 오면 언제나 잡고 싶어 한다. 때로는 제품의 본질보다 바로 이 '기회'가 더 중요한 구매 요인이 되기도 한다.[194)]

이러한 이유 때문에 희소성의 법칙 또한 마케팅 전략으로 자주 사용된다. 희소성의 법칙은 흔히 '한정판매 전략', '독점성', '로미오와 줄리엣 효과'로 이루어진다. 흔히 '한정판매 전략'과 '독점성'은 함께 쓰이는 경우가 많다. 이러한 전략을 통해 위기를 오히려 기회로 바꾼 사례도 존재한다.

지난 2016년 삼성전자는 갤럭시 노트7을 출시하였다. 출시 전 갤럭시 노트7은 기존 S 시리즈와 순서를 맞추기 위해 6을 건너뛰었고 그만큼 혁신을 가져온 핸드폰이라는 극찬을 받으며 소비자들의 기대를 가져왔다. 하지만 배터리 폭발 문제로 인해 출시 2개월 만에 전 기종을 교체 및 단종을 선언하며 결과적으로 실패한 시리즈가 되었다. 하지만 이후 삼성전자는 배터리 용량을 줄이며 배터리 문제를 해결한 모델인 '갤럭시 노트 Fan Edition'을 출시하였다. 당시 국내에서 40만 대 한정판매를 하였고 저렴한 가격에 뛰어난 성능을 가졌을 뿐더러 한정판매라는 특수를 통해 전량 판매를 기록하였다. 한정판매와 독점성의 심리를 통해 위기를 기회로 바꾼 것이다.

'로미오와 줄리엣 효과'는 하지 말라고 하면 더 하고 싶어 하는 소비자들의 심리를 이용한 것이다. 이는 흔히 영화를 광고할 때 많이 사용된다. 너무 잔인하여 청소년 관람 불가 등급을 받은 경우가 이에 속한다.[195)]

4. 설득력 있는 의사표현 지침[196)]

(1) 'Yes'를 유도하여 미리 설득 분위기를 조성하라

Yes라고 긍정할 때는 몸의 생리 구조가 이완되어 외부의 자극을 편안히 받아들이는 부드러운 상태가 된다. 단호하게 거절하는 사람은 NO라는 정신적 준비 상태에 놓여 있으므로 거북한 표정이나 자세를 취하는 것이 보통이다. 이러한 사람에게 다짜고짜

---

193) 권인아·오정주(2018), op. cit.
194) https://zh-hk.facebook.com › komktlab › posts [고일석의 마케팅 글쓰기], 희소성의 법칙.
195) 정진섭(2018.07.), op. cit.
196) http://blog.daum.net/junghunsa/1796 [정훈사], 설득력 있는 의사표현-1, 2016.11.09.
http://blog.daum.net/junghunsa/1838 [정훈사], 설득력 있는 의사표현-2, 2016.11.11.

자기 의견을 늘어놓으면 오히려 NO라는 정신적 준비 상태를 더 강화시켜줄 뿐이다. 상대방을 설득하는 것이 아니라 NO라는 마음을 더욱 확고히 해주는 꼴이 된다.

이때 먼저 상대방이 긴장을 풀고 반사적으로 'Yes'라고 대답할 수 있는 평범한 질문을 의도적으로 몇 가지 던져 보는 것이 좋다. 특히 여성은 이러한 설득법에 약하다. Yes라는 대답을 계속해 나가는 동안 NO라는 정신적 준비 상태가 자연히 Yes라는 정신적 준비 상태로 바뀐다. 이때를 포착하여 본론에 들어가면 상대방은 기분 좋게 Yes라고 대답할 것이다. 거절의 이유가 확실한 상대방의 마음을 돌리는 것은 매우 어려운 일이다. 상대방에게 수긍할 수밖에 없는 확고한 거절 이유가 있는 것을 알면서도 용건을 꺼내는 것 또한 매우 어려운 일이다. 이러한 사람은 심리적 방어도 철저해서 "어떻게 좀…"하면서 부탁해 보아도 서로 간의 거리감만 더 생길 뿐이다. 이처럼 난공불락인 상대의 마음을 돌리기 위해서는 상대방이 거절하는 이유를 찬사의 말로 바꾸어 주면 효과가 있다.

(2) 대비효과로 분발심을 불러일으켜라

사물을 판단할 때 우리는 무의식중에 여러 조건을 대비시켜본다. 이쪽에서 어떤 조건을 제시하면 상대방은 일방적인 상식을 기준으로 그것을 판단하려 한다. 일반적 판단 기준과 제시되는 조건을 대비시켜 그것을 평가하려는 것이 인간의 심리이다. 상대방에게 상식에 벗어나는 조건과 자기가 제시하고자 하는 조건을 동시에 제시해 보라. 이것이 소위 '대비효과'라는 것으로서 큰 손해를 입기보다는 작은 손해를 감당하는 것이 낫다는 심리에서 비교적 손해가 덜한 것을 선택하는 것이다. 아인슈타인의 상대성 이론을 인용하지 않더라도 이 세상에서 일어나는 모든 일은 상대적인 것이다. 따라서 어떤 현상에 대한 절대적인 평가나 판단 기준은 있을 수 없다.

(3) 침묵을 지키는 사람의 참여도를 높여라

경험이 많은 노련한 교사는 결코 아이의 머리를 쥐어박거나 야단치지 않는다. 떠드는 아이의 옆자리 아이를 의도적으로 지명하여 교과서를 읽힌다든지 질문에 답하도록 한다. 그렇게 하면 떠들던 아이는 당황하여 떠들기를 멈추고 수업에 집중한다. 이것은 일종의 간접적 설득이라고 할 수 있다. 직접 하지 않아도 스스로 떠들기를 멈추고, 또 다른 아이들에게도 쓸데없는 긴장감을 주지 않으므로 아주 좋은 방법이라고 생각된다.

이 기법은 회의에서도 많이 이용된다. 회의에서는 흔히 있는 일이지만, 참석한 사람이 많을수록 발언하는 사람만 계속 발언한다. 심리기법 가운데 발언을 시키고 싶은 사람을 직접 지명하지 않고 일부러 그 좌우에 앉아 있는 사람에게 집중적으로 의견을 묻는 방법이 있다. 자기의 옆 사람이 발언하면 무관심하게만 앉아 있을 수 없는 것이 사람의 심리이다. 이처럼 희생양을 내세워 시범을 보이고 그것을 본보기로 삼아 상대방을 설득하는 수법은 일상생활에서 흔히 있는 일이다.

중간 관리자가 부하 직원을 다루기 위해 자주 쓰는 방법인데, 실수를 범한 부하 직원에게 직접 주의를 주지 않고 일부러 다른 부하 직원을 꾸짖음으로써 그를 깨우치게 하는 방법이다. 이것을 심리학에서는 '암묵적 강화법'이라고 한다. 꾸짖으려는 대상을 직접 꾸짖는 것보다 더 효과가 있을 수 있다.

(4) 여운을 남기는 말로 상대방의 감정을 누그러뜨려라

우리는 집요한 항의나 요구에 압도되는 경우가 자주 있다. 듣는 쪽에서는 정말 어이없는 일이어서 그런 요구를 도저히 들어줄 수 없는데도 상대방은 상당히 강경하게 자기의 요구가 부당한 것이 아니라고 우길 때, "잘 알겠습니다."라고 더 이상 말을 꺼내지 못하게 한다. 사실 '알겠습니다'라는 말에는 미묘한 뉘앙스가 담겨 있다. 말하는 편에서 보면 당신이 무엇을 말하려 하는지 알겠다는 의미이지만, 그렇다고 확답이나 승낙의 의미까지 포함하는 것은 아니다. 이러한 언어적 트릭을 사업상의 분쟁에 사용하면 효과적으로 대처할 수 있다.

(5) 하던 말을 갑자기 멈춤으로써 상대방의 주의를 끌어라

강연을 하다가 어수선할 때 의식적으로 말소리를 낮추면 오히려 청중들이 귀를 기울인다. 강연이 아닌 개인과 개인의 대화에서도 마찬가지다. 한 사람은 열심히 말을 하는데, 전혀 맞장구도 치지 않고 관심을 보이지 않는 사람이 있다. 그런 태도로 나오는데도 이쪽 말만 계속하면 상대방은 대수롭지 않게 여기고 딴전만 부린다. 심리적으로 상대방이 우위에 있을 때 이런 경우가 많다. 말하는 사람이 집요하게 매달릴수록 상대방은 더 무시하는 태도를 취한다. 이쪽이 얼굴을 붉혀서 설득하려고 하면 할수록 상대방은 소귀에 경 읽기로 더욱 쌀쌀한 태도로 나온다. 이미 이쪽의 이야기는 상대방에게 단순한 배경 음악으로밖에 들리지 않아 아무리 설득해도 소용이 없다.

이럴 때 이야기하는 도중에 소리의 크기를 갑자기 낮춘다든지, 얼마간 말을 멈추거나 하여 소리에 변화를 주면 귀를 막고 마음의 문을 닫아 두고 있던 사람이라도 작은 목소리를 내거나 하면 먼저 반응을 보이면서 마음의 문을 열게 된다. 상대방이 스스로 이야기를 들으려는 자세를 취했을 때 설득을 시도해야 효과적이다.

(6) 호칭을 바꿔서 심리적 간격을 좁혀라

일반적으로 사람들은 심리적 거리가 멀다고 여기기 때문에 마음의 문을 잘 열지 않는다. 따라서 고의적이라는 인상을 주지 않는 범위 내에서 친근감이 있는 호칭을 사용하면 의외로 빨리 심리적 거리감을 좁힐 수 있다. 반대로 상대방의 마음을 상하게 하지 않고 요구를 거절할 때는 의식적으로 존경어를 사용함으로써 상대방과의 사이에 심리적 거리감을 두는 방법이 효과적이다. 이처럼 우리가 인간관계가 소원하면 무의식중에 존경어를 사용한다.

따라서 친한 사이에 의식적으로 존경어를 사용하는 것은 상대방과의 심리적 접촉을 피하려는 완곡한 의사표현이라고 할 수 있다. 상대방이 처음에는 서먹서먹하게 느낄지 모르지만, 심리적 거리감이 생겼다는 것을 알게 되면 무리한 요구는 하지 않을 것이다.

(7) 끄집어 말하여 자존심을 건드려라

비즈니스에서 협상 상대와의 관계는 갑작스레 가까워질 수가 없다. 이러한 관계는 서로 상대방의 눈치를 살피거나 속마음을 떠보는 등 표면적인 수준에 지나지 않는다. 그러나 이런 관계가 계속 지속되면 협상이나 상담은 좀처럼 진전되지 않는다. 그럴 때 보통 때라면 도저히 할 수 없는 상대방의 성격적 결함이나 단점을 넌지시 지적해 주는 것도 하나의 방법이 될 수 있다.

예를 들어 "걱정하시는 이유는 알겠지만, 왜 그렇게 나쁜 쪽으로 성급하게 결론을 내리려고 하십니까?"라든지 "실례지만, 너무 지나치게 따지는 것 같은데요."라는 식으로 말하면, 겉치레 인사만 들어오던 상대방에게는 오히려 신선한 놀라움을 줄 것이다. 그 순간부터 당신에 대한 상대방의 평가도 지금까지와는 달라질 것이다. '나의 그런 면까지 주시하고 있다는 말인가?'라는 생각을 상대방이 가진다면, 그것은 그의 마음속에 당신에 대한 신뢰가 싹튼다는 것을 말한다. 이러한 지적을 함으로써 형식적이었던 관계가 서로 허물없이 마음을 터놓는 방향으로 움직이기 시작할 것이다.

그러나 상대방의 잘못을 지적하고 비판할 때는 말씨나 표현에 주의해야 한다. 헐뜯으려는 것이 아니라 애정이 담긴 충고라는 이미지를 남기는 것이 중요하다. 아울러 이럴 때 무리한 충고를 하지 말고 '어차피 당신은 알아주시지 않겠지만', '어차피 받아들이지 않을 것이므로 말씀드리지 않겠습니다.'라고 말하는 등 변죽을 울리는 것이 필요하다. 즉, 상대방에게 설득 불가능의 선입견을 표시함으로써 상대방이 반사적으로 그 선입견을 없애기 위한 심리적 요인을 작동시키게 한다. '완고하다', '벽창호다'라는 평가를 붙이면 '그렇지 않다'라고 반발하는 것이 인간의 심리이다.

(8) 정보 전달 공식을 이용하여 설득하라

정보 전달 공식을 이용하면 자기와 라이벌 관계에 있는 사람에 대한 나쁜 평가를 유도해 내기 쉽다. 마치 다른 사람에게서 들은 것처럼 제3자에게 "이런 이야기가 있는데 정말일까?"라는 식으로 말하는 것이다. 사람은 직접 이야기를 들어서는 믿지 못할 것도 전혀 이해관계가 없는 제3자에게서 듣게 되면 더 잘 믿는 경향이 있다. 그렇다고 이런 기법을 악용하여 절대 다른 사람을 기만해서는 안 된다.

처음부터 큰 전류를 흐르게 하면 충격을 크게 느끼지만, 서서히 전류의 강도를 높이면 그렇게 충격을 느끼지 않는다. 마찬가지로 심리적인 충격도 작은 것에서 점점 큰 것을 경험하면 언젠가 큰 충격이 와도 그렇게 크게 느끼지 않는다.

(9) 상대방의 불평이 가져올 결과를 강조하라

논란이 되는 문제를 상당히 중대한 것처럼 강조하면 상대방은 사건의 중대성에 놀라 불평을 누그러뜨린다. 그 순간을 놓치지 않고 사리에 따라 설명하면 상대방도 자기의 실수라고 솔직히 인정한다.

노사분규에서 노사 간에 타협점을 찾지 못하고 교착 상태에 빠지는 수가 많다. 조합원이 자기의 주장이나 요구 등을 굽히지 않는 것은 그 요구가 정당하며 타당하다고 믿기 때문이다. 그런 요구를 물리치기 위해 경영자가 사용하는 작전의 하나는 먼저 그 요구가 부당하고 지나치다는 것을 이해시키는 방법이다. 그 요구가 정당한 것이냐 부당한 것이냐 하는 것은 어차피 주관적이고 상대적이기 쉽다. 그럴 때는 요구를 하는 상대방보다 훨씬 비참한 사람, 불행한 사람을 예로 들어준다. "내가 잘 아는 회사가 얼마전에 도산했다고 하네. 불황이어서 다시 취직할 길도 없고 하여 사원들은 불안한 나날을 보내고 있는 모양이야."라고 말하면, 조합 측에서는 이러한 비교에 대해 자신들은 아직 형편이 더 낫다고 생각을 하게 되면서 자기들의 요구가 너무 지나치다는 것을 깨닫고 기세를 누그러뜨릴 것이다.

(10) 권위 있는 사람의 말이나 작품을 인용하라

일반인들은 신문이나 잡지 서평에서 권위 있는 사람이 추천하는 책은 좋은 책이라는 생각을 하게 된다. 이것은 일종의 착각이다. 우리는 추천된 책과 추천자의 권위를 무의식적으로 동일시하고 있다. 이러한 심리는 일상생활의 여러 장면에서 나타난다. 텔레비전의 광고나 홍보 포스터에 저명인사나 권위자를 등장시키는 것도 똑같은 심리학적 원리를 응용한 것이라고 할 수 있다. 광고의 수신자는 선전되는 상품과 등장인물의 이미지를 심층 심리에서 일치시켜 인지한다. 이러한 심리적 효과는 절대적인 힘을 가진다. 그러므로 설득에 뛰어난 사람은 권위 있는 사람의 말이나 작품을 인용하여 자신의 말을 정당화시킨다.

그러나 이 기법을 사용할 때 의외로 주의할 점이 많다. 예를 들어 텔레비전 광고에서 선전하려는 상품과 등장인물의 이미지가 합치되지 않으면 오히려 역효과를 낸다는 것이다. 이처럼 저명인사나 권위자를 내세워 자기 말을 정당화하려 할 때는 상대방이 무엇을 기대하고 무엇에 약한가를 사전에 면밀히 조사해 두어야 한다.

(11) 약점을 보여주어 심리적 거리를 좁혀라

설득하려는 상대방의 심리적 에너지나 감정 상태를 잘 파악하여 자신의 주장을 펼치는 것이 설득에서는 매우 중요하다. 설득하는 쪽이 실수 하나 없이 좀처럼 약점을 보이지 않는 우위의 입장에 있으면 상대방은 더욱 더 마음의 벽을 단단히 쌓아 마음의 문을 열지 않게 된다. 이러한 경우에는 일시적으로 자신의 약점을 털어놓아 상대방에게 우월감을 갖게 하는 기법이 필요하다. 이때 주의해야 할 점은 어디까지나 약점을 진정으로 털어놓을 것이 아니라 제스처에 불과한 정도로 드러내야 한다는 것이다.

실제로 인간의 심리는 묘한 것이어서 약점을 지적받기 전에 본인 스스로가 그것을 인정하고 나오면 상대방은 그 약점에 무관심해진다. "지루하신 것 같은데요."라고 말함으로써 자기 이야기의 지루함을 감출 수도 있고, "되풀이되는 것 같지요?"라고 말하여 이야기의 단조로움을 어느 정도 줄일 수는 있다. "극단적인 이야기 같습니다만"이라고 전제해 두면 듣는 사람에게 극단적인 인상을 주지 않게 된다. "어디까지나……", "……같습니다만"이라고 모호하게 말하는 것이 이 기법의 요점이다.

열등의식과 지나친 경계심을 가진 상대를 설득하기란 대단히 어렵다. 갈수록 마음의 벽이 두꺼워져 좀처럼 마음을 열려고 하지 않는다. 이러한 마음의 벽을 무너뜨리려면 그 사람만이 열등한 것이 아님을 인식시켜야 한다.

(12) 이상과 현실의 구체적 차이를 확인시켜라

가정에서도 용돈 인상 요구, 귀가 시간 연장 요구 등의 구체적 문제로 자녀들의 요구가 거세어지는 경우가 많다. 이때 그들은 눈앞의 현실에만 집착하여 자신의 주장만을 늘어놓을 것이다. 그런 이들은 평범한 설득으로는 물러서려 하지 않고 잔뜩 벼르고 있으므로 논리적인 설득도 별반 효과가 없을 것이다. 구체적이고 현실적인 요구의 밑바탕에 있는 보다 근본적이고 추상적인 문제를 이끌어내는 것이 좋다.

예를 들어 용돈을 많이 올려주기를 바라는 자녀들에 대해서는 성인이 될 때까지 드는 비용이나 불황에 허덕이는 경제, 가정 경제와의 관계, 또 그들이 해야 할 본분 등의 기본 문제를 들려준다. 이런 식으로 자신의 요구가 현실과 괴리되어 있다는 점을 서서히 인식시켜 주는 것이다. 이상과 현실의 격차를 메우는 방편이 바로 내용이다.

'내용만으로 살아가면 될 것 아니냐'라는 말도 성립될 수 있을 것 같지만, 이상이 현실에 부딪히면 결국 방향 전환을 해야 하므로 내용만으로 살아가기도 어렵다. 이상을 내세우는 사람에게 반론을 제기하기 힘든 가장 큰 이유는 그것이 궁극의 목적이라고 우기기 때문이다. 그릇된 이상은 내용은 거부하면서 형식은 받아들이려 한다. 그렇다면 '(이상)=(형식을 내용으로)=(형식)'으로 되돌리면 되지 않겠느냐는 것이다. 이것은 상대방으로 하여금 이상을 구체적으로 설명하게 하는 기법이다.

(13) 자신의 잘못도 솔직하게 인정하라

자기주장을 굽히지 않는 상대방에게는 '밀어서 안 되면 당겨보라'라는 전략을 사용하는 것도 한 가지 방법이 된다. 자기주장을 일단 양보하여 의견의 일치를 보이는 자세를 취함으로써 강경한 태도를 굽히지 않던 상대방을 결국 이쪽으로 끌어올 수 있다. 회사에서는 누군가의 제안에 논리적인 근거 없이 반대를 위한 반대를 하는 심술꾸러기에서부터 그날의 기분에 좌우되어 반대하는 이해심 없는 사람까지 여러 종류가 있다. 의논이라는 것은 대립하면 할수록 반대 의견을 가진 사람은 더한층 강한 반대 의사를 나타낸다.

따라서 이러한 사람을 설득하여 자기 뜻에 따르도록 하려면, 일단 자기 의견을 양보하여 상대방의 의견에 따르는 체하는 것이 효과적이다. 이쪽이 자기주장을 부정하고 상대방의 주장을 따르는 듯한 자세를 취하면 상대방도 자기주장만 내세울 수 없게 된다. 다시 말하면, 분위기가 반전되어 이쪽이 주도권을 쥘 수 있는 상황으로 바뀐다. 공격형인 사람을 설득한다든지 그의 집요한 추궁에서 벗어나려면 먼저 이쪽에서 솔직히 인정하는 것도 하나의 방법이다.

(14) 집단의 요구를 거절하려면 개개인의 의견을 물어라

설득하기 전에 일단 상대방의 입장에 서서 지금까지의 노고를 치하할 필요가 있다. 상대방에게 있어 가장 견디기 힘든 것은 지금까지 열심히 해온 일을 대수롭지 않게 여기는 때이다. 그래서는 설득하기가 어려울 수밖에 없다. 그러므로 “당신들이 열심히 해 온 것을 잘 압니다. 그러나 문제가 있는 것도 사실입니다.”라고 강조하는 것이 중요하다. 그리고 “지금까지 애써 왔지만 보다 완벽한 것이 될 수 있도록 한 번 더 노력해 주기를 바랍니다.”라고 부탁하면 상대방은 지금까지의 노력이 허사가 되지 않게 하기 위해서 보다 전향적인 자세로 이쪽의 요구에 응하게 된다.

(15) 동조 심리를 이용하여 설득하라

인간은 동조 심리에 의해 행동하는 수가 많다. 한마디로 말하면 대부분의 다른 사람들과 같은 행동을 하고 싶어 하는 심리이다. 이것은 유행이라는 현상을 생각하면 쉽게 알 수 있다. 다른 사람들과 같아지고 싶은 충동이 유행을 추구하게 만든다. 사람들끼리 다툰다거나 반감을 가지고 있을 때는 이러한 동조 심리가 작동하지 않는다.

회사에 불만이 가득한 부하 직원이 있다고 하자. 이런 부하 직원을 회사 일에 적극적으로 협조하게 만들려면 그와 공동의 적을 만드는 방법이 있다. “이번에도 실적이 떨어지면 자네와 나는 지방 영업소로 밀려나겠지?”라는 식으로 가상의 적(즉, 상사를 말함)을 만들면 동조 심리가 작용하여 불평만 늘어놓던 부하 직원은 상사에게 협력하게 된다. 또한 라이벌 의식을 부추기는 것도 한 가지 방법이다. 좀처럼 협력하지 않는 상대를 설득시키려면 공동의 적을 만들어 함께 방어할 생각을 가지게 하면 효과적이다.

이쪽에서 열심히 설득하면 “자기 넋두리만 늘어놓고 있군.” 하면서 오히려 반발심을 가진다. 이러한 유형의 사람은 ‘자아’라는 방벽을 튼튼히 쌓아두고 있으므로 어떤 설득에도 움직이려 하지 않는다. 이러한 사람을 설득하기 위해서는 '우리'라는 표현을 자주 사용함으로써 서로 공통점이 있다는 것을 깨우쳐 주어야 한다. 이런 타입은 자아에 민감하고 귀속 의식도 강하므로 '우리'라는 말을 자주 쓰면 이쪽으로부터 강요받고 있다는 생각을 가지지 않게 된다. 다시 말하면 강요받기를 싫어하는 상대방에게는 이쪽의 주관만 내세우지 말고 공동의 목표를 찾아보자고 회유해야 한다.

남녀 사이라면 '나와 당신'이나 '나와 너'가 아니라 '우리'라고 하는 것이 상대방에게 일체감을 주어 설득력을 높일 수 있다. 반드시 상대방이 자아가 강한 사람이 아니라 할지라도 설득하려는 당신이 '자기만 아는 사람'이라는 평을 받지 않으려면 의식적으로 '우리'라는 말을 사용하는 것이 좋다.[197)]

5. 설득력 있는 사람이 되는 방법[198)]

사회 초년생이 되면 누군가의 비위를 맞추는 것이 얼마나 힘든 일인지 실감하게 된다. 일도 일이지만 인간관계가 너무 힘들어서 회사 생활을 못하겠다고 고민하는 직장인도 많다. 공적 만남이든 사적 교류이든 모든 대인관계의 기본은 의사소통에서 시작한다. 하지만 이런저런 커뮤니케이션 과정에서 상대를 설득해서 내 편으로 만든다는 것은 결코 만만한 작업이 아니다. BBC 인터넷판은 최신 조직행동학 연구를 바탕으로 '보다 설득력 있는 사람이 되는 방법'을 소개했다.

다른 사람과의 연결고리를 찾는 것은 뜻밖에 간단하다. 바로 상대방의 의사소통 방식을 그대로 따라 하는 것. 타인의 신체언어나 표현을 모방하는 것이 인간관계를 맺는 데 도움이 된다는 사실은 알려져 있었다. 그런데 누군가를 설득하는 과정에서도 상대의 의사소통 스타일을 모방해 접근하는 방법이 유리하다는 새 연구 결과가 나온 것이다. 전문용어로는 이를 '언어적 거울'이라 한다. 쉽게 바꾸면 '따라쟁이' 전략이라고 할 수 있겠다.

예를 들어 화상회의를 할 때 유심히 지켜보면 동료들이 각자 자신의 생각을 말하고 전달하는 방식에 차이가 있다. 누군가는 데이터에 집중하고 본론으로 직진해간다. 반면 누군가는 비논리적 표현을 즐겨 쓰고 중언부언하는 편이다. 이런 관찰을 토대로 업무상 대화할 때도 상대의 커뮤니케이션 방식을 그대로 차용해 설득할 경우, 내

---

197) 매출을 배가시키는 동조 심리 혹은 동조 욕구도 작동한다. 설득과 구매에 있어서 신뢰는 대단히 중요한 요소지만 동조 욕구 역시 그만큼 중요한 역할을 한다. 예를 들어 신뢰 요소는 품질, 가격, 효능, 기능 등을 파악하는 과정에서 필수적인 요소이지만 이에 대한 파악을 통해 충분한 이해가 이루어진 상태에서도 구매로 연결되지 않는 경우가 많다. 이때 "이미 많은 고객들이 구매했다"는 정보는 판단에 있어서 신뢰 요소를 더욱 강화시키는 역할을 한다. 그러나 품질, 가격, 효능, 기능에 대한 확신이 서지 않은 상태이거나 혹은 이에 대해 전혀 관심이 없는 상태에서도 "많은 고객들이 구매하고 있다"는 사실에 동조 욕구가 발동되어 구매하게 되는 경우가 많이 있다. 이런 것을 보통 충동구매라고 하지만 제품의 가치가 확실하게 있을 경우는 충동구매 후 고정 고객이 되는 경우도 많이 있다. 이러한 동조 욕구가 극에 달하게 되면 제품으로서의 가치는 전혀 중요하지 않고 단지 소유하기 위해 구매하는 경우까지 이르게 된다.

198) 이보현(2020.12.), 설득력 있는 사람 되는 방법, 코메디닷컴, 2020.12.24.

의견에 동의할 확률은 높아진다. 그때그때 나의 접근방식이 다른, 이른바 '카멜레온' 전략은 다른 이들의 마음을 사는 데 매우 유용한 수단이라는 지적이다.

맥심 사이치(sytch) 미시간대 조교수과 용 H 김 홍콩과기대 조교수의 공동연구에 따르면 우리는 자신에게 익숙한 표현방식으로 상대가 무언가를 제시할 경우, 훨씬 쉽게 이해하고 결과적으로 상대의 말에 자연스럽게 설득당하기 때문이다. 이들은 1800건의 재판 문건에서 2500만 개 이상 단어를 분석해 재판관과 변호인의 글쓰기 스타일을 추적해 분석적 사고, 감정적 표현 등 4개 항목으로 평가했다. 그 결과 변호인들의 평균 승소 비율이 11.5%인 반면, 판사의 재판 자료를 분석해 그의 스타일을 흉내 낸 '언어적 거울' 전략을 구사한 변호인의 승률은 25%로 두 배 이상 높았다.

'언어적 거울' 기술을 익히려면 말이든 글이든 상대의 의사소통 방법과 정보 처리와 전달 방식에 대한 주의 깊은 관찰이 필수적이다. 회사에서 일상적으로 이뤄지는 이메일과 채팅을 통해서도 상대의 의사소통 스타일이 드러난다. 각종 도표를 첨부한 장문의 이메일을 보내오는 사람, 개인적 이야기를 슬쩍 곁들이는 사람 등, 각자 스타일에 맞춰 비슷한 스타일로 답장한다면 호감을 얻어낼 가능성이 높다는 결론이다.

제3절 발표의 기술

1. 발표의 개념과 중요성[199)]

발표(presentation)란 '일의 결과나 사실 따위를 세상에 널리 드러내어 알림'으로 정의되어 있다. 다시 말해 발표란 발표자가 다수의 청중들에게 알기 쉽게 정보를 제공하거나 그들을 설득하기 위해 자신의 의견이나 주장을 제시하는 것이다.

직장생활을 하다 보면 특정 사업이나 업무에 대한 계획안, 신상품에 대한 소개 등을 관련자들에게 발표하는 일을 하게 된다. 일반적으로 발표는 발표자가 차트, 슬라이드 등 보조자료를 이용하여 계획안을 소개하거나 특정 사안의 논점을 설득하는 방식으로 이루어진다.

기업환경에서 발표는 청중들에게 정보를 제공하거나 설득을 잘해서 그들의 마음을 얻기 위한 것이기 때문에 기업의 성과와 이미지에 중요한 영향을 미친다. 발표 준비는 발표자의 몫이지만, 발표내용의 판단은 청중의 몫이다. 청중들의 마음을 사로잡지 못한다면 발표목적을 달성하기 어렵다. 발표내용에 대한 최종적 판단은 청중들이므로

199) 김주애 외(2020), op. cit. http://m.blog.naver.com › sunmedib [네이버 블로그], 발표의 중요성, 2016.06.09.

발표는 치밀한 사전 준비가 필요하다. 대학생들 역시 발표의 중요성을 인식하고, 발표 능력 향상을 위하여 발표하는 방법을 익히고 많은 발표 경험을 갖기 위해 노력해야 한다.

누구나 연습과 경험으로 유창하고 자신 있는 발표자가 될 수 있다. 발표에 자신감이 부족한 사람들도 발표 기술을 습득하면 능숙한 발표자가 될 것이다.

2. 발표의 기본 조건[200)]

청중은 발표자의 말솜씨보다 들을만한 내용인가에 더 관심을 가진다. 좋은 발표의 기본 조건은 단순하게 말 잘하는 데에만 있지 않다. 유창한 연설이나 달변에 앞서서 갖추어야 할 조건들이 있다. 같은 내용이면 유창함이나 달변은 발표의 질을 높이는 데 도움이 될 수 있다. 달변이냐 눌변[201)]이냐의 문제 이전에 더 중요한 발표 내용과 형식의 요건들을 먼저 고려하여야 한다.

좋은 발표의 기본 요소는 다음의 다섯 가지로 요약할 수 있다. 진솔함, 적절함, 명쾌함, 간결함, 그리고 자연스러움이다. 이 요소들을 갖추면 청중은 발표에 참가하였다는 사실 자체로 만족한다. 듣는 사람을 설득하고 마음을 움직이게 하고 발표내용을 믿어주고, 나아가 행동에 이르게 하는 원동력이 된다.

(1) 진솔함

8장

좋은 발표를 하려면 진실해야 한다. 강의나 강연, 학술 발표 등과 같이 정보를 제공하는 발표뿐 아니라 정치인의 연설이나 상품 판매를 위한 발표에서도 우선 청중의 마음을 사로잡고 보자는 식으로 거짓 증거를 대거나, 아전인수격의 현란한 논리를 펼치거나, 허황된 비전을 제시하거나, 사실을 왜곡하는 등의 태도는 당장에 효과가 있을지는 몰라도 언젠가는 진실이 드러나게 마련이므로 신뢰를 얻지 못한다.

진솔함은 발표내용의 정확성에 기반을 둔다. 기술 발표에서의 진솔함은 사실 자체를 정확하게 전달하는 것을 의미한다. 정확한 정보의 제시와 소신의 발표는 발표자의 공신력에 긍정적으로 기여한다. 기술적인 실용성에 기반을 둔 설득은 발표내용의 전파를 촉진한다. 반대로 불확실한 정보나 날조된 사실의 발표는 디지털 정보 네트워크에 공개된 기술 사회의 현장에서 곧바로 드러나게 된다. 이는 발표자의 신뢰성에 치명적인 타격을 준다. 발표자의 신뢰성은 지속적이다. 발표자의 신뢰성은 발표내용의 일시적인 가치보다 훨씬 큰 것이다. 진솔함은 발표의 가치를 지속시키는 주요한 요소다.

---

200) https://blog.daum.net › ygyou.cbnu [다음 블로그], 발표의 기본 조건, 2020.08.22.
201) 더듬거리는 서툰 말솜씨

(2) 명쾌함

별 내용 없이 장황하게 늘어놓는 식의 발표는 청중의 관심과 주의를 끌지 못한다. 명쾌한 발표가 되기 위해서는 주장이 분명해야 하고, 논리와 표현방식이 체계적이고 간결해야 한다.

발표의 명쾌함은 청중을 몰입하게 하는 요소가 된다. 관심을 불러오는 동기부여에 이어서 자신의 문제 접근방식과 해법, 그리고 비교를 통한 정당화 순서는 청중을 이끌고 가는 시나리오가 된다. 두서없는 발표는 청중을 혼란에 빠지게 한다. 이해관계에서 자신의 입장이 정리되어 있지 않으면 모호하게 제시할 것이 아니라 아직 입장이 정리되어 있지 않음을 천명해야 한다. 사실 전달을 명확히 하면서 청중으로 하여금 각자의 견해나 주장을 가지도록 유도하는 것도 명쾌하지 못한 자신의 입장에서 벗어나는 길이 된다. 명쾌한 발표는 주장이나 동기부여, 전개 과정, 그리고 결론이 체계적이고 논리적으로 제시되는 것이 보통이다.

발표자는 복잡한 자료를 체계적으로 분류하고 정리하여 제시할 의무가 있다. 이를 위하여 발표자 자신이 먼저 발표의 목적이나 의도를 분명히 해둘 필요가 있다. 같은 사실이나 자료도 발표자가 의도를 가지고 있으면 편집과정을 거치면서 주의 주장의 일부가 된다. 발표의 내용을 충분히 파악하고 경쟁 관계에 있는 주장이나 접근 방법과의 강점과 약점을 미리 꿰뚫고 있어야 한다. 명쾌한 동기부여와 발표 의도의 제시는 청중이 "그래서 어쨌다는 건가?"라는 의문의 늪에서 헤매지 않도록 한다.

명쾌한 발표에서 빼놓을 수 없는 것이 표현방식이다. 사용하는 용어를 통일하고 그 의미도 정확하게 정의해야 한다. 같은 단어가 2중의 의미를 가진다든가, 같은 개념이 두 개 이상의 용어로 정의되는 것은 부질없는 혼란을 가져온다. 사용하는 용어의 일관성은 청중을 혼란에 들지 않게 하는 중요한 요소다.

사용하는 각종 지표나 데이터 단위의 통일도 필수적이다. 킬로미터와 마일이 병행되어서는 곤란하다. 제시되는 그림이나 그래프의 형태에도 일관성이 있어야 한다. 그래프의 가로축과 세로축의 변수는 가급적 같은 단위나 같은 스케일이면 좋다. 그림에 포함돼있는 캡션의 활자체 크기에도 관심을 가져야 한다.

(3) 간결함

발표를 간결하게 하면 청중은 발표 요지에 쉽게 빠져들게 된다. 간결한 발표란 발표 요지를 중심으로 제한된 수의 핵심 사항을 간단명료하게 제시하는 것이다. 강조할 부분만 반복하는 것이 바람직하다. 대부분의 청중은 복잡한 수식이나 논리적 전개에 참여할 정열이 없다는 것을 알아야 한다. 간결한 발표는 수학적인 전개와 같은 복잡함으로 인하여 일시적으로 혼란에 빠진 청중이라도 다시 제 위치에 되돌아오게 하는 효과가 있다. 복잡한 내용 때문에 혼란스러워하는 청중은 발표자의 무능함을 탓하거나 발표내용의 가치를 의심하게 된다. 청중은 스스로 모든 것을 이해할 수 있는 능력이 있다고 믿기 때문이다.

간결한 발표를 위하여 핵심 요지를 아주 간결하게 만들 필요가 있다. 자세한 내용들이나 부수적인 사항들은 관련 있는 핵심 요지 아래에 두면 된다. 인간의 두뇌가 부담 없이 기억할 수 있는 아이템의 개수는 서너 개 정도다. 핵심 요지는 4개 이하로 제한하면 청중이 쉽게 기억한다. 이와 더불어 이들 핵심 요지들을 체계적인 논리전개 방식으로 풀어가면 청중은 더더욱 쉽게 기억한다. 핵심 요지의 수가 너무 많으면 발표의 핵심이 흐려지며 중요한 내용의 전달이 제대로 이루어지기 힘들다.

한편 간결한 발표에서는 사용하는 단어의 수를 경제적으로 관리하는 것을 의미한다. 열 마디의 설명을 두세 마디로 대체할 수 있으면 그렇게 줄이면 좋다. 특히 서론부분에서 가급적 시간을 줄여야 간결하게 된다. 청중의 관심을 유도하고 다루고자하는 문제를 제시하면 족하다. 간결한 표현이라고 해서 필요한 말을 하지 말라는 것이 아니다. 또한 결론 부분에서 주요한 주장이나 핵심 요지를 반복하는 것은 구사하는 단어의 수와는 무관하다. 불필요한 말을 줄여서 생기는 여유를 핵심 요지의 반복에 활용하도록 하는 것이다.

(4) 자연스러움

좋은 발표를 하기 위해서는 자연스러운 태도를 취해야 한다. 아무리 훌륭한 내용이라 하더라도 써온 원고를 단조롭게 낭독한다면 생생한 감동을 주기 어렵고, 또 웅변하는 학생처럼 과장된 목소리와 몸짓으로 연설을 한다면 신뢰감을 얻기 힘들다.

발표자의 자연스러운 태도는 청중과의 거리를 좁히는 데 보탬이 된다. 청중 개개인과 대화하는 듯한 모습이면 더욱 좋다. 자연스러운 언어의 구사와 태도는 발표자의 여유와 전문가적 풍모가 청중에게 그대로 전달되어 만족감을 가져온다. 이 자연스러움은 발표자의 역동적이고 정열적인 태도와 동기부여, 자신감이 함께 하는 것을 의미한다.

청중의 관심을 불러일으켜 발표 현장을 열띤 토론의 장으로 이끈다면 발표자는 이미 좌중을 지배하게 되는 것이다. 이러한 자연스러운 분위기를 만들려면 반복적인 연습과 철저한 사전 준비를 바탕으로 기획되어야 한다.

텔레비전 아나운서들의 자연스러움에서 배울 점이 많다. 그들은 발표에서는 훈련된 전문가들이다. 자칫 고삐 풀린 망아지처럼 걷잡을 수 없는 즉흥성에 빠지지 않도록 조심해야 하는 것이다.

미리 써놓은 원고를 읽는 식의 발표는 부자연스러운 발표의 대표적인 예다. '난 발표하니 들을 테면 들어보라'는 식의 접근방식이다. 청중은 발표 현장에서도 대화상대를 원한다. 원고를 읽어 내려가면 관심보다는 어서 끝나기를 바라는 분위기로 몰고가기 십상이다. 또한 웅변처럼 일상적으로 만나기 힘든 어투도 부자연스러운 발표의 극치가 된다. 이런 형태의 발표는 시위 현장의 선동적인 연설에서 자주 발견하게 된다. 과장된 어휘의 구사와 제스처, 그리고 다분히 감정에 호소하는 것으로 일상적인 발표와는 거리가 멀다. 청중을 대화상대로 바라보지 않으면 발표자와 발표내용의 신뢰성에 상당한 부정적인 영향을 미치게 된다.

낭독과 보충 설명의 순서로 진행되는 발표 역시 바람직하지 못하다. 발표 과정에서 필수적인 청중과의 눈 맞춤과 발표자에 대한 몰입에 걸림돌이 되기 때문이다. 발표 자료와 발표자를 번갈아 바라보아야 하는 부담 때문이다. 발표자가 충분히 준비하지 못했다는 인상과 함께 그 신뢰성에도 의문을 가지게 한다. 이보다는 발표 자료를 일목요연하게 작성하여 청중이 한 번만 훑어보아도 전체를 파악하도록 한 후에 청중을 즐겁게 하는 쪽이 낫다.

(5) 적절함

좋은 발표는 때와 장소에 적절해야 한다. 때와 장소에 맞아야 한다는 것은 청중의 관심이나 반응, 상황에 따라 정보의 양을 조절하고 발표의 내용과 발표 양식을 적절하게 변용하는 것을 의미한다. 다시 말해 발표 시기와 장소, 그리고 목표 청중의 관심도와 배경에 알맞은 내용은 청중이 편안하게 받아들이는 중요한 요점이다. 발표내용과 표현방식, 전체의 길이, 그리고 발표 방식은 상황에 맞도록 수정되어야 한다.

사장실에서 임원들에게 보고하는 내용과 실험실에서 동료에게 하는 발표는 완전히 달라야 한다. 같은 발표 자료를 이질적인 대상에게 반복 사용하면 안 된다. 듣는 사람의 관심도와 지식 등의 분석이 사전에 면밀하게 선행되어야 한다.

청중이 바라는 내용과 장소, 시기를 반영하지 않으면 좋지 않은 결과를 가져온다. 학술행사의 격려사나 축사는 공적을 가진 사람들의 업적을 언급하는 것으로 충분하다. 축사에 자기 자랑이나 소신을 주저리주저리 떠들면 주책없는 사람으로 자신을 널리 알리는 꼴이 된다.

사장에게는 신기술이 가져다주는 이득을 강조하고 수반되는 비용과 일정을 알려주면 된다. 사장에게 신기술의 세부 사항을 장황하게 이야기하면 한두 번은 들어주지만, 대부분 요약문만 요구하게 될 것이다. 처음부터 요약문으로 시작해서 요구가 있을 때만 세부 사항 설명으로 가는 것이 현명하다.

우리는 발표를 잘하기를 원한다. 또 훌륭한 연설을 하거나 말을 잘하는 사람을 부러워한다. 그런데 훌륭한 발표자들은 원래부터 말재주가 뛰어나거나, 또는 말 잘하는 능력을 타고났다고 생각하거나, 자신은 말주변이 없어서 발표를 잘할 수 없다고 쉽게 포기해 버린다.

그러나 유창한 연사로 손꼽히는 링컨 대통령이 달변가가 아니라 눌변가였다는 점은 우리에게 시사하는 바가 크다. 링컨의 발표가 역사에 길이 남는 이유는 유창한 말솜씨 때문이 아니라 진솔한 마음가짐으로 정곡을 찌르는 내용을 명쾌하고 간결하게 전달하는 능력 때문이다. 발표를 잘하는 사람이 업무능력이 뛰어난 것으로 인정받는 이유도, 상황과 목적에 따라 그에 맞는 격식을 요하는 발표의 특성을 잘 이해하고 훈련

했기 때문이다. 발표를 잘하는 사람을 부러워하거나 어설프게 흉내를 내어서는 결코 좋은 발표자가 될 수 없다. 발표를 잘하기 위해서는 철저한 사전 준비와 세련된 실행이 요구된다. 즉 청중의 마음을 사로잡는 좋은 발표가 무엇인지를 알아야 하고, 이를 바탕으로 치밀하게 준비하고 꾸준하게 연습하여 발표 능력을 키워야 한다.

3. 발표의 원리 202)

발표의 과정은 크게 ① 발표의 목적을 세우고 이에 맞추어서 준비하는 단계, ② 자료를 찾아 발표문을 작성하는 단계, ③ 구체적으로 실행하는 단계, ④ 청중으로부터 평가를 받는 단계로 나뉜다.

준비단계에서는 발표의 목적과 상황에 맞추어서 무엇을 전달할 것인가에 대해 고려해야 한다. 발표 작성 단계에서는 준비한 내용을 구체적으로 어떻게 전달할 것인가에 대해 고민해야 한다. 또 구체적인 실행을 앞둔 단계에서는 효과적으로 설득하기 위해서 표현과 태도를 어떻게 취할 것인가에 관해 세심하게 준비해야 한다.

발표의 준비 → 발표문 작성 → 발표하기 → 평가하기

4. 발표의 준비

발표를 준비할 때 가장 먼저 해야 할 일은 발표의 목적을 세우는 일이다. 일반적으로 발표를 요청하는 측에서 목적을 정해주기 때문에 이런 문제에 대해 고민할 필요는 없다. 그러나 수업에서는 발표자 스스로가 발표의 목적을 정해야 한다. 발표의 목적을 세우기 위해서는 우선 자신의 발표를 듣는 청중이 어떻게 반응하기를 원하는지, 또는 청중들이 기대하는 바가 무엇인지를 점검할 필요가 있다.

이제 발표의 목적 선정 이후, 발표문 작성과 발표하기, 그리고 평가하기에 대하여 순차적으로 간단히 살펴보기로 하자.203)

5. 발표문 작성

(1) 내용 선정

발표문 작성을 위한 첫단계는 내용을 선정하는 것이다. '주어진 내용에 대해 발표

202) http://smmi.tistory.com › attachment, 효과적인 발표-미래와 소통.
203) 이하의 내용은 주로 https://yuncrates.tistory.com › [티스토리], 발표 준비의 3단계, 2019.06.18. 참조.

하는데 무슨 내용을 선정할 게 있느냐?'고 말할 수도 있겠지만, 그렇지 않다. 정해진 것 같아도 그 안에 결정할 상황이 계속 발생한다.

예를 들면 그 내용에 있는 요소들이 같은 정도로 중요한지, 특별히 중요한 게 있는지 선별해야 한다. 추가해야 할 보조 자료들이 있는지, 있다면 어떤 것을 어느 정도 활용할지도 선택해야 한다. 발표를 위해 필요한 자료를 어느 정도 모을지도 결정해야 한다.

(2) 선정한 내용 익히기

두번째는 선정한 내용을 익히는 단계다. 어느 정도 자료가 모아졌으면 이 내용을 어느 정도 숙지할지 정해야 한다. 내가 모은 자료를 모두 숙지하면 좋겠지만, 그렇게 하기는 거의 불가능하다. 왜냐하면 발표내용이 내가 잘 모르는 분야일 수도 있고, 모은 자료는 분명히 내가 다 소화하기에는 방대한 분량일 것이기 때문이다. 발표 준비를 위한 시간과 에너지는 한정적이다. 이 시간과 에너지를 효율적으로 활용할 수 있어야 한다. 선정한 내용 중에서 얼마나 익힐 것인가를 결정하려면 모은 자료에 대한 욕심을 버려야 하고, 버릴 것에 대한 결단이 필요하다.

(3) 발표내용 구성[204)]

발표 주제와 핵심 메시지가 정해지고 선정한 내용을 숙지했다면, 구체적인 발표문을 쓰기 시작한다. 발표문의 작성에서 유의할 점은 서론에 앞서 본론을 먼저 작성하는 것이 효과적이라는 것이다. 본론의 내용을 먼저 정한 후 서론과 결론은 본론과 관련해서 나중에 구성하는 것이 좋다. 또한 발표문은 대본을 상세히 작성하기보다 개요서를 작성하는 것이 좋다. 상세한 대본의 경우, 주요 내용을 한눈에 보기 어렵고 주요 내용과 보조 내용의 관계도 파악하기 어려우며, 발표 실전에서 대본에 의존하여 그냥 읽어 내려갈 우려가 있기 때문이다.

6. 발표하기

발표, 즉 표현은 2가지로 이루어진다. 발표 자료와 구두 발표이다. 발표에서 가장 중요한 것은 내가 얼마나 자료를 모았느냐가 아니라 제대로 숙지한 것을 잘 전달하는 것이다. 결국 사람들에게 보여지는 것은 발표 그 자체이므로 발표 준비를 할 때 표현에 대한 자원을 충분히 분배해두어야 한다. 때로는 발표를 준비할 시간과 에너지가 부족할 수도 있다. 그런 경우 자신의 한계 상황을 받아들일 필요가 있다. 주어진 조건 속에서 충분히 준비했다고 자신을 납득시킬 수밖에 없다. 그리고 발표 순간

---

204) http://smmi.tistory.com › attachment, 효과적인 발표-미래와 소통.

에는 부족한 것은 잊어버리고, 준비한 것 내에서 최선을 다해 당당하게 표현하는 것이 최선이다. 이미 지나버린 시간에 대해 달리 방법이 없기 때문이다.

이러한 단계를 거치며 계속해서 결정해야 할 상황을 만나게 된다. 발표를 준비하고 진행하는 과정에서 발표 그 자체의 질, 발표하는 실력이 향상되는 것이 중요하겠지만, 그 과정에서 다른 것도 배울 수 있다. 바로 스스로 결정하는 것, 결정을 감당하는 것, 그 결과를 책임지는 것이다. “시켜서 했는데요”, “어쩔 수 없는데요”라고 말하기보다는 주어진 상황과 조건 속에서 스스로 결정하고 감당하는 연습을 통해 전문가가 되고 성장하게 될 것이라 생각한다.

7. 평가하기

학습자의 발표 능력 개발 및 향상의 차원에서 팀별 혹은 개인별 발표에 대한 평가기준 사례를 각각 제시해 보고자 한다.

(1) 사례1 : 개인별 발표의 평가 기준[205)]

배점 100점으로 내용의 이해, 내용정리, 발표 시간, 사례 및 문제 제기, 질문에 대한 답변 등을 중심으로 평가하고 있다.

1) 집필 내용

① 내용이 참신한가? 또는 내용이 적절하며 논리성이 있는가? (20점)
② 내용이 짜임새 있게 효과적으로 드러났는가? (20점)

2) 수업 발표

① 자료 활용은 적절했으며 수업 단원에 적합했는가? (10점)
② 시간 배분은 잘 되었는가? (10점)
③ 발표자의 내용 이해정도와 태도는 어떠한가? (15점)
④ 발표내용이 집중과 흥미를 유발했는가? (15점)
⑤ 질문에 적절히 답변하였는가? (10점)

(2) 사례2 : 팀별 발표의 평가 기준[206)]

발표 자료의 완성도, 표현 능력, 발표 태도를 중심으로 평가하고 있다.

---

205) http://blog.daum.net/dobaenet/11507160 [다음 블로그], 조별(개별) 발표 평가 기준, 좋은 하루, 2012.03.20.
206) https://www.kangwon.ac.kr › downloadBbsFile, 팀별 발표 평가 기준, 2017.

팀별 발표 평가 기준

1. 발표 일자 : 2022년 월 일
2. 발표팀 :
3. 발표 제목 :
4. 평가자 :

영 역	내 용	전혀아니다 보통 매우그렇다
발표 자료의 완성도	자료를 성의 있고, 세련되게 작성하였는가? (가독성 및 색상 조화)	1-----2-----3-----4-----5
	자료의 내용은 풍부하고 1장 요약본으로 잘 정리되었는가?	1-----2-----3-----4-----5
	이론전문가와 실무전문가 목록과 인터뷰, 발표 국가 관련 서적을 분석 정리하였는가?	1-----2-----3-----4-----5
표현 능력	발표는 자신감 있고 자연스러운가? (말의 속도, 더듬거나 자료를 읽거나, 시선 처리 등)	1-----2-----3-----4-----5
	발표 시간은 적절한가(시간 준수)? (발표 시간 : 30∽35분 + 5분 질문)	1-----2-----3-----4-----5
	발표는 창의적으로 준비되고 발표되었는가?	1-----2-----3-----4-----5
발표 태도	복장과 용모는 단정한가?	1-----2-----3-----4-----5
	질문에 대한 대응방법이 적절한가?	1-----2-----3-----4-----5
가산점	* 특별히 칭찬하고 싶으나 적절한 평가 항목이 없는 경우에만 가산점을 주시기 바랍니다.	0 ~3점 ( )
합계 점수		(점)

♧ 발표 중에 가장 도움이 되었거나 기억에 남는 내용을 평가자가 간략히 정리 :

제4절 프레젠테이션의 기술[207)]

발표와 프레젠테이션은 혼용해서 쓰는 말이긴 한데, 프레젠테이션의 경우는 소위 공적 발표행위로서 국내에서는 단순한 발표행위보다는 시청각적 발표 자료를 준비하여 그 자료에 기반해 (어느 정도 업무적으로) 수행하는 발표에 흔히 사용된다. 또한 이때 사용되는 발표 자료를 일컫기도 한다. 이제는 프레젠테이션을 잘하지 못하면 어느 곳에서도 인정받는 사람이 되기 어렵다. 프레젠테이션이 회사 생활의 주요 부분을 차지하는 만큼 이에 대한 능력을 갖추고 있지 못하면 입사는 물론이고, 어렵게 회사에 들어간다 해도 능력을 인정받기 힘들다.

소위 사회에서 성공했다는 사람들을 보면 한결같이 뛰어난 프레젠테이션 능력을 갖추고 있음을 알 수 있다. 그들은 프레젠테이션을 통해 사람들의 마음을 사로잡는 화술을 구가하며 트렌드를 재빠르게 파악하고 정리하는 능력을 발휘한다. 이것은 곧 프레젠테이션 능력이 성공으로 향하는 필수 항목임을 말해주는 것이다.

이제 프레젠테이션 기술에 대하여 좀 더 구체적으로 살펴보기로 하자.

1. 프레젠테이션의 개념과 중요성

8장

(1) 프레젠테이션의 개념

프레젠테이션의 개념을 3가지 정도로 설명하면 다음과 같다.

① 프레젠테이션을 간략하게 정의하면, 청중 앞에서 발표 또는 설명하는 것을 말한다.
② 프레젠테이션이란 프레젠터(발표자)가 원하는 의도와 목적 달성을 위해 특정 주제를 다수의 청중들이 알기 쉽게 전달하는 의사소통 방법이다.
③ 프레젠테이션(Presentation : PT)이란 몸짓, 표정, 음성, 글 등을 이용하여 자신의 의사를 표현해 상대방의 반응을 유도하는 행위로, 전달 매체를 이용하여 한정된 시간에 내용을 정확하게 전달하여 그 결과로써 판단과 의사결정까지 이뤄지게 하는 커뮤니케이션의 한 방법이다.

한편 비즈니스 현장에서 이용되는 프레젠테이션을 비즈니스 프레젠테이션이라 한다. 비즈니스상의 목적을 달성하기 위해 실행하는 프레젠테이션으로, 프레젠터가 준비한 핵심 메시지를 바탕으로 상대를 설득하는 커뮤니케이션 행위라고 할 수 있다.

---

207) 김종두 외(2019), op. cit.

(2) 기본적인 특성208)

① 제한된 시간 내에 청중을 대상으로 발표자가 주로 말하는 방식이다.
② 발표자는 한 명이고, 청중은 다수로 구성된다.
③ 설명 · 보고와 같은 단순한 정보전달에도 적용된다.
④ 사전에 준비된 내용을 청중들에게 설득하기 위한 행위로 활용된다.

(3) 프레젠테이션의 종류

1) 내용에 따른 종류

① 강의(학교 수업) 및 강연(지식과 정보 전달의 상황)
② 보고 및 회의 : 업무브리핑, 팀 회의, 주주총회, 결산보고, 경영전략 회의 등
③ 설명회 : 회사소개, 신제품 발표회, 테마 설명회
④ 행사 진행 : 이벤트, 사내 행사
⑤ 제안 : 광고, 프로젝트
⑥ 인터뷰(Interview)
⑦ 협상
⑧ 제품시연회, 기계 사용법
⑨ 홍보 및 안내
⑩ 세미나, 투자설명회, 사업설명회
⑪ 컨설팅 결과 보고
⑫ 결재과정에서의 프레젠테이션

2) 비즈니스 프레젠테이션의 종류

① 사업계획서(새로운 사업 아이디어 설명회)
② 신제품 발표회
③ 투자설명회
④ 프로젝트 제안서
⑤ 영업보고서
⑥ 업무보고서
⑦ 상품 판매를 위한 홍보

(4) 프레젠테이션의 중요성209)

직장에서의 개인의 능력이 업무수행 능력과 더불어 자신의 계획 및 성과에 대한

---

208) 김종두 외(2019), op. cit.
209) 김종두 외(2019), op. cit.

표현 능력, 회의에서의 발언 등으로 평가되면서부터 프레젠테이션의 중요도가 커지고 있다. 또한 비즈니스 현장에서는 프레젠테이션 성공이 곧 비즈니스의 성공으로 직결된다고 평가할 정도로 프레젠테이션이 중요하게 인식되고 있다.

한편 프레젠테이션이 청중에게 영향을 주는 요인은 다음과 같다.

① 발표내용
② 시각적 효과
③ 발표자의 감정, 얼굴 표정, 목소리, 몸짓[210], 스타일 등

2. 프레젠테이션의 목적[211]

① **설득 목적** : 청중이 특정 주제나 사안에 대한 태도를 변화시켜, 어떤 일을 실행하기로 결심하게 만드는 것이다.
② **동기부여** : 특정 주제에 대하여 관심을 가지도록 변화시켜 실행할 수 있는 마음을 가질 수 있도록 하는 것이다.
③ **정보제공** : 청중들이 특정 내용에 대해 모르는 것을 알게 하기 위한 것이다.
④ **행동화** : 청중이 특정 행동을 취하게 만들기 위한 것으로 단체나 협회 등에서 캠페인 홍보 및 참여 방법으로 쓰이기도 한다.

3. 성공적인 프레젠테이션을 위한 구성요소

프레젠테이션이 성공하기 위해서는 프레젠테이션의 구성요소인 3P(Purpose, Person, Place)를 분석해야 한다.

(1) Purpose(왜 하는가?)

성공적인 프레젠테이션을 위한 내용적 측면에 대한 부분이다.

① 명확한 목표 수준을 제시한다.
② 고객이 이번 기회를 통해 얻을 수 있는 것을 객관적으로 제시한다.
③ 사전에 모든 정보에 대해 파악하고 준비한다.

---

210) 긍정적 결과를 가져오는 몸짓은 다음과 같다. ▲환한 모습으로 웃는 표정 ▲진정성 있는 표정 ▲진지하면서도 의연한 태도 ▲청중을 직시하는 눈빛 ▲필요시에만 사용하는 손동작, 그리고 부정적 결과를 가져오는 몸짓은 다음과 같다. ▲팔짱을 끼고 있는 태도 ▲탁자를 두드리거나 물건을 들고 위험한 동작을 취하는 태도 ▲주머니에 손을 넣고 말하는 태도 ▲연단이나 책상에 걸터앉거나 기대는 자세 ▲불필요하게 반복적으로 머리를 쓸어 올리는 동작 ▲산만한 손동작 ▲침을 튀기는 행위, 이와 관련하여 김종두 외(2019), op. cit.

211) 김주애 외(2020), op. cit.

④ 나는 왜 이 자리에 서는가?
⑤ 참석자들은 무엇을 기대하는가?
⑥ 나는 무엇을 얻어가야 하는가?

(2) Person(누구에게 하는가?)

프레젠테이션에서 청중은 의사결정권자일 수도 있고, 프레젠터가 목적하는 바를 이뤄 줄 고객이 될 수도 있기 때문에 그들이 무엇을 좋아하고, 무엇을 원하는지를 프레젠테이션하기 전에 미리 파악해 두어야 한다. 즉 청중의 흥미, 청중의 지식, 청중의 태도, 청중의 포지션 등을 사전에 숙지해 두어야 한다.

(3) Place(어디에서 하는가?)

성공적인 프레젠테이션을 위해서는 장소의 크기는 어느 정도인지, 사용 가능한 프레젠테이션 도구는 무엇인지, 마이크 시설 및 조명 시설은 어떠한지, 좌석 배치는 어떻게 되어 있는지 등을 미리 체크해 놓아야 한다.

4. 프레젠테이션의 프로세스[212)]

(1) 기획단계

프레젠테이션을 하는 목적을 확인하고 청중 및 상황을 고려하는 환경 분석,[213)] 발표 자료 수집 및 준비, 그리고 발표내용을 구성한다.

[그림 8-1] 프레젠테이션 프로세스

1) 목적 확인

효과적인 프레젠테이션을 하기 위해서는 우선 프레젠테이션을 하는 목적을 확인하여 성취하고자 하는 목표를 명확히 하는 것이 중요하다. 즉, '프레젠테이션을 통해서 달성하고자 하는 것이 무엇인가?'의 목적을 확인하는 것이 기획단계의 첫걸음이다.

212) 김주애 외(2020), op. cit.
213) 성공적인 프레젠테이션을 위한 구성요소인 3P 분석과 관련된다.

2) 환경 분석

프레젠테이션을 하는 목적을 확인한 이후에는 정보수집을 하여 환경을 분석해야 한다. 프레젠테이션의 청중에 대한 분석과 주변 상황에 대한 분석 등 다양한 정보를 수집할수록 도움이 된다고 할 수 있다. 정보수집 단계에서 가장 중요한 것은 청중에 대한 분석이며, 그들이 어떠한 동기를 가지고 이 프레젠테이션을 듣는가에 대한 니즈 파악이 프레젠테이션의 성공을 판가름 짓는다.

3) 자료준비 및 내용구성

목적에 맞고 청중의 니즈가 반영된 자료를 수집한 뒤 발표내용을 구성하는데, 이 단계에서 중요한 것은 '3'이라는 숫자이다. 발표내용을 구성할 때는 핵심만 간단히 해야 한다. 많은 내용이라면 3개 이내의 항목으로 규정하여 효과적인 전달을 해야 한다.[214] '대 – 중 – 소', '과거 – 현재 – 미래', '좋음 – 보통 – 나쁨', '서론 – 본론 – 결론' 등 우리는 세 가지로 요약하는 것에 익숙하여 실제로 전달할 때 '3'이라는 숫자는 힘을 발휘한다.

프레젠테이션을 잘하려면 먼저 프레젠테이션의 대상에 대하여 생각해 볼 필요가 있다. 항상 역지사지의 자세, 즉 상대방의 입장에서 프레젠테이션을 만드는 것이다. 자기 자신도 정확하게 이해를 하지 못하면 상대방은 절대 이해하지 못한다. 청중은 그다지 호의적이지 않다. 항상 What과 How를 자문하며 최대한 간결하게 만들도록 한다.

한편 프리젠테이션의 적정 슬라이드 분량은 상황에 따라 다르다. 1장의 슬라이드만 가지고 1시간을 이야기할 수도 있고, 10분 동안 100장의 슬라이드로 이야기할 수도 있다. 슬라이드는 단지 발표자의 이야기를 도와주는 보조적 기능만을 한다는 것이다. 중요한 것은 발표자의 이야기다. 슬라이드가 아니다. 그럼에도 불구하고 슬라이드를 이용한다면 가능하면 예쁘게 만들어야 한다.

8장

(2) 실행단계

실행단계에서는 프레젠테이션 리허설을 통한 수정·보완을 하여 프레젠테이션의 완성도를 높이도록 한다. 예행연습에 중요한 것은 스피치 연습이다. 이를 통해 스피치가 매끄럽게 진행되는지, 앞뒤의 내용이 자연스럽게 연결되는지 등을 점검해 볼 수 있다. 또한 발표자 본인의 음성이나 억양, 발음, 속도 등을 체크하여 실수 여부를 사전에 점검해보아야 한다. 끝으로 벤치마킹하는 것도 잊지 마라. 잘하는 사람이 구사하는 스킬을 보고 자기 것으로 만들어라. 이것만큼 빠른 방법은 없다.

---

214) 스티브 잡스도 자주 사용했던 프레젠테이션 스킬 '3의 법칙'을 말한다. 사람이 기억하기 가장 좋은 단위가 '3'이라고 한다. 청중들에게 효과적인 메시지를 주고 싶다면 최대 3가지 이야기나 소재로 내용을 구성해 보라. 3은 안정감을 주기도 하고, 기억하기 쉬운 숫자이기 때문에 발표 구성 시 활용하기 좋다.

5. 프레젠테이션 잘하는 법 : 신입사원을 위한 팁[215)]

신입사원들에게 회사 생활 중 가장 힘든 점이 무엇이냐고 질문을 하면 많은 이들이 PT(프레젠테이션의 약자)의 두려움을 꼽는다고 한다. 선배들처럼 자연스럽고 자신감 있게 프레젠테이션을 이끌고 싶지만, 발표하려고 앞에 서면 눈앞이 캄캄해지기 마련이다.[216)] 선배들도 처음부터 잘한 것은 아니다. 발표 잘하는 팁을 익히고 시간이 가면서 점점 능숙해진 것이다. 지금부터 신입사원을 위한 발표 잘하는 팁을 소개한다.

(1) 발표 준비단계

1) 청중을 고려해 대본을 준비하라

우선 PT를 준비할 때는 청중을 고려해야 한다. '지피지기면 백전백승'이라는 말이 있듯 청중이 어떤 부서인지, 어떤 직책의 사람이냐에 따라 PT 스타일이 달라질 수 있기 때문이다. 미리 청중에 대한 정보와 그들이 프레젠테이션을 통해 기대하는 것이 무엇인지, 파악하면 대본을 작성하기 위한 가이드라인을 잡을 수 있다.

2) 4S 구조로 스토리라인을 짜라

PT의 목적은 말하고자 하는 주제를 명확하게 전달하는 것이다. 그렇기 때문에 발표의 논지를 효과적으로 전달하기 위해 스토리라인을 잘 구성하는 것이 중요하다. 흔히 말하는 '4S' 구조에 맞추어 스피치 내용을 구성하는 것이 좋다.

① 4S 구조

- **1단계** Sign : 청중의 흥미와 관심 유발. 처음부터 주제를 내놓기보다는 주제와 관련 있는 에피소드로 가볍게 시작해 청중이 발표내용에 흥미와 관심을 가질 수 있도록 유도한다.
- **2단계** Statement : 핵심 메시지, 주장. 청중이 집중하고 있다면 핵심 메시지를 이야기한다. 자료가 아무리 정확하고 충분해도 화자의 메시지가 무엇인지 파악하기 어

---

215) https://blog.hyosung.com/3970 [마이프렌드 효성 블로그], "PT의 달인으로 거듭나자!" 발표 잘하는 법, 2018.04.16. 참조. 이외에 프레젠테이션 잘하는 법(비즈니스와 대학생을 위한 팁)은 https://1boon.kakao.com › redbull [1boon], 대학생들 공감! 프레젠테이션 잘하는 팁 5가지, 2018.10.31. 참조. 그리고 프레젠테이션 잘하는 방법(일반인을 위한 팁)은 http://blog.daum.net/ryumosa/6973526 [다음 블로그], 프레젠테이션 잘하는 방법, Work Smart(경영), 2013.07.16. 참조.

216) 프레젠테이션을 두려워하는 사람들의 기본적인 특징은 다음과 같다. ▲발표를 회피하려고 노력한다. ▲시선을 피하고 말의 속도가 빨라진다. ▲발표하다가 생각이 나지 않으면 얼굴이 빨개진다. ▲목소리가 작아지고 음성이 떨리며 불안정하다. ▲횡설수설한다. ▲말을 더듬거린다. ▲손을 어디에 둘지 몰라서 불안해 보인다. ▲머리나 얼굴, 옷매무새 등을 자주 만진다. 한편 공포를 극복하기 위한 팁은 다음과 같다. 첫째, 반복적인 연습과 도전의식이다. 둘째, 자신감이다. 셋째, 청중 분석이다.

렵다면 실패한 PT가 되는 것이다. 말하고자 하는 메시지를 정확히 전달하는 것이 중요하다.[217)]

- **3단계** Support : 객관적일 데이터, 사실, 근거 제시. 그저 자료를 나열하는 것만으로 청중에게 확신을 줄 수 없다. 때문에 내용과 타당성을 입증해 줄 증거가 되는 자료를 제시하는 것이 중요하다. 자료를 수집할 때는 발표의 핵심 논리와 조직을 뒷받침하기 위해 출처가 분명한 것들만 수집하는 것이 좋다. 이때 청중의 이해를 돕기 위해 그래프, 사진과 같은 시각 자료를 사용하면 주제를 더욱 효과적으로 전달할 수 있다.
- **4단계** Summary : 간단한 요약 혹은 감동적인 마무리. 마지막으로 주제를 더욱 명확히 하기 위해 간단히 요약하거나, 깊은 여운을 남기기 위해 감동적인 이야기로 마무리하는 것도 좋다.

3) 아이스 브레이크(Ice-Break)[218)]를 준비하라

대본이 완성되면 주제와 연관 있는 일화나 적절한 유행어를 담은 오프닝을 미리 준비하면 좋다. 발표 시작 전의 어색한 분위기, 누구나 피하고 싶은 상황이다. 이때 아이스 브레이크를 준비해 활용하면 더욱 부드러운 분위기에서 청중이 발표에 집중할 수 있도록 도움을 준다.

4) 연습만이 살길이다

발표 전 상상 리허설과 실제 리허설을 반복해서 연습한다.[219)] 혼자서 하는 리허설을 마치면 친구들과 지인 앞에서 실제 발표처럼 리허설을 해보는 것이 좋다. 주변인의 객관적인 평가를 참고하면 부족한 점을 효과적으로 보완할 수 있기 때문이다.

(2) 발표 주의사항

1) 생각을 정리하라

발표 경험이 아무리 많은 사람이라도 갑자기 발표하게 되면, 횡설수설하는 경우가 생긴다. 그렇기 때문에 주제와 관련된 자신의 생각, 발표내용, 그리고 질의응답에 나올만한 예상 질문에 대한 답변까지 문장으로 먼저 정리해두는 것이 좋다. 만약 예상치 못한 질문이 나오더라도 잠시 틈을 두고 생각을 정리해보라. 훨씬 조리 있게 이야기를 할 수 있을 것이다.

---

217) 메시지를 청중이 제대로 파악할 수 없다면 프레젠테이션의 진행이 발표자나 청중 모두 힘들다.
218) 새로운 사람을 만났을 때, 어색하고 서먹서먹한 분위기를 깨뜨리는 일을 말한다.
219) 미리 준비하는 습관을 갖는다. 거울을 보며 연습을 거듭하고 프레젠테이션을 할 장소나 PPT 파일 등을 철저하게 점검한다.

2) 유머를 곁들여라

경직된 분위기를 풀어주고, 발표가 지루해지는 것을 막기 위해 중간중간 유머를 곁들이는 것도 좋다. 딱딱하고 전문적인 말투보다는 친구들과 대화하듯 편안하게 말하면 듣는 사람의 흥미를 유도할 수 있고, 긴장도 풀리게 된다. 물론 기본적인 예의는 갖추어야 한다.

3) 쉽게 말하라

발표할 때는 청중 누구나 알아들을 수 있는 쉬운 단어로 핵심만 말하는 것이 좋다. 장황하게 설명할 경우, 중요한 포인트를 놓치거나 주제에서 벗어난 이야기를 할 수 있기 때문이다. 특히 어려운 외래어나 한자어 등을 과도하게 사용할 경우, 청중에게 익숙하지 않아 집중이 떨어질 수 있기 때문에 유의해야 한다.

4) 자신감이 무기다

프레젠테이션에서 가장 큰 무기는 자신감이다.[220] 당당한 말투로 청중과 눈을 마주치면서 호응을 끌어내는 것이 좋다. 청중의 눈을 바라보는 것은 상대에게 나의 메시지가 진실하다는 것을 호소하는 것과 같다.

5) 목소리를 연출하라

발표할 때는 말의 빠르기, 강약, 높낮이 등 적절한 변화를 주어야 청중을 집중시킬 수 있다. 아랫배로 소리 내는 훈련을 반복해 크고 힘차게 목소리를 낼 수 있도록 하고, 발음이 정확해야 정보를 정확히 전달할 수 있으므로 취약한 발음은 속도를 조절하는 요령을 습득해 명료하게 전달할 수 있도록 한다. 특히 어려운 내용을 발표할 때, 숫자·인명·지명 등을 언급할 때, 결과에서 원인 순으로 말할 때, 강조하고 싶은 내용일 때, 감정을 억제해야 할 때, 의혹을 일으킬 만한 내용일 때에는 말의 속도를 천천히 해서 청중이 잘 알아들을 수 있도록 하는 것이 좋다.[221]

---

220) 자신감과 확신으로 열정을 발산해야 한다. 긍정적인 태도로 발제에 임하는 것이 중요하다.

221) 같은 내용이라 하더라도 누가 어떻게 말하느냐에 따라 달라지는 법이다. 그만큼 전달력이라는 것은 프레젠테이션에서 매우 중요한 요소이다. PPT 전달력은 크게 음성 요소와 시각 요소로 나눌 수 있다. 먼저 신뢰감 있는 프레젠테이션 음성을 위해서는 보이스트레이닝이 도움이 된다. 프레젠테이션 보이스 트레이닝은 목소리 톤, 속도, 억양, 발음 등을 교정해서 전달력을 향상시키고, 프레젠터의 신뢰감을 높이는 것이다. 그리고 프레젠테이션 시각 요소의 향상을 위해서는 잘못된 인사법, 시선, 제스처 등을 교정해야 한다. 일례로 시선 처리 팁(Tip)을 소개하면 다음과 같다. 발표하기 전에 내게 호의적인 태도를 보이는 사람들을 파악해서 이 사람들을 위주로 시선을 마주 보는 것이 좀 더 편안하고 여유 있는 발표로 이끌어갈 수 있을 것이다. 이와 관련하여 http://m.blog.naver.com › victoire2014 [W스피치], 프레젠테이션 잘하는 법, 2017.02.23.

제5절 마무리 : 핵심체크

1. 회의의 기술

- 회의 준비를 잘하려면 회의를 통해 기대했던 좋은 결과를 얻을 수 있다. 회의의 목적을 정확히 하고, 계획을 수립한 뒤, 참석자를 잘 선정하는 것이 필요하다.
- 회의 진행 시에 주제에서 벗어나지 않고 안건의 해결에 집중하기 위한 프로세스 : 문제정의 → 문제 진단 → 아이디어 발산 → 아이디어 수렴 (해답 결정)
- 회의를 마칠 때는 다음의 세 가지 질문을 던져 회의가 잘 진행되었는지 확인한다.
  ① 오늘 회의에서 어떤 것을 논의했는가?
  ② 향후 업무처리 분배가 명확히 이루어졌는가?
  ③ 오늘 회의에서 어떤 것을 얻었는가?

2. 설득의 기술

- 설득(persuasion)'이란 다양한 형태의 의사소통 행위를 사용해 상대방의 신념, 태도, 가치관, 행동에 변화를 줄 수 있는 것을 의미한다.
- 설득의 5단계 프로세스는 다음과 같다.
  ① 귀를 기울인다.
  ② 이해한다.
  ③ 납득한다.
  ④ 결정한다.
  ⑤ 실행한다.
- 설득의 6가지 법칙은 다음과 같다.
  ① 호감의 법칙
  ② 상호성의 법칙
  ③ 사회적 증거의 법칙
  ④ 일관성의 법칙
  ⑤ 권위의 법칙
  ⑥ 희소성의 법칙
- 설득력 있는 의사표현을 하기 위한 방안은 다음과 같다.
  ① 긍정의 분위기 조성
  ② 대비효과
  ③ 침묵하는 자의 참여 높이기

④ 상대방의 감정 누그러뜨리기
⑤ 상대방의 주의 끌기
⑥ 호칭 변경을 통해 심리적 간격 좁히기
⑦ 자존심 건드리기
⑧ 정보 전달 공식 이용하기
⑨ 상대방의 불평이 초래할 결과 강조하기
⑩ 인용
⑪ 약점을 보여 심리적 거리 좁히기
⑫ 구체적 차이 인식
⑬ 자신의 잘못도 인정하기
⑭ 개개인의 의견 묻기
⑮ 동조 심리

3. 발표의 기술

- 발표란 발표자가 다수의 청중들에게 알기 쉽게 정보를 제공하거나 그들을 설득하기 위해 자신의 의견이나 주장을 제시하는 것이다.
- 좋은 발표의 기본 요소는 다음의 다섯 가지로 요약할 수 있다. 진솔함, 적절함, 명쾌함, 간결함, 그리고 자연스러움이다.
- 발표의 과정은 크게 다음과 같은 단계로 나뉜다.
  ① 발표의 목적을 세우고 이에 맞추어서 준비하는 단계
  ② 자료를 찾아 발표문을 작성하는 단계
  ③ 구체적으로 실행하는 단계
  ④ 청중으로부터 평가를 받는 단계
- 발표를 준비할 때 가장 먼저 해야 할 일은 발표의 목적을 세우는 일이다. 발표의 목적을 선정한 이후에는 발표 주제와 핵심 메시지를 정하고 선정한 내용을 숙지했다면, 구체적인 발표문을 쓰기 시작한다. 발표문 작성 이후에는 발표를 해야 하는데, 발표에서 가장 중요한 것은 내가 얼마나 자료를 모았느냐가 아니라 제대로 숙지한 것을 잘 전달하는 것이다.

4. 프레젠테이션(presentation)의 기술

- 프레젠터(발표자)가 원하는 의도와 목적 달성을 위해 특정 주제를 다수의 청중들이 알기 쉽게 전달하는 의사소통 방법을 말한다.
- 비즈니스 프레젠테이션은 비즈니스상의 목적을 달성하기 위해 실행하는 프레젠테

이션으로 프레젠터가 준비한 핵심 메시지를 바탕으로 상대를 설득하는 커뮤니케이션 행위라고 할 수 있다.

- 프레젠테이션의 목적은 설득, 동기부여, 정보제공, 행동화 등이 있다.
- 프레젠테이션의 프로세스는 크게 기획단계와 실행단계로 나뉜다.
  - 기획단계 : ① 목적 확인, ② 환경 분석, ③ 자료준비, ④ 내용구성
  - 실행단계 : ① 예행연습(리허설), ② 수정 · 보완, ③ 발표

부록 8-1 : 브레인스토밍이란 무엇인가[222)]

브레인스토밍이란 회의기법 중 하나이다. 새로운 아이디어가 필요할 때 많이들 한다. 팀 작업을 하고, 회사에 소속되어 있다면 자주 듣는 개념이다. 아이디어 발상 회의기법 중 하나인 브레인스토밍을 알아보기로 하자.

1. 브레인스토밍(Brainstorming)의 정의

일정한 테마에 관하여 회의형식을 채택하고, 구성원의 자유발언을 통한 아이디어의 제시를 요구하여 발상(생각)을 찾아내려는 방법을 말한다.[223)]

좀 더 구체적으로 살펴보면 ① 일정한 테마 : 주제가 정해집니다, ② 회의형식 : 사람들이 모여서 합니다, ③ 자유발언 : 자유롭게 이야기합니다, ④ 아이디어의 제시 : 아이디어 도출방법이다.

쉽게 이야기하면 주제를 정하고 사람들이 자유롭게 이야기하는 회의이다. 1930년에 알렉스 오스본(Alex Faickney Osborn)이 쓴 책을 통해 널리 알려졌다. 회사에서는 새로운 프로젝트에 대한 아이디어를 얻거나, 새로운 사업 아이템을 구상할 때 자주 사용한다.

2. 브레인스토밍의 원리

브레인스토밍은 다음과 같은 전제하에 운영된다.

① 다수의 사람이 한 사람보다 많은 아이디어를 제기한다.
② 아이디어 양이 많으면 질이 우수한 아이디어가 나올 가능성이 높다.
③ 비판이 없으면 많은 아이디어가 나온다.

222) https://oriyong.tistory.com [오리용 매거진], 브레인스토밍이란 무엇인가, 2020.06.03.
223) 두뇌에서 Storming(바람을 일으킴) 한다는 것임.

3. 브레인스토밍의 4원칙

브레인스토밍 방식은 4가지 원칙(4S)이 있다.

① 자유로운 분위기(Silly) : 자유로운 분위기에서 더 많은 아이디어가 나온다.
② 질보다 양(Speed) : 아이디어의 질보다는 우선 양을 많이 쏟아내는 것에 집중한다.
③ 비판 금지(Support) : 아이디어 비판이 있으면 발표자는 위축되고, 자기검열이 시작된다. 많은 아이디어가 나오기 위해 아이디어를 비판하지 않는다.
④ 결합과 개선(Synergy) : 아이디어가 없을 경우, 타인의 아이디어를 자신의 아이디어와 결합해서 다시 활용한다.

4. 브레인스토밍 진행

진행자, 기록자, 발표자 역할을 구분한다.

① 조용한 장소를 섭외한 후 관련자를 소집한다.
② 회의의 방향을 명확히 한다.
③ 생각할 시간을 갖는다.
④ 아이디어 발표 방법을 제시한다.
⑤ 일정 시간(30~60분) 진행한다.
⑥ 기록자는 발표된 기록을 재공유한다.
⑦ 발표 종료 후 아이디어를 선별한다.
⑧ 선별된 아이디어로 구체화 단계를 진행한다.

제 1 장	의사소통능력 I
제 2 장	의사소통능력 II
제 3 장	경청능력 I
제 4 장	경청능력 II
제 5 장	의사표현능력 I
제 6 장	의사표현능력 II
제 7 장	의사표현능력 III
제 8 장	의사표현능력IV

제9장 문서이해능력

제 10 장	문서작성능력 I
제 11 장	문서작성능력 II
제 12 장	문서작성능력 III
제 13 장	기초외국어능력

문서이해능력은 직업 생활에서 접하는 많은 문서 중 필요한 문서를 확인하고 복잡하고 다양한 문서를 읽고 내용을 이해하여 요점을 파악하는 능력으로서 직업인에게 매우 중요한 능력이다. 수많은 정보 중에 알맞은 정보를 빨리 이해하고 찾아내는 능력이 개인의 업무능력으로서 중요하게 여겨지고 있으므로 문서이해능력의 향상은 모든 직업인이 갖춰야 할 필수 요소다.

제1절 문서이해능력의 개념 및 필요성[224)]

일 경험에서 요구되는 문서이해능력은 복잡하고 다양한 문서를 읽고, 그 내용을 이해하여 요점을 파악하는 능력이다. 현대는 정보 홍수 사회이므로 많은 문서를 읽고 작성해야 하는 상황에서 수많은 정보 중 핵심 내용을 이해하고 찾아내는 문서이해능력은 일 경험을 하는 모든 사람들에게 요구되는 매우 중요한 능력이다. 문서이해는 어느 날 갑자기 되는 것이 아니고, 문서이해능력을 높이려는 지속적인 노력으로 차츰 나아지는 것임을 잊지 말아야 한다. 우리는 일 경험을 하는 동안 주어지는 문서들을 보다 정확하게 읽고 이해하여 전달하고자 하는 내용을 명확하게 인식하여야 한다.

224) 한국산업인력공단(2021), op. cit.

1. 문서이해능력이란

문서이해능력이란 한마디로 다양한 종류의 문서에서 전달하고자 하는 핵심 내용을 요약 · 정리하여 이해하는 능력을 말하는데, 여기에는 문서에서 전달하는 정보의 출처를 파악하고, 옳고 그름까지 판단하는 능력을 포함한다.

한편 직장에서 요구되는 문서이해능력은 다음과 같다.

① 문서를 읽고 이해할 수 있는 능력
② 각종 문서나 자료에 수록된 정보를 확인하여, 알맞은 정보를 구별하고 비교하여 통합할 수 있는 능력
③ 문서에 나타난 타인의 의견을 이해하여 요약하고 정리할 수 있는 능력

2. 문서이해능력의 필요성

일 경험 중 현장에서 요구되는 문서이해능력의 필요성은 다음과 같다.

① 일 경험 중에는 업무 관련 인쇄물부터 기호화된 정보로 간략하게 적힌 메모까지, 업무와 관련된 수많은 문서를 접하게 된다. 적절한 업무 수행을 위해서는 문서의 내용을 이해하고, 요점을 파악하며 통합할 수 있는 능력이 필요하다.
② 문서이해능력은 문서의 내용 파악에 그치지 않고, 문서에서 전달하는 정보를 바탕으로 업무와 관련하여 요구되는 행동이 무엇인지 적절하게 추론하는 능력, 생산성과 효율성을 높이기 위해 자신이 이해한 업무 지시의 적절성을 판단하는 능력까지 포함한다.
③ 직업 생활에서 사용하는 문서는 업무와 관련된 타인의 의사를 우리에게 전달하고, 필요한 업무를 지시하며, 나아가 어떤 업무가 진행 중인지 기록으로 보존하는 역할을 한다. 따라서 문서이해능력이 부족하면 직업 생활에서 본인의 업무를 이해하고 수행하는 데 막대한 지장을 끼치게 된다.

3. 사례 : 읽을 줄은 알지만 뜻을 몰라[225)]

우리 국민 대부분이 한글을 읽고 쓸 수 있어 '문맹률 제로'에 가깝지만, 정작 복잡한 내용의 정보를 이해하지 못하는 '실질적 문맹'인 성인이 20% 이상인 것으로 나타났다. 실질 문맹을 해소하지 못할 경우, 의약품 복용량 설명서나 각종 서비스 약관 등 일상적인 문서이해가 불가능한 것은 물론 디지털 문맹이 되기 쉽고, 금융사기 등 피해 위험에도 취약하다. 이에 따라 교육당국이 홍보 · 교육을 보다 강화해야 한다는 지적이 나오고 있다.

---

225) 뉴시스(2019.10.), "읽을 줄은 알지만 뜻은 몰라"…일상이 고달픈 '실질 문맹' 22.4%, 2019.10.09.

9일 국가평생교육진흥원(국평원)의 '성인 문해교육 현황'에 따르면 2017년 기준 성인 960만 명(22.4%)이 일상생활 또는 공공·경제생활에서 문해력이 떨어져 어려움을 겪는 실질 문맹인 것으로 나타났다. 실질 문맹률은 한글을 깨치지 못한 이른바 '까막눈'과는 다른 개념이다. 2008년 국립국어원이 공식 조사한 바에 따르면 우리 국민 중 한글을 깨치지 못한 문맹률은 1.7%로 매우 낮았다.

하지만 국평원 자료에 따르면 실질 문맹인 성인 960만 명 중에서 일상생활에 필요한 기본적인 읽기, 쓰기, 셈하기가 불가능한 비문해 성인 인구는 311만 명(7.2%)이다. 이들은 초등 1~2학년 학습이 필요한 수준이다. (사례 생략)

(1) 사례해설

"읽을 줄은 알지만 뜻을 몰라" 사례에서 보는 바와 같이 대부분의 사람들이 우리나라가 문맹률이 낮은 것으로 알고 있지만, 실제로는 책 읽기의 기피 등 여러 가지 이유로 문서이해능력이 떨어진다. 제시된 사례는 문자 해독률이 거의 100%에 육박하는 우리나라 사람들이 실제 문서이해능력이 현저히 낮아 심각한 사태임을 일깨워 주는 사례이다. 이를 통하여 문서이해능력의 중요성을 다시 한번 확인할 수 있다.

제2절 문서의 개념과 기능[226)]

문서란 제안서, 보고서, 기획서, 편지, 이메일, 팩스, 메모, 공지 사항 등 문자로 구성된 것을 의미한다. 사람들은 일상생활에서는 물론, 직업 현장에서 다양한 문서를 사용한다. 이런 문서를 통해 우리는 상대방에게 효율적으로 의사를 전달하고, 자신의 의사를 상대에게 효과적으로 설득하고자 한다. 따라서 우리는 다양한 상황에서 활용되는 문서를 보다 정확하게 읽고, 쓰고, 이해하여 전달하고자 하는 내용을 명확히 전달해야 한다.

1. 문서의 개념

문서란 문자나 기호를 사용하여 업무에 필요한 사항을 구체적으로 기록하고 표시한 것으로써 기업이나 관공서 등의 조직에서 업무상 활용되는 모든 서류와 기록물을

---

226) 권인아·오정주(2018), op. cit. https://esylaw.com/471 [esyLaw.com / 공인노무사 / 행정사 한 방에 합격하기], 문서의 필요성과 기능에 대하여 약술하시오, 2018.05.11.

말한다. 일반적으로 문서는 다음의 5가지 필요성에 의해 작성되고 처리된다.

① 내용이 복잡하여 문서 없이는 사무 처리가 곤란한 때
② 업무처리에 대한 의사소통이 대화로는 불충분하여 문서가 필요한 때
③ 행정기관의 의사표시 내용을 증거로 남겨야 할 때
④ 업무처리의 형식상 또는 절차상 문서가 필요한 때
⑤ 업무처리 결과를 보존할 필요가 있을 때

2. 문서의 기능

문서가 갖는 대표적 기능은 의사 전달의 기능과 의사 보존의 기능이 있으며, 이외에도 구체적 기능들을 살펴보면 〈표 9-1〉과 같다.

〈표 9-1〉 문서의 기능

기 능	내 용
의사 기록 · 구체화	사람의 의사를 구체적으로 표현하는 기능을 가진다. 문자 · 숫자 · 기호 등을 활용하여 종이나 다른 매체에 표시하여 문서화함으로써 내용을 구체화한다.
의사전달	문서는 자신의 의견을 타인에게 전달해 공간적으로 확산하는 기능을 가지며, 문서의 발송 · 도달 등 유통과정에서 나타난다.
의사 보존	문서는 자신의 의사를 지속적으로 보존할 수 있고, 역사자료로 가치를 가지며, 시간적으로 확산시키는 역할을 한다.
자료 제공	보관 · 보존된 문서는 업무 수행 중에 필요할 경우, 참고자료나 증거자료로 제공되어 행정 활동을 지원 · 촉진하는 기능을 갖는다.
업무 연결 · 조정	문서의 기안 · 결재 및 협조 과정 등을 통해 조직 내외의 업무를 연결하고 조정하는 기능을 수행한다.

〈출처 : 행정안전부(2012). 『행정 업무 운영 편람』. 19쪽에서 재구성〉

① 의사의 기록 · 구체화 : 이 기능은 문서의 기안에서부터 결재까지 문서가 성립하는 과정에서 나타나는 것이다.
② 의사의 전달 : 의사를 공간적으로 확산하는 기능으로서 문서의 발송 · 도달 등 유통과정에서 나타난다.
③ 의사의 보존 : 문서로써 전달된 의사는 지속적으로 보존할 수 있고, 역사자료로서 가치를 갖기도 한다. 이는 의사표시를 시간적으로 확산시키는 역할을 한다.
④ 자료 제공 : 필요한 경우 언제든 참고자료 혹은 증거자료로 제공되어 행정 활동을 지원 · 촉진시킨다.

⑤ 업무의 연결 · 조정 : 문서의 기안 · 결재 및 협조 과정 등을 통해 조직 내외의 업무 처리 및 정보 순환이 이루어져 업무의 연결 · 조정 기능을 수행하게 된다.

3. 문서의 중요성 227)

① 구성원들에게 업무의 수행을 전달하는 핵심 수단으로서 정확한 사실과 정보를 전달하는 것을 목적으로 한다.
② 문서를 통한 정보 전달이 사업 아이디어나 프로젝트 기획 등을 통해 상대방을 설득하는 데 영향을 준다.
③ 과업 수행의 판단과 의사결정을 하는 근거를 제공한다.
④ 사무처리에 대한 기록 보존의 기능을 제공한다.
⑤ 과업 수행의 현황을 파악하는 근거 자료를 제공한다.

제3절 비즈니스 문서의 이해228)

내가 작성한 문서가 나의 모든 능력을 평가하는 기준이 될 수는 없겠지만, 작은 것 하나하나에서부터 그 사람을 평가하는 기초자료가 될 수 있다. 그렇다고 한다면 그동안 대충 써왔던 문서들을 제출 전 보고 또 보고 수정해야 할 것이다. '문서는 곧 나의 얼굴'이라고 생각하고 간단한 양식에서부터 기획서, 보고서를 작성한다면 남들보다 한 발 더 앞서가는 직장인이 될 것이다.

1. 비즈니스 문서의 개념

비즈니스 문서란 실무상 필요한 사항을 문장으로 적어서 나타낸 글을 뜻하는 것으로 좁은 의미로는 문자 또는 이에 대신할 수 있는 일정한 부호를 사용하여 사람의 관념 또는 의사가 표현된 말이고, 넓은 의미로는 위 좁은 의미의 문서 외에 그림이나 암호, 지도나 사진, 테이프 등도 문서에 포함된다고 말할 수 있다. 잘 만든 비즈니스 문서는 작성자의 업무 숙련도를 높여줌과 동시에 아이디어 개발 등 개인의 능력도 향상시킨다. 비즈니스 문서작성 능력이 바로 개인 역량의 핵심이다.

---

227) 김종두 외(2019), op. cit.
228) https://post.naver.com › viewer › postView [예스폼], 비즈니스 문서의 이해, 2018.08.07.

2. 비즈니스 문서의 기능

비즈니스 문서는 의사를 명확하게 전달할 수 있는 매개체로 전달하고자 하는 내용을 꾸밈없이 상대에게 전달할 수 있음과 동시에 증거자료로서의 기능도 갖는다. 통상 구두로 어떠한 사실을 전달 및 약정하고 후일 서로 간의 다른 주장이나 그 사실을 부인하는 경우에는 누구의 말이 진실인지를 가려내기란 쉬운 일이 아니다. 그러므로 이러한 제반 내용을 문서로 작성함으로써 그 사실을 명확히 하고 후일 증빙자료로 사용하기 위해서 문서의 가치는 매우 중요하고, 또 문서자료를 제공하거나 문서의 결재방식 등에 의한 조직체의 운영사항이나 각 조직체 간의 협조기능 등의 수행을 통하여 원활한 경영활동을 보조하고 촉진하는 기능을 수행한다.

3. 비즈니스 문서의 중요성

직장인들의 업무에서 문서작성이 차지하는 비중이 점점 늘고 있다. 이는 비단 직장인뿐만 아니라 취업을 앞둔 대학생, 이직 및 전직을 준비하는 직장인들, 자영업자들도 자신을 나타내는 효과적인 문서작성 능력이 성공의 잣대가 되고 있음을 실감하고 있다. 이처럼 비즈니스에서 문서작성 비중이 높아지고 있다는 것은, 주어진 일만 잘 처리하면 경쟁력을 확보할 수 있었던 과거의 직장문화가 협력과 조화, 팀워크 등 커뮤니케이션의 관점으로 점차 전환되고 있다는 것을 의미하는 것이다. 어느 분야, 어느 직종에 종사하든 문서작성은 중요한 비중을 차지하고 있다.

제4절 문서의 종류

목공업에 종사하는 J씨는 하루에도 몇 번씩 고객들이 보내온 가구 주문 디자인을 보고 고객과 상담하며 수정하는 일을 반복한다. 고객이 대충 그려온 도면을 보며 고객이 원하는 디자인이 무엇인지 파악하는 것은 쉽지 않은 일이다. 하지만 J씨는 고객의 마음을 잘 헤아리는 디자이너 겸 목수로 맞춤 가구 분야에서 인지도가 상당하다. 이처럼 직종에 따라 접하는 문서의 종류는 다양하다. 이번에는 문서의 종류와 그에 따른 다양한 문서이해 방법에 대해 알아보자.

주위를 둘러보면 수없이 많은 직업이 있고, 그에 따라 잘 이해해야 하는 문서의 종류도 다양하다. 이러한 문서를 얼마나 빨리 이해하고 능숙하게 업무를 처리하느냐가 업무의 성과에 상당한 영향을 미치며, 문서이해가 빠른 사람은 그렇지 못한 사람에 비해 업무처리 속도가 현저히 높은 것이 사실이다. 다양한 문서의 종류와 그에 따른 문서이해 방법을 잘 알아야 하는 중요성을 잊지 말아야 한다.

1. 사례 : 건축문화대상 수상 '서소문 역사공원'229)

"베테랑 기능공도 도면 이해 어려운 난공사였죠." 올해 한국 건축문화 대상에서 사회공공부문 본상을 수상한 '서소문 역사공원과 역사박물관'은 설계뿐 아니라 시공(동부건설) 등 여러 면에서 화제를 낳고 있다. 이곳은 조선 중기로부터 400여 년간 국사범들의 처형장으로 쓰인 터다. 특히 1801년 신유박해부터 1866년 병인박해에 이르기까지 수많은 천주교인들이 처형된 곳이기도 하다.

우선 지난 2014년 진행된 국제 현상설계 공모에는 무려 296개 팀이 응모하는 등 경쟁이 치열했다. 심사 끝에 인터커드 · 보이드아키텍트 · 레스건축 컨소시엄의 '인시티 인그레이빙 더 파크(EN-CITY_ENGRAVING the PARK)'가 당선됐다.

이들은 역사박물관에서 동선에 따라 이동할수록 경건함과 웅장함이 느껴지도록 설계했다. 장소에 따라 층고가 다르고 공간의 깊이감도 다르다. 수십 미터의 직선으로 뻗은 진입 램프를 지나 진입광장에 들어서면 하늘광장을 접한다. 사상과 종교의 자유를 위해 희생당한 사람들의 정신을 기리는 추념의 의미를 담아 하늘을 바라볼 수 있도록 만들어졌다.

시공도 매우 어려운 난제였다. 특유의 복잡한 동선과 거대한 규모 때문에 건축물의 시공 난이도는 굉장히 높았다. 경쟁입찰 끝에 8대 1의 경쟁을 뚫고 시공을 맡은 동부건설 관계자는 "현장에서 근로자들이 길을 잃을 정도였다"며 "베테랑 기능공들도 도면을 잘 이해하지 못해 공사 중에 협의할 일이 많았다"라고 회고했다.

(1) 사례해설

위 사례에서 알 수 있듯이 우리가 일 경험 중 사용하는 문서는 자신의 분야에 따라 자주 사용되는 문서가 다양하며, 그러한 문서일수록 철저한 이해가 절실하다. 제시된 사례는 한 건설업에서 맡은 건축물의 도면 난도가 매우 높아 전반적인 건설 시공에 어려움을 겪은 사례이다. 이를 통해 일반적으로 생각하는 문서의 종류보다 일 경험에 서 접하게 되는 문서의 종류가 다양하며 이러한 문서를 이해하는 능력이 없을 경우 업무에 큰 차질을 빚을 수 있음을 이해해야 한다. 또한 공사 전반에 걸쳐 협의하였다는 사례 내용은 문서이해능력이 당사자만의 이해가 아니라 동료들과의 의사소통을 통해 발휘되어야 함을 이해할 수 있다.

229) 서울경제(2020.01.), "베테랑 기능공도 도면 이해 어려웠던 난공사였죠", 2020.01.06.

2. 문서별 용도[230)]

우리가 직업 생활에서 접하는 수많은 문서는 그 종류가 매우 다양하며 각 문서에 따라 용도가 다르다.

(1) 공문서

정부 행정기관에서 대내적, 혹은 대외적 공무를 집행하기 위해 작성하는 문서를 의미하며, 정부 기관이 일반 회사 또는 단체로부터 접수하는 문서 및 일반 회사에서 정부 기관을 상대로 사업을 진행하려고 할 때 작성하는 문서도 포함된다. 엄격한 규격과 양식에 따라 정당한 권리를 가진 사람이 작성해야 하며 최종 결재권자의 결재가 있어야 문서로서의 기능이 성립된다.

공문서는 한마디로 대내외적인 공무를 집행하기 위해 작성하는 문서다. 일반 회사에서 자체적으로 만든 문서라기보다는 정부의 문서 양식을 그대로 수용해 사용하고 있는 형태를 취하고 있다. 특히 일반 회사에서 정부를 상대로 중요한 정보나 사업적인 내용을 전달하기 위해 정부의 양식을 빌릴 수밖에 없었고, 그것이 결국 일반 회사의 대내외적인 문서로 수용된 측면이 강하다.

공문서는 크게 사외 공문서와 사내 공문서로 나뉘는데 사외 공문서는 흔히 '공문서'라는 용어로 통칭되지만, 사내 공문서는 흔히 '기안서'로 불린다. 사내 공문서는 회사 내의 다른 부서에 협조 사항이나 의견을 전달할 때 사용하는 문서다.

공문서는 일반 비즈니스 문서와는 달리 엄격한 격식을 갖추고 있다. 특히 문서상의 양식은 물론 표기 하나에서도 상당히 철저함을 요구한다. 또한 공문서는 일반 비즈니스 글과는 달리 블릿 포인트[231)]를 사용하고 번호를 매겨 내용을 전개한다. 공문서는 다른 비즈니스 문서와는 달리 표기 하나에도 상당히 신중을 요구한다. 특히 내용을 종결할 때는 '끝' 자를 사용하거나 블릿 포인트를 사용할 때도 상부항목과 하부항목의 번호를 다르게 사용해야 한다.

(2) 기획서

적극적으로 아이디어를 내고 기획한 하나의 프로젝트를 문서 형태로 만들어, 상대방에게 그 내용을 전달하여 기획을 시행하도록 설득하는 문서이다.

기획서는 회사의 운명을 좌우하기도 한다. 하나의 사업을 수주하고자 할 때 반드

---

230) 권인아·오정주(2018), op. cit.
https://post.naver.com › viewer › postView [예스폼], 비즈니스 문서의 이해, 2018.08.07.

231) 글머리 기호(Bullet Point) : 전달하고자 하는 내용을 간결하게 나누어 정리할 수 있게 해주며, 메시지를 받는 사람 입장에서도 요점을 확실하고 빠르게 파악할 수 있다. 글머리 기호는 '◆', '▶', '-', '■', 1, 2, 3, 4와 같이 다양하다. 그저 특정 기호를 문장 처음에 일관되게 사용한다면, 바로 글머리 기호라고 보면 된다.

시 기획서를 쓰고 기획서가 얼마나 설득력 있게 잘 작성되었는가에 따라 사업을 수주할 수도 있고, 그렇지 않을 수도 있다. 회사의 중요한 업무를 진행할 때도 기획서의 내용을 토대로 한다.

기획서는 개인의 업무적인 능력은 물론 출세와도 직결된다고 해도 무리가 아니다. 그래서 기획서는 신입직원이 작성하는 것이 아니라 경력사원이 쓰는 것이 일반적이다. 이는 기획서가 회사의 경영에 그만큼 중요하다는 것을 의미한다.

(3) 기안서

회사의 업무에 대한 협조를 구하거나 의견을 전달할 때 작성하며 흔히 사내 공문서로 불린다. 기안서는 진행하고자 하는 사안에 대해서 설명하고, 검토 후 그 허락을 바라는 서류이다. 품의서보다는 좀 더 장황할 것이다. 즉 이는 어떤 안건에 대하여 발의하는 것으로, 어떤 일을 추진하고 싶다고 가정하면, 발의 안건에 대하여 안건 내용 및 예상 결과까지를 개략적으로 기술하여야 한다. 따라서 보통 기안자의 항목을 보면, 품의[232] · 보고 · 결재 등을 체크할 수 있도록 구분해서 쓰는 형식을 취하는 것이 일반적이다. 넓은 의미에서 기안서는 이들 모두를 포섭할 수 있는 개념이기 때문이다.[233]

(4) 보고서

특정한 일에 관한 현황이나 그 진행 상황 또는 연구 · 검토 결과 등을 보고하고자 할 때 작성하는 문서이다. 다시 말해 업무 과정 또는 결과에 관하여 상세히 보고하는 서식이다. 결재는 회사 규정에 정한 대로 득하면 된다. 보고서의 세부 항목들이나 구성 또한 그때그때 상급자의 요청에 따라 배열, 조정할 수 있으며, 주로 이미 일어난 사건에 관한 보고의 형태가 많으므로 그 업무의 득실 및 반성을 중심으로 작성한다.

보고서는 실제 작성을 할 때 크게 두 가지 유형으로 구분한다. 하나는 공식적인 보고서, 다른 하나는 비공식적인 보고서이다. 공식적인 보고서는 과제수행 형식의 보고서로 여러 페이지로 구성되는 것이 일반적이며, 사업보고서나 연구보고서가 대표적이다. 비공식적인 보고서는 수시로 행해지는 보고서이며, 출장보고서나 회의보고서가 이에 해당된다. 특별한 경우가 아닌 이상 많은 페이지를 할애하는 공식적인 보고서보다는 한 페이지 분량으로 업무의 효율성 또는 의견을 수용하기 위해 핵심적인 내

---

232) '품의'란 어떠한 내용을 수행하기에 앞서 승인 등을 구하기 위해 상정하는 행위다. 한편 품의서는 해당 내용에 대하여 그대로 진행해도 될지 승인을 얻기 위한 문서이다. 즉, 품의서는 어떠한 내용을 진행하기에 앞서 허락 등을 구하기 위해 상정하는 문서이다. 반면 이러한 승인 등을 구하기 위해서 그 과정 및 계획을 좀 더 상세히 기술하고 그 내용에 관해 검토를 위한 결재를 올리는 것이 일반적인 기안서이다. 품의서는 공사집행(수선), 물품의 매입, 수리, 제조, 보조금 및 출연금의 교부 등에 사용된다. <출처: https://andrew80.tistory.com/138 [최 팀장의 실무 노트]>

233) 기안문(기안서)이 어떤 일을 할 때 검토 후 허락을 받는 문서라면, 시행문은 결재를 득하고 명령문처럼 어떻게 행동할지 알리는 문서다. 가장 중요한 것은 결재 여부, 즉 결재를 했느냐, 하지 않았느냐가 다르다.

용만을 담아 작성한다. 현재 회사의 업무는 상당히 바쁘게 돌아가기 때문에 빠른 의사결정을 위해서 가능한 내용을 간결하고 핵심적으로 제시하는 것이 중요하다.

1) 보고서의 종류

- 영업보고서 : 재무제표와 달리 영업상황을 문장 형식으로 기재해 보고하는 문서
- 결산보고서 : 진행된 사안의 수입과 지출 결과를 보고하는 문서
- 일일업무보고서 : 매일의 업무를 보고하는 문서
- 주간업무보고서 : 한 주간에 진행된 업무를 보고하는 문서
- 출장보고서 : 회사 업무로 출장을 다녀와 외부 업무나 그 결과를 보고하는 문서
- 회의보고서 : 회의 결과를 정리해 보고하는 문서

(5) 설명서

대개 상품의 특성이나 사물의 성질과 가치, 작동 방법이나 과정을 소비자에게 설명하는 것을 목적으로 작성한 문서이다.

설명서는 무엇보다 상품이나 제품의 특성이나 성질과 원리, 작용법에 대해 설명적으로 내용을 담아내는 글을 의미한다. 특히 제품이나 상품에 대한 정보를 구체적이고 상세하게 가이드하는 역할을 지닌 글이라고 할 수 있다. 설명서가 없는 제품은 싸구려 제품이라는 인식이 강하다. 그로 인해 제품이나 물건을 구입하면 설명서가 반드시 첨부되는 것이 일반적이다.

1) 설명서의 종류

- 상품소개서 : 일반인이 친근하게 읽고 내용을 쉽게 이해하도록 하는 문서. 소비자에게 상품의 특징을 잘 전달해 상품을 구입하도록 유도하는 것이 궁극적 목적
- 제품설명서 : 제품의 특징과 활용도에 대해 세부적으로 언급하는 문서. 제품 구입도 유도하지만, 제품의 사용법에 대해 더 자세히 알려주는 것이 주목적

(6) 보도자료

정부 기관이나 기업체, 각종 단체 등이 언론을 상대로 자신들의 정보가 기사로 보도되도록 하기 위해 보내는 자료이다. 보도자료는 말 그대로 언론의 보도를 위한 자료다. 기업이나 정부 기관에서 언론에 기삿거리를 제공하는 자료이다. 보도자료는 흔히 영어로 'Press Release'로 표현하며 약자로는 'PR'로 축약한다.

보도자료의 내용은 대개 회사의 정책이나 활동, 제품과 기술의 개발이 주가 된다. 또한 임직원의 활동이나 행사, 특정사안에 대한 입장 표명까지도 보도자료의 내용에 포함된다. 특히 회사에서 특별한 이벤트나 일반인들에게 알리고자 하는 내용이 있으면 언제든지 보도자료에 담아낼 수 있다.

(7) 자기소개서

개인의 가정환경과 성장 과정, 입사 동기와 근무 자세 등을 구체적으로 기술하여 자신을 소개하는 문서이다.

(8) 비즈니스 레터(E-mail)

사업상의 이유로 고객이나 단체에 편지를 쓰는 것이며, 직장업무나 개인 간의 연락, 직접 방문하기 어려운 고객관리 등을 위해 사용되는 비공식적 문서이나, 제안서나 보고서 등 공식 문서를 전달할 때도 사용된다.

직장에서의 이메일 사용은 공적인 문서 역할을 한다. 달리 말하면 하나의 회사 문서라고 하는 것이 옳다. 물론 업무상 별다른 문제를 야기하지 않았을 때는 이메일이 대수롭지 않을 수 있지만, 문제가 발생했을 때는 중요한 문서로 작용한다.

일반적인 이메일은 부담을 갖지 않고 서술하면 된다. 본문의 구성에서도 내용의 흐름을 자연스럽게 하면 된다. 그러나 회사의 이메일은 내용을 논리적으로 전개해야 한다.

(9) 비즈니스 메모

업무상 필요한 중요한 일이나 앞으로 체크해야 할 일이 있을 때 필요한 내용을 메모 형식으로 작성하여 전달하는 글이다.

1) 비즈니스 메모의 종류

- 전화 메모 : 업무 내용부터 개인적인 전화의 전달 사항 등을 간단히 작성하여 당사자에게 전달하는 메모, 휴대폰의 발달로 현저히 줄어듦.
- 회의 메모 : 회의에 참석하지 못한 상사나 동료에게 전달 사항이나 회의 내용에 대해 간략하게 적어 전달하는 메모. 또는 회의 내용을 기록하여 기록이나 참고자료로 남기기 위해 작성한 메모로써 월말이나 연말에 업무 상황을 파악하거나 업무 추진에 대한 궁금증이 있을 때 핵심적인 자료 역할을 함.
- 업무 메모 : 개인이 추진하는 업무나 상대의 업무 추진 상황을 적은 메모

(10) 웹 문서

웹 문서는 웹 사이트의 콘텐츠 내용을 구성하는 글을 의미한다. 그러나 웹 문서는 상당히 공식적인 글쓰기에 해당된다. 웹 문서는 회사의 얼굴이자 거울이라고 할 수 있다. 웹 문서가 잘 작성되면 회사의 이미지가 돋보이지만, 잘못 작성되거나 오탈자가 많으면 회사의 신뢰 저하로 이어질 수 있기 때문에 웹 문서작성에 적지 않은 신경을 써야 하며, 가능한 좋은 웹 문서를 작성하려고 노력해야 한다.

3. 문서의 구분234)

평생교육기관에서 업무 수행 중에 사용되는 문서의 종류와 형식은 매우 다양하다. 문서는 [문서 구분 기준]과 같이 작성 주체, 유통 대상, 문서 형태, 문서 성질, 문서 기능, 처리 절차 등에 따라 다음과 같이 분류한다(행정안전부, 2012).

(1) 문서작성 주체에 의한 구분

1) 공문서

공문서는 기관에서 공무상 작성하거나 시행하는 문서와 기관이 접수한 모든 문서를 말한다. 문서의 형태는 종이뿐만 아니라 도면 · 사진 · 디스크 · 필름 · 슬라이드 · 전자문서 등의 특수 매체 기록 등을 모두 포함한다.

2) 사문서

개인이 사적인 목적을 위해 작성한 문서를 말한다. 비록 사문서지만 사실 증명을 할 수 있다. 각종 신청서 · 증명서 · 진정서 등과 같이 기관에 제출하여 접수된 것은 모두 공문서로 취급된다.

(2) 문서 유통 대상에 의한 구분

1) 유통되지 않는 문서 : 내부 결재 문서

기관이 내부적으로 계획 수립, 의사결정, 업무 보고, 방침 결정 등을 하기 위하여 작성하는 문서이다. 내부적으로 결재를 받기 위해 작성하는 문서로 타 부서나 타 기관에 발신하지 않는다.

2) 유통 대상 문서 : 대내 문서

기관 내부에서 지시 · 명령 · 보고 · 통지를 하거나, 업무적으로 관계 부서나 지원부서 상호 간 업무 협조를 위하여 수신 · 발신하는 문서를 말한다. 대내 문서에는 일반적으로 협조 문서, 회의록, 보고서, 통지 문서, 특정 부분에 작성되는 기관 장표, 규정, 그 밖의 경영 자료 등의 문서가 있다.

3) 유통 대상 문서 : 대외 문서

평생교육기관이 외부의 기관(행정기관이나 관련 평생교육기관, 단체 및 타인)에 수신 · 발신하는 문서로 내부 규정에 따라 일정한 형식과 공식적인 처리 절차를 거쳐서

234) http://m.blog.naver.com › sotiere [네이버 블로그], 문서이해와 작성, 구름빵야, 2019.06.23.

이루어지는 문서이다.

(3) 문서 성질에 의한 구분

문서 성질에 따른 구분에는 법규 문서, 지시 문서, 공고 문서, 비치 문서, 민원 문서, 일반 문서 등이 있으며 구체적 내용은 〈표 9-2〉와 같다.

〈표 9-2〉 문서 성질에 의한 구분

구 분	내 용
법규 문서	법규 사항을 구분하는 문서로 헌법·법률·대통령령·부령·조례 및 규칙 등에 관한 문서
지시 문서	훈령·지시·예규·일일 명령 등 기관이 하급 기관이나 소속 공무원에 대하여 일정한 사항을 지시하는 문서
공고 문서	고시·공고 등 행정기관이 일정한 사항을 일반에게 알리는 문서
비치 문서	행정기관이 일정한 사항을 기록하여 행정기관 내부에 비치하면서 업무에 활용하는 대장, 카드 등의 문서
민원 문서	민원인이 행정기관에 인가, 허가, 그 밖의 처분 등 특정한 행위를 요구하는 문서와 그에 대한 처리 문서
일반 문서	위 5가지에 속하지 않는 모든 문서

〈출처 : 행정안전부(2012). 『행정 업무 운영 편람』. 21-22쪽에서 재구성〉

(4) 문서처리 절차에 따른 구분

문서는 발생 시점부터 폐기에 이르기까지 규정된 절차 및 방법에 따라 처리되어야 하며, 각 처리단계에 따라 명명하는 문서의 명칭이 달라진다. 외부로부터 접수된 문서, 기안을 하고 내부 조직의 전결 규정에 따라 유통되는 문서, 시행을 완료한 상태부터 보관 및 활용 단계에 접어든 문서로서 각각 기안, 접수, 배포, 공람, 결재, 이첩, 미결, 시행, 완결, 보관, 보존, 폐기 문서로 구분할 수 있다.

문서의 라이프 사이클(life cycle)로 놓고 볼 때, 기안 문서에서 시행 문서까지는 문서작성 및 유통에 해당하며, 전결권자로부터 결재를 득하고 시행이 끝난 완결 문서부터 보관, 보존, 폐기 과정은 문서의 활용이나 보존에 관한 것으로 파일링 시스템(filing system)에 의해 관리된다.

① 접수 문서 : 외부로부터 접수된 문서

② 배포 문서 : 문서과가 접수 문서를 배포 절차에 의해 처리과로 배포하는 문서

③ 공람 문서 : 문서를 배포하는 데 별도의 처리 절차 없이 상급자에게 보고만 하거나 열람하는 문서
④ 기안 문서 : 기안 책임자가 발의한 내용을 결재권자의 결재를 얻기 위해 기안 서식에 작성한 문서
⑤ 이첩 문서 : 배포 문서의 내용이 다른 기관의 소관 업무에 대한 문서인 경우 해당 기관으로 이첩하기 위하여 기안된 문서, 또는 자신의 부서로 이첩되어 온 문서
⑥ 미결 문서 : 기안 문서를 결재받지 못하였거나 결재를 받고도 시행되지 않은 문서
⑦ 완결 문서 : 기안하고 결재하여 시행 목적에 따라 완결된 문서
⑧ 보관 문서 : 업무처리가 끝나 완결된 문서를 보관하는 문서
⑨ 보존 문서 : 문서 관리 규정에 따라 증빙이나 자료로 가치가 있어 일정 기간 보존을 필요로 하는 문서
⑩ 폐기 문서 : 자료 가치가 상실된 문서로 보존 연한 규정에 따라 폐기 처분되는 문서

(5) 문서 형태에 의한 구분

① 장표 : 장표란 일정한 양식에 필요한 사항을 쉽게 기입할 수 있도록 인쇄된 사무 문서로서 정형적인 업무에 많이 쓰인다. 전표, 장부, 표, 그림 등이 있다.
② 일반 문서 : 일반 문서는 업무의 특성과 무관하게 어느 부서에서나 공통으로 사용되는 문서이다. 양식이 일정하지 않으며 보고서, 제안서, 기획서, 조사서 등으로 구분할 수 있다.
③ 전자문서 : 전자문서는 사내 문서 또는 대외 문서가 컴퓨터 등 정보 처리 능력을 가진 장치에 의하여 전자적으로 작성되며, 송신과 수신, 보관 · 저장되는 문서를 말한다. 또 문서의 기안 · 검토 · 협조 · 결재 · 등록 · 시행 · 보관 · 이관 · 배부 · 공람 · 활용 등 문서의 전 과정의 처리 절차가 전자적으로 처리되는 시스템을 전자문서시스템이라고 말한다(사무관리 규정 제3조 제7항).

제5절 문서이해의 의미와 절차

P씨는 하루에도 수십 건씩 상사와 고객으로부터 주문서와 보고서, 지시문 등 여러 가지 문서를 받는다. 매일 벅찬 양의 문서가 쌓이다 보니 점차 내용이 섞이고, 정리가 필요하게 되었다. 그래서 P씨는 상사의 지시문 중 중요내용만을 간추려 메모하여, 보고서 작성에 사용하기도 하고, 다양한 고객의 주문서 중 핵심 내용만 정리하여 요구사항별로 묶기 시작하였다. 그 결과 보고서나 주문서 등이 몰려왔을 때 당황하지 않

고 빠른 속도로 이해하고 분류하여 신속하게 업무를 처리할 수 있었다. P씨처럼 신속하게 문서를 이해하고 요약, 정리하는 방법에는 어떤 것이 있는지 알아보기로 하자.

1. 문서이해의 의미

(1) 국가직무능력표준(NCS) 문서이해능력의 개념

작업 현장에서 자신의 업무와 관련된 인쇄물이나 기호화된 정보 등 필요한 문서를 확인하여 문서를 읽고, 내용을 이해하여 요점을 파악하는 능력

(2) 직장에서 요구되는 문서이해능력의 의미

① 문서를 읽고 이해할 수 있는 능력
② 각종 문서나 자료에 수록된 정보를 확인해 알맞은 정보를 구별하고 비교해 통합할 수 있는 능력
③ 문서에 나타난 타인의 의견을 이해하여 요약하고 정리할 수 있는 능력

2. 문서이해 지침

우리는 일상생활과 일 경험 등 다양한 활동을 하면서 수없이 많은 문서를 읽어야 한다. 하지만 모든 문서의 내용을 다 이해하고, 머릿속에 기억하기는 어려운 일이다. 따라서 각각의 문서에서 중요한 내용만을 파악하여 필요한 정보를 획득하고, 다양한 정보를 수집하여 종합하는 능력이 절실하다. 이러한 문서이해능력과 종합능력은 쉽게 얻어지지 않기에 다양한 문서를 읽고 정리하는 연습을 통해서 키워나가야 한다.

9장

(1) 사례 : 내용을 종합해 볼 때[235)]

매일 고객들이 보내는 수십 건의 주문서를 처리하고, 상사의 지시문에 따라 보고서나 기획서 등을 작성하는 일을 하는 세일즈맨 P씨. 매일 벽차리만큼 늘어나는 주문서와 상사의 지시문, 보고서에 묻혀가는 신세가 되었다. 그러던 P씨는 문서를 종류별로 체계적으로 정리하기로 결심했다. 고객의 주문서 중 핵심 내용만 정리하여 요구사항별로 그룹화하고, 상사의 지시문 중 중요한 내용만 간추려 메모해 두었다. 정리한 내용은 필요한 동료에게 메일로 보내주거나 보고서를 작성할 때 참고했다. 그랬더니 점차 업무의 양이 많아지고, 주문서와 작성해야 할 보고서, 공문과 메일 등이 늘어도 당황하지 않게 됐다. 오히려 예전보다 빠른 속도로 문서의 내용을 이해하고 분류하며 신속하게 업무를 처리할 수 있게 되었다.

235) 한국산업인력공단(2021), op. cit.

1) 사례해설

상기 사례에서 살펴볼 수 있듯이 문서 내용의 요약과 정리는 업무의 효율성과 명료성을 가져온다. 그리고 문서 내용의 이해와 요약은 일 경험은 물론 일상생활에서도 상당히 중요하다. 하지만 이러한 능력을 기르는 일은 그리 쉽지 않다. 제시된 사례는 나날이 업무량이 늘어 결국 통제가 어려운 상황에 닥친 세일즈맨 P씨가 효율적으로 업무를 처리하기 위하여 비슷한 업무를 종류별로 그룹화하고, 상사의 지시문 중 중요한 부분만 메모하여 정리하였더니 업무효과가 현저히 증가했다는 내용이다. 같은 업무를 추진하더라도 요점을 파악하고 정리하는지가 업무성과의 차이를 가져옴을 알려 주는 사례이다. 이를 통해 업무를 추진할 때 문서이해를 통해 정보를 획득하고, 수집, 종합하는 것이 중요함을 알 수 있다.

(2) 문서이해를 위한 구체적인 절차[236)]

우리는 직장생활이나 가정생활 등 다양한 활동을 하면서 수없이 많은 문서를 읽어야 한다. 이때 주어진 문서를 빠르고 정확하게 이해하기 위해서는 문서를 이해하는 구체적인 절차를 알고, 문서이해능력을 키우기 위한 연습이 필요하다. 문서이해의 구체적 절차는 다음과 같다.

① 문서의 목적 이해

↓

② 문서가 작성된 배경과 주제 파악

↓

③ 문서의 정보 및 문서가 제시하는 현안 문제 파악

↓

④ 문서를 통해 상대의 욕구와 의도 및 내게 요구되는 행동 분석

↓

⑤ 목적 달성을 위한 행동 결정

↓

⑥상대의 의도를 도표나 그림 등으로 요약, 정리

---

236) https://vc.hsc.ac.kr › downloadBbsFile [춘천시], 의사소통능력(문서정리).

1) 문서의 목적 이해하기

① 문서를 작성한 사람의 의도를 파악하는 능력

의사소통의 범위와 관련된 사항으로 첫째 전달하고자 하는 내용을 말이나 글로 전달할 수 있어야 하며, 둘째 상대방과의 교류를 통하여 가능하다면 상대방의 생각을 변경해 줄 수 있어야 한다.

② 문서 파악의 수준

- 논리 수준 : 문서를 체계적으로 이해했는지에 대한 여부
- 감정 수준 : 문서를 작성한 사람이 가지고 있는 생각과 의도를 파악하였는지에 대한 여부
- 행동 수준 : 문서를 읽고 어떠한 행동을 취할지 결정하는지에 대한 여부

2) 문서작성 배경과 주제 파악하기

문서가 작성된 배경을 이해하지 못하면, 상호 간 오해가 발생할 수 있으므로 문서가 작성된 배경이나 주제를 파악하여야 한다.

3) 문서 정보 파악하기

문서에 쓰인 정보를 밝혀내고, 문서가 제시하고 있는 현안문제(현재 중요한 사안)를 파악한다.

4) 문서 내용 분석하기

문서를 통해 상대방의 욕구와 의도 및 내게 요구되는 행동에 관한 내용 분석하기, 즉 현안문제 파악한 후, 상대방이 내가 취했으면 하는 행동을 분석한다.

5) 문서에서 이해한 목적 달성을 위해 취해야 할 행동을 생각하고 결정하기

상대방이 내가 취했으면 하는 행동을 파악한 후, 목적 달성을 위해 취해야 하는 행동을 결정한다.

6) 상대방의 의도를 도표나 그림 등으로 메모하여 요약, 정리해보기

문서를 정리하지 않으면 해당 문서를 찾기 어렵다. 문서를 요약하고 정리하여 쉽게 관련된 내용을 찾을 수 있도록 해야 한다.

(3) 문서이해를 위해 필요한 사항237)

① 직업 생활에서 우리가 다루는 문서의 종류와 양은 다양하다. 설사 주어진 문서를 모두 이해했다 하더라도 그 내용을 전부 기억하기란 불가능하다. 따라서 문서이해를 위해선 꼭 알아야 하는 중요한 내용만을 파악하여 필요한 정보를 획득하고, 종합하는 능력이 필요하다.

② 문서이해능력은 하루아침에 길러지는 능력이 아니다. 건강을 위해 꾸준한 운동이 필요하듯 다독과 다작을 통해 문서이해능력과 내용종합능력을 키워나가는 노력이 필요하다.

③ 문서이해능력을 키우기 위해서는 문서에서 전달하는 정보를 나만의 방식으로 소화하여 작성할 수 있어야 한다. 많은 정보를 이해하고 기억하기 위해 누군가에게는 도표가, 누군가에게는 3~4개의 핵심 단어 요약이 더 적합한 방식일 수 있다. 평소에 다양한 종류의 문서를 읽고, 구체적인 절차에 따라 이해하고, 정리하는 습관을 들이되 본인에게 적합한 정리 방식을 찾는 노력이 필요하다. 글을 잘 읽고 종합하는 능력을 기르기 위해서는 어디까지나 다독과 다작, 다상량238)이라는 글 읽기와 쓰기의 고전적인 규칙이 여전히 핵심이라는 뜻이다.

제6절 문서해독시 비판적 이해의 요소239)

1. 이슈와 결론은 무엇인가?

① 글을 쓰는 사람은 상대방의 신념이나 지각(知覺)을 바꾸려 한다. 그러므로 깊은 이해를 하려면 저자의 목적(의도)을 확인해 낼 수 있어야 한다.

② 합리적으로 반응을 할 수 있으려면 글쓴이가 무엇에 대해 말하고 있는지, 이슈(쟁점)는 무엇인지, 결론은 무엇인지 확인해야 한다. 이슈와 결론을 정확하게 이해하지 못하면 이해와 커뮤니케이션은 엉뚱한 방향으로 왜곡될 수 있다.

③ 결론은 글쓴이가 상대방이 수용해 주기를 바라는 메시지이다. 결론을 찾을 때 '저자가 증명하려고(말하려고) 하는 것이 무엇인가?', 저자가 하는 말의 핵심은 무엇인가?'라는 질문을 해야 한다.

④ 이슈는 글에서 직접 언급되어 있을 수도 있지만 그렇지 못할 수도 있다. 언급되어

---

237) http://blog.daum.net/junghunsa/898 [정훈사], 이해한 문서의 내용을 요약, 정리하는 방법, 2016.08.12.
238) 다상량(多商量) : '많이 생각한다'는 의미이기는 하지만, 정확하게 해석하면 '많이 헤아린다'는 의미이다.
239) http://smmi.tistory.com › attachment [미래와 소통], 3주 수업자료-문서이해, 참조.

있지 않을 때는 '결론'을 확인해 낸 다음 그것이 어떤 이슈(쟁점)에 대한 것인지 찾아내야 한다.

2. 이유(증거)는 무엇인가?

① 이유(증거)란 결론을 뒷받침하거나 정당화하기 위하여 제시하는 신념, 자료, 비유, 유추 및 기타의 진술들이다. 이유란 우리가 글쓴이의 결론을 왜 믿어야 하는지에 대한 설명 또는 이론적 근거이다.
② 논증 = 결론(주장) + 전제(이유=증거=근거)
③ 모든 텍스트의 내용은 사실, 의견 또는 판단으로 나누어 볼 수 있다.
④ 이유가 따라올 것임을 암시해주는 단어에는 왜냐하면, ~이므로, ~이기 때문에, ~하는 한에 있어서는, ~인 까닭에, 첫째…, 둘째…, 예컨대, …로 볼 때 등등 (결론 지시어 : 논증의 결론임을 가리키는 어휘나 구절, 그러므로, 따라서, 결국, 결과적으로, 결론적으로, 그러니까)
⑤ 어떤 주장을 뒷받침하는 증거의 양과 질이 커질수록 우리는 그것을 더 많이 신뢰할 수 있으며, 그래서 그 주장을 사실(신뢰할 수 있는)로 받아들일 가능성이 커진다.

3. 의미는 분명한가?

① 핵심적인 단어나 구의 구체적인 의미를 분명히 알아야 한다.
② 어떤 단어나 구의 의미가 모호한지를 찾아내려고 할 때는 왜 그것을 찾는지를 마음속으로 주목해야 한다.
③ 우리의 언어는 여러 가지로 복합적인 의미를 가질 때가 많다. 단어가 몇 가지의 의미를 가지면 융통성은 있지만 이런 뜻인지 저런 뜻인지 애매할 수 있다. 글쓴이는 자신이 사용하는 용어를 분명하게 정의하지 않고 있다. 그러므로 단어가 사용되고 있는 맥락(context)을 살펴보아야 한다.

4. 어떤 가정을 하고 있는가?

① 모든 논증에는 글쓴이가 의심의 여지가 없다고 생각하고 있는 것이 있으며 그것이 가정이다. 연결고리가 되는 가정을 찾아내지 못하면 논증을 이해하기가 어렵다. 만약 찾아낸 가정에 동의할 수 없으면 글쓴이의 논증의 결론은 무너지기 쉽다.
② 중요한 가정을 찾아보는 이유는 글쓴이가 제시하고 있는 이유가 결론을 얼마나 잘 뒷받침하고 있는지를 판단하기 위해서이다. 글 속에 나타나 있기 때문에 보이는

부분과 반대로 나타나 있지 않아 보이지 않는 부분을 합쳐서 논증의 전체적인 그림을 그려볼 수 있어야 그 논증의 강점과 약점을 더 잘 확인해 낼 수 있다.

③ 가정을 찾아내는 요령

- 제시하고 있는 이유가 진실하다고 가정했는데도 그 결론이 허위일 가능성이 있는가?, 그 이유가 진실하다 해도 다른 무엇이 또한 진실해야 결론이 성립되는 것인가?, 어떻게 해서 당신은 그 이유에서 그 결론에 이르고 있는가? 라고 계속해서 물어보라.
- 제시하고 있는 이유를 수용할 수 있으려면 당연시해야 하는 아이디어에는 어떤 것이 있는가? 라고 물어보라.
- 글쓴이가 그러한 결론으로 나아갈 때 어떤 생각을 할 것인지를 생각해 보라.
- 왜 어떤 사람은 그 결론에 동의하지 않을지를 스스로에게 물어보라.
- 관심 있는 이슈에 대해서 더 많은 정보를 수집하라.

5. 추리는 논리적인가?

① 추리란 주어진 증거를 가지고 주장을 도출해 내는 정신 과정이다. 이 과정이 그럴듯할 때 그 정신 과정은 논리적이고 그렇지 않으면 비논리적이라 한다.

② 추리가 논리적인지 또는 오류가 없는지를 판단하기 위해서는 다음과 같은 질문을 해보아야 한다.

- 이유는 적절하고 충분한가?
- 가정은 이치에 맞는가?
- 추리에 속임수는 없는가?
  - 애매한 말을 사용하는 경우
  - 지나치게 단순화시키고 있는 경우
  - 쟁점을 교묘하게 회피하고 있는 경우
  - 의심스러운 권위에 호소하는 경우

6. 반대 증거는 무엇인가?

① 옳다는 것을 완벽하게 보여줄 수 있는 완벽한 정보는 절대로 없다고 말할 수 있다. 우리가 내리는 대부분의 판단은 잠정적이고 불완전하며, 다만 '더 나은' 것 같이 보이는 것을 찾으려 노력할 뿐이다. 그러므로 주장에 대한 반대 증거는 거의 언제나 있기 마련이다.

② 글쓴이는 자신의 주장에 반대되는 증거의 의미를 최소화하거나 누락시켜 버리는

경우가 많다. ㉮ 광고들은 매력적인 이유만 말하고 불리한 것이면 중요한 것이라도 말하지 않는다.

③ 반대 증거는 무엇인가? 라는 질문은 다음과 같은 두 가지 경우로 나누어 할 수 있다.

- 결론을 뒷받침하기 위하여 글쓴이가 제시하고 있는 증거와는 반대/모순되는 것에는 어떤 것이 있는가?
  Ⓐ 글쓴이와는 다른 시각을 가지고 다음과 같은 질문을 한다.
  - 입장을 달리하는 사람은 어떤 이유를 제시할까?
  - 이 논증의 반대 입장을 뒷받침하는 보기, 자료, 증언 또는 유추는?
  - 핵심 용어를 다르게 정의하면 논증은 어떻게 달라질까?
  - 다양한 관점에서 따져보고 있는가?
  - 제시하고 있는 사실의 출처나 절차를 달리한 것은 없는가?
  - 인용이 전체의 맥락에서 벗어나 있지는 않은가?
  - 그림이나 도표 등이 불완전하거나 누락된 것은 없는가?

  Ⓑ 결론이 미칠 부정적인 효과를 부각시켜 보는 것이다.
  - 누가 손해를 보는가? 이들은 거기에 대해서 무슨 이야기를 할까?
  - 이 제안(결론)은 어떤 영향을 미칠까? 사회 일반에 대하여, 인간관계에, 건강에 또는 정치에 어떤 영향을 미칠 수 있을까?
  - 이 제안(결론)이 미치는 누가적이고 장기적인 효과는 무엇인가?
- 결론에 대한 경쟁적인 원인들은 어떻게 찾아낼 수 있을까?
  - 그 설명을 비판적으로 검토해보았다는 증거가 있는가?
  - 고려해보지 않은 경쟁적 원인은 무엇인가?
  - 이 가설은 여러 가지 측면들을 잘 설명하고 있는가?
  - 단순히 함께 일어났다는 것만으로 인과 관계를 혼돈하는 것은 아닌가?
  - 글쓴이의 가설은 경쟁적인 것과 비교해 볼 때 얼마나 신뢰할 수 있는가?

7. 그럴듯한 다른 결론은?

① 글쓴이가 제시하고 있는 결론을 보지 말고 우선 '이유'를 자세하게 음미해 보라. 그리고 그러한 이유에서 따라올 수 있는 결론들을 가능한 한 많이 생각해 보려고 하라. 같은 이유를 가지고 만들 수 있는 다른 대안적인 결론이 글쓴이가 제시하고 있는 결론보다 그럴듯할 수 있다.

② '만약에'라는 조건절을 사용하라. '만약에'라는 조건절을 사용하면 이슈가 가지고 있는 여러 가지 측면들을 살펴보게 되기 때문에 여러 가지 대안적인 결론을 생성해 낼 수 있다.

제7절 문서이해의 창의적 적용[240)]

문서를 읽고 이해함으로써 문서에 수록된 정보를 파악한 후, 이를 요약·정리할 수 있다면 문서이해의 1단계는 성공한 것이다. 앞서 비판적 시각에서 문서를 바라보는 단계, 즉 비판적 이해의 요소를 2단계라고 한다면, 문서이해의 창의적 적용 단계는 3단계에 해당한다고 할 수 있다. 기존 문서 작성자의 생각과 의도를 뛰어넘는 문서의 재해석을 통한 3단계의 진입이야말로 새로운 업무 혁신의 출발점이 될 수 있다.

1. 새로운 상황 대두

4차산업혁명의 시대를 맞이하여 피드백을 통한 성찰의 과정뿐 아니라 피드포워드의 필요성과 중요성이 더욱더 강조되고 있다. 이러한 상황에 비춰 모든 직장인은 무엇보다 새로운 상황 변화에 대하여 민감하고 예리한 시선과 안목을 가질 필요가 있다. 현재의 상황을 직시하면서 동시에 앞으로 다가올 상황 변화에 대해서도 합리적이고 통찰력 있는 예측을 할 수 있어야 한다. 이는 곧 좁게는 자신이 담당하고 있는 업무 혁신으로 연결될 것이며, 크게는 조직의 발전과 성장에 기여하게 될 것이다.

따라서 문서를 접하게 되는 순간, 문서이해의 단계, 비판적 단계를 넘어 새로운 상황과 여건에 대비한 창의적 단계까지 문해력의 영역을 넓혀갈 필요가 있다.

언제나 새로운 상황의 대두를 염두에 두고, 문서를 이해한 다음에는 습관적으로 문서 내 정보와 자료를 토대로 개선 방안을 모색하기 위한 창의적 적용 단계까지 이행해 보려는 전향적 자세가 요구된다고 하겠다.

2. 적용 및 문제해결

문서이해의 단계를 넘어 새로운 상황에 부합하는 창의적 적용 단계에까지 사고가 이른다면, 이제는 문제해결을 위한 실행계획 내지 실천방안이 제시되어야 할 것이다. 앞으로 펼쳐질 새로운 상황에 적용 가능한 문제해결 방안이 제시된다면 이것이야말로 업무 혁신을 통한 조직 경쟁력 제고의 지름길이 아닐 수 없다.

3. 적용과정 고민

새로운 상황에 적용 가능한 문제 해결방안 마련 과정에서 분명 어려움과 난관이 있

240) 김종두 외(2019), op. cit.

을 것이다. 아이디어 개발자의 숙명이라고 생각하고 이 고비를 넘겨야 한다. 이를 위해 조직 차원의 지원, 조직 구성원의 격려와 아낌없는 협조, 그리고 무엇보다 본인 스스로 조직의 혁신 의지가 꺾이거나 식지 말아야 한다. 적용과정에 따른 고민과 현실적 장애 요인 등을 극복해야만 명실공히 문해력의 최종 단계에 도달할 수 있는 것이다.

제8절 마무리 : 핵심체크

1. 문서란 문자로 작성된 제안서, 보고서, 기획서, 편지, 이메일, 팩스, 메모, 공지 사항 등을 말한다. 사람들은 일상생활에서는 물론 다양한 직업 현장에서 여러 종류의 문서를 자주 사용한다. 그리고 이런 문서를 통해 상대방과 효과적으로 의사소통을 함으로써 자신의 의사를 상대방에게 설득시키거나 상대방의 의견을 오해하지 않고 이해하고자 한다.

2. 문서이해능력이란 직업 현장에서 자신의 업무와 관련된 인쇄물이나 기호화된 정보 등 필요한 문서를 확인하여 문서를 읽고, 내용을 이해하고 요점을 파악하는 능력이다.

3. 우리는 직업 생활에서 자신에게 주어진 각종 문서를 읽고 적절히 이해하여야 하며, 각종 문서나 자료에 수록된 정보를 확인하여 유용한 정보를 구분하고 비교하여 통합할 수 있어야 한다. 또한 문서에서 주어진 문장을 통해 정보를 이해하여, 자신에게 필요한 내용이 무엇인지 추론할 수 있어야 한다. 더불어, 도표, 수, 기호 등도 이해하고 표현할 수 있어야 한다.

4. 각종 분야에서 사용하는 문서의 종류는 매우 다양하다. 이렇게 다양한 문서를 얼마나 빨리 이해하여 업무에 적용하여 능숙하게 처리하느냐가 업무의 성과를 좌우한다. 그러므로 직업 생활에서 자신에게 필요한 문서가 무엇인지 파악하여 그에 요구되는 문서이해능력을 키우는 것은 매우 중요하다.

5. 일 경험을 하는 동안 우리는 주어진 문서를 빠르고 정확하게 이해하기 위해 문서를 이해하는 구체적인 절차를 이해하고, 본인에게 적합한 문서 정보 정리 방식을 찾아 실제로 활용할 수 있도록 부단히 연습해야 한다.

제 1 장	의사소통능력 I
제 2 장	의사소통능력 II
제 3 장	경청능력 I
제 4 장	경청능력 II
제 5 장	의사표현능력 I
제 6 장	의사표현능력 II
제 7 장	의사표현능력 III
제 8 장	의사표현능력 IV
제 9 장	문서이해능력
제10장	**문서작성능력 I**
제 11 장	문서작성능력 II
제 12 장	문서작성능력 III
제 13 장	기초외국어능력

글쓰기의 중요성은 아무리 강조해도 지나침이 없다. 의사전달과 소통의 중요한 매개체는 바로 글, 즉 문서이다. 문서작성에 문제가 있다는 것은 해당 프로젝트나 업무에 대한 이해도가 떨어진다는 반증일 수 있다. 문서작성능력이 높다면 그만큼 업무 효율성도 높다. 회사 업무는 대체로 문서작성으로 시작해서 문서작성으로 끝난다고 해도 과언이 아니다. 그리고 자신이 윗자리에 올라가면, 왜 보고서를 쓰라고 하는지 알게 된다. 직장에서 프로로 성공하기 위해서는 회사에서 중요시하고 기본으로 여기는 문서에 대한 기획 및 작성 능력이 매우 중요하다. 즉 문서를 잘 작성하기 위해서는 무엇보다도 글로 잘 정리하는 기술이 필요하다.[241)]

제1절 문서작성능력의 개념과 문서작성의 중요성

1. 문서작성능력이란

문서작성능력이란 직업 생활에서 요구되는 업무의 목적과 상황에 적합한 아이디어

241) 노동형(2011), 삼성 기획서의 비밀, 청년정신, 2011.02.28.

또는 정보를 전달할 수 있도록 문서[242]로 작성할 수 있는 능력을 의미한다. 직업인은 자신에게 주어진 업무나 자신을 둘러싸고 일어나는 상황에서 필요한 문서가 무엇인지 이해하고 작성할 때, 조직의 요구에 효과적으로 부응할 수 있다. 따라서 다양한 문서를 이해하고 상황과 목적에 맞는 문서작성능력의 함양이 요구된다.

2. 문서작성의 중요성

문서작성은 직업 생활에서 가장 기본이 되는 필수능력 중 하나이다. 직장에서 프로로 성공하기 위해서는 회사에서 중요시하고 기본으로 여기는 문서에 대한 기획 및 작성 능력이 매우 중요하다. 즉 문서를 잘 작성하기 위해서는 무엇보다도 글로 잘 정리하는 기술이 필요하다.

문서는 일 경험과 관련하여 사람들의 의사소통 수단이 될 뿐만 아니라, 자신의 업무능력을 평가받게 되는 잣대가 될 수도 있다. 이처럼 일 경험에서 문서작성능력은 상당히 중요하다. 또한 아무리 성실하게 업무를 수행하더라도 상황과 목적에 맞게 문서를 작성하지 못하면 자신의 능력을 제대로 평가받을 수 없다.

일 경험을 하면서 글을 쓰는 행위는 의사소통의 또 다른 방법이다. 이때 주로 작성하는 문서는 일 경험과 관련된 것이 대부분이다. 공문서, 기획서, 보고서는 기본이며, 이메일을 통한 업무 보고가 당연한 시대가 되면서 원활한 업무 수행을 위해 자신의 생각을 구체적이고 논리 정연하게 표현해야 하는 문서작성이 더욱 절실하게 되었다.

3. 사례 : 지금 낙서를 가져온 겁니까?[243]

W씨는 어려운 취업난을 뚫고 A사에 입사하게 되었다. 기대에 부푼 만큼 직업 생활은 정말 즐거웠다. 입사하고 처음으로 회의에 들어간 W씨는 회의 시간 동안 앞으로의 업무 방향과 중요 사항 등 많은 사항들을 듣고 자신에게 필요한 업무가 무엇인지 느끼게 되었으며 그때마다 간단한 메모를 해 두었다.

회의가 끝나고 얼마 후, 팀장이 W씨를 불러 회의록을 가져오라고 지시했다. 어떻게 해야 할지 모르는 데다가 평소 글쓰기에 자신이 없던 W씨는 고민 끝에 회의 때 기록해둔 메모를 새롭게 구성하여 팀장에게 보여주었다. 회의록을 기대했던 팀장은 W씨의 메모를 보고는 한숨을 쉬며 W씨에게 이렇게 얘기했다.

"회의에서 다룬 중요한 내용은 모두 다 있기는 하지만, 지금 낙서를 가져온 겁니까? 회의록을 다시 작성해 오세요!"

242) 여기서 말하는 문서는 제안서, 보고서, 기획서, 메모, 편지, 공지 사항 등 문자로 구성된 것을 의미한다.
243) 한국산업인력공단(2021), op. cit.

(1) 사례 해설

제시된 사례는 회의에 참석하여 회의 내용을 이해했지만, 그 후 상사의 지시를 받고 회의록을 잘 작성하지 못하여 곤란한 상황에 있다는 사례이다. 회의록에 기입해야 할 내용은 모두 담았지만 상사로부터 다시 작성해 오라는 명령을 받은 W씨는 회의록 작성에서 무엇이 잘못되었는지 모르고 있다. 회의의 내용을 문서로 옮겨 작성하는 방법을 정확히 알아야 함을 확인할 수 있다.

4. 문서의 의미

일상적으로 문서는 '사람의 생각을 상징적인 기호로 정보를 제공하여 글로 쓴 것'으로 정의할 수도 있지만, 현대에 이르러 컴퓨터의 발달에 따라 특정 형식의 디지털 파일을 가리키기도 한다.

사람들은 일상생활에서는 물론, 일 경험에서도 다양한 문서를 자주 사용한다. 일상생활에서의 문서작성이 개인과 관련된 일이라면 일 경험에서의 문서작성은 업무와 관련하여 조직의 목표와 비전을 실현시키는 과정으로, 조직의 생존을 위한 필수 행위라 할 수 있다. 그렇기 때문에 직업인의 주 업무로서 문서작성은 개인의 의사 표현이나 의사소통을 위한 과정일 수도 있지만, 이를 넘어 조직의 사활이 걸린 중요한 업무이기도 하다.

문서는 대화의 또 다른 방법이며, 글쓰기를 통해 자신의 생각을 보다 구체적이고 논리적으로 정리하여 표현할 수 있다는 점에서 매우 중요한 문건 또는 서류이다.

5. 문서작성 시 고려 사항244)

첫째 회사 내에서 문서를 작성하기 위해서는 먼저 회사 조직과 구성원에 대해 잘 알아야 한다. 둘째 문서의 성격에 맞게 글을 써야 한다. 문서는 기안서, 품의서, 보고서 등의 형식에 프로젝트 기획, 실행계획 상신, 행사 결과 보고, 회의 소집, 비품 구입, 정산 등 다양한 상황에 맞게 작성되어야 한다. 셋째 문서의 내용을 논리적으로 잘 작성하기 위해서는 인문, 역사 관련 서적을 많이 읽어야 한다.

문서는 문서를 작성하는 목표, 즉 문서를 작성하는 이유와 문서를 통해 전달하려는 것을 명확히 한 후에 작성해야 한다. 문서작성은 개인의 사고력과 표현력을 총동원해야 하는 능력의 결정체이다. 그러므로 문서를 작성할 때는 문서의 대상, 목적, 시기가 포함되어야 하며, 기획서나 제안서 등 경우에 따라 기대효과 등이 포함되어야 한다.

---

244) 이하 내용은 주로 http://m.blog.naver.com › perezjjh [네이버 블로그], 의사소통능력의 문서이해능력, 문서작성능력, 2016.04.22. 참조.

제2절 문서작성 지침

모든 문서에는 작성 원칙과 주의사항이 있다. 이제 문서작성의 원칙이 무엇인지 알아보고, 문서작성 시 주의사항에 대해서도 살펴보기로 하자.

일 경험 중에 사용되는 문서는 상황과 목적에 따라 다양하며, 성격도 모두 다르다. 예를 들어 이메일은 일반적으로 개인적인 의사소통 수단이지만, 회사 업무 보고서나 고객에게 보낼 때는 업무의 연장선이 된다. 이렇듯 상황과 목적에 맞는 문서의 종류에 따라 적절한 문서를 작성하고, 제시하는 능력이 필요하다.

1. 사례 : 신데렐라 이야기[245)]

광고회사에 근무하는 D씨는 최근 팀장에게 신입사원이 기획한 기획안을 도와주라는 부탁을 받았다. 팀장이 신입사원에게 광고 기획안을 만들라는 지시를 했는데, 신입사원의 기획안이 너무 중구난방이라 여러 번 팀장에게 퇴짜를 받고, 결국은 회사에서 글쓰기의 달인으로 통하는 D씨에게 팀장이 개별적으로 부탁을 하게 된 것이다. D씨 역시 그 기획서를 본 후 기가 막히긴 마찬가지였다.

"두서가 없다는 말이 나올만하네요." 그러더니 D씨는 뜬금없이 노래를 부르기 시작했다. "'신데렐라는 어려서 부모님을 잃고요, 계모와 언니들에게 구박을 받았더래요.' 제가 이 노래를 왜 부른 것 같아요?" 신입사원은 자신을 놀리고 있다고 생각했지만, D씨의 다음 말에 자신이 무슨 실수를 저질렀는지 곧바로 깨달았다. "만약에 이 노래를 이렇게 부르면 어떻게 될까요? '신데렐라는 언니들에게 구박을 받고요, 어려서 엄마 아빠를 모두 다 잃었더래요.' 당신의 글이 지금 이래요. 구성이 뒤죽박죽이라고요."

(1) 사례해설

제시된 사례는 체계적인 문서작성이 직업 생활에서 중요함을 알려준다. 이를 통해 원칙과 체계가 있는 문서작성의 중요성을 깨닫고, 올바른 문서작성법에 따라 문서를 작성함으로써 상사에게 칭찬받는 직업인으로 거듭나야 할 것이다.

2. 상황에 따른 문서작성법[246)]

일 경험을 하는 상황에서는 많은 문서를 작성하게 되지만, 주로 자신의 업무와 관

245) 한국산업인력공단(2021), op. cit.
246) http://blog.daum.net/junghunsa/1021 [정훈사], 목적과 상황에 맞는 문서작성, 2016.08.23.

련한 기획서나 보고서, 제안서나 회의록 등을 작성하게 된다. 지금부터 자신의 업무와 관련하여 어떠한 상황에 문서작성이 필요한지 생각해 보고, 그 상황에 필요한 문서는 어떤 것이 있는지 알아보자.

대부분의 일 경험에서 업무는 문서를 통해 이루어진다. 자신의 명확한 생각을 전달하고자 할 때 문서를 활용하게 된다. 효과적이고 명확한 진행을 위한 일 경험의 성격상 우리는 많은 문서작성의 상황과 마주하게 된다.

문서는 상황과 목적에 맞는 체계적인 구조로 작성되어야 한다. 일 경험에서 요구되는 문서는 요청이나 확인을 부탁하는 경우, 정보제공을 위한 경우, 명령이나 지시가 필요한 경우, 제안이나 기획을 할 경우, 약속이나 추천을 하는 경우 등 작성해야 하는 상황에 따라 내용이 결정되고, 그 내용에 따라 문서의 성격이 달라지며, 구성도 변하므로 목적에 맞게 문서를 작성해야 한다.

(1) 요청이나 확인을 부탁하는 경우

업무를 추진하는 과정 중에 업무 내용과 관련된 요청사항이나 확인 절차를 요구해야 할 때가 있다. 이러한 경우, 일반적으로 공문서를 활용하게 되는데, 공문서는 반드시 일정한 양식과 격식을 갖추어 작성해야 한다.

(2) 정보제공을 위한 경우

직장생활에서 업무 추진을 통해 일의 성과를 높이기 위해서는, 적시에 유용한 정보를 제공할 수 있어야 한다. 자신과 부서에 대한 일반적인 정보뿐 아니라 행사를 개최하거나 제품을 개발했을 경우에도 필요한 정보를 제공해야 한다. 일반적으로 회사 자체에 대한 인력 보유 홍보나 기업정보를 제공하는 경우가 있는데, 이러한 경우에는 홍보물이나 보도자료 등의 문서가 필요하다. 또한 제품이나 서비스에 대해 정보를 제공해야 하는 경우에는 설명서나 안내서 등이 필요하며, 정보제공을 위한 문서를 작성하고자 하는 경우에는 시각적인 자료를 활용하는 것이 효과적이다. 아울러 모든 상황에서 문서를 통한 정보제공은 무엇보다 신속하고 정확하게 이루어져야 한다.

(3) 명령이나 지시가 필요한 경우

업무를 추진하다 보면 관련 부서나 외부기관, 단체 등에 명령이나 지시를 내려야 하는 일이 많다. 이런 경우, 일반적으로 업무 지시서를 작성한다. 업무 지시서를 작성할 때는 상황에 적합하고 명확한 내용을 작성할 수 있어야 한다. 또한, 단순한 요청이나 자발적인 협조를 구하는 차원의 사안이 아니므로 즉각적인 업무 추진이 실행될 수 있도록 해야 한다.

(4) 제안이나 기획을 할 경우

직장생활에서는 업무에 대한 제안이나 기획을 수립해야 하는 경우가 많다. 제안서나 기획서의 목적은 업무를 어떻게 혁신적으로 개선할지, 어떤 방향으로 추진할지에 대한 의견을 제시하는 것이다. 그러므로 회사의 중요한 행사나 업무를 추진해야 할 경우, 제안서나 기획서를 효과적으로 작성하는 것은 매우 중요하다. 제안이나 기획의 목적을 달성하기 위해서는 관련된 내용을 깊이 있게 담을 수 있는 작성자의 종합적인 판단과 예견적인 지식이 요구된다.

(5) 약속이나 추천을 위한 경우

약속을 위한 문서는 고객이나 소비자에게 제품의 이용에 관한 정보를 제공하고자 할 때, 추천서는 개인이 다른 회사에 지원하거나 이직을 하고자 할 때 일반적으로 상사가 작성해 주는 문서이다.

3. 종류에 따른 문서작성법[247)]

보통 각 회사나 기관별로 고유의 문서 양식이 있어서 상황에 따라 적합한 문서를 선정하여 작성하게 된다.[248)] 만일 별도의 양식이 정해져 있지 않으면 일반적으로 많이 쓰여지는 양식을 선정하여 작성한다. 일 경험에서 문서작성은 형식적인 면을 상당히 중요시한다. 일례로 공문서는 일정한 형식 안에서 내용을 일목요연하게 전개해야 하며 이 과정에서 정확하고 확실하게 작성하는 것이 요구된다.

(1) 공문서

공문서는 회사 외부로 전달되는 문서이므로 누가, 언제, 어디서, 무엇을, 어떻게(왜)가 정확하게 드러나도록 작성해야 한다.

1) 공문서의 분류

① 대내문서 : 당해 기관 안에서 보조 및 보좌 기간 내에 업무협조를 위한 용도나 통지를 위하여 사용하는 문서
② 대외문서 : 자체 기관 외에 외부 단체나 행정기관, 국민에게 보내거나 활용되는 문서
③ 내부 결재문서 : 자체적으로 계획을 세우고 처리 방침에 대해 검토하고 보고하기 위해 결재를 받는 문서

247) 한국산업인력공단(2021), op. cit. 김주애 외(2020), op. cit.
248) 기업의 경우 회사마다 각 문서에 대한 정형화된 틀이 있기 때문에 그 틀에 맞춰 작성하는 것이 필요하다.

2) 공문서의 구성요소

공문서(즉, 일반 기안문과 시행문)는 두문 · 본문 · 결문으로 구성하고 있다.

① 두문 : 발신 기관명(우편번호와 주소, 전화번호, 팩스 번호)과 분류 기호 및 문서 번호, 시행 일자(보존기간)와 수신자, 경유로 구성되어 있다.
② 본문 : 의사결정을 전달하고, 업무의 내용이 되는 제목과 내용, 붙임(첨부물 표시)으로 구성되어 있다.[249]
③ 결문 : 발신 명의, 기안자·검토자·협조자·결재권자의 직위 또는 직급, 서명[250], 등록 번호, 행정기관 정보 등으로 표시되어 있다.

3) 공문서의 작성 방법

① 공문서를 작성하기 위해서는 공문서의 목적을 파악한 후 정보를 수집하여 초안을 작성한다.
② 이때 수집한 정보를 기반으로 기안 목적에 맞게 작성하되 본안을 작성할 때는 중점 내용에 대한 문장을 분명히 하여 상대방이 쉽게 이해할 수 있도록 표현해야 한다.
③ 끝으로 작성이 완료된 후에는 반드시 내용을 검토하여 잘못된 부분이나 불필요한 부분은 삭제하도록 한다.

4) 공문서의 작성 요령[251]

① 날짜 작성 시 유의 사항
- 연도와 월일을 반드시 함께 기입하고, 연도를 생략해서 쓸 때는 작은따옴표 뒤의 것 사용한다. ㉠ 2019년을 생략해서 사용할 경우 : '19(×) → '19(O)
- 날짜 다음에 괄호를 사용할 경우에는 마침표를 찍지 않는다.[252]

② 내용 작성 시 유의 사항
- 한 장에 담아내는 것이 원칙이다.
- 마지막엔 반드시 '끝'자로 마무리한다. 본문 내용의 마지막 글자에서 한 글자(2타) 띄우고 "끝" 표시. ㉠ …주시기 바랍니다. ∨∨끝.
- 복잡한 내용은 항목별로 구분한다. ('-다음-', 또는 '-아래-')
- 대외문서이며 장기간 보관되는 문서이므로 정확하게 기술한다.

(2) 설명서

① 명령문보다 평서형으로 작성한다.

---

249) 전자문서인 경우, 본문은 제목 및 내용으로 할 수 있다.
250) 서명에는 전자문자 서명·전자이미지 서명 및 행정전자 서명을 포함한다.
251) 이와 관련하여 <2.4.3 문서작성의 구체적 방법> 참조.
252) 괄호 안에 있다고 한다면 마침표를 찍지 않는 것이 맞고, 괄호가 없다고 하면 마침표를 찍어야 한다는 것이다.

② 상품이나 제품에 대해 설명하는 글의 성격에 맞춰 정확하게 기술한다.
③ 정확한 내용 전달을 위해 간결하게 작성한다.
④ 소비자들이 이해하기 어려운 전문용어는 가급적 사용을 삼간다.
⑤ 복잡한 내용은 도표를 통해 시각화하여 이해도를 높인다.
⑥ 동일한 문장 반복을 피하고 다양하게 표현하도록 한다.

(3) 기획서[253)]

기획서란 지금까지 회사에 도입되지 않았던 새로운 제도나 업무개선을 위한 제안, 신제품의 개발 및 판매를 위한 마케팅 계획, 인사·총무에 대한 개선책 등 기업에서 일어날 수 있는 다양한 일들에 대해 구체적으로 계획을 수립하여 제출하는 문서이다.

1) 기획서의 분류

기획서는 크게 회사의 업무나 자사의 판매상품 등을 대상으로 기획하는 사내 대상 기획서와 거래처나 관계기관의 업무를 대상으로 하는 사외 대상 기획서가 있다.[254)]

① 사내 대상 기획서

- 인사·총무 : 교육 및 연수 계획/사내 개선안/행사 계획서 등
- 경영 : 경영계획/신규 사업계획/자금 계획 등

② 사외 대상 기획서

- 광고 계획/신상품 판매 계획/점포 개발 계획 등

2) 기획서의 종류

기획서는 상황에 따라 여러 가지 명칭으로 불리기도 한다.

① **사업 제안서/사업 요약서** : 정부 및 관공서 등에서 입찰 공모를 할 경우, 기업에서는 사업의 성향에 따라 프로젝트 그룹을 결성하여 공모의 평가를 위한 사업 제안서 및 입찰의 확립을 위한 사업 요약서 등을 기획하여 제출해야 한다. 사업 제안서와 사업 요약서는 특정 기간 내에 기획 작업을 실시해야 하며 평가항목에 맞추어 콘셉트(concept)를 정하고 좋은 점수를 받기 위해 전문적이고 구체적인 기획서를 작성해야 한다.
② **프로젝트 제안서/사업 기획서** : 프로젝트 추진 및 기업 간 사업 수주 등을 위한 기획

---

253) http://www.giftseoul.news [By giftseoulnews], 구체적인 실행계획을 세우는 과정/기획서, 기획안 작성법, 2020.02.20.
254) 여기서 기획이란 어떠한 문제점이나 과제에 대해 현황을 분석하고 문제점을 검증하여 해결 방법을 제시하고 해결을 위한 구체적인 실행계획을 세우는 과정을 말한다.

서로 제출용과 발표용 등 용도를 따로 구분하여 작성하며, 프로젝트 및 사업의 성격에 맞춘 검증된 자료를 통해 시장 분석 및 제안 목적 등을 명확히 밝혀야 한다.

③ **투자유치서/IR(Investor Relations)**[255] : 기업을 소개하고 투자를 유치하기 위해 투자자들을 대상으로 사업설명회를 통해 기업의 주요 정보나 앞으로의 방향성 등을 정확하게 제시하고 전달하기 위한 기획서의 일종이다. 투자자들이 관심을 갖고 볼 수 있도록 이미지와 도형 등의 효과적 표현의 사용을 통해 강한 인상을 심어주어야 하며, 객관적 자료를 통해 기업의 신뢰성을 확보해야 한다.

④ **상품소개서/기업홍보** : 기업의 이미지 및 상품을 효과적으로 홍보하기 위한 기획서로 보통 프레젠테이션을 위한 파워포인트로 제작된다. 홍보를 위한 자료임으로 발표용과 배포용을 구분하여 작성해야 하며 전달력을 높이기 위한 효과적인 표현 방법이 사용되어야 한다.

3) 기획서 사전 준비

기획서는 작성하기에 앞서 다음과 같은 사전 준비가 필요하다.

① why	기획의 배경 기획 목표	왜 기획을 진행하며 그 목표는 무엇인가? 기획을 통해 기대하는 것은 무엇인가?
② what	기획의 내용	기획 내용은 무엇인가?
③ how	기획 방법	기획은 어떠한 방법으로 진행되는가?
④ who	담당자 관계자	기획의 관계자 혹은 담당자는 누구인가?
⑤ when	기획 시기 기획 기간	기획의 진행 시기는 언제이며, 기간은 얼마나 걸리는가?
⑥ where	기획장소	기획은 어디서 진행되는가?
⑦ how much	기획예산	기획을 진행하기 위해선 어느 정도의 예산이 필요한가?

4) 기획서의 목적 달성을 위한 유의사항

① 결론은 정확해야 하며 전체의 이해를 돕도록 한다.

② 내용이 과하거나 부족함이 없어야 한다.

③ 산만함보다는 레이아웃[256]이 세련되고 간결하도록 작성한다.

---

255) IR : 투자자들에게 기업의 정보를 제공하기 위한 문서를 말한다.

256) 레이아웃 : 사전적 의미로는 책이나 신문, 잡지 따위에서 글이나 그림 따위를 효과적으로 정리하고 배치하는 일을 뜻하며, 기획서 한 장의 구성을 어떻게 구성할 것인가를 정하는 것을 말한다. 크게 기획서를

④ 도표나 이미지 등을 효율적으로 사용한다.
⑤ 전체적인 내용이 기획의 의도와 알맞아야 한다.
⑥ 기획의뢰자 또는 담당자의 입장에서 이해하기 쉽도록 작성해야 한다.

5) 기획서의 구성요소

① 표지부

명칭 **입안자**	- 마케팅 기획서 / 제안서 / 전략보고서 등 - 대표자 / 개인 성명 / 팀명 / 팀원 성명 등
머리말	- 인사말 / 서문 / 기획의 경위 등을 간략하게 요약하여 작성
목 차	- 장, 절 등으로 기획서의 순서를 명시

② 도입부

기획 목적 **기획 배경**	- 경영방침 / 경영전략 / 경영정책 및 절차 등의 적절한 구성 - 기획의 목적과 목표, 이유 등을 기술
기대효과	- 실행 결과의 기대효과 및 예측 효과, 미치는 영향 등을 기술
기획의 개요	- 한눈에 기획을 이해할 수 있는 페이지 만들기 - 읽는 사람이 흐름을 이해할 수 있도록 작성 - 5페이지 넘는 기획서에는 한눈에 들어오는 개요를 통해 전체를 이해하게 해야 함

③ 본론부

기획 내용	- 해결방안 / 구상안 제시(구상안이 많을 경우 장단점 비교) - 기획실행을 위한 전략 / 방법 / 수단 제시
실시계획	- 실시를 위한 조직화 계획 / 세부 작업계획 / 일정 계획 등을 정리
예 산	- 기획예산 / 소요경비의 산출 / 자금조달 방법

④ 보조부

환경변수에 **대한 대책**	- 기획 추진 시의 문제점 - 문제에 대한 대책 수립
관계 자료	- 기획 입안을 위한 조사자료 및 통계자료 / 참고 문헌 등

구성하는 콘텐츠(시행 배경, 현황분석, 시행 방향, 컨셉, 전략, 개요, 실행계획, 일정, 예산 등)를 논리적으로 순서를 정하여 정리하는 것을 말한다.

6) 기획서의 표현

① 문장기법

- 논리적으로 작성 : 선결후론,[257] 혹은 기승전결 등의 논리적 구조를 가질 것, 장 · 절 · 항 등이 적절하게 구분되어 있을 것, 사실과 의견을 구분하여 정리할 것
- 간결하게 작성 : 문장을 길게 늘어트리지 말고 짧게 끊어서 쓸 것, 접속사 · 부사 · 형용사의 사용을 최소화할 것
- 명확하게 작성 : 사실에 입각하여 작성하며 정서적 표현은 피할 것, 문체나 용어를 통일, 전문용어를 사용할 경우 주석을 덧붙일 것

② 도형 및 이미지 효과

- 시각화의 효과 : 문서의 흐름이나 이미지의 가독성이 높아진다. 부분과 전체가 명확해진다. 핵심 사항과 요점 등을 정확히 파악할 수 있다. 쓰고자 하는 생각이나 사실을 구조화 및 조직화하는 데 도움이 된다.
- 이미지 및 도형 작성법 : 개념도 · 그래프 · 레이아웃 등을 구상할 것, 전문 부분을 도형화할 때는 주석 등에 추가정보를 기입하여 내용을 보완할 것, 시각화에 사용되는 기기나 공간에 따라 구상할 것, 시각 자료를 최대한 많이 활용하고 연구하여 가장 적합한 모델을 선정할 것

7) 기획서 작성 시 주의사항

① 구성과 형식 고려

- 수신인, 날짜, 제출자 이름은 형식에 맞게 작성하도록 한다.
- 타이틀은 폰트 사이즈를 일반 내용에 비해 크게 하거나 볼드 처리를 하여 가독성이 좋도록 작성하며 특별히 중요한 내용이 아닐 경우, 밑줄은 가능하면 사용하지 않는다.
- 타이틀은 적절한 단어를 사용하여 간략하게 작성하며, 상대방이 어떠한 내용인지 쉽게 알 수 있도록 소제목을 사용하는 편이 좋다.
- 스케줄과 커리큘럼 등은 표나 도형으로 만들어 작성하며 반드시 기재해야 한다.
- 첨부 자료가 있을 경우에는 내용 마지막 부분에 반드시 첨부한다.

② 논리적으로 내용 정리

- 기획서는 가능한 짧고 명료하게 작성한다.
- 자신의 생각을 구체적으로 명시하되 중복되는 내용은 피한다.
- 문제점을 많이 지적할수록 긴장감이 커지고 기획이 승인될 확률이 높다. 따라서

---

257) 선결후론 : 먼저 결론을 말하고 뒤에 사유를 설명

문제점을 여러 관점에서 검토하여 작성하면 도움이 된다.

- 막연한 서술은 내용 전달의 어려움이 따를 수 있으므로 표나 도형을 통해 내용을 전달한다.

③ 구성설계

- 자신의 생각을 타인에게 이해시킨다는 관점에서 기획서를 작성해야 한다. 따라서 표현하기 어려운 내용이나 수치를 입력해야 할 경우, 도형이나 표 등을 적절히 사용한다.
- 정리되지 않은 기획서는 자신의 인격이나 능력을 낮출 수 있으므로, 일정한 형식과 지면 배정을 잘 구성하여 논리정연하게 작성한다.
- 내용은 이해하기 쉽고, 앞뒤 내용에 모순이 없도록 작성한다.

8) 기획서 작성 단계별 유의 사항

앞서 언급된 주의사항을 토대로 작성 단계별 유의 사항을 재정리하면 다음과 같다.

① 기획서 작성 전 유의 사항

- 기획서의 목적을 달성할 수 있는 핵심 사항이 정확하게 기입되었는지 확인한다.
- 기획서는 상대에게 어필해 상대가 채택하게끔 설득력을 갖춰야 하므로, 상대가 요구하는 것이 무엇인지 고려하여 작성한다.

② 기획서 내용 작성 시 유의 사항

- 내용이 한눈에 파악되도록 체계적으로 목차를 구성하도록 한다.
- 핵심 내용의 표현에 신경을 써야 한다.
- 효과적인 내용 전달을 위해 내용과 적합한 표나 그래프를 활용하여 시각화하도록 한다.

③ 기획서 제출 시 유의 사항

- 충분한 검토를 한 후 제출하도록 한다. 이때 주요 검토사항은 오타 및 오류 검증, 논리의 일관성, 실현 가능한 계획 등을 들 수 있다.
- 인용한 자료의 출처가 정확한지 확인한다.

9) 기획서 작성법 5단계[258)]

앞서 언급된 기획서 작성 주의사항과 단계별 유의 사항을 숙지한 후, 논리적인 기획서를 작성한다.[259)]

---

258) http://blog.naver.com › no1_hanafax [네이버 블로그], 기획서 작성법 5단계-논리적인 기획서 작성 단계, 2014.03.13.
259) 원 페이지 기획서 작성과 관련하여 [부록 10-1] 참조.

① 1단계 : 기회 의도 확인

기획서 작성 단계 첫 번째는 기획서 작성에 앞서 기획 의도를 정확히 파악하는 것이다. 기획서가 작성되어야 하는 근본적인 원인은 무엇이며, 이를 통해 최종적으로 달성해야 하는 성과·목표가 무엇인지 인지해야만 논리적인 기획서 작성에 적합한 데이터를 수집·분석할 수 있기 때문이다. 특히 작성자가 기획 의도를 어떻게 접근하느냐에 따라 결과도출이 달라질 수 있으므로 프로젝트를 함께 진행하는 팀원 간 기획 의도와 목표를 정확히 공유해야 할 것이다. 감이 안 잡힌다면 사내 비슷한 유형의 기획서 사례를 살펴보면서 방향을 결정하는 것도 좋은 기획서 작성법이라고 할 수 있다.

② 2단계 : 정확한 데이터 수집 및 분석

기획서 작성 단계 첫 번째인 기획 의도를 정확하게 파악하였고 참고자료를 통해 방향을 잡았다면, 기획서 작성에 필요한 믿을 수 있는 데이터를 수집할 차례이다. 논리적인 기획서가 되기 위해서는 공신력 있는 정확한 자료를 활용하는 것이 기본이며, 최근 정부 3.0으로 인해 공공기관 자료가 공개되고 있으니 이를 활용하는 것도 좋을 것이다. 인터넷을 활용해 정보를 수집하는 것과 별개로 해당 분야 전문가의 자문을 구하거나 서적 등 수집방안을 확대해 나간다면 그 과정에서 새로운 아이디어가 도출될 수 있으니 기획서 작성법에 참고하면 좋을 것이다. 그리고 수집된 데이터들은 각각의 적합한 방식으로 분석되어야 할 것이다.

③ 3단계 : 결과도출 및 기본 틀 작성

논리적인 기획서의 근간이 되는 정확한 정보를 수집하고 분석하였다면, 다음으로 진행될 기획서 작성 단계는 유의미한 결과를 도출하고 해당 내용을 바탕으로 기획서 기본 틀을 작성하는 것이다. 하지만 데이터 수집·분석을 통해 결과가 도출되었지만, 이 결과가 기획 의도에 부합하지 않는 것이라면 미련 없이 기획서 작성 시 내용에서 빼버리는 과감함도 필요하다. 이제 필요한 데이터가 모두 모인 가운데, 기획서 초안을 작성해야 한다. 기획서 초안을 최대한 빠른 시간 안에 완성한 후, 내용을 가감하면서 수차례 수정·보완해 나가는 것이 좋은 기획서 작성법이라고 할 수 있다. 기획 의도에 맞게 전체적인 기획서 콘셉트를 설정한 후, 적재적소에 필요한 데이터를 배치하는 과정이 끝났다면 기획서 작성 단계가 반 이상 진행되었다고 생각해도 좋을 것이다.

④ 4단계 : 기획서 작성 및 일관된 편집디자인

앞서 유의미한 데이터 결과도출을 바탕으로 기획서 초안을 만든 후, 내용을 가감하는 수정·보완과정으로 기획서 작성을 하면 된다. 실제로 기획서 초안을 너무 완벽하게 작성하려고 할 경우, 시간이 지날수록 지쳐버리기 때문에 용두사미 형태의 기획서가 탄생할 수 있으니 유의해야 한다. 따라서 기획서 콘셉트에 맞게 데이터를 배치하고 꼭 삽입되어야 할 필수적인 내용을 정리한다는 마음으로 초안을 작성하는 것이 효과적인 기획서 작성법이다. 이 시기에 진행되는 기획서 작성 단계는 기획서를 가다듬는 과정에서 전체적인 흐름에 문제는 없는지, 대제목/소제목/번호나열 등 편집디자인은 일관된 상태인지도 함께 고려하도록 한다. 기획서 내용의 핵심과 데이터가 얼마나 직관적으로 읽히는지도 논리적인 기획서에서는 중요한 요소라고 할 수 있다.

⑤ 5단계 : 오탈자 검토

마지막 기획서 작성 단계는 완성된 기획서 내용이 타인으로 하여금 이해가 되고 설득이 되는지, 오탈자는 없는지 검토하는 것이다. 논리적인 기획서답게 내용 흐름에 적합한 데이터가 배치되어 있는지, 데이터 결과를 직관적으로 알 수 있도록 효과적인 차트 · 벤 다이어그램[260]이 사용되었는지, 오탈자는 없는지 등 기획서 작성 전반에 걸친 내용을 마지막으로 확인하는 과정이다. 특히 미묘하게 아웃라인이 어긋난 이미지 · 차트의 배치는 기획서의 전문성을 떨어트려 보이게 할 수 있으므로 오차 없는 배열에도 신경을 쓰는 것이 좋다. 작성자 본인은 기획서의 문제점을 발견하지 못할 수 있으니 외부유출 가능성이 없는 타인에게 검토를 요청하는 것도 좋은 기획서 작성법이라고 할 수 있다.

10) 우수한 기획서의 7가지 포인트[261]

① 기획서가 매력적이며, 페이지를 넘기고 싶은 기분이 든다.
② 논리의 흐름이 자연스럽고, 페이지의 연결이 좋다.
③ 내용에 과부족이 없고, 구성상의 균형이 잡혀 있다.
④ 레이아웃(Lay-out)이 세련되어 있어 시각적으로 읽기 쉽다.
⑤ 표기가 간결하며 내용이 알기 쉽다.
⑥ 데이터, 이미지가 효과적으로 사용되고, 강 · 약, 장 · 단이 있다.
⑦ 기획자의 개성과 참신성이 돋보인다.

(4) 기안서[262]

결제권자의 검토와 승인을 위한 문서가 기안서이다. 자신의 업무를 진행하거나 제안하기 위해 기안서를 제출하기도 하고, 접수한 문서를 처리하기 위해 제출하기도 하고, 이 밖에 여러 가지 이유들로 기안서를 제출하게 된다.

---

260) 벤 다이어그램(Venn diagram)은 서로 다른 집합들 사이의 관계를 표현하는 다이어그램이다. 전체집합과 그 부분집합의 관계, 또 부분집합과 부분집합의 합집합 및 교집합, 그리고 부분집합의 전체집합에 관한 여집합 등을 폐곡선으로 나타낸 그림이라고도 표현할 수 있다. 1880년에 존 벤에 의해 처음 고안되었다. <위키백과> 참조.
261) 이하의 내용은 https://kiyoo.tistory.com [티스토리], 기획안 구성하기-학습(공부)하는 블로그, 2014. 05.14. 참조.
262) https://post.naver.com › viewer › postView [예스폼], 해결방안을 작성하여 결재권자에게 의사결정을 요청하는 문서 : 기안서 작성 방법 알아보기, 2018.07.13.

기안문은 크게 외부 발송용과 내부 결재용으로 구분할 수 있다. 외부 발송용 기안문(시행문)은 대부분 전자문서로 이루어지며 '수신'란에 수신 대상을 반드시 기재해야 한다. 내부 결재용 기안문은 '수신'란에 '내부 결재'라고 기재한다. 외부 발송용 기안문은 기안문 하단선 위에 '발신 기관명'을 기재하나 내부 결재용 기안문에는 '발신 기관명'을 기재하지 않는다.

1) 기안서의 개요

① **기안서의 정의** : 기안서란 어떤 사항의 문제해결 방안을 작성하여 결재권자에게 의사결정을 요청하는 문서이다. 기업의 형태 · 종류 · 업무의 내용에 따라 다를 수 있으나, 통상 상급자의 지시사항을 처리하거나 자신의 업무 발안, 규정의 변경 등에 이용되고 있다.

② **기안서의 작성 목적** : 기안이라 함은 의사를 결정하기 위한 문서를 작성하여 결재를 올리는 것을 의미한다. 해당 업무를 담당하는 사람은 직급 등에 관계없이 기안 처리를 할 수 있으며, 의사결정이 필요한 분야라면 언제든지 기안서를 작성할 수 있다. 기안서의 작성 목적은 다음과 같다.

- 자신의 업무를 진행하거나 제안하기 위한 발안
- 접수한 문서를 처리하기 위한 경우
- 상급자의 지시 사항을 처리하기 위한 경우
- 법령이나 각종 규정 등의 근거에 의하여 필요한 경우

2) 기안서의 종류

① **대내문서** : 회사 또는 단체에서 내부적으로 계획을 수립하거나 처리 방침을 보고 또는 검토하기 위하여 결재를 받는 문서로 부서 간 상호협조나 보고 또는 통지를 위하여 작성하는 문서

② **대외문서** : 내부에서 결정된 사항을 회사 또는 단체 간에 발송하고 수발하는 문서

③ **전자문서** : 컴퓨터 등 전자적인 형태로 작성하거나 송수신 또는 저장된 문서

3) 기안서의 작성 과정

좋은 기안문이란 간결 · 명료하며 알기 쉽게 표현되어 전달하고자 하는 내용이 읽는 사람에게 쉽게 이해되도록 작성된 것을 말한다. 좋은 기안문을 작성하기 위한 순서는 다음과 같으며, 작성한 기안 문서에 대해 상대방이 호감을 가질 수 있도록 표현하는 것이 중요하다.

① **작성 전 준비사항** : 기안 문서를 작성하기에 앞서 먼저 기안서를 작성하는 목적을 파악하는 것이 중요하다. 즉, 기안문을 작성하는 목적과 작성 이유, 기대효과, 결재권자의 의도 및 지시내용을 숙지하고 이에 따른 관련 규정 및 참고 문헌을 찾아

정보를 수집한 후, 이를 이용하여 기안 목적에 맞는 초안을 작성해야 한다. 수집·정리한 정보는 기안의 목적에 맞도록 초안을 작성하고 논리의 일관성을 유지할 수 있도록 검토한다.

② **작성 시 구성 요령** : 기안자는 기안문의 주요 내용을 분명히 하여 문장을 구성하고 간결 · 명료하고 이해하기 쉽게 본안을 작성한 후 잘못된 부분이나 불필요한 부분 및 중요사항의 누락이 없는지 등을 꼼꼼히 확인하고 검토해야 한다. 기안문은 육하원칙에 의하여 정확하게 작성하되, 이해하기 쉽고 간결하고, 명확하게 작성해야 한다.

③ **작성 후 체크 사항** : 기안 문서를 받아보는 사람의 입장에서 전달하고자 하는 내용이 쉽게 이해되는지 검토하고 누락된 사항이나 다른 부분은 없는지, 불필요한 사항이 포함되지 않았는지 검토한다.

작성 전	작성 시	작성 후
- 작성 목적 파악 - 관련정보 수집 · 선택 - 기안의 목적에 따라 검토 - 초안의 작성 · 검토	- 논점의 정리 · 명확화 - 주요 내용을 구성 - 이해하기 쉽도록 간결화	- 내용이 쉽게 이해되는지, 작성 목적에 부합하는지 확인 - 잘못된 부분을 수정

4) 기안서의 구성항목

발신 기관	해당 문서를 발신하는 기관의 명칭을 기재하고 주소, 전화번호, 팩스 번호, 담당자를 함께 기재한다.
시행 일자	시행일자란 문서가 효력을 발생하는 날짜를 말하는 것으로 일반적으로 최종결재권자의 결재가 있어야 효력이 있으므로 최종 결재일을 기재한다.
문서 번호	문서 번호는 문서가 작성된 후 등록 · 발송 시 부여하는 것으로 부서별로 문서등록대장의 순서에 따라 연도별 일련번호를 붙이거나 문서발송번호로 기입하여 사용할 수 있다. 문서 번호는 문서 관리의 전산화와 문서검색을 용이하게 하여 문서의 관리 및 이용을 편리하게 하여 준다.
보존기간	기안 문서의 보존기간은 공문서의 분류 및 보존에 관한 규칙에 따라 영구보존, 30년, 20년, 10년, 5년, 3년, 1년 등으로 나누어 그 기간을 규정하고 있다. 내부 규정에 의하여 기재하거나 보존기간의 기재를 생략할 수 있다.
문서처리인	문서처리인은 취급에 관한 사항과 기관장, 보존기간, 보조기관, 기안자, 협조(기안문의 내용이 다른 기관의 업무와 관련이 있을 경우, 그 기관의 협조를 받아야 하므로 협조자의 직위와 서명)로 구성된다.

수신기관	수신기관에 앞서 경유할 기관이 있는 경우 '경유'란에 그 기관명을 기재하고, 수신하는 곳에 수신기관명을 기재하되 내부의 기안문일 경우 '내부결재'라 기재하면 된다. '참조'란에는 문서를 직접 접수 · 처리할 부서의 실무책임자의 직명을 기재하되 문서를 처리할 최하위 보조기관의 주무부서장(과장급)을 기재하면 된다.
기안 제목	기안문의 제목은 전체의 내용을 한눈에 파악할 수 있도록 간단명료하게 기재하되, 전달하고자 하는 핵심적인 사항을 알 수 있도록 해야 한다.
본문 내용	내용은 전문과 주문 및 말문으로 구성하여 작성하되, 상대에게 전달하고자 하는 내용을 육하원칙에 따라 간단명료하게 작성해야 한다.
추신과 첨부	추신은 통상 본문 중에 내용을 빠뜨리거나 강조하고자 할 때 본문 하단에 본문과 구분하여 기재하고, 첨부는 동 문서와 관련하여 첨부하여야 할 참고자료 등이 첨부될 때 첨부 자료의 명칭과 수량(부수)을 기재한다.
발신자명	문서의 발신은 발신 기관의 기관장 명의로 발신하고, 내부문서인 경우에는 부서장으로 할 수 있다.
수신처	수신기관이 두 곳 이상일 경우에는 수신처란에 차례로 기재하여 준다.

5) 기안서 작성 시 주의사항

① 정확성

- 육하원칙에 의하여 작성한다.
- 애매한 표현이나 과장된 표현을 피한다.

② 신속성

- 문장은 짧게 끊어서 명료하게 쓴다.
- 가급적 먼저 결론을 쓰고, 그다음에 이유 또는 설명을 쓴다.

③ 용이성

- 읽기 쉽고 알기 쉬운 말을 쓴다.
- 한자의 전용이나 어려운 전문용어는 가급적 피한다. 한자 또는 전문용어를 쓸 필요가 있을 때에는 괄호를 사용하여 한자를 쓰거나 용어의 해설을 붙인다.
- 받는 사람의 이해력과 독해력을 고려하여 쓴다.
- 처리하기 쉽도록 핵심 사항만을 요약한다.

④ 경제성

- 반복적인 업무는 표준 기안문을 활용한다.
- 용지의 규격 · 지질을 표준화한다.
- 서식을 통일한다.

• 문자를 부호화하여 활용한다.

(5) 보고서

총괄적인 유의 사항을 열거하면 다음과 같다. 첫째 상사의 요망이나 기대에 초점을 맞춘 보고서가 되어야 한다. 둘째 결론을 먼저 알 수 있도록 하는 것이 좋다. 셋째 사실과 의견을 명확히 구분한다. 넷째 읽기 용이하고 간결하게 정리한다. 다섯째 최후에 자신의 의견을 기재한다. 여섯째 장문의 경우 요약문을 붙이는 것이 좋다.

한편, 보고서 작성 시 단계별 유의 사항은 다음과 같다.263)

1) 보고서 내용 작성 시 유의 사항

① 업무 진행 과정에서 쓰는 보고서인 경우, 진행 과정에 대한 핵심 내용을 구체적으로 제시하도록 작성한다.
② 핵심 사항만을 산뜻하고 간결하게 작성한다. (내용 중복을 피한다.)
③ 복잡한 내용일 때에는 도표나 그림을 활용한다.

2) 보고서 제출 시 유의 사항

① 보고서는 개인의 능력을 평가하는 기본요인이므로, 제출하기 전에 반드시 최종 점검을 한다.
② 참고자료는 정확하게 제시한다.
③ 내용에 대한 예상 질문을 사전에 추출해 보고, 그에 대한 답을 미리 준비한다.

(6) 비즈니스 이메일

비즈니스 이메일 작성과 관련하여 항목별 주요 사항은 다음과 같다.264)

1) 제 목

① 제목은 이메일에서 가장 중요하다.
② 제목에는 소속과 용건만 적혀 있으면 되며, 소속은 대괄호를 활용해 제목 가장 앞에 적는 것이 좋다.
③ 외부메일과 내부메일을 구별해서 표기해야 하며, 외부로 보낼 경우에는 회사명을, 내부에는 소속 부서를 기재한다.
④ 소속 다음에는 이메일을 받은 상대방이 용건을 한눈에 파악할 수 있을 정도로 보낼 용건을 최대한 축약해서 기재한다.

263) 보고서 작성 사례와 관련하여 <11장> 참조.
264) 비즈니스 이메일 작성 사례와 관련하여 <11장> 참조.

2) 인 사

① 인사를 할 때는 '안녕하세요'라는 인사와 함께 이메일을 받는 상대방의 이름과 직위를 언급한다.
② 인사 다음에는 보낸 이의 이름, 소속, 직위를 언급하면서 서두를 마무리하면 된다.
③ 불특정 다수에게 메일을 보낼 경우는 인사와 보낸 이의 이름, 소속, 직위만 언급한다.
④ 인사 역시 30자를 넘지 않는 것이 좋다.

3) 내 용

① 이메일 내용은 역피라미드 순으로 작성되어야 한다.
② 이메일을 보낸 용건을 한 문장으로 축약해서 작성 후 나머지 내용을 풀어야 한다.
③ 이메일의 내용이 길어질 경우 중간제목을 쓰고 강조처리를 해서 가독성을 높이는 것이 좋다.
④ 맞춤법이나 오탈자에 유의한다.
⑤ 용건이 끝난 후 끝인사를 적음으로써 마무리한다.

4) 붙임파일

① 붙임파일은 적을수록 좋다.
② 이미지의 경우 다섯 장이 넘을 경우는 압축해서 첨부하는 것이 좋다.
③ 만약 기업의 중요한 기밀이 담긴 파일을 상대방에게 전송해야 한다면 USB 메모리에 담아 직접 전달하는 것을 지향한다.

5) 전 송

① 이메일 작성 후 바로 상대방에게 전송하지 말자.
② 30분~1시간 경과 후 전송해야 그사이에 추가할 내용이나 고쳐야 할 내용을 수정할 수 있다.

6) 이메일에 디지털 서명을 첨부하라

① 상대방과 이메일을 주고받기에 앞서 이메일 하단에 첨부할 서명을 꼭 만들어 두자.
② 서명의 내용은 명함과 동일하면 된다.
③ 텍스트로 표현하기 힘든 경우 명함을 스캔해서 메일에 첨부해도 되나 이미지로 되어 있는 서명은 상대방이 내용을 복사하는 데 어려움이 많으므로 되도록 텍스트 형식으로 하자.

7) 받는 사람, 참조, 숨은 참조는 나름의 활용법이 있다.

① 이메일을 주고받는 사람 간의 책임 소재를 명확하게 구분하자.

② 이메일을 받는 사람, 참조, 숨은 참조 등 세 가지 형태로 상대방에게 전달할 수 있다.265)

4. 문서작성의 원칙266)

앞서 살펴본 바와 같이 모든 문서에는 그에 맞는 문서작성 원칙과 주의사항이 있다. 직장에서의 문서작성은 일반 글에 비해 형식적인 면을 상당히 중요시한다. 그러므로 내용을 일목요연하고 간단하게 전개해야 한다. 개인적인 글이 아니고 직장생활에서 의무적으로 작성해야 하는 글인 만큼 문서에 따라 주의하여 정확하고 확실하게 작성해야 한다. 이제 문서작성의 원칙을 일반적 시각에서 살펴보기로 하자.

(1) 문장 구성 시 주의사항

효과적으로 문서를 작성하기 위해서는 어떻게 해야 할까? 직장에서는 형식적인 면을 상당히 중요시한다. 공적인 문서를 작성할 때는 확실한 작성이 요구되는데, 그러한 문서작성을 위해서는 문장 구성 시 다음의 사항을 주의해야 한다.

① 문장은 짧고, 간결하게 작성하며 불필요한 한자 사용은 배제한다. 문서 내용의 이해를 돕기 위해 문장은 육하원칙에 맞추어 짧고 간결하게 작성하고, 행과 단락을 적절하게 배분하여 문서가 체계적으로 되도록 한다. 중요하지 않은 경우, 한자 사용 등은 자제한다.
② 상대방이 이해하기 쉽게 간결체로 쓴다.
③ 긍정문으로 작성한다. 공문서에서 부정문이나 의문문의 형식은 피한다.
④ 간단한 표제(제목)를 붙인다. 문서의 내용을 바로 파악할 수 있도록 간단한 표제를 붙이면 문서 내용을 이해하는 데 도움이 된다.
⑤ 문서의 주요한 내용을 먼저 쓰도록 한다. 업무와 관련된 문서작성의 핵심은 결론을 먼저 제시하는 것이다.

(2) 문서작성 시 주의사항

각 회사마다 각 문서에 대한 정형화된 기본 틀이 있다. 문서작성은 공적으로 자신

---

265) ▶받는 사람(To) : 말 그대로 메일을 받는 수신자이다. ▶참조(Cc, Carbon Copy) : 메일 수신자에게 보낸 내용에 대해, '참조자(Cc)자'도 알아주기를 바라는 경우나, 메일 수신자에게 '참조자(Cc)'에게도 같은 내용을 보내 두었습니다.라고 전하고 싶은 경우에 사용한다. ▶숨은 참조(Bcc, Blind Carbon Copy) : 기본적으로는 '참조'와 사용법이 같다. 단, '받는 사람'과 '참조'에 입력한 메일 어드레스는 모든 수신 메일에 표시되나, 수신자에게 또 다른 수신자가 있다거나, 다른 수신자의 메일 어드레스를 모르게 하고 싶을 경우, '숨은 참조'를 사용한다. '숨은 참조'에 입력한 메일 주소는 수신자에게 보이지 않는다.
266) 한국산업인력공단(2021), op. cit.

을 표현하고, 대외적으로는 회사를 대표하는 것이기 때문에 실수가 있어서는 안 된다. 문서작성 시 주의해야 할 사항은 아래와 같다.

① 육하원칙에 의해서 쓴다.
② 문서는 작성 시기를 정확하게 기입한다.
③ 한 사안을 한 장의 용지에 작성해야 한다.
④ 문서작성 후 반드시 다시 한번 내용을 검토해야 한다.
⑤ 문서의 첨부 자료는 반드시 필요한 자료 외에는 첨부하지 않는다.
⑥ 문서 내용 중 금액, 수량, 일자 등은 정확하게 기재하여야 한다.
⑦ 문장표현은 작성자의 성의가 담기도록 경어나 단어 사용에 신경을 써야 한다.

(3) 문서작성의 구체적 방법[267)]

문서를 작성하는 데 있어 기본적으로 다음과 같은 원칙을 준수해야 한다.

1) 문서작성의 일반 원칙 [268)]

① 문서는 「국어기본법」 제3조 제3호에 따른 어문 규범에 맞게 한글로 작성하되, 뜻을 정확하게 전달하기 위하여 필요한 경우에는 괄호 안에 한자나 그 밖의 외국어를 함께 적을 수 있으며, 특별한 사유가 없으면 가로로 쓴다.
② 문서의 내용은 간결하고 명확하게 표현하고 일반화되지 않은 약어와 전문용어 등의 사용을 피하여 이해하기 쉽게 작성하여야 한다.
③ 문서에는 음성 정보나 영상 정보 등이 수록되거나 연계된 바코드 등을 표기할 수 있다.
④ 문서에 쓰는 숫자는 특별한 사유가 없으면 아라비아 숫자를 쓴다.
⑤ 문서에 쓰는 날짜는 숫자로 표기하되, 연 · 월 · 일의 글자는 생략하고 그 자리에 마침표를 찍어 표시하며, 시 · 분은 24시각제에 따라 숫자로 표기하되, 시 · 분의 글자는 생략하고, 그 사이에 쌍점을 찍어 구분한다. 다만, 특별한 사유가 있으면 다른 방법으로 표시할 수 있다.

(예1) 2015.01.01. → 자릿수를 맞추기 위한 0을 쓰면 틀렸음!
2015. 1. 1. → 0은 쓰지 말고, 점찍고 띄어 쓰면 (O)
2020. 3. 13. (O)

(예2) 2015.01.01.(월) → 괄호 앞이라고 점을 빼면 틀림!
2015. 1. 1.(월) → 연월일이 생략된 부분에는 모두 점을 콕콕콕! (O)

---

267) https://moonguel.tistory.com/91 [우쌤의 사회복지시설 회계행정], 공문서 기안문 작성법, 행정안전부 지침 및 시행, 2020.08.12.
268) 행정 효율과 협업 촉진에 관한 규정 <제7조> 내용임.

(예3) 2015년 1월1일 → 붙여 쓰면 틀림!
2015년 1월 1일 → 띄어 쓰세요. (O)
(예4) 2015. 1. 1. ~ 5. 30. → 물결을 기준으로 띄어 쓰면 틀림!
2015. 1. 1.~5. 30. → 물결과 앞뒤로 붙여 주세요. (O)
(예5) 2015. 1. 1.자 → 붙여 쓰면 틀림!
2015. 1. 1. 자 → 자를 띄어 써 주세요. (O)
(예6) 오후 4시 14분(×) → 16:14 (O), 오전 7시 9분(×) → 07:09 (O)

⑥ 문서작성에 사용하는 용지는 특별한 사유가 없으면 A4(가로 210mm, 세로 297mm)의 직사각형 용지로 한다.

⑦ 제1항부터 제6항까지 규정한 사항 외에 문서작성에 필요한 사항은 행정안전부령으로 정한다.

2) 공문서 작성의 일반 원칙[269)]

① 공문서(이하 "문서"라 한다)의 내용을 둘 이상의 항목으로 구분할 필요가 있으면 그 항목을 순서(항목 구분이 숫자인 경우에는 오름차순, 한글인 경우에는 가나다순을 말한다)대로 표시하되, 상위 항목부터 하위 항목까지 1., 가., 1), 가), (1), (가), ①, ㉮의 형태로 표시한다. 다만, 필요한 경우에는 □, ○, -, · 등과 같은 특수한 기호로 표시할 수 있다.

② 문서에 금액을 표시할 때에는 「행정 효율과 협업 촉진에 관한 규정」(이하 "영"이라 한다) 제7조 제4항에 따라 아라비아 숫자로 쓰되, 숫자 다음에 괄호를 하고 다음과 같이 한글로 적어야 한다.
(예시) 금113,560원(금일십일만삼천오백육십원)

3) 행정 업무 운영편람 수정내용

① 항목의 표시 : 문서의 내용을 둘 이상의 항목으로 구분할 필요가 있으면 다음 구분에 따라 그 항목을 순서대로 표시하되, 필요한 경우에는 □, ○, -, · 등과 같은 특수한 기호로 표시할 수 있다

구 분	항 목 기 호	비 고
첫째 항목 둘째 항목 셋째 항목 넷째 항목 다섯째 항목 여섯째 항목 일곱째 항목 여덟째 항목	1., 2., 3., 4., … 가., 나., 다., 라., … 1), 2), 3), 4), … 가), 나), 다), 라), … (1), (2), (3), (4), … (가), (나), (다), (라), … ①, ②, ③, ④, … ㉮, ㉯, ㉰, ㉱, …	둘째, 넷째, 여섯째, 여덟째 항목의 경우, 하., 하), (하), ㉻ 이상 계속되는 때에는 거., 거), (거), ㉠, 너., 너), (너), ㉡…로 표시

269) 행정 효율과 협업 촉진에 관한 규정 시행규칙 <제2조> 내용임.

② 표시위치 및 띄우기

수신∨∨○○○장관(○○○과장)
(경유)
제목∨∨○○○○○
1.∨○○○○○○○○○○○
∨∨가.∨○○○○○○○○○○○
∨∨∨∨1)∨○○○○○○○○○○○
∨∨∨∨ ∨∨가)∨○○○○○○○○○○○
∨∨∨∨ ∨∨∨∨(1)∨○○○○○○○○○○○
∨∨∨∨ ∨∨∨∨ ∨∨(가)∨○○○○○○○○○○○
2.∨○○○○○○○○○○○○○○○○○○○○○○○○○○○○○○○○○○
○○○○○○○○○○○○○○○○○○○

※ 2타(∨∨ 표시)는 한글 1자, 영문 · 숫자 2자에 해당함

- 첫째 항목 기호는 왼쪽 처음부터 띄어쓰기 없이 바로 시작한다.
- 둘째 항목부터는 상위 항목 위치에서 오른쪽으로 2타씩 옮겨 시작한다.
- 항목이 한 줄 이상인 경우에는 항목 내용의 첫 글자에 맞추어 정렬한다.
- 항목 기호와 그 항목의 내용 사이에는 1타를 띄운다.
- 하나의 항목만 있는 경우에는 항목 기호를 부여하지 아니한다.

5. 문서작성의 어려움[270)]

문서는 보기 편하고 보는 이로 하여금 이해가 잘 되게 작성해야 한다. 문서는 그 안에 담긴 정보를 잘 전달하는 게 목적이다.

(1) 베스트 문서와 워스트 문서

세상에 친절한 상사는 많지 않다. 어떠한 문서가 상사의 지적(혹은 칭찬)을 받을까? 상사의 비난과 비판을 받는 문제성 문서는 어떤 것일까? 그리고 상사의 지적 사항은 무엇일까?

우리가 예상해 볼 수 있는 지적 사항은 다음과 같다. 첫째 의도를 모르겠다. 도대체 왜 작성한 거야? 둘째 핵심과 결론이 없다. 한마디로 뭐야? 셋째 구체성이 없다. 할 수 있겠어? 어떻게 하자는 거야? 우리 여건에 가능하겠어? 넷째 간결함이 없다. 뭘 보란 거야? 등이 있다.

이런 지적을 받은 문서라면 어떻게 극복할 수 있을까? 예상해 볼 수 있는 답변은 다음과 같다.

270) https://startupdevelopers.tistory.com, 02_문서작성의 어려움, 2020.12.19.

1) 문서작성의 목적(배경, 현황, 의도, 문제) → WHY

전체 흐름과 맥락 속에서 문서작성의 목적이 명확히 드러나야 한다.

2) 핵심 내용(결론, 핵심 주장, 컨셉, 전략, 추진과제) → WHAT

작성자의 의도, 다시 말해 결론과 핵심 주장, 전략 등이 간단명료하게 제시되어야 한다.

3) 구체적인 실행계획 (구체적인 계획, 세분화, 예산, 일정) → HOW

실행계획이 구체적이고 실천 가능한 접근방식을 통해 쉽고 명확하게 적시되어야 한다.

이상의 논의를 토대로 베스트(워너비) 문서와 워스트 문서를 비교해 보면 다음 〈표 10-1〉과 같다.

〈표 10-1〉 베스트 문서 VS 워스트 문서

베스트(Best)	구분	워스트(Worst)
전체 흐름과 맥락, 거시적인 시각	관점	부분과 디테일, 협소한 시각
결론, 핵심, 해결책	순서	배경, 현황, 이유
간결, 최소화	형식	복잡, 다다익선
쉽고 명확한 용어	표현	전문 용어, 약어

(2) 문서작성 과정

문서작성 과정은 통상 구상 → 조사 → 작성 → 고쳐쓰기 → 보고의 순으로 완결된다.

1) 구 상

① 상사의 의도, 일의 목적 확인 : 사전에 파악해야 할 것은 작성 배경, 이유, 목적, 기대효과, 지시자의 내용 및 의도, 결재권자의 기호 등이며 이를 바탕으로 문서작성에 필요한 정보를 수집한다.
② 문서작성 계획 시 조직 구성원의 협조와 함께 의견 등을 참고한다.
③ 자신의 생각을 꺼낸다. (→ 셀프 브레인스토밍)

2) 조사 : 정보수집과 선택

자료를 수집하고 선택한다. 작성 목적에 맞는 정보(관계 법령, 행정 관례, 참고문헌 등)와 데이터를 수집하고 필요한 내용을 선택하도록 한다.

3) 작성 : 초안과 본안

수집, 선택한 자료를 바탕으로 문서의 작성 목적에 맞게 초안을 만든다. 초안이 완성되면 업무를 지시한 상사나 함께 추진할 사람들과 협의하여 방향과 내용이 목적에 맞게 잘 작성되었는지, 잘못된 부분이나 누락된 내용은 없는지 점검한다.

초안 검토를 마친 후에 나온 의견을 바탕으로 문서를 수정하여 검토자의 입장해서 이해하기 쉽게 본안을 작성하도록 한다. 즉 보고할 문서는 간결하고 명확하게 내용을 전달하기 위해 육하원칙에 맞춰 일목요연하게 작성한다.

구 분	내 용	비 고
Who	누가 작성하는가, 누가 행하는가? → 행위 주체, 기안자, 발신자, 주체자	Whom - 수취인, 영향범위
What	작성 목적은 무엇인가, 무엇을 말하는가? → 핵심 내용(본문), 사실의 대상	6하원칙에 따라 작성
When	언제 작성하였는가, 언제 시행하는가? → 작성 일자, 시행 일자, 마감 일자, 개최일 등	- 연월일로 표시 - 구체적으로 표시 - 작성 부서/장소 목적을 명확히 하여 결론 유추 - 구체적인 방법 제시
Where	어디서 시행되는가? → 시행 장소, 회의 장소, 개최지역 등	
Why	왜 하는가, 무엇 때문에 하는가? → 시행 이유, 시행 목적, 원인, 기대효과 등	
How	어떻게 실행할 것인가, 어떻게 수행하는가? → 시행 방법, 운영 계획, 진행 방향 등	
이 밖에 How Much(시간, 인력, 물자가 어느 정도 소요되는가)를 추가하기도 한다.		

4) 고쳐쓰기(수정 및 확인 후)

작성 후 반드시 검토하여 잘못된 부분이나 불필요한 부분이 없나 수정·확인한다. 수정과 확인을 거친 후 고쳐쓰기를 해본다. 고쳐쓰기의 장점 5가지는 다음과 같다.

① 흐름이 명확해진다.
② 논리적으로 탄탄해진다.
③ 간결해진다.
④ 쉽고 명확해진다.
⑤ 치명적인 결함을 제기한다.

5) 보 고

보고는 반드시 확인과 고쳐쓰기를 거친 뒤에 한다. 즉 문서작성을 마친 후에는 잘못된 부분이나 불필요한 부분, 오탈자 등이 없는지를 반드시 확인한 후, 고쳐쓰기를 거친 다음에 제출한다. 요청자에게 작성한 문서 내용을 보고할 때 수정내용을 반영하여 완성된 문서를 요청자에게 보고한다. 보고 시 보고의 원칙은 다음과 같다.

① 필요성의 원칙 : 해당 업무에 관한 규정이나 지시사항에 꼭 필요한 사항만 보고하고, 불필요한 부분은 가급적 억제해야 한다는 원칙이다.
② 완전성의 원칙 : 보고 사항과 관련된 자료 수집을 철저히 하여 한 번에 완전한 보고를 해야 한다는 원칙이다. 보고 사항을 빠뜨리거나 불충분한 자료를 기반으로 보고함으로써 신뢰성이 떨어질 뿐만 아니라 시간과 노력이 낭비될 수 있다.
③ 적시성의 원칙 : 적절한 보고 시기를 놓치지 말아야 한다는 원칙이다. 해당 규정을 정확하게 파악하고 지시나 명령을 정확히 이해하여 업무에 대한 정보를 신속하게 수집하고 적정한 시기에 보고해야 한다.
④ 간결성의 원칙 : 보고 내용은 간결하고 군더더기가 없어야 한다. 보고 내용이 복잡할 경우 이해가 어렵고 판단에 혼선을 가져올 수 있기 때문이다.

제3절 효과적인 문서작성

좋은 문서는 내용을 효과적으로 전달할 수 있어야 한다. 세무 행정을 전공하는 3학년 P는 전공수업 시간에 팀별 발표 과제를 다음 주까지 준비해야 했다. 과제는 프레젠테이션 발표와 구성 계획안을 작성해 오는 것이었다. 심혈을 기울여 PPT를 만들고, 구성 계획안을 작성했다. 그러나 교수에게 돌아온 피드백을 보고 적잖이 놀랐다. P가 쓴 계획안 내용이 이해가 잘되지 않아 좋은 점수를 주기 어렵다고 적혀 있었기 때문이다. 무엇이 문제일까? 지금부터 효과적으로 문서 내용을 전달하는 방법을 알아보자.

우리는 앞에서 상황에 맞는 문서작성과 문서작성 시 지켜야 할 원칙들에 대해 살펴보았다. 문서는 내용도 중요하지만, 그 내용이 효과적으로 전달될 수 있어야 잘 작성된 문서라 할 수 있다. 이번에는 효과적으로 문서 내용을 전달하는 방법에 대해 논의해 보자.

1. 사례 : 그러니까 결론이 무엇인가?[271)]

경영학을 전공하는 3학년 P는 전공수업 시간에 발표 과제를 하게 되었다. 과제는 가상의 회사를 선정해서 마케팅 구성 계획안을 작성하고 프레젠테이션을 발표하는 것이었다. 드디어 발표 시간, P는 자신이 할 수 있는 문장 실력을 총동원해 작성한 마케팅 계획안을 읽고 준비한 PPT를 넘기며 발표를 시작했다. 중간 정도 발표하고 있는데 갑자기 한 학생이 손을 들어 질문했다. "그래서 핵심 내용이 무엇인가요?" 질문에 당황한 P는 얼버무리며 발표를 대충 끝마쳤다.

반면 과에서 성적이 가장 우수한 K는 아주 짧은 구성 계획안을 작성해 와서는 프레젠테이션 역시 핵심적인 내용만 짧게 발표하고 들어갔다. 발표가 끝난 후 선생님은 P의 발표에 대해 말씀해주셨다. "열심히 준비했네만 무슨 말을 하려고 하는지 이해가 잘 안 되었네."

(1) 사례 해설

사례에 등장한 P와 K의 차이는 문서 내용의 효과적인 전달의 중요성을 말해주고 있다. 문서를 작성하다 보면 같은 내용을 알기 쉽게 작성한 문서를 보는 경우도 있고, 같은 내용을 볼수록 어렵다고 느끼는 경우가 있다. 제시된 사례를 통해 주요 내용을 체계적이고 시각적으로 알아보기 쉽게 문서를 작성하는 것이 중요함을 알 수 있다. 아울러 내용만을 강조한 문서보다는 독자를 고려한, 간결하고 시각적인 문서작성의 필요성도 엿볼 수 있다.

2. 문서표현의 시각화

직장업무 중 많은 비중을 차지하는 것이 문서와 관련된 일들이다. 그러나 문서 중에는 무엇을 의도하고 있는지, 그 내용을 파악하기 어려운 경우가 종종 있다. 일례로 길이가 길고 중구난방으로 나열한 글은 요점을 파악하기 어렵다. 내용을 텍스트로 나열하는 방식보다 적절하게 시각화함으로써(즉, 보기 쉽고, 이해하기 쉬우며, 숫자나 그래프 등으로 다채롭게 표시) 보다 효과적으로 내용을 전달할 수 있다. 이런 시각화는 텍스트 나열에 비해 더 많은 시간과 노력이 소요되지만, 그만큼 문서의 이해도를 높일 수 있다.

(1) 3가지 구성 방법

문서를 시각화하여 구성하는 방법은 크게 3가지로 나눌 수 있다.

---

271) 한국산업인력공단(2021), op. cit.

1) 차트 시각화

데이터 정보를 쉽게 이해할 수 있도록 시각적으로 표현하는 것이다.[272] 주로 통계 수치 등을 도표(graph)[273]나 차트(chart)[274]를 통해 명확하고 효과적으로 전달하는 것을 말한다.

2) 다이어그램 시각화

개념이나 주제 등 중요한 정보를 도형, 선, 화살표 등 여러 상징을 사용하여 시각적으로 표현하는 것을 말한다.

3) 이미지 시각화

전달하고자 하는 내용을 관련 그림이나 사진 등으로 나타내는 것을 말한다. 상기 3가지 시각화 방법들은 모두 문서를 효과적으로 나타내기 위한 방법이다. 문서 시각화를 사용함으로써 문서를 읽는 대상은 문서의 전반적인 내용을 쉽게 파악하고, 문서 내용의 논리적 관계를 더욱 쉽게 이해할 수 있다. 또한 적절한 이미지 사용은 문서 내용에 대한 기억력을 높일 수 있다.[275] 대상을 시각화하는 방법은 여러 가지이기 때문에 시각화할 정보의 성격에 따라 그에 맞는 적절한 방식을 사용해야 한다.

---

272) 데이터 시각화(data visualization)는 데이터 분석 결과를 쉽게 이해할 수 있도록 시각적으로 표현하고 전달되는 과정을 말한다. 데이터 시각화의 목적은 도표(graph)라는 수단을 통해 정보를 명확하고 효과적으로 전달하는 것이다.

273) 도표에는 원그래프, 막대그래프, 꺾은선 그래프, 산포도(분포도) 등이 있다.

274) 차트의 종류를 간단히 열거하면 다음과 같다. ▲막대그래프(BAR CHART) : 막대그래프는 차트 종류의 하나로 조사한 수를 막대로 나타내고 표에 비해 여러 항목의 수량을 전체적으로 비교하기 쉽다. ▲선 도표(LINE CHART) : 선 도표는 좌표축의 점들로 데이터를 나타내고, 이 점들을 연결하여 시간에 따른 데이터의 변화를 직선적으로 관찰할 수 있는 것이다. ▲면적그래프(AREA CHART) : 일반적으로 통계 차트라고 하면 선 그래프나 막대그래프를 많이 사용한다. 그러나 선이나 점이 아닌 도형의 면적을 이용하여 통계 수치의 크기를 나타낼 수도 있는데 이를 면적그래프라 한다. 면적그래프는 자료의 구분을 쉽게 하기 위해 적절한 색을 칠할 수도 있고 빗살무늬 등의 무늬로 면적을 표시할 수도 있다. ▲원그래프/파이도(PIE CHART) : 비례 관계를 구성할 때는 파이그래프를 사용하여 전체적인 이미지를 보여주고, 각 부분이 차지하는 전체의 백분율을 보여줄 수 있다. ▲산점도(Scatter Plot) : 산점도에서 데이터점의 분포를 살펴봄으로써 변수 간의 상관성을 파악할 수 있다. ▲버블 차트(Bubble Chart) : 버블 차트는 데이터의 흐름을 평가하는 시스템 분석에 사용되고 있다. ▲방사형 그래프(RADER CHART) : 방사형 그래프는 한 사이클 수치의 변화를 나타내는 데 사용될 수 있고, 특정 대상-주요 변수의 상대적인 관계를 나타내는 데도 사용된다. ▲프레임 다이어그램(FRAME DIAGRAM) : 프레임 다이어그램은 트리 구조로 계층적 구조를 표시하는 시각화 방법의 일종으로 계층적 관계를 분명하게 보여준다. ▲깔때기 도표(funnel plot) : 깔때기 도표는 한층 한층 분석하는 과정에서 사용된다. ▲워드 클라우드 차트(Word Cloud Chart) : 워드 클라우드는 데이터 중의 키워드, 개념 등을 직관적으로 파악할 수 있도록 핵심 단어를 시각적으로 돋보이게 하는 차트이다. 빅데이터(bigdata)를 분석할 때 데이터의 특징을 도출하기 위해 활용한다. ▲간트 차트(Gantt chart) : 간트 차트는 현대 기업 프로젝트 관리 분야에서 가장 광범위하게 운영하는 차트이다. 이 차트는 관리자가 작업 프로세스를 명확하게 파악할 수 있도록 지원함으로써 기업의 운영 효율성을 향상시킨다. ▲데이터 맵 : 지도는 구역 지도, 포인트 맵, 플로 맵 등 3가지로 나뉘고 색상을 사용하여 지도 파티션에 있는 특정 범위의 값의 분포를 나타내는 차트 종류 중의 지도다. ▲열지도(heatmap) : 열지도는 지리적 구역에 있는 각 점의 가중치를 나타내고 특별히 하이라이트 형식으로 방문객이 자주 방문하는 영역 및 방문객이 있는 지리적 영역을 표시한다. 열지도의 색상은 일반적으로 밀도를 의미한다. 이와 관련하여 https://www.finereport.com, 시각화 차트 종류 14종 : 한눈에 들어오는 가치를 잡아주기, 2021.07.13. 참조.

275) 이러한 3가지의 표현 방법은 문서를 보다 효과적으로 나타내기 위한 시각화 방법으로, 간결하게 잘 표현된 그림 한 장이 한 페이지의 긴 글보다 훨씬 효과적이다. 그리고 이런 시각 자료를 작성할 시 포인트는 보기 쉽게, 이해하기 쉽게, 다채롭게 표현하며, 숫자는 그래프로 표시되어야 한다.

(2) 인포그래픽[276)]

인포그래픽이란 정보를 시각화하는 것을 말한다.[277)] 인포그래픽이란 어휘 자체는 정보를 나타내는 Information과 그래픽(Graphic)의 합성어이다. 뉴스 그래픽(News Graphics)이라 하기도 한다. 신문 기사나 잡지, 정부 등의 對홍보 매체 및 포스터 등에서 찾아볼 수 있다. 기업 등에선 프로모션[278)]에서 많이 사용한다. 정보를 구체적이고 실용적이고 직관적으로 전달해야 한다.

용어 자체는 최근 것이지만 개념은 예전부터 있던 것의 확장에 가깝다. 쉽게 요약하자면, 정보를 시각적인 형태로 전달하려고 하는 것은 다 인포그래픽이라 보면 된다. 그림, 사진도 넓은 의미에선 포함되겠지만, 인포그래픽에는 정보의 가공이란 의미가 들어간다. 의외로 학생들도 많이 해본 기법인데, 바로 판넬 제작이 인포그래픽이 담긴 판넬을 제작하는 것을 의미한다.

인터넷 세대에 익숙한 사람들일수록 장문의 글에 약하기 때문에 인포그래픽의 중요성은 점점 커지고 있다. 솔직히 말해서 사람들이 긴 거면 안 읽기 때문이다. 인터넷 커뮤니티에 올라오는 정보 글 중에도 미학적인 차원에선 난잡하지만, 인포그래픽의 형태를 띠는 글들을 많이 볼 수 있다. 카드형 뉴스, 유튜브 등지에서 모션그래픽과 함께 자주 쓰이기도 한다.

좋은 인포그래픽은 처음 보는 사람도 직관적으로 쉽게 정보를 얻을 수 있는 것이다. 반대로, 해석에 시간이 오래 걸릴수록 못 만들었다고 할 수 있다. 여담이지만 디자인적으로 스타일리시한 인포그래픽 템플릿[279)]을 쓰면, 별것 없는 정보도 굉장히 유용하고 세련되어 보인다.

주변에서 쉽게 볼 수 있는 기본적인 인포그래픽으로는 노선도가 있다. 또한 통계의 차트도 인포그래픽의 고전적인 형태라고 볼 수 있다.

(3) 문장으로 작성한 문서의 내용을 그림이나 그래프 등으로 이해하기 쉽게 표현한 사례[280)]

국내 신종 코로나바이러스 감염증(코로나19) 백신 1차 접종자가 6일 하루 25만 4천여 명 늘었다. 7일 코로나19 예방접종대응추진단(추진단)에 따르면 전날 신규 1차 접종자는 25만4천372명이다. 신규 1차 접종자 수는 지난 3일 21만여 명, 4일 16만

---

276) https://namu.wiki [나무위키], 인포그래픽, 2021.04.30. 참조.

277) 영어사전에는 'a visual image such as a chart or diagram used to represent information or data', 즉 '데이터나 정보를 나타내기 위해 만들어진 차트나 다이어그램 이미지'라고 한다.

278) 선전 및 판촉 활동을 말한다.

279) 템플릿(Template) : 형판, 형틀, 어떤 특정한 모양을 만들기 위해 만들어진 틀을 말한다. 예를 들어 빵이나 주먹밥 같은 것의 모양을 내기 위해 찍거나 채워 넣도록 만든 틀도 일종의 템플릿이다. 여기서 파생된 의미로 특정한 서식 구조를 만들어 놓은 양식이란 의미도 있다.

280) 매일경제(2021.08.), 1차 접종 2천78만6천192명, 인구의 40.5%…잔여 백신 1천5만 회분(종합), 2021.08.07.

여 명으로 감소했지만, 5일 19만여 명에 이어 전날 25만여 명으로 다시 증가했다. 백신 종류별 신규 1차 접종자는 화이자 23만5천313명, 모더나 7천828명, 아스트라제네카(AZ) 1만1천231명이다.

이날 0시 기준 국내 누적 1차 접종자는 2천78만6천192명으로, 전체 인구(작년 12월 기준 5천134만9천116명)의 40.5%에 해당한다. 누적 1차 접종자를 백신별로 보면 아스트라제네카 1천44만1천453명, 화이자 831만5천166명, 모더나 89만9천804명이다. 얀센 백신 누적 접종자는 112만9천769명이다. 1회 접종만으로 끝나는 얀센 백신을 맞은 사람은 1·2차 접종 수치에 모두 반영된다. (사례 생략)

이로써 2차 접종까지 모두 마친 사람은 총 768만2천664명으로 늘었다. 이는 인구 대비 15% 수준이다. 백신별 누적 접종 완료자는 화이자 443만6천854명, 아스트라제네카 205만4천860명(교차 접종 93만4천23명 포함), 모더나 6만1천181명이고 나머지는 얀센 접종자다. (사례 생략)

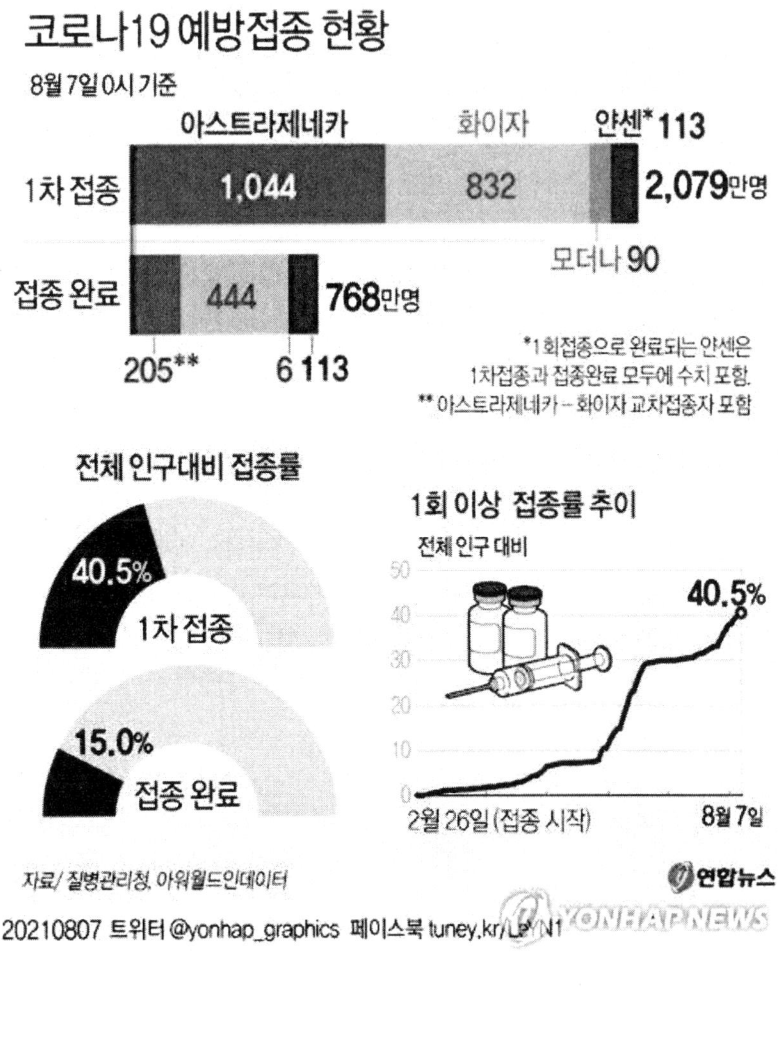

제4절 마무리 : 핵심체크

1. 일 경험에서의 문서작성은 업무와 관련하여 조직의 비전을 실현시키는 과정으로 조직의 생존을 위한 필수 행위라 할 수 있다. 그렇기 때문에 직업인의 주 업무로서 문서작성은 개인의 의사표현이나 의사소통을 위한 과정일 수도 있지만 이를 넘어 조직의 사활이 걸린 중요 업무이기도 하다.

2. 문서는 문서를 작성하는 목표를 명확하게 한 이후에 작성해야 한다. 즉 문서를 작성하는 이유와 문서를 통해 전달하려는 내용이 분명해야 한다. 문서작성에는 문서의 대상, 목적, 시기가 포함되어야 하며, 기획서나 제안서 등 문서 종류에 따라 기대효과 등이 포함되어야 한다.

3. 문서는 상황과 목적에 맞는 체계적인 구조로 작성되어야 한다. 일 경험에서 요구되는 문서는 요청이나 확인을 부탁하는 경우, 정보제공을 위한 경우, 명령이나 지시가 필요한 경우, 제안이나 기획을 할 경우, 약속이나 추천을 위한 경우 등 작성해야 하는 상황에 따라 내용이 결정된다.

4. 모든 문서에는 그에 맞는 문서작성 원칙과 주의사항이 있다. 일 경험에서의 문서작성은 일반 글에 비해 형식적인 면을 상당히 중요시한다. 그러므로 문장 구성은 이해를 위해 간결한 긍정문으로 작성하고, 문서의 주요 내용을 먼저 쓰며 간단한 표제를 붙이는 것이 좋다. 또한 작성 시기를 분명하게 기록하고 관련 없는 자료는 첨부하지 않으며, 문서작성 후 반드시 내용을 재검토해야 한다.

5. 내용을 효과적으로 전달할 수 있어야 좋은 문서이다. 문서의 내용이 효과적으로 전달될 수 있도록 보기 쉽고, 이해하기 쉬우며, 숫자나 그래프 등으로 다채롭게 표시된 문서가 이해하기 쉽고 잘 작성된 문서라 할 수 있다.

부록 10-1 : 원페이지(1page) 기획서[281)]

기획서를 쓸 때 ppt부터 열고 보는 사람이 있다. 절대 안 될 일이다. 경영진에 보고할 결과물로 쓸 일이 아니면, ppt는 기획에 있어 독이다. 파워포인트 작업에 들어가는 시간적 비용과 그 틀에 맞춰서 쓰려고 할 때 소모되는 비구조적인 사고의 잉여[282)]는 조직 내에서 상당한 비효율을 발생한다.

핵심 기획은 단 한 장이면 된다. 아무리 복잡한 내용을 기획하더라도 핵심을 말해보라고 하면 30초면 충분하듯이, 기획서도 마찬가지다.

누군가 기획을 하고 그 핵심 내용을 상급자가 확인하고 의사결정을 하는데 자질구레한 첨부 자료들이 중요한 게 아니다. 아이디어를 빠르게 확인하고 실제 구체화하자고 의사 결정하는 데 중요한 것은 '시간'과 '핵심을 드러내는 것'이다. 그 아이디어가 결국 '뭘' 하자는 것이고 우리 상황에서 '왜' 해야 하는지, 그래서 어떤 것들이 필요한지를 빠르게 파악할 수 있어야 한다. ppt로 장황하게 공백을 채우는 순간 그런 '핵심' 들이 묻혀버리는 그런 보고서들을 우리는 숱하게 봐왔다.

별도의 파일로 하지 않아도 된다. 아래 항목들을 메일 본문에 하는 것이 더 효과적일 수 있다. 실제로 이 양식을 실무자들에게도 쓰게 했을 때 효과를 꽤 봤다. 빠른 확인과 의사결정을 할 수 있는 동시에, 기획의 기본적인 사고 구조를 갖게 하는 데도 도움이 된다. 정말 본인의 아이디어가 가치 있는지를 자평할 수 있는 항목이기 때문이다. 이 항목들은 P&G의 1page memo discipline에 근거하고 있다. (1page proposal)

〈1page 기획서 양식〉

제목 :	기획자 :
The idea (제안하고자 하는 것을 한 문장으로 표현)	

281) https://brucemoon.net [팁과 강좌], 한 장짜리 기획서 양식 (P&G의 1page memo proposal), 2015.08.27.

282) 생각의 양과 범위에 따라서 생각의 차원을 세 가지 정도로 구분할 수 있는데, 필수적 사고, 완벽주의적 사고, 그리고 잉여 사고가 이에 해당한다. 여기서 사고의 잉여, 즉 잉여 사고는 꼭 할 필요는 없는 생각으로서, 잘 사용하면 크게 도움이 되지만, 잘못 사용하면 한 개인의 정서적 상태에 크게 부정적인 영향을 끼친다.

Background (이 제안을 하게 된 배경, 누구나 동의하는 condition/fact 기술) • • •
How it works (디테일들-누구를 대상으로 어디서 무엇을 어떻게 하는지 기술) • 타깃 고객 및 사이즈 : • • • • • • •
Key benefits (기대효과-이유) • • • • • 계량 효과 예상치 :
Next steps (이를 위해 누가 언제까지 무엇을 해야 하는지 액션 기술) • • • •

간단히 이 한 장짜리 기획서 (1페이지 보고서) 항목을 설명하면 다음과 같다.

1. The Idea

제안하고자 하는 내용을 짧게 기술하는 항목이다. 결국 '당신이 하려고 하는 게 뭔데?'에 대한 대답이다. 되도록 한 문장으로 명쾌하게 기술해보자.

2. Background

제안하게 된 배경 및 상황을 기술하는 항목이다. 지금 상황이 어떻기에 이 제안을 하는지, 예를 들어 우리 회사가 매출 정체를 어느 정도로 겪고 있다든지, 미래 먹거리 발굴을 지금 하지 않으면 어떻게 된다든지 하는 추진 연유를 쓴다. 이 아이디어를 제안하게 된 객관적인 배경이 되는 것으로, 어떻게 보면 1페이지 리포트에서 가장 중요한 항목이다.

아래 4번 Key Benefits와 헷갈릴 수 있는데, 여기는 기대효과를 쓰는 것이 아니라 명확한 문제를 쓰는 곳이라고 이해하라. 주장이 아닌, 명확한 사실(fact)만 기술하는 것이 핵심이다.

3. How it Works

구체적인 제안 내용을 쓰는 곳이다. 결국 어떻게 하고자 하는 것인지, 구체적이지만 핵심 계획만을 담아 4W1H 기준으로 써보자. 언제, 어디서, 무엇을, 어떻게 하자는 것인지 아이디어의 구체적인 전개 모습을 볼 수 있다.

4. Key Benefits

이 제안을 왜 하는지 why에 해당하는 곳이다. 2번에 쓰는 문제점을 쓰는 것이 아니라, 회사의 전략 가치에 합당하다거나, 이미 증명된 액션이라면 그 증명된 기대효과를 기술하고, sales up이 기대된다면 그 계량 효과를 기술하는 곳이다. 즉, 이 기획안을 실행하면 어떤 이득이 있는지 확인하는 곳이다.

5. Next Steps

이 제안 내용을 수행하기 위해서 필요한 액션을 쓰는 곳이다. 자, 그럼 실행하려면 리소스(자원, 재원)가 얼마나 드는데? 에 대한 답이 된다. 누가 뭘 언제까지 해야 하는지 계획을 쓰게 된다.

마케팅 플랜을 기획하든, 새로운 서비스를 기획하든, 이 항목에 따라 한 장만 쓰더라도 아이디어 기획의 80%는 완성할 수 있을 것이다.

제 1 장	의사소통능력 I
제 2 장	의사소통능력 II
제 3 장	경청능력 I
제 4 장	경청능력 II
제 5 장	의사표현능력 I
제 6 장	의사표현능력 II
제 7 장	의사표현능력 III
제 8 장	의사표현능력 IV
제 9 장	문서이해능력
제 10 장	문서작성능력 I

제11장 문서작성능력 II

제 12 장	문서작성능력 III
제 13 장	기초외국어능력

우리는 직장생활을 하면서 수많은 문서를 다루고 있다. 아무 생각 없이 작성하고 보고하였던 문서들로 인해 자신의 인사평가 점수가 가산되고 있었다고 한다면 그냥 쉽게 작성하고 넘어가서는 안 된다. 자신이 작성한 문서가 자신의 모든 능력을 평가하는 기준이 될 수는 없겠지만, 작은 것 하나하나에서부터 그 사람을 평가하는 기초 자료가 될 수 있다. 그렇다고 한다면 그동안 대충 써왔던 문서들을 제출 전 보고 또 보고 수정해야 할 것이다. 만약 어떻게 수정해야 할지 모른다고 그냥 앉아 있을 수는 없다. 모르면 물어서라도 배워야 하고, 알고 있는 것은 더 갈고 닦아야 한다. 문서는 곧 나의 얼굴이라고 생각하고 간단한 양식에서부터 기획서, 보고서를 작성한다면 남들보다 한 발 더 앞서가는 직장인이 되지 않을까 생각한다.[283]

제1절 비즈니스 문서작성방법[284]

직장에서 주로 '보고서'로 지칭하는 '비즈니스 문서'는 기업에서 구체적인 실행 방법이나 최종 의사를 결정하는 데 활용하는 중요한 자료이다. 그만큼 비즈니스 문서

283) 예스폼(2018), 비즈니스 문서의 이해 : 직장인 문서의 종류와 개념에 대해 알아보자, 2018.08.07.
284) 이하의 내용은 주로 https://www.sindohblog.com/1317 [신도리코 기업블로그], 상사가 만족하는 비즈니스 문서작성 방법, 2017.10.17. 참조.

를 작성하는 업무의 중요도와 비중은 높은 편이다. 하지만 대다수 직장인들은 비즈니스 문서를 작성하는 데 어려움을 호소한다. 일반적인 글쓰기와는 조금 다른 점이 있기 때문이다. 비즈니스 문서를 작성하는 데 도움이 되는 원칙을 살펴보기로 하자.

1. 직장에서 '문서작성'이 중요한 이유

문서작성은 어렵고, 시간이 오래 걸리는 작업이다. 그럼에도 직장에서 문서작성 작업은 50년 전에도, 그리고 지금도 여전히 이루어지고 있으며, 비교적 중요도가 높은 업무에 속한다. 귀찮고 번거로운 문서작성 작업을 왜 지금도 유지하는 것일까?

아무래도 '말'은 전달 과정에서 왜곡될 여지가 많다. 그러나 일종의 '기준'의 역할을 하는 문서가 있을 경우, 누구나 같은 시각으로 내용을 해석할 수 있을 뿐 아니라 업무의 책임소재도 오해 없이 명확히 할 수 있다. 또한 '기록물'인 문서는 말과 달리 영구 보존될 수 있다는 장점도 있다.

2. 문서작성 전에 해야 할 일

(1) 문서를 작성해야 하는 상황 분석하기

학창 시절, 시험 문제를 풀기 전 선생님의 '출제 의도'를 파악했던 것처럼 직장에서 문서를 작성하기 전에는 '문서작성의 의도', 즉 작성 배경과 상황을 분석해야 한다. 이 문서가 언제, 누구를 대상으로, 어떤 목적으로 사용될 것인지를 파악해야만, 이 문서에서 강조해야 할 부분은 무엇이고, 얼마나 많은 시간과 노력을 기울여야 할지, 어떤 부서와 협업하여 작성해야 할지 등을 결정하여 문서의 방향을 잡을 수 있다.

(2) 작성할 문서의 유형별로 강조점을 다르게

작성해야 하는 문서가 설득력이 필요한 기획서(기안서)인지, 실행을 확인받는 품의서인지, 상황을 진단하는 분석 보고서인지, 결과를 정리하는 결과 보고서인지에 따라서 문서에서 강조해야 할 점이 달라진다. 예를 들어 새로운 방향성을 제시하고 전략 등을 정리해 보고하는 기획서에는 거시적인 맥락의 상황분석과 예상하는 기대효과 등이 담겨야 하지만, 이에 비해 실제 실행 단계에서 작성하게 되는 품의서는 기획서에 비해 훨씬 구체적이고 정확한 수량, 금액, 단위 등의 수치 정보들을 강조하여 근거 자료로 뒷받침해 주어야 한다.

(3) 문서를 읽을 사람과 그가 읽고 싶은 내용을 염두에 두기

'비즈니스 문서'는 작성자가 하고 싶은 말을 적는다기보다 읽는 사람, 즉 상사가 읽고 싶은 내용을 일목요연하게 정리하는 작업이라고 생각하면, 이해가 쉽다. 요즘 유행어로 풀어 쓴다면, '비즈니스 문서작성 = 답정너 〈답은 정해져 있고 너는 말하기만(쓰기만)하면 돼〉'라고 정의할 수도 있겠다. 문서를 읽어 볼 독자와 그 독자가 읽고 싶어하는 내용은 이미 정해져 있기 때문에 이 점을 염두에 두면 비즈니스 문서작성이 한층 수월해진다.

3. 문서작성을 위한 워밍업[285)]

(1) 신입사원 문서작성능력을 높이기 위한 8가지 방법

① 출근은 정해진 시간보다 30분 일찍 하고 당일 할 일을 적어본다.
② 퇴근 30분 전에는 그날 했던 일을 살펴보고, 다음 날 할 일을 계획한다.
③ 업무노트를 통해 자신이 계획한 일에 대해 시행 여부를 반드시 체크하고 성취도를 스스로 평가하고 기록하고 관리한다.
④ 항상 수첩을 가지고 다니며 메모한다.
⑤ 업무 및 관련 분야와 관련된 용어를 정리하여 암기한다.
⑥ 업무에 관련된 보고서를 수시로 살펴보고 작성하여 본다.
⑦ 조직 내 구성원의 이름, 부서 등 주요 사항은 정리하고 암기한다.
⑧ 업무 및 관련 분야에 대한 숫자를 살펴보고 어떻게 이루어졌는지를 정리한다.

(2) 문서작성 기본 가이드

① 요점을 명확하게 작성한다.
② 읽는 사람의 눈높이와 의도를 고려하여 작성한다.
③ 문서작성의 목적과 내용을 명확하게 나타내며 일관되게 작성한다.
④ 간결한 문장을 사용한다.
⑤ 문서가 내부용인가 외부용인가를 확인하고 그것에 맞게 작성한다.
⑥ 문제를 제기하고 해결방안을 제시한다.

(3) 문서작성의 기술

① 문서를 디자인으로 시스템화하자.
② 제목으로 눈길을 끌자.
③ 결론부터 먼저 이야기하자.
④ 체크리스트로 최종 점검을 하자.

---

285) https://promobile.tistory.com/288 [No Fear.], 문서를 작성하기 위해 알아야 할 것들, 2015.01.17. 참조.

(4) 문장력을 키우는 5가지 방법

① 메모를 한다.
② 사전을 활용한다.
③ 신문을 읽는다.
④ 글쓰기 연습을 한다.
⑤ 사례를 활용한다.

(5) 문서작성의 핵심 프레임

<table>
<tr><th colspan="2">Why</th><th colspan="2">What</th><th colspan="4">How</th></tr>
<tr><td colspan="2">이 문서를 왜
써야 하는 거지?</td><td colspan="2">이 문서에 무엇을
담아야 하는 거지?</td><td colspan="4">문서에 어떻게
담아야 하는 거지?</td></tr>
<tr><td rowspan="2">①
상황/
배경
분석</td><td rowspan="2">②
고객
분석</td><td>③
거시적
사고</td><td>④
분석적
사고</td><td rowspan="2">⑤
목차
구성</td><td>⑥
도해화
(도형/
그래프)</td><td>⑦
글쓰기
및
편집</td><td rowspan="2">⑧
검토</td></tr>
<tr><td colspan="2">생각의 정리
(Thinking Approach)</td><td colspan="2">시각적 정리
(Visual Approach)</td></tr>
</table>

4. 비즈니스 문서작성의 기본 원칙[286]

비즈니스 문서는 일반 문서처럼 내용을 장황하게 담아내는 것이 아니라 핵심적인 것만을 요약적으로 담아내야 한다. 내용을 복잡하게 전개할 필요가 없을 뿐만 아니라 주제를 이해시키기 위해 사족을 추가할 필요도 없다. 그런 만큼 비즈니스 문서는 어떻게 보면 상당히 쉽게 접근할 수 있고 문서작성의 기본 원칙만 알고 있으면 쉽게 쓸 수 있다.

(1) 문서의 주제를 완전히 소화

모든 문서에는 주제가 있다. 주제를 얼마나 명확하게 드러내느냐에 따라 좋은 글이 되고 나쁜 글도 된다. 비즈니스 문서도 다양한 주제로 작성된다. 특히 비즈니스 문서의 주제는 업무적 또는 사업적인 성격을 띠는 경향이 많다. 문서의 주제가 무엇인지를 정확하게 파악하고 그 주제를 완벽하게 소화한 다음에 문서를 작성해야 제대로 된 문서가 된다.

11장

286) 이하의 내용 중 일부는 https://post.naver.com › viewer › postView [예스폼], 비즈니스 문서의 이해, 2018.08.07. 참조.

(2) '결론'을 제일 먼저, 문서 두께는 최대한 얇게 하라

상사는 많은 양의 서류를 검토할 시간이 없다. '결론'과 같은 핵심 내용을 가장 앞에 배치하여 문서 검토 시간을 단축시켜야 한다. 같은 맥락에서 문서의 두께는 얇을수록 좋다. 군더더기를 전부 걷어내고 요점만 정확히 전달해야 한다. 핵심 내용은 아니지만, 참고로 필요하다고 생각되는 부분은 '별첨'으로 따로 빼내어 문서 뒷면에 첨부하는 것이 좋다.

(3) 내용을 정확하게

글의 내용이 정확하지 않으면 메시지의 정확한 전달이 이루어질 수 없다. 글은 하나의 커뮤니케이션 행위다. 정확한 메시지 전달이 불가능하다면 글의 역할을 상실할 수 있다. 특히 비즈니스 글은 내용의 정확성이 생명이다. 일반 글에서는 내용의 정확성이 다소 결여되었다고 하더라도 크게 문제가 되지 않을 수 있지만, 비즈니스 문서의 글은 사업적 성격을 띠는 만큼 내용이 정확하지 않으면 적지 않은 문제가 발생한다. 특히 비즈니스 글은 숫자의 기술에서 정확성을 기해야 한다. 숫자의 단위나 표기도 정확해야 하며, 정확하지 않을 경우에는 개인은 물론 회사에도 엄청난 손실을 가져올 수 있다. 특히 공문서인 경우에는 더욱더 정확한 기술이 요구된다.

(4) 더도 말고 덜도 말고 '세 가지'만 선정하라

일반적으로 비즈니스 문서작성 시, 강조하고 싶은 점은 '3가지'로 한정하여 선정하는 것이 좋다. 한 개는 너무 적은 느낌을, 두 개는 중립적이지 않은 느낌을 줄 수 있어 '세 가지'를 꼽는 것이 무난하다. 이보다 더 많은 개수의 강조 포인트를 꼽으면, 정말로 중요한 내용이 무엇인지 파악하기 어려워진다.

(5) 전달하고 싶은 내용은 한눈에 알아볼 수 있게 압축적으로 강조한다

비즈니스 문서의 글은 읽는 이에게 감동을 주는 것이 아니라 정확한 메시지를 전달하는 것이 중요하다. 내용을 장황하게 서술하다 보면 내용의 핵심을 파악하기 어려울 뿐만 아니라 정확한 메시지 전달에 방해가 될 수 있다. 그러므로 비즈니스 문서에서는 내용을 가능한 축약적이고 함축적으로 담아내는 것이 바람직하고, 군더더기라고 생각되는 내용은 과감하게 삭제하는 것이 이상적이다. 다시 말해 좋은 문서는 문서를 보는 사람이 내용을 한눈에 파악할 수 있어야 한다. 이를 위해 전달하고 싶은 내용을 간결하게 압축한다.

한편 문장으로 서술하는 것보다는 그래프나 표를 사용하면 편리하다. 압축한 내용 가운데에서도 더욱 강조하고 싶은 부분은, 문서를 보는 사람이 그곳에 가장 먼저 시선을 줄 수 있도록 색상이나 도형 등을 활용하여 구분 지어준다.

(6) 설득력 있는 내용

비즈니스 문서의 글이 설득력을 지니지 못한다면 존재가치가 사라진다. 비즈니스 글은 읽는 이에게 감동을 주는 것이 아니다. 읽는 사람에게 사실을 명확히 전달하고 이해시켜 설득하는 것이 중요하다. 하나의 제품이 있으면 그 제품에 대해 이해시키고 설득시켜 마지막에는 그 제품을 구입하게 만드는 것이 비즈니스 문서의 궁극적인 목표다.

(7) 완벽하게

비즈니스 글은 글을 쓰는 직장인이 혼자서 완벽하게 작성해야 한다. 내용이나 표현에 잘못이 있을 경우 수정이나 교정의 작업을 거치지 않는다. 누군가 내용을 봐주거나 교정해주는 일도 없으며 글이 생산되자마자 개인의 능력 평가로 직결된다. 물론 글을 검토할 때 시간이 허용된다면 주변 사람에게 요청하는 것도 좋다. 글쓴이가 자신의 글을 검토하기보다는 다른 사람이 검토하는 것이 훨씬 정확하고 효율적일 수 있다. 비록 글쓰기 전문가가 아니더라도 주변의 조언을 참고하면 좋은 글을 쓰는 데 큰 도움이 될 수 있다.

5. 비즈니스 문서의 완성도를 결정하는 작은 차이

(1) 수치를 구체적으로

명쾌하게 작성하는 것이 핵심인 비즈니스 문서에는 '많다', '크다'처럼 주관적인 단어만 사용하는 것보다 수치를 사용하여 그 양과 정도를 정확하게 표현하는 것이 좋다. 예를 들어, '2017년 신도리코 블로그 방문자 수는 2016년 방문자 수보다 매우 많다.'라는 문장보다 '2017년 신도리코 블로그 방문자 수는 2016년 방문자 수보다 약 20만 명(전년 대비 약 1.2배) 많다.'라는 문장이 바람직한 표현이다.

(2) 여백의 미학

'문서 두께는 최대한 얇아야 한다.'라는 생각에 1~2페이지에 많은 분량을 담아내고자 한다면 오산이다. 빼곡한 문서는 문서를 읽는 사람이 숨 막힐 듯한 중압감에 사로잡히도록 만들 뿐이다. 문서에 적당한 여백을 두는 것은 독자가 호흡을 조절하며 문서를 피로하지 않게 읽을 수 있도록 하는 일종의 '배려'이다. 줄 간격 조정, 들여쓰기 사용, 글머리 기호 등을 활용하여 문서의 단락만 적절히 구분해주어도 문서 읽기가 한결 수월해진다.

(3) 마무리는 언제나 오탈자 체크로

문서작성 마지막 단계에서는 반드시 오탈자 체크를 해야 한다. 특히 금액 등 숫자를 기입한 경우에는 작은 실수가 큰 오차를 만들 수 있어 여러 번의 점검이 필요하다. 문서에서 오탈자가 3개 이상 발견될 경우, 해당 문서의 신뢰도는 급격히 떨어지고 작성자는 문서작성에 투자한 노력과 시간을 의심받게 된다. 그렇기 때문에 완성된 서류를 보고하기 전, 하드카피[287]로 출력하여 3번 이상 첨삭하는 습관을 들이는 것이 좋다.

(4) 비즈니스 문서도 이왕이면 다홍치마

기본이 탄탄한 문서에 약간의 미적 감각을 더한다면 금상첨화다. 엑셀, 포토샵, PPT 등의 문서작성 프로그램을 활용하면 전달하고자 하는 내용을 한층 돋보이게 만들 수 있다. 또한, 사람들은 본능적으로 텍스트보다 이미지를 선호하는 경향이 있다. 따라서 강조하고 싶은 내용을 픽토그램[288]과 같은 이미지로 정리하면 전달력을 훨씬 더 높일 수 있다.

6. 비즈니스 문서작성의 핵심 전략[289]

어떤 일을 수행하든지 전략이 필요하다. 하나의 일을 추진할 때 맹목적으로 접근하기보다는 전략적으로 접근하는 것이 효과적이고 효율적이다. 문서작성에도 전략이 있다. 어떤 내용을 어떤 식으로 전개할지, 비즈니스 문서작성의 핵심 전략을 알아보기로 하자.

(1) 왜 쓰는지를 고려

모든 문서작성에는 목적이 분명히 있다. 비즈니스 문서의 경우 반드시 사업적인 목적을 지닌다. 그 목적은 단순한 보고가 될 수도 있고, 의견을 제시하는 경우도 있다. 심지어는 읽는 이로 하여금 제품의 구매를 요구하거나 하나의 사업적인 프로젝트의 실현을 위한 아이디어를 담아내는 경우도 있다. 그런 만큼 비즈니스 문서작성에서는 어떤 목적으로 왜 글을 써야 하는지를 분명히 파악해야 한다. 누구를 위해 쓰는가를 파악해야 하며, 글을 읽는 사람이 누구인지를 명확히 해야 거기에 맞는 내용과 표현을 담아낼 수 있다.

---

287) 대학교에서 리포트나 논문을 제출할 때 인터넷을 통한 온라인 파일 제출이 아닌, 종이로 프린트한 인쇄본을 가리키는 말이다.

288) 픽토그램(pictogram)이란, 그림을 뜻하는 픽처(picture)와 전보를 뜻하는 텔레그램(telegram)의 합성어로, 무언가 중요한 사항이나 장소를 알리기 위해, 그 어떤 사람이 보더라도 같은 의미로 통할 수 있는 그림으로 된 언어체계이다. 특히 언어의 차이로 소통에 불편함이 있는 외국인들을 위해 사용되는 경우가 많기 때문에 외국인의 출입이 많은 공항은 모든 곳이 픽토그램으로 도배돼있다. 또한 외국인들이 공항 다음으로 이용 빈도가 높은 대중교통 시설과 버스터미널 등지에서도 심심찮게 볼 수 있다.

289) https://post.naver.com › viewer › postView [예스폼], 비즈니스 문서의 이해, 2018.08.07.

(2) 무엇을 쓸 것인가 파악

무엇보다 어떤 내용을 담아낼 것인가를 우선 고려해야 한다. 문서를 작성할 때 내용을 아무렇게나 담아내서는 안 된다. 어떤 논리나 주제를 세우고, 그 논리나 주제에 맞게 내용을 담아내야 한다. 주제가 없는 문서는 문서라고 할 수 없다. 주제가 명확하게 정해졌다고 하더라도 어떤 내용을 담아낼지를 고민하는 경우가 많다. 이때에는 읽는 이가 문서에서 어떤 내용을 요구하는지 파악하면 쉽게 해결된다. 읽는 이가 원하는 바가 무엇인지 정확하게 담아내야 한다.

(3) 어떻게 쓸 것인가 고려

어떻게 쓸 것인지 가장 고려되어야 할 부분은 문서의 양식과 구성이다. 문서의 구성은 문서의 유형에 따라 달라진다. 특히 비즈니스 문서는 어떤 유형의 문서냐에 따라 구성이 달라진다. 예를 들면 공문서나 기안서의 경우 단순 구성으로 이루어진다. 이들 문서는 하나의 서술적인 형식보다는 번호를 사용해 서술된다.

(4) 처음부터 완벽하게 쓴다는 생각은 지양

일부에서는 문서를 작성할 때 처음부터 완벽하게 하려는 욕심을 갖는 경우가 적지 않다. 그러나 문서작성은 문서를 작성하면서 사고를 확장하고 거기서 새로운 아이디어를 끄집어내는 경우도 있다. 애초에 생각하지 못한 내용이 추가되거나 앞뒤 맥락의 논리적인 전개를 위해 새로운 사실을 끌어들이는 경우도 있다. 그러므로 어떤 문서를 작성하든지 처음부터 완벽하게 작성한다는 자세는 지양하고 생각나는 대로 적어보는 것이 효과적이다.

(5) 중요한 내용부터 서술

비즈니스 문서에서 중요하지 않은 내용을 서술하는 것은 바람직하지 않다. 비즈니스 문서는 핵심적인 내용만을 담아내는 것이 일반적이다. 비즈니스 문서는 한 편의 글을 통해 읽는 이에게 감동을 주기보다는 설득하는 것이 중요하므로 간략한 내용으로 정확한 정보를 전달하는 것이 우선시된다.

7. 'A급'에서 'A+급' 문서 작성자가 되는 법

(1) 문서작성의 핵심은 스피드

문서작성 에이스가 되기 위해서는 정확도는 기본이고, 빠른 스피드로 작성해낼 수 있는 능력도 겸비해야 한다. 평소 문서 프로그램 단축키를 외워두고 활용하면 문서 작성 속도를 몇 배 이상 향상시킬 수 있다. 이와 더불어 문서 양식을 미리 만들어 둔다면 문서작성 시간을 단축하는 데 큰 도움이 된다.

(2) 모방은 창조의 어머니

문서작성 양식을 미리 만들 때 도움이 되는 팁이 있다. 문서작성 전문 업체들이 만든 샘플 등을 참고하는 것이다. 이보다 더 좋은 방법은 직속 상사가 작성한 문서 양식을 따라 만들어 보는 것이다. 상사가 기안문이나 협조문 등의 서류 복사 업무를 시켰을 때 한 부를 더 복사한 뒤, 어떤 형식과 스타일로 문서를 작성하는지 파악해 본다. 이렇게 하면 상사의 취향을 저격하면서도 탄탄하게 구성된 문서를 작성할 수 있다.

(3) 활용할 수 있는 문서 툴의 종류는 다다익선

평소에 주로 이용하는 문서 프로그램에 문제가 생길 때를 대비하여 여러 프로그램들을 두루 섭렵해 두는 것이 좋다. 어떤 돌발 상황에서도 흔들리지 않고 신속하고 깔끔하게 문서를 작성할 수 있는 능력을 갖추게 되면 다른 동료들보다 한발 앞선 사람으로 인정받을 수 있다.

(4) 끝없는 자기 계발

문서작성 기술은 시간과 정성을 쏟는 만큼 개선될 수 있는 부분이다. 따라서 작은 노력만 기울인다면 누구나 문서작성 에이스가 될 수 있다. 예를 들어 문서작성 시 스스로 부족하게 느껴지는 부분은 관련 인터넷 강의나 학원 수업 수강을 통해 보충할 수 있다. 좀 더 편안하게 볼 수 있는 문서를 작성하기 위해 남들보다 더 많은 노력을 들여 연구하고 정리하다 보면, 언젠가는 어떤 문서든 빠른 시간 안에 작성할 수 있는 에이스로 거듭날 것이다.

비즈니스 문서를 작성하는데 필요한 몇 가지 원칙들은 공통으로 '보고'에 초점을 맞추고 있다. 어떤 비즈니스 문서든지 문서를 읽어 볼 상사의 시선으로 작성한다면, 방향이 어긋난 보고서를 작성할 일이 사라질 것이다.

8. 업무 진행단계별로 문서 작성하기[290)]

비즈니스 문서의 종류는 다양하다. 문서의 성격에 따라 구분하자면, 의사결정용 문서, 지식 축적용 문서, 정보 전달형 문서 따위가 있다.

의사결정을 위한 문서로는 품의서,[291)] 기획서, 보고서 따위가 있다. 정보와 노하우

---

290) https://brunch.co.kr [브런치], 업무 진행단계별로 문서를 작성하자, 김정명, 2018.09.30.

축적을 위한 문서로는 매뉴얼, 회의록, 연구자료 따위가 있다. 간단한 정보 전달을 위해서는 업무연락전,[292] 회람 문서, 메모 따위의 문서도 있다. 이외에도 직장의 문서는 열거할 수 없을 정도로 종류가 많다. 그 가운데서도 기획서와 보고서는 단연코 비즈니스 문서의 꽃이다. 왜냐하면 직장에서는 기획서와 보고서를 가장 많이 작성하고, 그것으로 업무능력을 검증하기 때문이다. 언필칭[293] 기획서와 보고서는 직장인들이 작성하는 업무 문서의 대명사 격이다.

문서의 성격과 별개로 업무 진행단계에 따라 문서를 구분할 수도 있다. 기업에서는 읽는 사람 위주의 보고서를 만든다고 해서 결재 단계별(사장용, 상무용, 부장용, 사원용)로 문서를 작성하지 않는다. 결재 단계별이 아니라 업무 진행단계별(기획-실행-현황-결과)로 문서 내용을 다르게 작성해야 한다.

이를테면 업무를 기획하고 입안하는 단계에서는 재가[294]를 받기 위한 설득 중심의 문서로 작성해야 한다. 사업 기획서, 중장기 전략보고서, 프로젝트 기획보고서, 행사 마스터플랜 보고서, 정책 보고서, 경비 품의서, 업무 계획서, 사업 제안서 따위가 이에 해당된다. 실행하고 추진하는 업무 단계에서는 현업 부서에 대한 교육, 전파 등 설명 중심의 문서로 써야 한다. 예컨대 실행 계획서, 추진 설명서, 교육 매뉴얼, 회사 경영방침, 강의자료, 업무 추진 지침 따위가 있다. 추진 중인 업무 단계에서는 상황 및 문제해결, 대책 등 현황 중심의 문서로 작성해야 한다. 문제점 및 개선안 보고서, 현안 점검 보고서, 사고 대책서, 동향 보고서, 개선 대책 보고서, 상황·정보 보고서 따위가 있다. 활동이 끝난 업무 단계에서는 실적과 성과 위주로 결과 중심의 문서를 써야 한다. 실적 보고서, 연구 결과 보고서, 연간 경영보고서, 주요 업무 결과 보고서, 과제수행 보고서, 조사 결과서, 언론 및 보도자료 따위를 들 수 있다.

9. 상사에게 사랑받는 보고서 작성법

상사에게 사랑받는 좋은 보고서란 무엇이고, 또 어떻게 작성해야 할까? 좋은 문서의 1차 조건은 먼저 문서의 종류와 상사 스타일을 이해하는 것이다.

---

291) 먼저 품의(稟議)의 사전적 뜻은 웃어른이나 상사에게 여쭈어 의논한다는 의미이다. '품의서'란 일명 '건의서'라고 할 수 있으며, 보통 회사에서는 회사 업무처리에 지출된 또는 지출될 예정인 목록을 적어 상사의 결재를 필요로 하는 문서를 말한다. 다시 말해 품의서는 허락을 득하기 위한 서류이고, 기안서는 검토를 바라는 서류로 보면 된다. 이미 사용한 경비에 대해서 지출을 위해 결재를 받기 위해서는 품의서를 올린다. 즉, 이미 진행된 사안에 대해 보고 및 그 결과에 따른 조치 사항에 대한 허락을 위한 서류로 보면 된다. 반면에 기안서는 진행하고자 하는 사안에 대해 설명을 하고, 검토 후 허락을 바라는 서류로 볼 수 있다. 예를 들어 어떤 기획안 작성 시 기안서를 사용하는데, 진행 방법, 필요 인원 등과 더불어 필요 예상 경비를 정리하여 결재를 올리면 된다. 이와 관련하여 https://blesswisdom.tistory.com/entry/기안과 품의의 차이 [Better than yesterday!], 2017.09.12. 참조.

292) "업무연락전"이란 업무의 변동사항 및 지시사항의 전달을 목적으로 작성하는 문서를 말한다.

293) 언필칭(言必稱) : 말을 할 때마다 이르기를

294) 국립국어원 표준국어대사전에 따르면 '재가'는 안건을 결재하여 허가한다는 뜻이다. 국가적인 안건에 대한 통치권자의 결정 허가 사안에 사용하던 용어로 허락 등의 단어와 비슷한 맥락이다. 반면, 결재는 아랫사람이 올린 안건을 책임자가 헤아려서 승인하는 것을 말한다. '재가'가 '결재'보다 큰 의미로 이해할 수 있다. <출처: 부산일보 http://www.busan.com/view/busan/view.php?code=2019071615301617492>

(1) 내 보고서의 문제점은 무엇일까?

상사의 반응을 잘 떠올려 보면 내 보고서의 문제점을 발견할 수 있다. 다음 중 보고서를 제출했을 때 상사에게 자주 듣게 되는 대답을 체크해 본다.

1) 핵심 구상의 실패

① 내가 시킨 게 이게 아니잖아?
② 이거 왜 하는데? 다른 방법은?
③ 뜬구름 잡는 얘기 하지 말고
④ 그래서 어떻게 할 거야?
⑤ 뭐가 이렇게 복잡해?

2) 핵심 표현의 실패

① 도대체 핵심이 뭐야?
② 한눈에 안 들어오잖아!

문서를 작성해서 상사에게 제출했을 때 상사에게서 듣게 되는 불평을 잘 살펴보면, 상사가 원하는 조건이 무엇인지 알 수 있다. 상사가 내 노력을 몰라준다고 생각하기보다는 상사의 불평을 문서의 구조적 측면에서 이해하는 것이 필요하다.

(2) 문서의 구조적인 이해

잘못된 문서의 원인을 구조적으로 살펴보자.

상사에게 외면받는 문서는 작성자의 입장에서 가장 쉽게 저지르는 오류인데, 바로 '작성하기 쉬운 문서'라고 할 수 있다. 다시 말해 ① 진행 순서대로 작성하고, ② 경위부터 먼저 설명하고, ③ 문서를 작성하는 사람의 관심 분야에 대한 문서(즉, 상사가 원하는 내용이 없거나 읽고 바로 이해할 수 없음)일 확률이 높다.

반면 상사에게 칭찬받는 문서는 읽는 사람의 입장에서 "읽기 쉽도록" 작성한 문서라고 할 수 있다. 다시 말해 ① 주제를 명시하고, ② 문서의 목적과 목표가 명확하며, ③ 결론(즉, 말하고자 하는바)이 명확한 문서다.

즉 작성자의 입장에서 어떻게 쓸 것인가, 무엇을 말할 것인가에 대한 고민보다 상사(읽는 사람)의 관점에서 어떠한 내용을 원하는지, 상사가 봤을 때 바로 이해될 수 있는 표현인지를 고민해야 한다. 다시 말해, 칭찬받는 보고서는 읽는 사람의 관점을 먼저 이해해야 한다.[295]

---

295) 좋은 문서를 쓰기 위한 마인드 3가지는 다음과 같다. ① 상대방 입장에서 쓰고, 상대방이 듣고 싶은 것, 알고 싶은 것을 위주로 쓴다! ② 상대방의 입장에서 써야 하고, 상대방이 이해하기 쉽게, 정확하게! ③ 상대방의 입장에서 쓰는 핵심만, 압축해서, 군더더기 없이 쓰기. 이와 관련하여 https://startupdevelopers.tistory.com, 01_문서작성의 의의와 중요성, 2020.12.19. 참조.

제2절 이메일 작성방법[296)]

직장인이 되면 이메일, 보고서, 기획안 등 매일매일 글쓰기의 연속이다. 한 취업사이트의 설문조사 결과 직장인의 88%가 '문서작성에 스트레스를 받은 적이 있다'라고 답했다. 직장인들의 극복 대상인 비즈니스 글쓰기! 그 첫 시작은 이메일 작성이다. 우리가 회사에 출근해서 가장 많이 보는 것 중 하나가 바로 이메일이다. 생각보다 많은 직장인이 이메일 작성을 잘하지 못해 스트레스를 받는다.

그럼에도 불구하고 이렇게 중요한 이메일을 생각보다 많은 직장인이 소홀히 다루고 있다. 이메일은 이제 직장인의 커뮤니케이션 수단을 넘어 회사의 품격과 비즈니스 성공 가능성을 높여주는 도구라고도 말할 수 있다. 잘 다루면 잘 다룰수록 좋다.

이제 샘플을 통해 이메일 작성법과 이메일 작성 노하우를 정리해 본다.

1. 격식이 필요한 이메일

모든 이메일은 격식이 필요하다.[297)] 회사에 예제가 있는지 물어보라. 이메일은 격식을 갖춰서 보내야 한다. 보고서나 기획서처럼 철저하게 양식에 맞춰서 작성하라는 것은 아니다. 그렇다고 모바일 메신저로 보내는 글처럼 너무 말랑말랑해도 곤란하다. 이메일은 보고서와 모바일 메신저의 중간에 위치한 커뮤니케이션 도구다. 딱 그 정도의 격식만 갖추면 된다.

어느 정도의 격식을 원하는지는 회사마다 조금씩 다르다. 보고서에 가깝게 철저하게 따지는 곳도 있을 테고, 메신저에 가깝게 가볍게 수고받는 곳도 있을 것이다. 격식을 철저하게 원하는 회사일수록 회사 내부에서 이용되는 이메일 양식을 가지고 있을 확률이 높다.

이메일 양식은 처음 입사하고 교육을 받을 때 알게 될 수도 있고, 인사팀(총무팀)에 문의하면 그제야 알려주는 곳도 있다. 팀 내 선배가 알려주는 곳도 가끔 있다. 만약 누구도 이메일 양식을 알려주지 않는다면 자신의 상급자에게 받은 이메일 양식을 훑어보고 그것을 그대로 따라 하는 것이 가장 좋다.

11장

296) https://www.saysamyang.com [삼양그룹 공식 블로그], 회사생활의 시작과 끝, 이메일 작성 비법, Life/잡학피디아, 2017.02.22. https://www.saramin.co.kr [사람인], 실무에 바로 쓰는 이메일 작성법 A to Z, 직장in 생활백서, 2020.06.24. https://office-life.tistory.com, 사회 초년생을 위한 회사 비즈니스 메일 쓰는 방법과 예시 A to Z, 효니톰, 2021.03.12.

297) 회사에서 커뮤니케이션하기 위해 사용하는 수단 중 가장 사용 빈도가 높은 것 중 하나가 바로 이메일이다. 이메일은 사내에서 보고나 프로젝트 진행을 위해 사용하는 것은 물론, 비즈니스 고객과의 커뮤니케이션에서도 많이 사용된다. 이메일을 주로 사용하는 이유는 메신저와 같은 커뮤니케이션 수단보다 격식 있게 대화할 수 있고, 정확한 정보를 전달할 수 있기 때문이다. 따라서 업무 이메일을 보낼 때는 기본적인 양식을 갖추어 작성하는 것이 중요하다.

이제 제시된 샘플과 예시 등을 활용하여 이메일 격식 만드는 방법을 알아본다.

<샘플 1 : 이메일의 잘못된 예시298)>

받는 사람	홍보팀 팀장님, 마케팅팀 팀장님
참조	홍보팀 ○○ 사원, ○○ 대리, ×× 과장, ×× 과장 마케팅팀 dd 사원, dd 대리, gg 과장, ff 차장
제목	초대의 글. 여러분을 홍보 회의에 초대합니다
내용	안녕하세요. 잘 지내시죠? 전 홍보팀 신입사원 ○○○인데요, 덕분에 잘 적응하고 있습니다. ㅎㅎㅎㅎ 다름이 아니라 저희 홍보팀이 이번에 대대적으로 홍보전략을 짜봤어요. 함께 보며 이야기 나누고 싶어서 메일을 드립니다! 내일 오후 3시 어떠세요? 오시기 전에 첨부해 드리는 파일을 보고 오시면 더 좋을 것 같습니다. 아! 그리고 회의실은 5층 소회의실 D룸이에요. 그럼 내일 오후에 뵙겠습니다. 더 열심히 하는 ○○의 자랑스런 신입사원이 되겠습니다. 사랑합니다∽ ○○○ 드림.
첨부 파일	홍보방안_최최최최종의 최종.pdf

<샘플 2 : 이메일의 잘된 예시299)>

받는 사람	홍보팀 ○○ 사원, ○○ 대리, ×× 과장, ×× 과장 마케팅팀 dd 사원, dd 대리, gg 과장, ff 차장
참조	홍보팀 팀장님, 마케팅팀 팀장님

298) https://www.saysamyang.com [삼양그룹 공식 블로그], 회사 생활의 시작과 끝, 이메일 작성 비법, 2017.02.22.
299) https://www.saysamyang.com [삼양그룹 공식 블로그], 회사 생활의 시작과 끝, 이메일 작성 비법, Life/잡학피디아, 2017.02.22.

제목	[중요] 2/23 홍보 강화 관련 회의 일정 공유
내용	안녕하세요. 홍보팀 ○○○입니다, 사내 홍보 강화를 위해 홍보팀 주최 회의를 진행하고자 합니다. 1. 일시: 2017년 2월 23일 오후 3시~4시 2. 장소: 5층 소회의실 D룸 3. 참석자: 홍보팀 전원 및 마케팅팀 실무 담당자 ※ 부득이하게 참석이 어려우신 경우, 회신 부탁드립니다. 4. 안건: 사내 홍보 강화를 위한 방안 하기 첨부된 자료는 금년도 홍보 강화를 위해 홍보팀 내부에서 작성한 자료입니다. 회의에 앞서, 전략(안)에 대한 피드백은 2월 23일 오전 11시까지 회신 부탁드립니다. 감사합니다. ○○○ 드림. ○○○ 드림.
첨부 파일	20170221_2017년 사내 홍보 강화 전략(안).pdf

2. 제목 쓰기

먼저 이메일을 보낼 때 가장 신경 써야 할 것은 '제목'이다. 상대가 관심을 두고 메일을 열어보게 할 수 있도록, 메일 제목에 대한 고민을 충분히 해야 한다.[300] 제목은 어떻게 써야 할까? 제목은 이메일의 얼굴이라고 해도 과언이 아니다. 제목만 보고도 용건을 한눈에 파악할 수 있게 하는 것이 관건이다. 내용에서 가장 핵심적인 부분을 제목으로 노출시키되, 주요 키워드를 사용해 함축적으로 담아내야 한다. 그래야 추후 검색하여 찾아보기에도 편리하다.

이메일에서 가장 중요한 부분인 제목에는 당신의 소속과 용건만 적혀있으면 된다. 다른 것은 필요 없다. 사실 다른 것을 넣어도 상대방에게는 보이지 않는다.

소속은 대괄호를 활용해 제목 가장 앞에 적는 것이 좋다. 외부로 보낼 때와 내부로 돌릴 때를 구별해 소속을 따로 표기해야 한다. 외부로 나갈 때는 회사 이름만 적

300) 이메일의 제목은 목적이 명확하게 드러나도록 작성해야 한다. 업무를 하다 보면 많게는 수십 통의 이메일을 받게 되는데, 제목이 모호한 경우 수신자가 이메일을 열어보지 않고 지나칠 수 있다.

으면 된다. [인터비즈], [IT동아] 같은 형태가 좋다. 내부에 돌리는 이메일에는 소속 부서만 적으면 된다. [인사팀] [전략마케팅팀] 같은 형식이 될 것이다.

소속 다음에는 이메일을 보낸 용건을 최대한 축약해서 적으면 된다. 이메일을 받은 상대방이 용건을 한눈에 파악할 수 있을 정도로 짧아야 한다. 용건을 말하기에 앞서 간단한 인사를 적어야 하는지 궁금해하는데, 제목에 인사를 적는 것은 비효율적이다. 하지만 사내에 돌리는 이메일이나, 수신자가 나보다 상급자라면 인사를 넣는 것도 나쁘지 않다. 하지만 그 인사도 '안녕하세요' 이상으로 길어서는 안 된다.

예시 1

[IT동아] CEO열전 : 브라이언 크러재니치 편입니다.
[인터비즈] 안녕하세요. 신규 연재 기획서입니다.

이메일 제목은 소속과 용건을 합쳐 30자 내외로 마무리하는 것이 좋다. 30자가 넘어가면 상대방이 한눈에 소속과 용건을 파악할 수 없다. 사내에 돌리는 이메일이라면 조금 길어도 되겠지만, 사외로 보내는 이메일이라면 이 원칙을 지키는 것이 좋다.

예시 2 : 외부 회사로 보내는 메일이라면 대괄호를 이용해 회사명을 밝힌다

- 제목 : [OOO 회사]
- 제목 : [기관명] 디자인 제작 결과 보고
- 제목 : [업체명] 제품 견적 요청
- 제목 : [단체명] S전자 대리 과정 강의 요청 (1/10 금 09:00~12:00)

제목은 이처럼 3, 4어절[301]이 적당하다. 그 이유는 읽기도 편하고, 기억하기 좋기 때문이다.

예시 3 : 회사 내부에서 보내는 메일이라면 대괄호를 이용해 팀과 이름을 밝힌다

- 제목 : [기획팀] 이OO : ~~
- 제목 : [A 부서] 행사 일정 안내 (1/27 금 18:00~22:00 대한 호텔)

다시 한번 강조하건대 제목은 소속과 용건을 합쳐 30자 내외로 쓰는 것이 좋다. 30자 이상 길어지면 상대가 기억하기도 어렵고 관심에도 멀어지기 때문이다.

---

301) 어절이란 문장에서 띄어쓰기가 되어 있는 말의 덩어리를 의미한다.

3. 말머리 사용법

잘 만든 이메일 제목의 가장 큰 특징은 무엇일까? 소속보다 용건이 더 중요한 경우, 대괄호를 이용해 말머리를 쓰는 경우도 있다.

소속과 용건의 순서는 바뀌어도 된다. 둘 중 더 중요한 것이 앞으로 나와서 대괄호로 들어가면 된다. 단, 대괄호로 들어갈 때는 최대한 축약해서 들어가야 한다. 예를 들어 긴급한 공지가 있을 경우, 용건을 '긴급' 또는 '필독'으로 축약해서 대괄호로 표시하면 된다. 초대장이나 보도자료 같은 경우에도 소속보다 용건이 더 중요한 경우다. 이때에도 대괄호 속에 '초대장'이나 '보도자료'라고 적은 후 소속을 표시하면 된다. 소속과 용건 둘 다 포기하기 힘들다면 둘을 함께 넣어도 된다. 단, 이 경우에는 대괄호 내에 들어가는 글자가 10자를 절대 넘으면 안 된다. 10자가 넘는다면 소속과 용건 둘 중 하나는 대괄호 밖으로 빼내는 것이 좋다.

예시 1

[긴급] 연말정산 마감이 3일 앞으로 다가왔습니다_인사지원팀
[초대장] DBR, 새로운 마케팅 시대 '뉴 미디어 활용 브랜드 전략 워크숍'에 초대합니다.
[LG전자 보도자료] CES 2018 관람객 기다리는 'LG ThinQ' 옥외광고

정기적으로 이메일을 주고받는 상대방과는 소속 〉 용건 순으로 적고, 비정기적으로 이메일을 보내는 대상에게는 용건 〉 소속 순으로 적는 것이 일반적이다.

예시 2와 샘플을 보면 대괄호 안에 [교육 문의]를 넣었고, [중요]를 써넣었다. 이렇듯, 제목을 작성할 때는 '말머리'를 대괄호를 활용에 제목 가장 앞에 적는 게 좋다. 말머리를 작성하면, 이메일의 핵심이 무엇인지 단번에 파악할 수 있다. 제목 앞에 [중요], [긴급], [보고], [협조], [문의], [제안], [회신 요망] 등의 말머리를 넣어 수신자가 해야 할 일을 알려주는 것도 좋은 방법이다.

예시 2

- [요청]
- [필독]
- [OOO 프로젝트]
- [교육 문의] OO백화점 그룹 신입사원 대상 강의 요청
- [중요] 상세페이지 디자인 관련 회의 안내

샘 플

- [중요] 2/23 홍보 강화 관련 회의 일정 공유

한편 전체 메일 내용을 함축하여 제목을 작성하는데, 회사에 따라 ~건, ~의 건 등을 끝에 붙일 때도 있다. 격식을 차려야 하는 메일이 아니라면 안 붙여도 상관없다. 일례로 신규 기획서 전달, 연말정산 서류 송부 건 등이다.

4. 본문 작성 방법

이메일 내용은 역피라미드 순으로 작성되어야 한다. 중요한 내용이 가장 먼저 나와야 한다. 이메일을 보낸 용건을 한 문장으로 축약해서 적은 후 나머지 내용을 풀어써야 한다. 장황한 서두는 필요 없다. 이메일은 어디까지나 비즈니스 문서다. 글의 내용이 멋지거나 재미있을 필요가 없다. 쓸데없는 기교를 부리지 말고 간결하고 꾸밈없이 작성하라. 과도한 꾸밈은 읽는 이의 눈살을 찌푸리게 할 뿐이다.

이메일의 내용이 길어질 경우, 중간 제목을 쓰고 강조 처리(볼드)를 해서 읽는 이가 글의 내용이 달라짐을 한눈에 파악할 수 있게 하는 것이 좋다.

무엇보다 중요한 것은 내용을 작성하면서 맞춤법에 어긋나거나 오탈자가 있어서는 안 된다는 것이다. 많은 오탈자는 상대방의 신뢰를 떨어뜨릴 수 있다. 이메일을 보내기 전에 귀찮더라도 반드시 내용을 재검토함으로써 오탈자를 교정해야 한다.

이제 본문 작성법을 살펴본다. 본문은 크게 7가지 항목이 있다. 인사말, 자기소개, 목적, 본문, 상대방이 취할 행동, 맺음말, 첨부 파일로 구분이 된다.

(1) 인사말

먼저 인사말은 어떻게 작성해야 할까? 모든 만남의 시작은 인사부터 시작이 된다. 이메일도 마찬가지다. 인사말에는 상대방의 이름과 직위를 함께 언급하는 것이 좋다. 한마디로 인사와 소속을 밝히며 시작한다. 인사와 받는 분, 내가 누구인지를 밝힌다. 회신을 주고받더라도 부산스러울 수는 있지만, 항상 써주는 것이 좋다.[302)]

인사를 할 때는 '안녕하세요'라는 인사와 함께 이메일을 받는 상대방의 이름과 직위를 언급하는 것이 좋다. 상대방의 이름과 직위를 언급함으로써 상대방은 '이메일을 보낸 사람이 나에게 많은 관심을 가지고 있구나'라고 느낄 수 있다. 이것은 사내로 보내든 사외로 보내든, 반드시 지켜야 할 격식이다. 인사 다음에는 보낸 이의 이름, 소속, 직위를 언급하면서 서두를 마무리하면 된다.

---

302) 답장을 보낼 때는 '보내주신 메일 이상 없이 수신하였습니다.' 등의 문구로 시작하면 무난하다.

다만 불특정 다수에게 이메일을 보낼 때는 인사와 보낸 이의 이름, 소속, 직위만 언급하면 된다. 회사를 대표해서 이메일을 보낸 경우는 보낸 이의 신상 정보 대신 회사 이름만 언급해도 된다.

'안녕하세요'라는 인사 외에 계절, 날씨 등과 연관된 인사 문구를 이용해도 된다. 다만, 인사는 너무 길어서는 안 된다. 이 역시 30자를 넘지 않는 것이 좋다. 인사가 너무 길고 미사여구로 치장되어 있으면 이어 나오는 용건의 중요성이 희석될 수 있다.

예시 1

- 안녕하세요, 강OO 기자님. 인터비즈 황OO 기자입니다.
- 안녕하십니까? IT동아입니다.

예시 2

- 안녕하세요. OOO 회사 OOO 과장님. OOO 회사 OOO입니다.
- 안녕하세요. A 회사 이OO 대표님
- 안녕하세요. B 부서 조OO 과장님

(2) 자기소개

인사를 했다면 이어서, 간단하게 자기소개를 한다.

샘 플

- 안녕하세요. 홍보팀 OOO입니다.

예 시

- C 반도체 류OO 대리입니다.
- D 전자 박OO 사원입니다.

상대에게 처음 보내는 이메일이라면 이렇게 간단히 자기소개를 한다. 직급과 이름을 언급한다면 상대방으로부터 관심을 끌 수 있다.[303)]

303) 종합하면, 메일의 첫 문장은 수신인을 향한 인사와 함께 발신자의 소속과 이름을 밝히는 것이 기본적인 비즈니스 이메일 매너이다. 수신자가 정해져 있을 경우, 상대의 이름과 직위를 함께 언급하는 것이 좋다.

(3) 목적(이유)

자기소개를 했다면 이어서 목적을 적는다. 모든 비즈니스 이메일은 메일을 쓰는 목적이 있다. 작성자는 아는 내용이므로 바로 본론부터 쓰면 된다고 생각하지만, 상대방은 사전지식이 부족하기 때문에 자신에게 메일을 보낸 이유가 궁금하다. 그래서 다음과 같이 메일 목적을 먼저 써야 한다.

샘 플

- 사내 홍보 강화를 위해 홍보팀 주최 회의를 진행하고자 합니다.

예 시

- 이메일을 보낸 이유는 영상 제작 견적 문의를 드리기 위해서입니다.
- 3월 전 직원 대상 강연을 기획하고 있습니다. 관련 강연을 요청드리고자 합니다.

이렇게 메일의 목적을 미리 말해주면, 상대방은 주요 내용을 어느 정도 이해하고 읽을 수 있다. 모든 글은 첫 문장이 가장 중요하다. 이메일의 본문은 주요 내용을 한눈에 파악할 수 있도록 결론(혹은 목적)부터 간략하게 적는 것이 좋다. 구구절절 길어진 문장은 메일의 목적을 흐리기 때문에 올바른 피드백을 받기 힘들다.

(4) 본문 내용(잘못 쓴 이메일 VS 잘 쓴 이메일)

인사말과 자기소개, 목적을 밝혔다면 이제 본문을 쓸 차례다. 시작은 목적을 간결하게 쓰도록 한다. 제목에 썼던 주제와 같은 맥락으로 쓰면 된다.304)

샘 플

- 일시 :
- 장소 :
- 참석자 :
- 안건 :

---

304) 예를 들어 ① 기획서가 완성되어 전달하는 메일 : 현재 작업 중인 효니톰 프로젝트 작업을 완료하여 파일 전달해 드립니다. ② 요청사항 : ~~문서의 디자인 수정 요청을 위해 메일 드립니다.

전달 내용은 단순하게 양식을 만들어 정리한다. 메일의 목적, 요청사항, 요청기한 등 전달해야 할 항목들은 길게 문장으로 쓰기보다는 항목별로 구분해 작성하는 것이 가독성이 좋다. 한편 첨부 파일만 믿지 말고 주요 내용은 본문에 요약해 넣는 것이 좋다. 다른 업무로 바쁜 수신자 입장에서는 첨부 파일을 여는 것도 일이다. 숫자나 기호, 글자 크기, 색상, 볼드 등을 활용하면 훨씬 보기 좋다.

이제 잘못 쓴 본문과 잘 쓴 본문의 차이를 잠시 비교해 보자. 먼저 좋지 않은 사례를 볼 텐데, 오해가 발생할 수밖에 없는 이메일의 특징을 보여준다.

1) 잘못 쓴 이메일

- A : 다음 회의는 다음 주 화요일 오후 4시에 했으면 좋겠습니다.
- B : 그 시간은 어렵습니다. 수요일 오후 4시는 어떠신가요?
- A : 수요일은 종일 외근이라서. 금요일은 어떠신가요?
- B : 금요일은 제가 시간이 안 됩니다. 그럼 다음 주 월요일에 하는 건 어떨까요?

전화나 메신저도 아니고 이렇게 메일을 보내면 서로 메일을 보내는 시간도 낭비된다. 또 이런 일이 반복될 경우 감정이 상하거나 오해가 발생하는 일이 생길 수도 있다. 그럼 어떻게 보내야 할까? 잘 쓴 이메일의 특징을 살펴보자.

2) 잘 쓴 이메일

다음 회의 일정 조정을 위해 메일을 보냅니다. 소요 시간은 1시간입니다. 이메일에 기재된 3가지 후보 일정에서 골라 주시기 바랍니다.

- 제1희망 : 화요일 오전 11시
- 제2희망 : 화요일 오후 2시
- 제3희망 : 다음 주 월요일 2시

혹시라도 모두 안 되실 경우, 전화 주세요. 전화로 직접 일정을 조정하면 될 듯합니다. 감사합니다.

좋은 메일 본문의 특징은 '메일의 목적'이 분명하다. 또한 '상대방에게 원하는 반응'을 이끌어내기 위해 '3가지 조건을 제시'하고 있다. 만일 안 될 경우를 대비해 전화를 달라는 메시지까지 덧붙였다. 이처럼 같은 내용의 메일이라도, 누가 어떻게 보내느냐에 따라 과정과 결과가 달라질 수 있다.

(5) 상대방이 취할 행동

피드백이 필요하다면 원하는 사항을 명확히 작성하라. 이메일을 보내는 목적이 단순한 공지나 보고용이라 하더라도 회의 참석 여부나 문서에 대한 피드백 등 받는 사람에게 기대하는 반응이 있을 것이다. 이런 경우 회신 기한과 요청사항을 명확하게 작성해 주는 것이 좋다. 그럼 상대방으로부터 다른 답변을 받거나 아예 메일 회신을 받지 못하는 경우가 줄어들어 업무 효율을 높일 수 있다.

샘 플

- 하기 첨부된 자료는 (중간생략) ~ 부탁드립니다.

다시 말해 본문에서 용건을 적었다면, 그다음 상대방이 취할 행동을 구체적으로 제시해줘야 한다. '월, 수, 금' 중에서 미팅이 가능한 요일을 알려주시면 미팅 일정을 확정하겠습니다. 이처럼 구체적인 행동 지침을 제시하거나, 5월 24일 오후 3시까지 A 기획서를 작성하여 메일 보내주시기 바랍니다. 이처럼 마감 일정을 명확하게 알려 주면 된다. 메일 본문을 보고 '그래서 내가 뭘 하라는 거지?'라는 생각이 들게 하면 안 된다.

(6) 맺음말과 서명

〈샘플 3〉[305]

1) 맺음말

본문 내용과 상대방이 취할 행동을 모두 작성했으면, 맺음말로 마무리를 하면 된다. 이메일을 마무리할 때는 가벼운 인사를 적는 것이 좋다. 맺음말에서 주의해야 할

305) https://young.hyundai.com › magazine › trend › detail [YOUNG HYUNDAI], 사회 초년생을 위한 비즈니스 메일 작성 방법, 2020.04.02.

사항은 마지막의 "수고하세요"를 사용하지 않는 것이다. '수고하다'는 '일을 하느라 힘과 애를 쓴다.'라는 뜻으로 듣는 사람의 기분을 상하게 할 수 있어서 가급적 사용하지 않는 게 일반적인 예의다.306)

그럼 어떤 말을 쓰면 좋을까? "고맙습니다"를 사용하면 된다.307) 한 논문에 따르면 '고맙습니다'와 감사 인사로 이메일을 맺는 게 상대로 하여금 반응이나 행동을 유도하는 데 효과적이라고 한다. 왜 감사 메시지가 있는 메일이 가장 응답률이 높았을까? 그 이유는 상대방이 앞으로 할 행동에 미리 감사를 표하기 때문이다. 이렇게 미리 감사 인사를 받으면 요청받은 행동을 수행할 동기 유발에 도움이 된다고 볼 수 있다.

샘 플

- 감사합니다. OOO 드림.

2) 서명을 첨부하라308)

멋진 서명을 첨부하라.309) 이메일의 품격(?)이 올라간다. 상대방과 이메일을 주고받기에 앞서 이메일 하단에 첨부할 서명을 꼭 만들어 둬야 한다. 서명의 내용은 명함과 동일하면 된다. 이름, 소속, 직위, 연락처, 홈페이지 및 SNS 주소, 그 외 비즈니스 특이 사항 등을 적어두면 된다. 텍스트로 정 표현하기 힘들다면 명함을 스캔해서 서명에 첨부해도 된다. 다만, 이미지로 되어 있는 서명은 상대방이 내용을 복사하는 데 어려움이 많은 만큼 되도록 텍스트 형식으로 바꾸길 바란다.

규모가 있는 회사의 경우 자체 서명 양식을 가지고 있는 경우가 많다. 이를 자신에게 맞게 고쳐서 이용하면 된다. 서명 양식이 없다면 인사 관리자와 협의해 자체 서명 양식을 만드는 것을 추천한다. 격식 있는 서명 양식은 상대방에게 신뢰감을 주기 때문이다.

샘 플

Judy OO팀
TEL : 회사 번호
Mobile : 휴대폰 번호
회사 주소

306) '수고하십시오'는 더 고생하라는 뜻을 담은 무례한 표현이니 끝인사로 이용하면 안 된다.
307) 끝인사는 '감사합니다'가 보편적인 표현이다. 이외에도 특징적인 인사가 있다면 대신 이용해도 된다.
308) 이하 내용은 주로 강일용(2018), 직장생활 10년 차 기자가 알려주는 '비즈니스 이메일' 잘 쓰는 법, IT 동아, 2018.01.11. 참조.
309) 메일 하단에 서명을 넣어 통화가 필요한 경우 다시 한번 묻는 수고를 덜 수 있다.

예 시

(주) OOO 회사
기획팀, OOO 사원
서울 회사 주소 (우편번호)
회사 홈페이지 링크
TEL : 회사 번호
Mobile : 휴대폰 번호

수신자가 편하게 연락할 수 있도록 이메일 하단에 연락처가 적힌 서명을 넣는 것이 비즈니스 메일 매너 중 하나다. 공통 양식으로 있는 회사도 있지만, 없다면 다음을 참고하기 바란다.

(7) 첨부 파일

첨부 파일은 적으면 적을수록 좋다. 첨부 파일을 열어보는 것도 상대방 입장에선 일이기 때문이다. 꼭 필요한 첨부 파일 외에는 넣지 않아도 된다. 일반 문서 같은 경우 이메일 내용에 담음으로써 생략할 수 있다. 이미지의 경우 다섯 장까지는 그냥 포함시켜도 되지만, 다섯 장이 넘는다면 꼭 압축해서 첨부하는 것이 좋다.

샘 플

- 20170221_2017년 사내 홍보 강화 전략(안).pdf

예 시

- 200903_김청정_출판기획서.pdf
- 201108_ABC부서_신사업기획제안서.pptx
- 201202_DEF해상_연간계획표.docx

대용량 파일을 전송할 경우, 이메일 첨부 대신 외부 스토리지 서비스를 이용해야 하는 경우가 많다. 이때에는 다운로드 기한이 정해져 있는 스토리지 서비스보다 다운로드 기한이 없는 스토리지 서비스를 이용하는 것이 좋다. 상대방이 언제 다시 내려받아야 할지 모르기 때문이다. 만약 기업의 중요한 기밀이 담긴 파일을 상대방에게 전송해야 한다면 이메일과 외부 스토리지 서비스를 이용하지 말고 USB 메모리에 담아 직접 전달하는 것이 좋다.

한편 파일을 첨부하기 전에는 파일명 규칙을 정하는 것이 좋다. 일반적으로 '작성한 날짜_작성자(회사, 부서)_제목' 순서로 적으면 된다. 만일 직장에서 정해준 규칙이 있다면 그 순서를 따르면 된다.

파일명을 통일하는 이유는 뭘까? 첫째는 정확한 의사소통을 하기 위해서, 둘째는 업무 진행 내역을 정확하게 기록하기 위해서이다. 일관성 있게 파일명을 기록해 폴더에 보관하면, 파일을 찾기 간편하고 업무 내역을 한눈에 볼 수 있다는 장점이 있다.

첨부 파일 관련하여 주의사항을 다시 한번 요약하면 다음과 같다.

1) 주의사항 1

첨부 파일은 꼭 필요한 것만 간결하게 넣는 것이 좋다. 너무 많은 첨부 파일은 받는 이로부터 피곤을 느끼게 하기 때문이다. 5개 이상 첨부 파일이 들어갈 경우는 압축해서 보내는 것이 좋다. 중요한 내용이나 많은 용량을 보내야 할 경우, 다운로드 기한이 없는 서비스를 이용하는 것을 추천한다.

2) 주의사항 2

간혹 이메일에 파일을 첨부하려고 했다가 깜빡하고 이메일을 보내는 경우도 많다. 그래서 메일을 보내기 전 다시 한번 더 첨부 파일이 잘 첨부되어 있는지 확인하고 받는 사람에게 '첨부 파일을 확인하라'고 메시지를 보내는 것도 하나의 센스이다. 그래서 이메일 쓰기의 노하우는 첨부 → 내용 → 제목 → 받는 이의 순서로 작성하라는 것이다. 메일을 쓰다가 중간에 키보드를 잘못 눌러 전송이 되어 버리는 경우가 있고, 또는 첨부를 보라고 메일을 보냈는데 첨부 없이 날아가 다시 보내는 상황도 흔히 발생한다. 실수를 줄이기 위해서는 거꾸로 첨부 파일을 먼저 넣는 것이 좋다. 첨부를 넣고 내용을 적고 적은 내용을 중심으로 제목을 정한 후에 수신인을 넣는 것이 시행착오를 줄이는 방법이다.

11장

5. 받는 사람, 참조, 숨은 참조

이메일은 받는 사람, 참조(CC), 숨은 참조(BCC) 등 세 가지 형태로 상대방에게 전달할 수 있다.[310] 세가지 가운데 무엇으로 보내든 상대방이 전달받는 이메일 내용은 동일하다. 그렇다면 왜 이런 차이를 둔 것일까? 이는 이메일을 주고받는 사람 간의 책임 소재를 명확히 하기 위함이다.

'받는 사람'은 이메일의 용건과 직접적으로 연관이 있는 사람의 주소를 적는 곳이

310) ▲받는 사람(수신자): 행위 대상자 (답장받아야 하는 대표적인 사람) ▲참조: 프로젝트에 관련된 사람들 (내 업무를 파악해야 하는 상사 등) ▲숨은 참조: 참조와 비슷하지만, 수신자에게 참조를 숨기고 싶을 때 사용

다. 직접적으로 연관이 있는 사람이란 이메일의 내용을 두고 답장을 주고받아야 하는 상대방을 의미한다. 프로젝트의 정·부담당자가 여기에 해당한다.[311)]

'참조'는 이메일의 용건과 간접적으로 연관이 있는 사람의 주소를 적는 곳이다. 간접적으로 연관이 있는 사람이란 이메일의 내용을 알아는 둬야 하지만, 답장을 주고받을 필요는 없는 사람을 의미한다. 이메일 발신자의 팀장(때론 팀원) 등이 여기 해당한다. 참조인은 이메일 발신자가 휴가, 병가 등의 이유로 자리를 비웠을 경우 대신 수신자와 이메일을 주고받아야 한다. 때문에 수신자에게 이메일 주소가 노출되어 있다.[312)]

'숨은 참조'는 프로젝트의 최고 담당자에게 보고할 때 또는 불특정 다수에게 이메일을 보낼 때 이용하는 기능이다. 숨은 참조로 이메일을 보내면 이메일 발신자에게만 이메일 주소가 노출된다. 받는 사람과 참조인에게는 숨은 참조로 이메일을 받은 사람이 보이지 않는다. 부장이나 임원(회사 규모가 작을 경우, 사장 포함)같이 프로젝트에 관여하지는 않지만, 프로젝트의 진행 사항을 알아둬야 하는 사람에게 이메일을 보낼 때는 숨은 참조를 이용하면 된다.[313)]

회사 외부의 불특정 다수에게 이메일을 보낼 때도 숨은 참조를 이용해야 한다. 받는 사람에는 발신자의 주소만 적고, 숨은 참조에 회사 외부인의 이메일 주소를 적으면 된다. 이렇게 보내면 이메일 수신자는 불필요한 이메일 주소 대신 이메일 발신자의 주소만 명확하게 파악할 수 있다. 이는 불특정 다수에게 이메일을 보낼 때 반드시 알아둬야 할 매너이니 꼭 기억하길 바란다.

다시 한번 강조하건대, 가능한 나의 일을 모든 사람(즉, 받는 사람)에게 알리도록 하라. 그리고 참조엔 관련된 분들을 모두 넣어주는 것이 좋다. 참조(CC)는 수신자 외 내용을 숙지하고 있어야 할 사람에게 보낼 때 쓴다, 답변의 의무는 없지만, 도움이 될만한 내용이 있다면 회신해도 좋다는 뜻을 담고 있다. 참조를 잘 활용하는 것도 중요한 팁이다. 업무와 관련된 사람을 참조에 넣어 메일 내용을 공유하면, 내가 일일이 설명해주지 않아도 업무 진행 상황에 대해 쉽게 파악할 수 있다. 또 다른 팀에게 업무 협조 요청 메일을 보낼 때 양쪽 상사를 참조로 넣으면 이메일의 공신력을 높일 수 있다.

샘 플

- 받는 사람
- 참조

311) 수신에는 여러 개의 주소를 적을 수 있지만, 답장의 책임소재가 불분명해지기 때문에 너무 많은 사람을 추가하지 않도록 해야 한다. 또한 수신인의 이메일 주소를 적을 때 이메일 주소에 오탈자는 없는지, 꼼꼼하게 확인해야 한다.

312) 이메일 내용에 답장을 해야 하지 않지만, 내용을 공유할 필요가 있는 관계자들이 있다. 이런 사람들은 참조에 포함된다. 특히 내가 하는 업무를 파악하고 있어야 하는 상사나 관리자의 경우, 중요한 업무 이메일을 주고받을 때 포함하는 것이 좋다.

313) 일반적으로 거래처 등 외부에 보내는 이메일에 상사를 참조하고 싶을 때 숨은 참조 기능을 사용한다.

6. 요약 및 체크 사항

〈샘플 4〉[314]

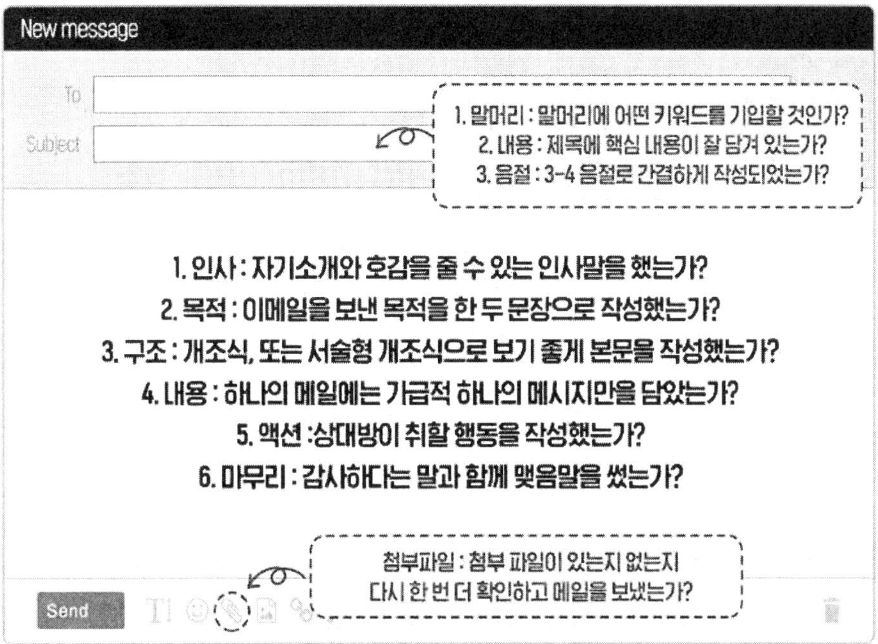

이메일은 회사에서 가장 많이 사용하는 의사소통 수단이다. 이메일을 잘 작성하는 것만으로도 많은 사람들에게 좋은 인상을 남길 수 있다. 비즈니스 메일 쓰는 법에 물론 정답이 있는 것은 아니다. 회사마다 조금씩 다를 수 있지만, 지금까지의 설명을 토대로 이메일을 작성한다면 무난하리라 생각한다. 〈샘플 4〉를 보면서 이메일 작성법을 각자 최종 정리해보기 바란다.

끝으로 이미 언급된 내용을 포함하여 유념해야 할 사항을 다시 한번 요약해 본다.

(1) 오타, 첨부 파일 누락 여부 꼼꼼히 확인할 것

앞서 언급한 바대로 간혹 제목을 적지 않거나 첨부 파일이 누락될 수 있다. 따라서 첨부 파일 업로드→내용→제목→수신자 순서로 쓴다면 더 좋다.

(2) 회신 기한이 있다면 메일 제목 끝에 추가

중요한 메일이라면 메일 제목 끝에 회신받아야 하는 날짜를 써주면 눈에 띄어 좋다.

314) https://www.saramin.co.kr [사람인], 실무에 바로 쓰는 이메일 작성법 A to Z, 직장in 생활백서, 2020.06.24.

(3) 중요한 내용은 볼드나 색깔 처리

메일의 가독성을 높이기 위해 중요 부분에 표시해 주면 좋다.

(4) 전 송

이메일을 작성한 후 바로 상대방에게 전송하지 말고 보관함에 넣어뒀다가 30분에서 1시간 후에 전송하라. 그사이에 추가해야 할 내용이나 고쳐야 할 내용이 떠오를 수도 있다. 추가할 내용이나 고쳐야 할 내용이 있음을 상대방에게 알리면 이메일 내용에 대한 신뢰가 떨어질 수 있고, 무엇보다 상대방이 수정된 내용을 읽지 못할 수도 있다.

일부 이메일 클라이언트의 경우 '회수'라고 해서 보낸 이메일을 다시 거둬들이는 기능을 갖추고 있다. 하지만 이는 같은 이메일 클라이언트를 쓰는 사내에서나 통하는 기능이다. 사외로 보낸 이메일이나 사내라도 이미 누군가 읽은 이메일은 거둬들일 수 없다. 이메일 전송 시 신중하게 보내길 바란다.

(5) 이메일 주소는 신중하게 결정하되, 짧으면 짧을수록 좋다

회사에 입사한 후 가장 먼저 하는 일 가운데 하나가 이메일을 발급받는 것이다. 이때 이메일 주소를 정하게 되는데, 회사에 따라 조금씩 차이가 있다.

첫번째는 회사가 알아서 주소를 정해주는 경우다. 이 경우 보통 이름을 이메일 주소로 이용하게 된다. 이는 보통 해외의 기업이나 바이어들과 이메일을 자주 주고받아야 하는 기업에게 유용하다. 국내의 경우 삼성그룹(중앙일보 포함), LG그룹, 네이버 계열사 등이 이 방식의 이메일 주소를 이용하고 있다.

외국인들이 한국 이름을 발음하기 힘들어하기 때문에 영어로 된 이름을 따로 정한 후 이를 바탕으로 이메일 주소를 만드는 경우도 있다. 해외 기업과 소통할 일이 많고, 사내에서도 직급 대신 영어 이름이나 존칭을 쓰는 회사가 이 방식을 채택하고 있다. 대표적인 사례가 카카오 그룹이다.

한편 회사에서 이름을 바탕으로 이메일 주소를 정해주는 기업은 사내에 동명이인이 있을 경우, 입사순서대로 숫자를 붙여 이메일 주소를 부여하고 있다. 이렇게 기업에서 이메일 주소를 제공하면 고민할 것이 없지만, 기업이 직원에게 주소를 알아서 정하라고 하는 경우도 많다. 이때에는 이메일 주소를 신중하게 결정해야 한다.

이메일 주소는 짧으면 짧을수록 좋다. 최대한 간결한 영어 단어나 영문 이니셜 세 글자를 이메일 주소로 이용하면 무난하다. 길고 어려운 단어는 이용하지 말 것을 권한다. 의미불명의 알파벳 나열이나 숫자를 붙이는 것은 지양해야 한다. 한 번 정한 이메일 주소는 바꾸지 않아야 한다. 기업에서 쓰는 기업용 이메일 주소는 사회에서 쓰는 개인용 이메일 주소와 다르게 설정하는 것이 좋다. 상대방이 이메일 주소를 기억하는 데 어려움을 겪을 수 있기 때문이다.

이메일 주소가 불특정 다수에게 노출되어야 하는 직업에 종사할 경우(㉠ 기자, 정치인), 인상적인 단어를 이용해 이메일 주소를 만드는 것도 좋다.

제3절 보고서 작성방법315)

보고서는 무슨 일을 하는 데 있어서 가장 기본이 되는 문서다. 보고서 작성을 통해 사업의 논리적 허점을 확인해서 보완할 수도 있고, 사업의 핵심을 한 번 더 점검할 수도 있다. 그리고 보고서는 최종 의사결정자로부터 사업 승인을 받기 위한 것으로, 최종 의사결정자가 오류 없이 정확한 판단을 할 수 있도록 돕는 역할을 한다.316)

직장인의 하루를 잡아먹는 팀보고, 일간 보고, 주간보고 등 수많은 종류의 보고서를 하루에도 몇 번씩 쓰지만, 쓸 때마다 긴장되고 울렁증이 찾아온다. 이는 비단 신입사원들만의 이야기는 아니다. 보고서, 도대체 어떻게 써야 잘 쓰는 걸까?

직장인에게 보고서 작성은 자신의 업무능력을 평가받는 지표가 되는 만큼 매우 중요한 일이다. 평소 글쓰기에 어려움을 느끼는 직장인이라면, 이 같은 문서작성이 결코 쉽지 않다. 때문에 보고서를 제출해야 하는 시기가 다가오면 걱정부터 앞서는 경우가 많다.

이제 보고서 작성법을 알아보기로 하자. 처음부터 잘할 수는 없지만, 꾸준히 노력하다 보면, 금세 칭찬받는 보고서를 쓰는 직장의 신이 될 수 있다.317)

1. 자세 교정하기

보고서 작성법으로 들어가기 전에 먼저 보고서를 바라보는 인식부터 고치고 가는 게 좋다. 이걸 안 고치면 보고서를 잘 쓰는 에이급 직원이 될 수 없다.

---

315) https://ko.wikihow.com [wikiHow], 보고서 쓰는 법, 공동 작성자 위키하우 직원.
https://www.sindohblog.com/1752 [신도리코 기업 블로그], 직장인에게 꼭 필요한 보고서 작성법 꿀팁, 2019.06.10.
https://insight-up.tistory.com/47 [초시대 노하우 백서], 보고서 작성법, 한방에 핵심 총정리, 2019.07.03.

316) https://m.post.naver.com › viewer › postView [좋은 습관 연구소]. 보고서 작성, 보고서 잘 쓰는 법 : 양식, 순서, 내용, 구성. 2019.03.14.

317) 원 페이퍼(1 paper) 보고서 작성법의 실무사례는 https://insight-up.tistory.com/47 [초시대 노하우 백서], 보고서 작성법, 한방에 핵심 총정리, 2019.07.03. 참조.

(1) 보고서는 당신의 얼굴이자 실력이다

보고서는 공식적인 당신의 얼굴이다. 아무리 회식 자리에서 '김 대리 실력이 좋아' 라고 말해도 보고서가 엉망이면 당신은 공식적으로 일 못하는 사람이다. 현재 당신의 실력에 비하여 직급이 낮다고 생각한다면 실력 향상보다 오히려 보고서 작성하는 데 더 열을 올려야 한다. 왜 그럴까? 그래야만 당신의 실력에 맞는 직급으로 빨리 올라갈 수 있으니까.

(2) 다시 쓰는 보고서는 100점이 있을 수 없다

보고서 작성의 핵심은 물론 내용이다. 그러나 이것만은 명심하라. 보고서에서 오타 하나로 인해 지적받든, 큰 결점이 있어 지적받든 모두 문제 있는 보고서다. 무엇 때문에 다시 작성하든 간에 3번 다시 썼으면 3번 다시 쓰는 사람이 된 거다. 그러니 오타 하나 틀린 게 없이 꼼꼼히 챙기고 보고해야 한다.

(3) 인생은 타이밍, 보고서도 타이밍

보고서의 가치 지키기는 바로 제출기한 엄수다. 제아무리 잘 쓴 보고서일지라도 제출기한을 넘기면 '쓸모없는 종이'가 되어 버린다. 보고서는 함께 일하는 동료와의 중요한 업무 커뮤니케이션의 수단이기 때문에 제출기한은 곧 보고서가 필요한 시점이다. 필요한 순간까지 보고서가 완성되지 않는다면, 함께 일하는 동료들의 업무에도 차질이 생길 수 있다.

강조하건대 힘들게 보고서를 쓴 나의 가치도, 보고서의 가치도 모두 인정받고 싶다면 제출기한을 꼭 지켜야 한다. 보고서는 회사에서 어떤 일을 진행하고자 할 때나 진행하고 나서 그것에 대해 설명하기 위해 작성하는 문서다. 이 보고서를 잘 써야 내가 마무리한 일에 대해 인정을 받을 수 있고, 향후 업무를 어떻게 처리해야 할지도 파악할 수 있다. 그래서 보고서 작성은 곧 업무 커뮤니케이션의 핵심이다.

분명 내용은 정말 잘 쓴 보고서인데도 타이밍이 어긋나면 그냥 칭찬도 받지 못하고 쓰레기통으로 직행하는 것이다. 아니면 오히려 타이밍이 좋지 않기 때문에 욕만 먹기 일쑤다.

(4) 보고서는 도구일 뿐, 왜 보고하는지 잊지 말자

보고서를 잘 쓰는 것은 매우 중요하다. 그런데 보고서가 전부는 아니다. 가끔 보고서에 너무 열성인 나머지 보고서가 가진 본래의 의미와 용도를 망각하는 사람들이 있다. 보고서는 하나의 목적을 위한 수단이다. 보고서 자체의 질만 중요하게 여길 게 아니라 왜 하는 건지, 어떻게 할 건지, 언제 해야 하는지 등도 중요하다. 잊지 말자.

큰 그림을 못 보고 쓰고 있는 보고서는 그냥 종이일 뿐이다.

한마디로 보고서는 대부분 의사 결정자에게 올리는 문서다. ① 왜 이걸 한다는 하는 거야? ② 어떻게 하겠다는 거야? ③ 그래서 내가 뭘 결정하면 돼? 이 세 가지 질문이 한눈에 파악되는 보고서가 최고의 보고서다. 따라서 보고서는 책임자가 중요한 의사결정을 재빨리 할 수 있도록 쓰는 것이 중요하다.

(5) 생각은 풍부하게, 작성은 짧고 간결하게

단언컨대 보고서 짧고 임팩트 있게 써서 칭찬받는 건 봤어도, 길게 논문 써놓은 보고서 치고 칭찬받는 건 한 번도 본 적이 없다. 열의가 넘쳐 많은 내용을 담고자 하는 분들! 그거 아니다. 짧게 1페이지로 하라. 그걸로 도저히 담을 수 없는 자료나 내용이 있다면 별첨하면 된다.

(6) 보고서 전달 방식에도 신경 쓰자

보고서 작성법에 맞춰 잘 써놓고 전달을 생각 없이 해서 욕먹는 사람들이 참 많다. 퇴근하려는 상사에게 보고할지, 출근하자마자 보고할지, 이메일로 보낼지, 서면으로 하면서 미리 메일을 보낼지, 요약본을 따로 준비해서 보고할지, 어떤 상황에서 보고할지, 구두로 먼저 운을 뗀 뒤 보고할지, 미리 책상에 올려놓을지, 달라고 할 때 딱 내놓을지, 사람들 많이 볼 때 내놓을지 등등. 이건 다 말로 설명 못 한다. 여러분의 인생 경험을 최대한 살려 신경 써서 전달하길 바란다. 보고서 잘 쓰는 게 50%면, 잘 전달하는 게 50%다.

2. 준비사항 체크

(1) 작성 목적에 따른 보고서 종류

보고서의 종류는 너무 많다. 그러나 특성에 따라 분류하면 다음의 4가지 정도가 된다. 보고서의 이름은 무수히 많더라도 이 4가지 분류를 벗어나는 보고서는 거의 없으니 보고서의 목적에 따른 분류를 잘 참조하여 자신의 보고서가 어떤 부류에 해당하는지 따져보고 작성하기 바란다.

1) 결재용 보고서

이것은 가장 흔한 보고서다. 사실 보고서라고 할 것도 없다. 일반적으로 '품의를 올린다'라고 할 때 그런 업무의 일환인 보고서다. 결재 요청이든지, 휴가 계획 관련 보고든지. 이런 보고서는 대부분 기업에 규격 폼이 있고, 간단명료하게 쓰면 되는 것이니 보고서 작성법이라고 할 게 없다.

2) 기본 업무의 보고용 보고서

하루 업무, 주간 업무, 출장 업무 보고 등 주로 자신의 업무를 정리해서 무엇을 했고, 결과가 어떻게 되는지, 그리고 다음에는 무엇을 할지, 보고하는 것이 업무 보고다. 업무 보고의 핵심은 명확하게 자신이 무엇을 했는지 쓰는 것이고, 나아가 잘된 업무 보고는 자신이 무엇을 다음 스텝으로 할지 명시하는 것이다. 그래야 상사가 당신이 열심히 일하고 있고, 또 능동적으로 무엇을 하려고 하는지 알 수 있다.

3) 상황 보고서(자료 조사 보고)

특정한 목적을 가지고 지목을 하여 조사하고, 이에 대한 사항을 정리해서 보고하는 보고서다. 주로 머리가 아픈 보고 중 하나가 이런 보고서 종류이다. 자료 조사 보고서를 작성할 때는 풍부한 자료 조사와 그것의 정리가 관건이다. 자료의 양이 많을 때는 일목요연하게 핵심만 정리한 요약본(Summary)을 앞 장에 넣는 것이 좋다.

4) 종합 보고서(조사 + 솔루션 제공)

보고서의 꽃이라 할 수 있는 자료 조사와 더불어 자신의 의견이나 솔루션을 함께 제안하는 보고서다. 이런 보고서는 풍부한 자료 조사 + 자료에 대한 분석 + 핵심을 담은 결론(솔루션)이 관건이다. 특히 이 보고서에는 자료들과 분석이 자신이 제안하는 솔루션과 인과 관계 및 개연성이 있도록 작성해야 하며, 솔루션에 있어서는 결정권자가 결정하는데, 참고 혹은 도움을 받도록 작성하는 것이 좋다.

(2) 보고 대상자 파악하기

보고 대상자가 누구인지에 따라 보고 내용은 달라진다. 한가지 팁은 보고하는 대상이 최종 결정권자가 아닌 경우, 최초 보고 대상자만 볼 것이 아니라 그다음 보고를 생각하는 게 좋다. 여러분이 중간 상사라고 했을 때 부하 직원에게 보고서를 받는다면 아무래도 이 보고서를 자기의 상사에게 보여줄 수 있는지, 수정해야 하는지, 자신의 입장에서 말하기 곤란하고 힘든 내용은 없는지 등을 염두에 두고 볼 것이다.

다시 말해 보고서를 받을 사람, 즉 정확한 타깃 설정이 중요하다. 일례로 상무님은 논리적 접근을 좋아하시니까 통계자료를 보다 정확하게!, 팀장님은 과정을 중요하게 생각하시니까 중간 진행 과정을 상세히!, 타 부서는 우리가 쓰는 전문용어나 약어에 취약하니까 설명을 더 자세히! 등이다.

보고서는 누군가에게 보고하기 위해 만들어지는 문서다. 지금 작성하는 보고서를 받아볼 대상, 즉 수요자의 전문성, 직책, 성향 등을 고려해 작성해야 한다. 대상에 따라 보고서의 내용과 방향이 달라질 수 있기 때문이다, 직속 상사에게 하는 보고와

팀 보고의 내용이 같을 순 없다. 또, 나는 알고 있는 내용일지라도, 보고받는 사람에게는 생소할 수 있는 전문용어나 약어는 하단에 설명을 달아주는 것이 좋다. 보고서는 반드시 보고 받는 대상 맞춤형이어야 한다.

(3) 보고서 소스 정리, 소스를 가공하라!

1) 데이터 소스 확보하기

주관적 보고서는 피해야 한다. 객관성을 유지해야 하는데 그러려면 객관적 자료가 뒷받침되어야 한다. 조사는 열심히 했는데, 조사 데이터가 문서화 혹은 파일화 되어 있지 않으면 보고서 작성이 매우 힘들어진다. 일단 자료를 최대한 모아야 한다.

2) 주장 및 보고 주제에 맞춰 분류하기

자료가 준비됐다고 끝난 것이 아니다. 주제에 맞춰 필요한 자료, 덜 필요한 자료, 각각 타이틀에 맞는 자료를 잘 정리해야 한다. 예를 들어, '주변 공장 인력 현황'이 주제라면 인건비 수준, 인구수, 주거지역 분포 등이 들어가야지, 상가 시설 리스트가 들어가면 곤란하다. 이렇게 각각 주제별로 필요한 핵심 자료를 잘 다듬는 작업이 동반돼야 한다. 안 그러면 자료가 너무 많아져서 보고받는 자로 하여금 피로도를 쌓이게 하고 부정적 시각마저 갖게 만든다.

3) 주장에 따른 핵심 데이터 편집하기

자료 정리가 잘 됐다면 마지막 작업으로 결론을 내린 주장이나, 의견, 솔루션 등에 대한 뒷받침될 만한 근거 핵심 자료를 정리해야 한다. ~이런 자료의 결과를 바탕으로, ~이런 결론을 도출했다는 명쾌한 해석이 나와야 한다. 그리고 다 아는 비밀이지만, 통계 및 데이터는 어떤 방향으로 재단하느냐에 따라 뉘앙스가 많이 달라진다. 필요하다면, 약간의 재단도 하는 게 좋다. 어차피 분석 데이터를 바탕으로 결론을 내린 것이기 때문에 효과적으로 전달하자는 의미다.

3. 6가지 핵심포인트

(1) 핵심포인트 1 : 상사의 입맛에 맞게 결론을 낼 필요는 없지만, 상사가 궁금해하는 포인트는 절대 놓치지 마라

보고서를 냈을 때 상사가 보면 충격을 받고 화를 낼 만한 결론일 때 그 보고서를 제출하는 게 쉬운 일은 아니다. 하지만 자신의 보고서를 보고 100점을 주는 상사는 없을 것이다. 모르는 부분, 자신이 놓치는 부분을 발견하기 위해 보고하라고 하는 것이다. 그러나 사실 가장 상사를 실망시키는 것은 상사가 알고 싶은 부분을 정확히 긁어주지 못하는 보고서다. A 지역에서 상품이 왜 안 팔리는지 알기 위해 보고서를 작성하라고 했는데, 나름 선전하고 있는 상황들을 정리해서 보고하면, 다시 하란 소리만 들을 것이다.

(2) 핵심포인트 2 : 결론을 먼저 말하든, 끝에 말하든 확실하게 알게끔 작성하라

보고서에서 결론을 내는 부분은 앞에도 있을 수 있고, 뒤에 올 수도 있다. 그것을 획일화해서 꼭 어디에 결론을 쓰라고 하고 싶지는 않다. 그러나 중요한 것은 결론에 대한 부분을 정확히 인지할 수 있도록 구별해서 잘 써줘야 한다. 상사가 보고서를 보고 "그래서 결론이 뭐야?"라고 말하면 그 보고서는 0점짜리가 된다.

(3) 핵심포인트 3 : 조사자료와 자신의 생각을 절대 합치지 말고 분리해서 보고하라

자료와 의견을 분리하지 않고 표현하게 되면 보고를 받는 사람은 분명 혼돈이 온다. 기껏 자료 조사를 해 놓고 "A 지역 판매 저조 현상 이유 1), 2), 3) 이렇게 나열하면, 이게 이유를 이렇게 생각한 것인지, 이런 상황들이 있는데 이것이 이유라고 생각한 것인지, 아리송해진다. 명확하게 분리해서 잘 표현하는 것! 잊지 마라.

(4) 핵심포인트 4 : 첫 장에 반드시 할 말을 다 담아라

보고서는 1장이 될 수도 있고 2장, 3장, 100장도 될 수 있다. 하지만 일단 보게 되면 첫 장을 먼저 보게 된다. 항상 바쁜 결정권자들은 첫 장에서 흥미를 잃게 되면 뒤에 갈수록 시간만 빼앗긴다고 생각하게 되는 경우가 많다. 보고할 때 '꼭 이것만은 보고해야 한다!'라고 생각하는 것은 반드시 첫 장에 담아서 보고해야 한다.

(5) 핵심포인트 5 : 두리뭉실한 표현은 피하고 확실하게 표현하라

보고서를 보고 상사가 만약 "그래서 하자는 거야 말자는 거야?" 이런 말이 나온다면 이건 분명 보고서에서 정확한 표현을 쓰지 않았기 때문이다. 예를 들어 "A 지역 판매 부진으로 인해 프로모션 진행이 필요합니다. 하지만 지역 주민들의 반감도 잘 생각해야 할 문제입니다."라고 보고를 하면 보고 받는 사람은 이런 질문을 할 수밖에 없다.

(6) 핵심포인트 6 : 짧을수록 좋지만, 의미와 정보가 축소 · 왜곡되도록 줄이면 안된다

드라마 '미생'에 보면 보고서 작성 시에 말을 줄이고, 줄이고 또 줄이는 연습을 '장그래' 친구가 트레이닝 하는 장면이 나온다. 그렇다. 문장은 짧은 게 좋다. 줄이고, 줄이고 또 줄여보라. 단, 그렇다고 의미와 정보의 전달이 약해지는 지경까지 줄이면 안 된다. 줄여야 한다는 생각까지는 하기에 열심히들 줄이는데, 오히려 너무 줄여서 보고의 힘이 반감되는 보고서가 더 많다. 이 경계를 잘 조율해야 한다. 그러나 뚜렷한 방법은 없다. 방법이 있다면 그것은 오로지 연습, 또 연습뿐이다.

제4절 마무리 : 핵심체크

1. 비즈니스 문서는 기업에서 구체적인 실행 방법이나 최종 의사를 결정하는 데 활용하는 중요한 자료이다. 비즈니스 문서는 일반 문서처럼 내용을 장황하게 담아내는 것이 아니라 핵심적인 것만을 요약적으로 담아내야 한다.

2. 비즈니스 문서작성의 핵심 전략은 다음과 같다.

① 왜 쓰는지를 고려 : 비즈니스 문서작성에서는 어떤 목적으로 왜 글을 써야 하는지를 분명히 파악해야 한다.

② 무엇을 쓸 것인가 파악 : 무엇보다 어떤 내용을 담아낼 것인가를 우선 고려해야 한다. 이때 중요 사항은 읽는 이가 원하는 바가 무엇인지 정확하게 담아내야 한다.

③ 어떻게 쓸 것인가 고려 : 문서의 구성은 문서의 유형에 따라 달라진다. 특히 비즈니스 문서는 어떤 유형의 문서냐에 따라 구성이 달라진다.

④ 처음부터 완벽하게 쓴다는 생각은 지양 : 어떤 문서를 작성하든지 처음부터 완벽하게 작성한다는 자세는 지양하고 생각나는 대로 적어보는 것이 효과적이다.

⑤ 중요한 내용부터 서술 : 비즈니스 문서는 핵심적인 내용만을 담아내는 것이 일반적이다. 비즈니스 문서는 한 편의 글을 통해 읽는 이에게 감동을 주기보다는 설득하는 것이 중요하므로 간략한 내용으로 정확한 정보를 전달하는 것이 우선시된다.

3. 모든 이메일은 격식이 필요하다. 이메일은 보고서와 모바일 메신저의 중간에 위치한 커뮤니케이션 도구다. 딱 그 정도의 격식만 갖추면 된다. 이메일은 회사에서 가장 많이 사용하는 의사소통 수단이다. 이메일을 잘 작성하는 것만으로도 많은 사람들에게 좋은 인상을 남길 수 있다. 비즈니스 메일 쓰는 법에 물론 정답이 있는 것은 아니다. 회사마다 조금씩 다를 수 있지만, 잘 썼다고 평가받는 이메일을 토대로 이메일을 작성한다면 무난하리라 생각한다.

4. 보고서는 무슨 일을 하는 데 있어서 가장 기본이 되는 문서다. 보고서 작성을 통해 사업의 논리적 허점을 확인해서 보완할 수도 있고, 사업의 핵심을 한 번 더 점검할 수도 있다. 그리고 보고서는 최종 의사결정자로부터 사업 승인을 받기 위한 것으로, 최종 의사결정자가 오류 없이 정확한 판단을 할 수 있도록 돕는 역할을 한다.

5. 보고서 작성 시 핵심 포인트 6가지는 다음과 같다.

① 상사의 입맛에 맞게 결론을 낼 필요는 없지만, 상사가 궁금해하는 포인트는 절대 놓치지 마라.

② 결론을 먼저 말하든, 끝에 말하든 확실하게 알게끔 작성하라.

③ 조사자료와 자신의 생각을 절대 합치지 말고 분리해서 보고하라.

④ 첫 장에 반드시 할 말을 다 담아라.

⑤ 두리뭉실한 표현은 피하고 확실하게 표현하라.

⑥ 짧을수록 좋지만, 의미와 정보가 축소·왜곡되도록 줄이면 안 된다.

제 1 장	의사소통능력 I
제 2 장	의사소통능력 II
제 3 장	경청능력 I
제 4 장	경청능력 II
제 5 장	의사표현능력 I
제 6 장	의사표현능력 II
제 7 장	의사표현능력 III
제 8 장	의사표현능력 IV
제 9 장	문서이해능력
제 10 장	문서작성능력 I
제 11 장	문서작성능력 II
제12장	**문서작성능력 III**
제 13 장	기초외국어능력

글은 자신의 생각을 표현하고 전달하는 중요한 수단이다. 적절한 어휘를 선택하고 문법을 지키고 문단을 구성해 논리적으로 자신의 생각을 펼치는 글쓰기 능력의 중요성은 두말할 나위 없다. 한편 글쓰기는 자신과의 대화이다. 글을 쓰면서 자신의 생각을 정리하고 좀 더 정교하게 가다듬을 수 있기 때문이다.[318] 따라서 글을 쓰는 것은 자신을 성찰하는 것이다. 자신을 성찰함으로써 내면의 성숙을 키워나간다면 역량 있는 직장인으로서 더욱 인정받는 존재가 될 것이며, 이는 자연스럽게 문서작성능력의 향상으로 이어질 것이다.

제1절 글을 잘 쓰려면

너무나 어려운 글쓰기, 어떻게 하면 잘 쓸 수 있을까? 꾸준한 노력과 연습만이 좋은 글을 쓸 수 있는 지름길이란 것을 일단 전제해 두고 이야기해 보기로 하자.

글쓰기는 정직하다. 잘 읽지 않으면 잘 쓰지 못하게 되고, 많이 읽는다면 자연스럽

318) 김상은(2019), 글쓰기의 중요성, 한국경제, 2019.10.30.

게 술술 쓰게 된다. 생활 글쓰기를 잘하려면 많이 읽어야 한다. 책이든, 신문이든, 잡지든, 인터넷 기사든 무엇이든 좋다. 책이라면 어려운 책보다는 본인이 좋아하거나 관심 있는 분야의 책을 읽어라. 긴 글이 읽기 힘들다면 가벼운 것부터 시작하라. 책을 끝까지 읽는 것이 어렵다면, 읽고 싶은 부분만 읽어도 된다. 아예 안 읽는 것보다는 조금이라도 읽는 편이 나으니까.

그리고 만약 여유가 된다면, 시, 수필, 신문 등에서 좋았던 문구를 노트에 베껴 써보라. 이렇게 베껴 쓰는 걸 필사라고 하는데, 문장력을 기르는 데 많은 도움이 된다. 문장들이 차곡차곡 쌓인 노트를 한 번씩 뒤적거리다 보면 적절한 단어를 찾을 수도 있고, 나만의 책처럼 골라보는 재미도 있다. 그러다 보면 어느새 생활 글쓰기 능력이 향상된 나를 발견하게 될 것이다.[319]

이제 글쓰기 잘하는 방법을 간단히 소개해 보고자 한다. 여러분들도 자신에게 맞는 방법을 찾아 각자 실천해 볼 것을 권한다.

1. 책을 많이 읽는다[320]

어쩔 수 없다. 글을 잘 쓰기 위해서는 글을 많이 읽어야 한다. 글쓰기의 시작은 독서다. 좋은 글은 좋은 글을 많이 읽어봐야 아이디어가 떠오른다. 평소에 어느 정도 독서를 하거나 독서가 정 귀찮다면 어느 정도는 신문 기사, 잡지 같은 것을 읽어야 글쓰기 실력에도 도움이 된다. 어쨌거나 글쓰기는 자신의 주장이나 생각 콘텐츠를 글로 옮겨적는 것이다. 이때 머리에 아무것도 소스가 없다면 글을 쓸 때 힘이 들 것은 당연지사다. 따라서 평소에 꾸준히 텍스트를 읽어두는 것이 좋은 글을 쓰는 지름길이다. 풍부한 독서량을 가진 사람들은 하나의 글을 쓸 때도 주장에 맞는 이유나 예시를 더 많이 들 수 있다.

중국 송나라의 문인 구양수는 글을 잘 짓는 방법으로 다독과 다작, 다상량(많이 읽고, 많이 쓰고, 많이 생각하라)을 꼽았을 뿐만 아니라, 많은 세계적인 작가들은 독서만큼 글쓰기 능력을 기르는 좋은 방법이 없다고들 말한다. 책을 많이 읽어야 문장에 익숙해질 수 있으며, 책 읽기가 어렵게 느껴진다면 자신이 좋아하는 분야부터 선택해 주제를 넓혀보는 것이 좋다.

---

319) 이상의 내용은 https://leli.tistory.com [카피라이터의 쓰는 이야기], 생활 글쓰기 잘하는 쉬운 방법, 유용한 leli, 2020.07.27. 참조.

320) 이하의 내용은 https://blog.ibk.co.kr/1966 [IBK기업은행 블로그], 글쓰기가 어려운 분들을 위해 추천하는 글쓰기 방법, 2016.07.29.
https://hemiliar.tistory.com [해밀러의 스마트한 세상사], 글쓰기 잘하는 법 몇 가지 팁, 2018.07.10.
https://c-writing.tistory.com/2 [창조적 글쓰기], 글쓰기 잘하는 7가지 방법, 2019.09.05.
https://m.blog.naver.com › abc-cast [네이버 블로그], 글쓰기를 잘하는 9가지 방법, 2017.12.14.
https://www.wikitree.co.kr › articles [위키트리], '깔끔한 글' 쓰는 방법 13가지, 2016.12.22.

2. 조금씩 많이, 그리고 짧게 쓰기

단 2~3시간 만에 자기소개서를 쓰기란 물론 쉽지 않은 일이다. 몰아서 글을 쓰려고 노력하기보다는 '하루에 한두 문장은 꼭 쓰겠다'라는 생각으로 매일 조금씩 쓰는 습관을 들여보는 것이 좋다. 무엇이든 짧게 써라. 그러면 읽힌다. 반복해서 쓰되, 문장의 길이를 줄여라.[321] 이것은 글쓰기 대가들이 공통으로 하는 말이다.

3. '어떻게'보다 '무엇'이 먼저

어떤 주제로 글을 쓸 것인가를 먼저 고민하라. 어떻게 하면 글을 잘 쓸 수 있을까를 고민해서는 글을 절대 잘 쓸 수 없다. '글감'이 더 중요하다. 자신의 직업, 전공, 관심 가는 분야에서 주제를 찾으면 된다. 서평은 처음 시작하기에 아주 유용하다. 지금 읽고 있는 책에서 시작하라.

4. 자료 모으기

고수들은 아이디어와 자료만 제대로 모이면 글쓰기의 80%가 끝났다고 여긴다. 글쓰기는 근거를 제시하고 그 타당성을 입증해 보이는 싸움이다. 얼마나 좋은 자료를 모았는가? 좋은 자료 안에 길이 있다.

5. 스토리 활용

스토리에 담아내라. 인류에 대해 쓰지 말고 한 인간에 대해 쓰라. 인류에 대해 쓰려면 이론과 통계가 필요하지만, 인간에 대해 쓰려면 스토리가 필요하다. 스토리 중 가장 효과가 큰 것은 무엇일까? 바로 자신에 대한 이야기다. 자기 이야기를 녹여내라.

6. 쉽게 쓰기

훌륭한 커뮤니케이터는 상대의 언어를 사용한다. 우리는 무언가를 알면 그것을 상대방도 당연히 알고 있다고 생각한다. 이것이 '지식의 저주'에 빠지는 순간이다. 독자가 도대체 무슨 말인지 이해할 수 없다면 글의 효용은 떨어진다. 독자를 제대로 인지하고 독자가 이해할 수 있는 글을 쓰자.

많이 꾸준히 글을 쓰는 게 좋다는 것은 알고 있지만, 실천으로 옮겨지는 그 과정

---

321) 끊어 쓰기 : 문장은 짧고, 굵게 쓰는 게 좋다. 길면 읽기 힘들다. 가장 좋은 글은 '리듬감'이 느껴지는 글이다. 그러려면 강약 조절을 잘해야 한다. 끊어 쓰기는 강약 조절의 기초다. 예) 지구에 있는 모든 동·식물들이 사라지고, 황폐한 공기만 부유하면서 사람들 얼굴에서 미소가 사라졌다 → 지구에서 모든 동식물이 사라졌다. 황폐한 공기만 부유했다. 사람들은 미소를 잃었다.

이 참 어렵다. 어렵게 결심했는데 종이가 없어서, 집중력이 흐트러져서… 그렇다면 매일 쥐고 있는 스마트폰을 이용해 글쓰기 습관을 길러보는 것도 좋다. 기본적으로 스마트폰 내에 있는 메모 어플리케이션을 이용하는 것도 좋지만, 글쓰기에 최적화된 앱을 따로 두고 이용하는 것도 좋다. 하루 한 줄 일기장 콘셉트(concept)의 '데이그램', 내 글을 다른 사람에게 보여줄 수 있는 '씀', 보다 전문적인 글을 올릴 수 있는 '브런치' 앱들을 추천한다.

7. 간단하게 쓰기

책에서 읽는 대부분의 문장들은 길고, 미사여구가 잘 들어가 있는 것들이 많다. 처음부터 이렇게 따라 쓰기보다는, 가장 심플한 문장을 만들어보는 것이 중요하다. 특히 우리가 무의식적으로 많이 넣게 되는 '매우, 아주'라는 강조단어는 너무 많이 사용하게 되면 그 단어가 적절한 뜻을 내지 못하게 된다. 이런 강조단어들은 한 문단에, 한 장에 제한적으로 넣는 것이 효과적이며, 또 빼도 지장이 없는 단어는 반드시 빼는 것이 좋다.322)

8. 능동형으로 쓰기

피동은 당하고, 능동은 하는 것이다. 이왕이면 능동형을 쓰자. 문장이 깔끔해진다.
(㉠ 여자친구 고백에 내 기분은 착잡해졌다 → 여자친구 고백에 내 기분은 착잡했다.)

정복과 이동의 적극적인 역사로 인해서 동사가 발달한 서양 언어에서는 대부분의 동사가 쌍방향으로 작용한다. 서양인들은 상대적으로 공격적인 만큼 그 공격의 대상으로서 역사를 경험하는 집단도 많기 때문이어서인지 수동태가 매우 발달하였다. 예) "The die is cast(주사위는 던져졌다)." 그러나 수동태는 소극적인 의사 표현이다. 신문 기사의 제목으로는, 확대해서 문서 제목으로는 가능하면 수동태를 피하는 것이 좋다.323)

9. 글의 전개가 막힐 때 : 명언과 검색 활용

명언을 활용해라. 막힌 부분과 가장 밀접한 키워드로 검색을 해라. 뉴스 제목과 리드 부분을 훑어보라.324) 명언과 뉴스에 나온 내용으로 글을 계속 써나가 보라. 전개가 풀린다.

---

322) 군더더기 빼기 : 글은 쓰는 게 아니라 빼는 거다. 문법에 맞고, 문장에 군더더기가 없는 게 좋은 글이다. 부사, 형용사, 명사 등 빼도 말이 되면 어떤 거든 무조건 빼자. 더는 뺄 수 없을 때까지. 예) 내 생애 최고의 책을 하나만 꼽으라면 '나의 라임 오렌지 나무'를 고르겠다 → 내 인생 최고의 책은 '나의 라임 오렌지 나무'다.

323) https://ppss.kr › archives [ㅍㅍㅅㅅ], 글쓰기의 대가들로부터 배우는 5가지 글쓰기 팁, 최준영, 2014.09.03.

324) 뉴스 기사는 스트레이트 기사(Straight news)와 피처 기사(Feature story)로 나뉜다. 스트레이트 기사는

10. 필사[325]로 시작하기

좋은 글을 쓰기 위해서는 좋은 글을 쓰는 사람을 흉내 내보는 것도 괜찮은 방법이다.[326] 주요 일간지의 칼럼니스트들은 굉장한 글쓰기 실력을 갖추고 있다. 이런 칼럼니스트의 글 중 1,000 ~ 2,000자 안에 해당하는 글들을 매일매일 따라 베껴 써서 필사하다 보면 남는 것이 있다. 우선 문체를 알게 모르게 흉내 내게 되고, 글의 구조를 배울 수 있게 된다. 이것만 해도 상당한 소득이기에 꾸준히 한두 달만 실천하고 글쓰기 실력이 많이 늘었다고 말하는 사람들이 있다.

그런데도 글쓰기가 부담스럽다면, 책을 베껴 쓰는 필사에 도전해보는 것도 좋다. 같은 글을 쓰더라도 타자기로 치는 것과 종이에 손글씨로 쓰는 것과는 차이가 있다. 타자보다 글쓰기 속도가 느리지만 그만큼 문장에 대해 더 많이 느끼고 생각할 수 있기 때문이다. 필사에도 여러 방법이 있다. 책을 그대로 베껴 쓰면 그 작품을 깊이 파고들어 완전히 이해하는 데 도움이 되고, 글의 핵심을 파악하는 능력을 기르고 싶다면 글을 조금씩 축약해서 쓰는 연습을 할 수 있다.[327] 이렇게 필사를 여러 번 하다 보면 글쓰기에 속도가 붙을 뿐만 아니라 글쓰기를 쉽게 시작할 수 있다.

11. 완성된 글로 쓰기

먼저 날마다 일기를 쓰는 것이 좋다. 일기는 자신의 생각을 글로 표현하는 기본적인 작업이다. 두 번째는 일정한 분량에 맞게 글을 맞춰 써보는 것이다. 약 1,000자 정도의 글을 꾸준히 써보는 것이다. 덜도 말고 더도 말고 반드시 1,000자이어야 한다. 물론 950자, 1,100자가 될 수 있지만, 가능한 1,000자에 맞춰 보는 것이다. 분량 글쓰기를 하면 필요하지 않은 글은 수정하거나 삭제하고, 누락된 부분은 더 넣어 완성도 높은 글을 쓰게 된다.

사실을 있는 그대로 독자에게 전달하기 위한 것이 목적이다. 6하원칙에 따라 될 수 있으면 짧게 작성한다. 피처 기사는 사건을 심층적으로 설명하기 위한 것으로 기사의 길이가 다소 긴 경우가 많다. 사건을 심층적으로 설명하거나 배경을 알려주는 해설기사, 기자의 주관이 가미되는 인터뷰 기사, 탐방 기사, 비평, 사설, 칼럼은 피처 기사에 해당한다. 최근에는 스트레이트 기사도 독자의 흥미를 끌기 위해 르포, 스케치 형식 등 피처 스토리 형식을 가미해 생생하게 사건을 알리는 경우가 늘어나고 있다. 한편 뉴스 기사는 제목, 부제목, 리드, 본문으로 이루어져 있다. ▲제목 : 내용을 한 문장으로 요약한다. 기사 내용을 안 읽고도 독자가 무슨 일이 벌어졌는지 알 수 있어야 한다. 제목은 구체적이어야 하며, 가능한 많은 정보를 담고 있어야 한다. ▲부제목 : 제목에 넣지 못한 중요한 내용을 요약한다. 6하원칙을 2개로 나누어 제목에는 누가, 무엇을 넣고 부제목에는 언제, 어떻게, 왜를 넣는 방식으로 구성하는 경우가 많다. ▲리드 : 리드(lead)는 기사의 첫 문단으로, 전문이라고도 한다. 리드는 기사에 대한 독자의 흥미를 끌어내는 역할을 한다. 스트레이트 기사에서는 리드에 가장 중요한 사실을 넣어 사건이나 기사 전체의 내용을 요약한다. ▲본문 : 본문은 리드의 뒷부분이다. 리드에서 설명된 내용을 구체적으로 서술하고, 사건 당사자의 입장을 설명하고 사건에 대한 배경 정보를 넣는다. 이와 관련하여 http://m.newswire.co.kr [뉴스와이어], 기사 작성의 기초. 참조.

325) 필사란 작가의 문장 그대로 단어와 문장부호, 띄어쓰기까지 똑같이 따라 쓰는 것을 말한다.

326) 아포리즘은 책을 읽다 중요하거나 멋진 문장을 노트에 옮겨 적는 것이다. 일종의 발췌법이다. 이 역시 필사(즉, 부분 필사)로 볼 수 있다.

327) 글을 잘 쓰려면 우선 요약을 잘해야 한다. 좋은 요약을 위한 훈련으로는 머릿속으로 정리한 후 정리한 내용을 입으로 말하며 요약하는 것과 원문을 계속 줄이고 줄여 결국 한 문장으로까지 줄이는 것 등이 있다.

12. 논리적으로 쓰기

많은 사람들이 의외로 놓치는 부분이 바로 '논리'다. 논리는 리포트나 논설문, 논문 등에만 필요하다고 생각하지만, 전혀 아니다. 모든 글은 논리적이고, 일정한 논리를 따라 써야 '잘 써진 글'이 된다. 어떤 글을 읽으면 일목요연하면서도 이해가 쉽다. 하지만 어떤 글은 다양한 정보는 있지만 '그래서 무슨 말을 하고 싶은 거야?'라는 의구심을 일으킨다. 핵심 주제도 없고 글도 논리적이지 않기 때문이다.

수필이든 소설이든 핵심 주제가 있고, 논리가 있다. 소설이 비약되었다면 사람들은 '말도 안 되는 소리'로 일축하고 말 것이다. 충분한 논리적 타당성을 가지고 소설을 써야 좋은 소설이 된다. 수필도 마찬가지다. 하나의 주제와 일정한 논리를 갖추어야 한다. 다만 직접적인 방법이 아닌 간접적인 방법을 사용할 뿐이다.

이밖에 글쓰기 강좌 참가하기, 접속사 최대한 지워보기, 주제 의식을 명확하게 하고 두괄식으로 쓰기, 다 쓴 글을 입으로 읽어보기, 거듭 퇴고하기, 글 공개하기, 글쓰기 관련 책 읽어보기 등의 방법이 있다.

제2절 생각해 보기

다음에 제시된 자기소개서 관련 내용을 읽고 각자 생각을 정리해보자.

1. 취업준비생에게 '자소설'은 필수?[328)]

잡코리아 조사, 취준생 60.8% '자소설 써봤다'. 취준생 5명 중 3명은 실제 자신보다 포장되고 과장된 모습으로 자신을 소개하는 '자소설(자기소개서+소설의 합성어)'을 작성해 본 적이 있는 것으로 드러났다. 취업포털 잡코리아가 최근 취업준비생 1,070명을 대상으로 '자소설 작성 경험'을 묻는 설문조사를 실시한 결과, 이같이 나타났다.

잡코리아에 따르면 취준생의 60.8%가 자기소개서를 작성하면서 실제 자신보다 부풀려지고 과장되게 표현하는 일명 '자소설'을 써본 것으로 드러났다. 성별에 따라서는 남성이 58.4%, 여성이 62.7%로 여성의 비중이 소폭 더 높았다.

취준생들이 자소서에 과장하여 작성하는 항목(*복수 응답, 이하 응답률)을 살펴보면 △성격 및 장·단점이 41.5%로 가장 많았다. 이어 △입사 후 포부(39.6%)와 △지원동기(29.8%)가 각각 2, 3위를 차지했다. 이 밖에도 △실무경험·경력(29.2%) △

328) 에듀동아(2017), 취업준비생에게 '자소설'은 필수?, 2017.02.08.

직무역량(27.5%) △성장배경 · 환경(24.0%) △가치관(21.0%) 등도 취준생들이 자주 소설처럼 작성하는 자소서 항목으로 꼽혔다.

취준생들이 자기소개서를 포장하고 과장하는 방법(*복수 응답, 이하 응답률)도 다양했다. 잡코리아에 따르면 '자소설을 써봤다'고 응답한 취준생의 43.6%가 '내가 느끼는 것보다 더 간절하게 보일 수 있는 어휘와 표현을 사용했다'라고 밝히며 자소설 작성에 가장 많이 사용되는 방법으로 꼽혔다. '나의 가치관, 성격과 다른 부분을 회사 인재상 등에 맞춰 고쳐 적었다'로 응답자의 41.5%에 달하는 적지 않은 응답을 얻으며 2위에 올랐다.

또 '깊은 인상을 남길 수 있도록 작성 항목에 맞는 에피소드를 지어냈다(31.5%)'와 '단순했던 경험, 스펙의 기간과 내용을 실제보다 부풀려서 적었다(31.3%)'는 응답이 근소한 차이로 3, 4위를 다퉜다. 그 밖의 의견으로는 '실제 내가 거둔 결과, 성과보다 부풀려서 적었다(23.8%)', '내가 거둔 적 없는 결과, 성과를 거뒀다고 적었다(8.9%)', '스터디그룹, 전문가 등 타인의 첨삭 · 조언을 빌려 고쳐 적었다(7.2%)', '없는 경험, 스펙을 지어내서 적었다(5.2%)' 등이 이어졌다.

반면 '자소설을 쓰지 않았다'고 밝힌 39.2%의 취준생들은 그 이유로 '정직한 어필'을 꼽았다. 즉 '정직하게 쓰는 게 왕도라고 생각해서'라는 응답이 41.8%에 꼽히며 1위를 차지한 것. 여기에 '어차피 면접에 가면 다 들킬 것 같아서(14.6%)'와 '앞뒤가 안 맞을까 봐, 전체적인 일관성을 위해(14.1%)', '면접전략의 방편으로, 자소서가 기반이 될 질문을 염두에 둬서(9.1%)'와 같은 전략적인 이유도 적지 않았다.

그렇다면 자소서와 자소설 중 실제 서류전형에 더 유리한 지원서는 무엇일까? 잡코리아 설문 결과에 따르면 정직하게 자신을 드러내는 자소서가 더 유리한 것으로 보여진다. 잡코리아가 설문에 참여한 취준생들에게 해당 지원서를 제출했던 서류전형에서 통과했는지 여부를 물은 결과 '자소설을 작성했다'고 응답한 취준생이 해당 지원서로 서류전형에 통과했다는 응답은 54.6%로 나타났다. 반면 '자소설을 작성하지 않았다'고 응답한 취준생의 서류전형 통과 비중은 이보다 약 12%P가 높은 66.7%로 나타났다.

잡코리아 홍보팀 변지성 팀장은 "실제보다 부풀려지거나 자신과 동떨어진 모습으로 과장된 자소설의 경우 요행히 서류전형을 통과한다고 하더라도 결국 인적성 검사, 면접 과정 등의 남은 전형 과정에서 걸러지게 되어 있다."라고 지적하고 "자기소개서는 지원하는 기업에 내가 얼마나 필요한 인재인지를 증명하는 과정임을 유념해 실제 자신의 성격과 성과, 경험 등을 중심으로 자신을 서술하는 데 집중해야 할 것"이라고 조언했다.

2. 입사 자기소개서에서 피해야 할 표현[329)]

'급한 성격', '운이 좋은', '타고난'…. 이번 달부터 열리는 신입 사원 공채 지원 자

329) 연합뉴스(2015.03.), 입사 자기소개서에서 피해야 할 표현은?, 2015.03.05.

기소개서에 피해야 할 표현들이다. 취업포털 사람인은 기업 인사담당자 210명을 대상으로 자기소개서에서 비호감 인상을 주는 열쇳말을 주제로 설문 조사한 결과를 5일 발표했다.

'급한'을 꼽은 인사담당자가 42.9%로 1위를 차지했다. 예를 들어 '성격이 급한 편'이라고 쓴다면, 합리적이지 못하고 충동적인 성향이라는 인상을 준다는 것. 이럴 때는 '의사결정을 신속하게 내린다'는 표현을 사용해 긍정적인 느낌을 줘야 한다는 게 사람인의 조언이다. 이어 '운이 좋은'(33.3%), '타고난'(24.3%)이 2위와 3위를 차지했다. 선천적 요소보다 후천적인 열정과 노력을 선호한다는 뜻으로 사람인은 분석했다.

이와 함께 '완벽주의의'(22.4%), '낙천적인'(21.4%), '성과 지향적인'(17.1%), '가족 중심의'(15.7%), '최고의'(15.7%), '타협적인'(15.2%), '과감한'(14.3%), '원칙주의의'(14.3%), '착한'(14.3%) 등의 표현도 꺼렸다.

가장 호감이 가는 표현으로는 '책임감 있는'(54.8%)을 꼽았다. 임직원들의 책임감이 갖춰져야 조직 운영을 원활하게 할 수 있기 때문으로 보인다. 이어 '성실한'(47.6%)과 '긍정적인'(46.7%), '적극적인'(34.8%), '열정적인'(26.2%), '예의 바른'(23.8%), '정직한'(22.4%), '도전적인'(21.9%), '협동적인'(18.6%) 등을 호감이 가는 표현으로 선택했다.

제3절 자기소개서 잘 쓰려면330)

자기소개서 작성 시 도움이 될만한 내용을 알아보기로 하자.

1. 자기소개서란

자기소개서는 이력서와 함께 채용을 결정하는 데 있어 중요한 문서이며, 채용 시 필수 제출서류다. 이력서가 개인의 객관적인 정보를 쓰는 문서라고 한다면, 자기소개서는 한 개인을 보다 상세히 인사담당자에게 어필할 수 있는 자료다. 다시 말해 '자소서'는 이력서 스펙만으로 판단하기 어려운 지원자의 취업 역량을 '정성적(질적)'으로 평가하기 위함이다. 따라서 대다수 기업은 이력서와 함께 자기소개서를 통하여 채용 여부를 1차로 판단한다.

이 경우 자기소개서를 통하여 지원자의 대인관계, 조직 적응력, 성격, 인생관, 장래

330) https://agoodlife1001.tess07.com/entry [바른생활의 다이어리], 자기소개서 잘 쓰는 방법 7가지, 글쓰기가 두려운 분들은 필독, 2021.01.20. 서용현(2020), 자기소개서 쓰는 법, 오피니언타임스, 2020.07.17.

성 등을 살펴볼 뿐만 아니라, 문장 구성력, 글쓰기의 논리성, 표현력, 어휘력 등까지 체크하게 된다. 인사담당자는 자기소개서를 읽다가 시선을 끌거나 중요한 부분에 대해서는 표시해 두었다가 면접 시 질문의 자료로 활용하기도 한다.[331]

대부분 지원자들이 여러 개의 기업에 자기소개서를 제출하게 되는데, 그때마다 해당 기업의 특성에 따라 자기소개서를 조금씩 수정하여 제출하는 것이 일반적이다.

따라서 자기소개서는 사실에 입각하여 작성해야 헷갈리는 것을 방지하고, 면접 시 실수를 최소화할 수 있다. 즉, 이력서나 자기소개서의 내용이 면접 시, 답변 내용과 다를 경우, 신뢰성에 문제가 있다고 판단될 수도 있다.[332]

2. 자기소개서의 중요성

자기소개서, 줄여서 '자소서'의 중요성이야 두말하면 잔소리일 정도로 너무나 중요하다. 그동안 살아왔던 삶과 인생에 대한 문제의식과 삶의 가치관, 그리고 그것들을 통해서 형성된 삶의 태도 등을 어필하는 것이 '자소서'다.

그런데 그 어필이 얼마나 중요하냐 하면, 내가 정말 들어가길 원하는 기업에서는 각각의 정해 놓은 인재상이 있다. 기업이 이미 정해 놓은 적합한 인재상 기준에 지원자들이 얼마나 부합하느냐를 면접을 통해 모두 따지기 힘들므로 1차로 자소서를 통해서 추리게 된다. 따라서 잘 키워놓은 자소서는 나에게 가장 좋은 무기가 되어 목표를 달성할 수 있도록 도와줄 수 있다.

이제 면접을 준비하는 분들을 위해 자기소개서 잘 적는 방법을 알아보기로 하자.

3. 자기소개서의 본질만 알고 들어가도 반은 이기고 들어간다

우리가 흔히 착각하는 부분이 바로 '자기소개서는 자기를 소개하는 글'이라고 생각하는 것인데, 자소서의 정확한 의미는 내가 원하는 기업에 대해서 "나는 이 기업에 이러한 보직에 가장 적합한 인재이기 때문에 나를 뽑아달라."이다. 쉽게 말해 일종의 자기 PR이다. 그렇다고 막무가내로 나 좀 넣어 달라고 하면 안 될 테니 자소서를 통해 정말 세련되고 정제되게 상대방에게 자신을 전달해야 하는 것이 우리의 목표다.

자기소개서는 말 그대로 자신을 소개하는, 그것도 잘 소개하는 글이어야 한다. 자기를 '잘' 드러내는 방법은 자기소개서를 읽는 사람이 '내'가 되도록 하는 것이다. 자기소개서는 읽는 사람이 반드시 끝까지 읽고, 내 경험을 같이 느끼고 감동을 해야 하는 글

331) 인사담당자들의 자기소개서 점검 포인트는 다음과 같다. ▲지원 분야에 적합한 실력을 갖췄는가 ▲업무에 쉽게 적응할 수 있는가 ▲성격은 어떤가 ▲조직과 융화될 수 있는가 ▲소신과 주관이 있는가 ▲사고력, 창의력, 개성이 있는가 ▲사물을 긍적적으로 보는가 등이다.

332) Tip : 자기소개서를 포함하여 기업에 제출한 모든 자료는 반드시 복사본을 보관하고 있다가, 면접하기 전에 충분히 숙지하여 면접에 참석하는 것이 바람직하다.

이다. 즉, 자기소개서를 읽는 평가자가, 나로 '빙의[333]해서' 읽고 난 뒤, 마치 자기가 내 문제를 고민하고, 자신이 해결한 것과 같은 뿌듯함을 느낄 수 있어야 한다.

그 '빙의' 과정이 없다면, 자기소개서가 아니라 '남의 소개서'가 된다. 내 이야기면 몰라도 남의 이야기가 재미있으려면 정말 기가 막히게 써야 한다. 재미없는 '남의 이야기'를 끝까지 읽는 것은 큰 고통이다.

대개 자기소개서를 작성할 때, 이전의 경험과 그 경험을 통해 얻은 역량을 기술하게 된다. 평가자가 그 글을 읽는 과정에서 나로 '빙의'가 되려면 그 경험이 사건의 흐름이 아니라 사고(思考)의 흐름에 따라 서술되어야 한다. 자기소개서는 '나를 설명하는 글'이 아니라, '나를 돌아보는 글'이어야 한다. 사건의 흐름에 따라 글이 적히면, 읽는 사람은 다분히 관찰자 입장('빙의' 모드가 아닌)이 된다.[334]

4. 자기소개서 작성 시 필수 요소 체크

자소서를 작성할 때 가장 큰 틀은 '애매하고 추상적인 표현은 피하되, 적은 경험일지라도 풍부한 의미를 담아서 해당 직업군과의 연결성을 강조하는 것'이다. 그리고 이를 위한 소재들을 구하기 위해서는 '자신의 삶을 돌이켜보는 과정'이 필요하다.

내가 정말 무엇을 원하는지와 어떤 것을 잘하는지를 순서대로 나열해 정리해봄으로써 앞으로 나는 어떻게 삶을 살아갈 것인가에 대해 비전을 설계해 보면서 자기만의 자소서의 큰 틀을 만들어 갈 수 있는 것이다. 우리는 이것을 흔히 '스토리텔링' 능력이라고 한다.

5. 자기소개서의 기본적인 구성요소

내가 경험했던 것들을 사실(fact) 중심으로, 그것도 시간 순서로 단순 나열하면 절대 안 된다. 연대기는 읽는 사람을 철저하게 관찰자로 남게 한다. 연대기적인 자기소개서를 볼 때 평가자는 사고 중심이 아니라 사건 중심의 관점을 가지기 때문에 결론을 빨리 보고 싶게 된다. 그런데 그 결론이 '올림픽 금메달', '노벨상'이 아니면 급히 실망한다.

(1) 자기소개서 양식

전형적인 자기소개서 양식은 〈샘플 5〉와 같이 간단하다. 또한 제시된 바와 같이 기

333) 빙의(憑依)란 '빙이'라고도 칭하며, 다른 것에 몸이나 마음을 기대거나 영혼이 옮겨붙음을 뜻한다. 빙의(憑依) 뜻과 관련하여 사전용어에선 憑(빙) 자가 기대다, 의지하다, 붙다, 귀신이 들리다 라는 뜻이 있고, 依(의) 자는 '사람 인(人)' '옷 의(衣)' 두 자를 합쳐 만든 글자로서 의지한다"는 뜻을 지닌다.

334) https://ppss.kr › archives [ㅍㅍㅅㅅ], 자기소개서를 쓸 때 유의해야 할 5가지, 2017.02.04.

본적으로 들어가는 사항은 성장 과정, 성격의 장단점, 지원동기와 입사 후 포부이다.

(2) 나의 성장 과정

본인이 자라온 환경을 쓴다. 몇 년에 태어나 어떤 부모님 아래서 자라왔다는 지루한 내용보다는 본인이 살아오면서 보람 있었고, 꿈을 갖게 된 계기 등을 쓰면 좋다. 학창 시절과 관련해서는 초중고 시절 가운데 주로 고교 시절 이상을 위주로 작성하면 된다.[335] 상을 받았던 일이나 학교생활에 도움이 되었던 일, 행동 등을 적으면 되는데, 지원하고자 하는 일과 관련된 내용이면 좋다.[336]

성장 과정을 시간대별로 나열하는 것은 좋지 않다. 지금의 나의 적성, 나의 성격, 가치관, 인생관 등이 형성된 이유를 성장 과정을 통해서 기술하는 것이 좋다. 즉, 일반적이거나 평범한 이야기보다는 자신의 뚜렷한 개성이나 장점 또는 강한 의지를 내보일 수 있는 내용들을 언급하라는 뜻이다.[337]

이를테면 남들이 관심을 기울이지 않던 새로운 학문 분야에 대한 흥미나 관심, 그리고 그것을 선택한 결단이라든가, 가정형편이 어려워 부모나 형제들을 돌보면서 어렵게 공부해 온 경험이라든가, 여하튼 설득력 있는 이야기로 읽는 사람의 공감을 불러일으킬 수 있는 내용들이면 좋다.[338] 그리고, 경력이 있을 경우에는 성장 과정을 언급하기보다는 경력 위주로 언급하는 것이 더 좋은 결과를 가져올 수 있다.

성장 과정을 쓰라고 하는 이유는 한마디로 성장 과정을 통해 무엇을 느꼈고, 무엇을 할 수 있는지를 보려는 것이다.

성장 과정은 과거 - 현재 - 미래가 모두 포함되어야 한다. 초등학교 6년 동안 겪은 경험 중에 회사와 연관성 있는 주제를 뽑아낸다. 그 주제에 맞게 내용을 정리해야 한다. 초등학교에서 회장을 하고 우수상을 타고 개근상을 탄 것은 중요한 것이 아니다. 회장을 했다면 어떠한 리더십을 발휘하여 반을 이끌었는지, 개근상을 타기 위해 어떤 노력과 역경이 있었는지가 더 중요하다.

---

335) 학창 시절을 평범하게 연대기 순서에 따라 기술하는 것보다 초중고시절, 그리고 대학 시절 동안 있었던 독특한 체험이나 에피소드를 개성 있게 나타내는 것이 좋다. 특히 대학 시절은 그 이전의 생활과는 달리 자유시간이 많고 학과 공부 이외의 관심 분야에 대한 활동이 가능하기 때문에, 자신의 모습이 보다 많이 나타날 수 있다. 또한, 관심 분야의 활동으로 그 사람의 성격을 이해할 수도 있고, 졸업 후 직업과 연결되는 경우도 많다. 그러므로 전공이나 활동했던 분야를 지원동기와 연결시킨다면 보다 설득력이 있을 것이다.

336) 자기소개서를 요구한 조직의 인재상이 내 개인적인 상황(가족, 가정형편, 그 상황에서 형성된 내 성격 등)과 밀접한 관련이 없다면 '저는 유복한 가정에서 장남으로 태어나' 또는 '부모님의 이혼으로' 아니면 '아버지의 사업이 갑자기 부도가 나는 바람에' 이런 류의 내용은 일말의 도움이 안 된다.

337) 물론 가정환경이나 성장 과정, 대내외 활동 등은 연대순에 의해 기술한다. 가풍이나 재학시절의 독특한 경험, 가치관에 영향을 준 일 등을 작성하되 평범한 이야기는 피하고 자연스럽게 자신의 성격을 드러내는 것이 무난하다. 아울러 채용담당자가 궁금해하는 것은 과거보다 현재의 모습이므로, 과거에 어떻게 됐다고 끝내지 말고, 그것을 통해 얻은 것이 무엇인지를 기술하는 것이 좋다.

338) 개인적인 상황이 나를 한 단계 끌어올린 어떤 큰 배움(깨달음)의 계기가 되었다면 그것은 아주 좋은 자기소개서 주제가 될 것이다. 그런데 고민과 걱정만 있고 행동과 선택이 없는 경험은 자기소개서의 아이템으로 적절하지 않다. 그 고민의 깊이가 조직의 인재상과 맞닿아 있는 경우엔 문제가 없을 수도 있지만, 선택과 행동이 없으면 그 글을 읽은 사람은 지원자가 자기 주도성이 부족하고 책임감이 없다고 느낀다.

〈샘플 5〉 자기소개서

작성자 :

지원	지 원 구 분	지 원 업 무	희 망 연 봉
	신입 / 경력 / 인턴		

항목	내용
성장과정	
성격의 장단점	
지원동기	
입사 후 포부	

현재는 성장 과정에서 극히 일부에 해당한다. 그러나 지금이 가장 중요하다. 과거의 성장 과정을 토대로 현재는 이 회사에 무조건 들어가야 하는 당위성을 적어야 한다.

성장 과정에서 미래를 쓰지 않는 경우가 많다. 아니면 "제가 입사하게 된다면 회사는 더욱 성장하게 될 것입니다." 정도의 한 줄로 끝맺음하게 되는 경우가 있다. 여기서 소설이 필요하다. 성장 과정의 미래를 멋지게 표현하면 좋다. 과거와 현재를 토대로 어떠한 미래를 만들 것이며, 그 미래가 회사와 어떠한 연관성이 있는지를 서술한다. 4문장에서 5문장으로 정리하면 좋다. 면접관들은 신입 사원의 과거와 현재가 아닌, 성장 가능성과 미래를 본다. 나만의 임팩트 있는 내용을 공들여 작성하는 것이 무엇보다 중요하다.[339)]

(3) 성격의 장점 & 단점

장점 위주의 성격을 쓰는 게 좋다. 너무 자기 자랑하듯 쓰는 건 오히려 역효과가 난다. 단점도 쓰되 장점화해서 써라.

자신의 성격을 장점과 단점으로 구분해서 분명하게 얘기하기는 어렵다. 그러기 위해서는 무엇보다 자기 자신을 잘 알고 있어야 하기 때문이다. 가능하다면 자신의 단점까지도 이야기할 수 있고, 또 그것의 개선을 위한 노력의 의지도 보여줄 수 있어야 한다. 자신의 좋은 점이나 특기 사항은 자신 있게 밝혀주고, 아울러 단점에 대한 언급과 함께 그것을 고쳐나가기 위한 노력 등도 이야기하는 것이 좋다. 이러한 태도는 자신의 개성과 함께 강렬한 인상을 심어줄 수 있기 때문이다.

자신의 장점이나 특기를 언급할 때는 외국어 능력, 리더십, 업무 수행상 도움이 될 수 있는 능력 등을 자신의 체험과 함께 언급하는 것이 좋다. 또한 이 부분은 면접 시에도 자주 질문하는 부분이므로 반드시 조리 있게 답변할 수 있도록 준비해 둔다.[340)]

(4) 지원동기와 앞으로의 각오(포부)

입사를 하게 되면 이런 능력을 보여줄 수 있고, 귀사에 어떤 보탬이 되어 줄 수 있다는 포부와 자신감, 본인의 능력 등을 적으면 된다. 요컨대 자기소개서는 간략하게 본인을 알릴 수 있는 임팩트 있는 글이 중요하다.

입사 동기, 즉 지원동기는 자기소개서 부분 중에서 가장 중요한 부분이다. 한마디로 입사 동기는 구체적으로 기술해야 한다. 가끔, 중소기업에 입사 지원할 경우, 입사 동기를 빼거나 막연하게 기술하는 경우가 있는데, 이것은 서류전형에서는 치명타

339) https://sensebible.tistory.com [센스바이블 블로그], 취업 자기소개서 쓰는 법 100% 성공 비법, 2018.12.31.

340) 자신의 장점을 담아내는 것과 관련하여 우선 회사의 니즈를 알기란 쉽지 않다. 여기서 중요한 것은 너무 큰 단위의 문제를 거론하는 것은 금물이다. 작은 것을 이용해서 큰 것을 성취해 가는 내용을 담아야 한다. 회사는 신규직원을 채용하는 것이지, 임원급을 채용하는 것은 아니다. 예를 들어 현재 재계 100위인 회사를 5년 안에 1위 회사로 만들겠습니다! 라는 내용은 면접관들에게 부정적인 이미지를 줄 수 있다. 그러나 '어떻게 할 것인가'를 명확하게 설명한다면 높은 점수를 얻지만, 단순히 '열심히 하겠습니다'라고 말하는 것은 점수를 얻을 수 없다.

가 될 수 있다. 결코 작은 기업이라 하여 허술하게 작성하는 일은 없어야 한다.

따라서 입사 지원동기를 기술할 때는 기업체 규모에 관계없이 해당 기업과 직무에 연관이 있는 내용을 함께 언급하는 것이 좋은데, 만약 없다면, 반드시 입사 지원 이유를 찾아내야 한다. 이를 위해서는 평소에 신문이나 해당 기업에 대해 어느 정도 연구가 필요하다. 흔히 동기가 확실치 않으면 성취 의욕도 적어 결국 좋은 결과를 기대할 수 없다. 그렇기 때문에 뚜렷한 지원동기를 밝혀, 입사 후에도 매사에 의욕적으로 일에 임하게 될 것이라는 인상을 심어줄 필요가 있다.

한편 장래 목표 및 포부의 기술과 관련하여 어떠한 인사담당자도 막연하게 '열심히' 또는 '꾸준히' 등의 표현은 좋아하지 않는다. 반드시 본인의 인생관이나 가치관에 입각한 5년, 10년 후 정도의 포부를 정확히 밝히는 것이 좋다. 이때 다음의 사항을 주의해야 한다. 장래 목표, 전공, 입사회사의 특성, 입사 지원동기 등이 일관성을 유지하여 관계가 있어야 한다. 또한, 그 장래 목표를 이루기 위해 구체적인 계획이나 방법을 기술하면 더 좋은 점수를 받을 수 있다.[341]

6. 매력적인 자기소개서를 쓰려면

우선 나에게 맞는 제목 또는 첫 문장 스타일을 정하는 것이 매력적인 자소서의 필요조건이다. 아무리 내용이 좋더라도 제목이나 첫 문장이 시선을 잡고 강한 인상을 주지 못하면 그냥 지나쳐진다. 당신도 수많은 인터넷 기사와 게시판에서 제목만 보고 클릭을 할지, 안 할지 정하지 않는가? 특히 제목은 꼭 처음에 써야 하는 건 아니다. 글을 다 쓰고 나의 글을 어떻게 함축하고 강렬하게 표현할 수 있는지 고민한 후 정해도 늦지 않다.[342]

서류 심사관은 많은 지원서를 제한된 시간 동안 확인한다. 서류 심사관이 뉴스에서 원하는 기사를 찾는다고 하자. 사실에 기반된 단도직입적인 강렬한 문구에 눈이 가지 않겠는가? 당신은 당신이 지원한 회사나 단체 앞의 한 상품이다. 무엇으로 당신을 간단명료하게 나타낼 것인가? 바로 단순함이다. 얼핏 봐도 기억에 남을 그런 것이다. 당신은 철저하게 상품성이 있어 보여야 한다.[343]

---

341) 동기나 포부가 명확히 정립되어 있지 않으면 의욕이 적다고 평가되어 좋은 결과를 얻을 수 없다. 기업의 입장에서는 가장 현실적인 관심사가 되는 부분이기도 하다. 따라서 지원동기를 쓸 때는 막연한 일반론을 펴는 것보다 해당 기업의 업종이나 특성 등을 고려하며 구체적으로 기술하는 것이 입사 후에도 의욕적인 활동을 할 것이라는 인상을 전달하기에 좋다. 물론 포부를 언급할 때도 마찬가지로 막연히 '최선을 다하겠다'라는 표현보다는 지망 기업에 대한 상세한 정보를 바탕으로 업종에 대한 목표나 계획을 세우고 있다는 것을 나타내는 것이 돋보일 수 있는 것은 당연하다.

342) 몇 가지 제목 스타일을 제시하면 다음과 같다. ▲명령형 스타일 : <지금까지의 면접자는 잊으세요>, <이젠 그만 찾을 때도 됐습니다>, <제가 가장 적합합니다> ▲질문형 스타일 : <능숙한 컴퓨터 활용으로 경력 같은 신입은 어떤가요?>, <지시사항을 우선으로 이행하는 직원이 필요하시죠?> ▲직접형 스타일 : <올해 신입사원으로 뽑아 후회 없는 직원>, <업무도 사교성도 모두 갖춰진 지원자> ▲간접형 스타일 : <회사 홈페이지를 탐독하고 왔습니다>, <회사의 행보와 제 에너지가 결합되면 높은 시너지로 돌아옵니다> ▲뉴스형 스타일 : <2021년 선택할 수밖에 없는 지원자>, <회사의 목표와 성과를 조사하기 현재 6개월 차> ▲호소형 스타일 : <신입이지만 엑셀 작업(또는 다른 업무 프로그램)은 자신 있습니다. 확인 바랍니다>

(1) 나를 과감하게 세일즈(판매)하라

자기소개서는 나를 세일즈하는 것이다. 특히 내가 '회사에 돈 벌어줄' 사람임을 보여주는 것이다. 자기소개서와 면접은 이것을 보여주고 또 보는 것이다. 매력적이고 개성적인 자기소개서를 써라. '남들과 비슷한' 자소서를 쓰지 말라.

누구나 특기와 장점은 있다. 누구나 '천명을 갖고 태어났기' 때문이다. 공부하느라고 개발이 안 되었을 뿐이다. 자기소개서를 쓰면서 이것들을 '발굴'하라. 예를 들자. 네가 소통·인간관계에 특기가 있어서 '나는 누구라도 친구로 만들 수 있다'라고 자신 있게 말할 수 있다면 이건 분명히 '회사에 돈 벌어줄' 역량이다. TOEIC 900점보다 낫다.

(2) 남들과 다르게 써라

자소서는 이력서나 스펙에 있는 내용을 다시 쓰는 것이 아니다. 그런데 대체로 지원자는 중복, 진부, 아첨 등으로 면접관(회사 임원)들을 고문한다. 낙방 100% 보장한다. 자소서에는 이력서에 나타나지 않는 나의 개성이나 특기를 보여, 내가 '회사에 돈 벌어줄 사람'임을 보여야 한다. 강한 인상을 주게 써라. 어차피 지원자 대다수가 낙방하지 않는가? 그럴 바엔 '남들과 다른' 자소서를 쓰고 '남들과 다르게' 접근하라.

자소서의 '양식'에 집착하는 사람들이 있다. 그거 뭐 중요한가? 지원자 모두가 '양식'대로 진부한 자소서를 쓰면 심사관들은 얼마나 지루하겠는가? 양식에서 탈피하여(단, 기본 구성요소는 포함) 인용, 유머, 에피소드 등을 섞어 최대한 간략하면서도 재밌게 써라.

7. 자기소개서에 쓸 것이 없다?

(1) 진부한 것에서 벗어나기

자소서에 '쓸 게 없다'라는 젊은이가 많다. 아니다. '남들이 자소서에 보통 쓰는 진부한 것들'에 스스로 매이기 때문에 쓸 것이 없는 것이다.[344] 예컨대 아래와 같은

343) 이상의 내용은 https://newtro40.tistory.com/66?category=821063 [소소한 꿀팁 알림] 12가지 자기소개서(자소서) 나한테 맞게 글 잘 쓰는 방법 - 1/4, 2020.06.20. 참조.

344) 자기소개서를 처음 쓰는 사람이 가지는 첫 번째 질문은 '그런 쓸거리(경험)가 내게 있나?' 하는 것이다. 많은 사람은 첫 번째 자기소개서를 쓰는 시점에 '난 그냥 살아왔어'라는 생각이 든다. 그런 분들은 자기소개서 쓰기 전에 지나온 날들을 차근히 정리하는 시간을 가져야 한다. 최저임금을 받으면서 했던 알바, 근로학생, 학교에서 억지로 따라가서 했던 봉사활동, 남들도 다들 간다기에 나도 해보자고 갔던 여행, 운이 좋아 당첨된 회사의 이벤트성 단체 활동, 얼떨결에 맡게 된 동아리 총무, 혹시나 해서 넣어 봤는데 합격한 인턴, 집안에 갑자기 생긴 불행한 사건 등등이 다 그 재료이다. 하나씩 꺼내서, 억지로라도 적어보고 생각하고 수정하고 생각하자. 자고 일어나 다시 보고 생각하고 수정하고 생각하자. 이 과정을 해보면, 신기하게도 인간이 그냥 막 살지는 않았다는 것을 발견하게 된다. 자기소개서는 나를 설명하는 글이 아니라, 나를 돌아보는 글이다. 거꾸로 자기소개서를 핑계로 나를 돌아보면 내가 뭔가를 할 수 있다는 자신감도 생긴다. 이와 관련하여 https://ppss.kr › archives [ㅍㅍㅅㅅ], 자기소개서를 쓸 때 유의해야 할 5가지, 2017.02.04. 참조.

경험은 진부한 포상경력이나 억지로 한 봉사활동보다 심사관들에게 훨씬 좋은 인상을 준다. 아래의 에피소드를 참고로 자신만의 에피소드를 찾아보라.

① 다른 사람들을 배려하고 행복하게 하는 능력
② 누구라도 친구로 만들 수 있다는 것 (바람둥이 기질 포함)
③ 호기심이 많고 관찰력이 뛰어나다는 점 (호기심이 많아 한 눈 팔다가 전봇대에 자주 부딪힌다는 것)
④ 배짱과 의리가 남다르다는 점(㉠ 친구를 왕따하는 깡패들과 싸우다 다친 경험)
⑤ 물건값을 잘 깎는다는 것

자기소개서를 '안전빵' 위주로 작성하는 사람들이 많다. 면접관들을 거스를지 모르는 얘기는 일체 빼고 무난한 내용으로 일관한다. 소위 '모범 답안'을 쓰는 것이다. 재미없는 범생이 스타일의 인생 기록이나 회사에 대한 아첨 등으로 도배를 한다. 이건 최악이다. "'미움받을 용기'를 가져라. 무시 받는 것보다는 미움받는 것이 낫다".

'인성(人性)'은 자기소개서에 쓸 것이 못 된다고 생각하는 사람들이 많다. 그러나 자기소개서와 면접에서 제일 중요한 것이 인성이다. '인성'은 중요한 역량이다. 예컨대 낙천적이고, 항상 웃으며, 상대에게 겸손한 사람은 회사 분위기를 끌어올리고 영업 상대방의 기분을 좋게 해서 회사에 돈을 벌어다 줄 수 있기 때문이다. 물론 면접에서 이런 역량을 증빙하기는 쉽지 않다. 그러나 불가능하지는 않다. 자기소개서에 인성 관련 에피소드를 소개하고 면접에서 면접관들이 당신의 밝은 성격과 이미지에서 인성을 확인할 수 있으면 된다. 이런 것들을 쓰면 '자소서에 쓸 것이 없다'라는 얘기가 안 나올 것이다.

(2) 쓸거리(즉, 경험)를 기술하는 방법[345)]

어떤 활동을 자기소개서에 기술할 때는 아래의 내용이 들어가야 한다. 대개 자기소개서는 글자 수의 제한이 있기 때문에 내용을 짧고 강하게 써야 한다. 선천적인 글쓰기 재능이 있으면 좋겠지만, 대개는 여러 차례의 리뷰(검토)로 아래의 내용이 잘 기술되는 짧고 강한 글로 훌륭하게 개선된다.

① 왜 그 활동을 하게 되었는지. (아마도 자기 주도적인) 그 활동을 유발한 내적 동기(intrinsic motivation)가 중요하다. 내적 동기의 최고봉은 '재미', '지적 호기심'이다. 외적 동기에서 시작된 일이 어느 순간 내적 동기로 바뀐 경우도 자기소개서의 좋은 활동 아이템이 된다. 끝까지 '억지로' 했던 활동은 보통 자기소개서 주제가 아니다. 나도 동의가 안 된 일로 남을 '빙의'시키는 것은 불가능하다. 보통 내적 동기는 가슴

345) https://ppss.kr › archives [ㅍㅍㅅㅅ], 자기소개서를 쓸 때 유의해야 할 5가지, 2017.02.04.

뛰는 '열정'을 낳고, 곧 자기도 모르게 그것을 하는 자신을 발견하게 만든다.

② '왜 그 활동을 하게 됐나?'에 대한 답을 채워나가는 과정과 그 과정에서 어떤 배움(깨달음)을 얻었는지가 드러나야 한다. 이 과정을 우리는 '몰입'이라고 한다. 모든 과정이 아주 수월하게 진행되었다면 그 활동은 아마 기억에도 잘 없을 것이다. '그냥 하다 보니 노벨상을 탔어요' 이런 건 없다. 중간에 발생한 문제를 해결하고, 장애물을 넘는 과정이 항상 따른다. 그저 열심히 해서 해결되는 것은 우리가 '문제', '장애물'이라고 부르지 않는다. 문제 해결에는 반드시 뭔가를 배우고 생각하고 결정을 하는 과정이 포함된다.

③ 대개의 활동은 뭔가 결과물이 있고, 당연히 그 결과물을 기술한다. 그것이 '올림픽 금메달'이나 '노벨상'이라면, 그 과정에 어떤 일이 있었을지 너무나 명확하다. 설명이 필요 없다. 그런데 우리에게는 뭔가 '상'자가 붙은 결과가 없는 것이 대부분이다. 상관없다. 중요한 것은 내 활동의 결과를 다른 사람에게 보여주고, 어떤 평가를 받고, 또 나 스스로 평가를 하는 과정에서 배우고, 그 결과를 개선한 내용을 기술하는 것이다. 그 과정을 우리는 '진정성'이라고 부른다.

④ 마지막으로 그 활동이 내 삶과 나를 둘러싼 커뮤니티에 어떤 영향을 끼쳤는지 적어야 한다. 사람은 누구나 착하게 살고 싶으므로 커뮤니티가 추구하는 가치에 대한 인식은 모든 읽는 사람들에게 '나도 그래, 그렇게 해야돼'라는 동질감을 준다.

8. 자기소개서 잘 쓰는 요령

기본적인 것은 본인의 글을 읽는 사람, 즉 면접관 입장에서 정말 뽑고 싶게 만들어야 한다는 것이다. 당연한 말이겠지만 사실 읽는 사람이 보았을 때 머릿속에 든 생각이 '뽑아도 그만, 안 뽑아도 그만'인 사람을 굳이 뽑을 필요가 있을까? 나와 비슷한 스펙의 응시자, 경쟁자 중에서 조금이라도 나은 사람을 뽑으려 하는 게 사람의 마음이다. 해당 직종에 대해 어느 정도 경험이 쌓여있고, 꼭 그렇지 않더라도 뽑았을 때 우리 회사에 도움이 되겠다고 판단이 되어야 뽑지 않을까? 바로 이러한 관점과 생각으로부터 접근해야 한다는 것이다.

학생들이 써온 자기소개서를 보면 모두 대동소이하다. 경험해보지 않고 학교에서 암기 공부만 했기 때문이다. 학생들 자소서의 첫인상은 대개 "밋밋하고, 딱딱하고, 재미없고, 매력이 없고, 개성이 없다."라는 것이다. 대충 비슷하다. 요컨대 인상적이지 못하다. 얌전한 모범답안식 자기소개서는 무조건 낙방이라고 생각하면 된다. 이런 자소서를 100개도 더 볼 면접관은 금방 '다음'하고 넘어갈 것이다. 경쟁률이 높은 상황에서 합격하려면 '특별한 관심'을 끌어야 한다. 특별한 관심을 끌려면, 회사가 관심이 있을 만한 역량을 발굴해 이를 구체적이고, 알기 쉽고, 재밌게 서술해야 한다.

(1) 당신이 원하는 <그곳>의 홈페이지 탐독하기[346)]

한 기업에 지원하는 지원자가 10명이라고 하자. 그중에 5~6명은 본인이 지원서를 넣는 곳의 홈페이지 회사 소개란조차 읽지 않고 지원한다. 나머지 중의 2~3명은 대충 훑어본다. 1~2명만이 그 회사의 홈페이지와 SNS 계정의 타임라인, 인터넷 정보 검색을 한다. 고리타분하다고 하겠지만 늘 적용되는 말이 있다. 그렇다. 적을 알고 나를 알면 백전백승이다. 지금 당장 원하는 기업이나 단체의 홈페이지에서 공지란과 각종 게시판의 과거 글을 살펴보자. 회사의 현황을 알아야 한다.

공들여 작성했다고 생각하는 자기소개서는 일회용이다. 그 자기소개서를 가지고 회사의 상호와 날짜만 수정하여 십여 곳에 지원한다면 곧 수백 곳에 지원하는 당신이 될 수 있다. 기업이나 단체 등 새로운 직원을 뽑으려고 하는 곳은 그곳만의 고유한 인재상이 있다. 그런 것을 무시하고 두리뭉실한 오늘의 운세 같은 자기소개서를 남발하면 안 된다. 내 이야기와 지원서를 넣는 곳의 이야기가 엮인 자기소개서를 작성하자. 지원서 유사도 검사를 피해 가는 유일한 방법이다.

(2) 간략하게 써라

너무 길게 쓰지 말라. 당신은 자신에게 중요한 것이니까 많이 쓰고 싶겠지만, 그런 긴 자소서들을 수십 개, 수백 개 읽어야 하는 면접관에게는 고문이 된다. 면접관이 관심을 둘 만한 것만 써라. 문장은 짧게 하라. 3~4줄이 넘는 긴 문장을 쓴다면 면접관이 보겠는가? 원칙적으로 한 문장이 1줄을 넘지 않게 하라. 또한 짧은 자기소개서에 같은 말이 여러 번 되풀이되면 사상(구체적인 사고나 생각)이 빈곤해지는 인상을 줄 수 있다. 되도록 중복되는 말은 피하도록 한다.

(3) 면접관을 고문하지 말라

자기소개서는 면접관이 읽으라고 쓰는 것이다. 그러면 면접관의 입장에서 작성하라. 그런데 학생들은 자소서를 자기 위주로 쓴다. 예를 들어보자. 아주 작은 글씨로 자소서를 작성하는 학생들이 있다. 나이가 든 면접관이 볼 생각이 들겠는가? 글씨는 최소 11폰트 정도로 해야 한다. 필요에 따라 진한 글씨, 이탤릭체, 밑줄 친 글자 등을 사용하여 면접관의 이해를 도와라. 참신한 용어를 쓴답시고, 면접관이 알아듣지도 못할 젊은이들 사회의 신조어(新造語)나 슬랭을 쓰지 말라. 그 대신 고사성어나 시구에서의 인용 등을 쓰면 어떤가? (면접관이 흥미 있어 할) 흘러간 국내외 영화 또는 노래를 인용하는 것도 좋다.

---

346) https://newtro40.tistory.com/67?category=821063 [소소한 꿀팁 알림] 12가지 자기소개서(자소서) 나한테 맞게 글 잘 쓰는 방법 - 2/4, 2020.06.21.

(4) 재밌고 감성적으로 써라

자기소개서를 공무원 식으로 사무적으로 쓰지 말라. 다양한 예와 에피소드를 들고 적절한 인용도 해서 재밌고 감성적으로 써라(인용은 여러분의 교양과 독서력을 간접적으로 과시하는 방법이기도 하다). 어려운 용어나 이론을 동원해서 어렵게 쓰지 말라. 그러면 당신의 자소서는 매력을 잃는다. 자소서가 매력적, 인상적이지 않으면 관심을 끌 수 없다.

(5) 솔직하게 써라

글을 재밌고 인상 깊게 쓰려면 어떻게 해야 할까? 이는 쉬운 일은 아니다. 그러나 글을 솔직하게 쓰는 것이 최선의 방법이다. 내숭 떨지 말고 직선적으로(말을 돌리지 말고) 쓰면 글이 재미있게 된다. 남에게 보이기 위해서 거짓된 내용을 담아서는 안 되며, 자신을 지나치게 미화시켜서도 안 된다. 자칫하면 면접 과정에서 심도 있게 질문을 받아 자신의 거짓이 드러날 수 있기 때문이다. 가능한 한 솔직하게 자신을 표현하는 것이 무난하다.

(6) 자기의 개성, 주특기를 제시하라

지금은 차별화의 시대다. 다른 학생들과 '다른' 것을 보여줘야 한다. 예컨대 인간관계 능력은 유력한 주특기가 될 수 있다. 또 잘 노는 사람이 일도 잘한다. 잘 논다는 것을 자소서에 쓰는 것도 당신을 차별화하는 방법이 될 수 있다. '노는 학생'이라는 인상을 주는 것을 두려워하지 말라. 응시자의 90% 이상이 '공부벌레'라면 노는 학생은 귀여운 희귀동물이다.

(7) 일방적으로 '주장'하지 말라

'나는 리더십이 있다', '나는 인간관계가 좋다', '나는 창의가 있다'라고 쓰면 누가 믿겠는가? 이걸 누군 못쓰겠는가? 이것은 촌스럽고 대책 없는 수법이다. 물론 인간관계 좋은 것을 '증명'할 수는 없다. 그러나 최소한 '사례와 에피소드'를 통해 얘기하는 것은 가능하다. 즉, 자신의 주장을 사례 · 에피소드에 의해 뒷받침해야 한다. 에피소드나 사례 자체가 당신의 장점을 자연스럽게 말하게 하라. 또한 사례 · 에피소드는 딱딱한 자소서를 부드럽고 흥미롭게 만들어서 면접관의 주목을 끌 수 있다.

(8) 장점을 약점처럼 써라

자신의 장단점을 쓰라고 회사에서 주문하는 경우가 있다. 이 경우, 단점이라 하면서 자신의 장점을 자연스럽게 부각시켜라. 예컨대, 건망증이 있다는 것을 말하면서,

자신이 머리가 좋고 집중력이 있다는 것을 간접적으로 강조하는 것이 그것이다. 영어 TOEIC 점수는 낮지만, 얼굴이 두꺼워서 커뮤니케이션에는 문제가 없음을 (에피소드를 들어) 부각시키는 것도 방법이다.

(9) 아첨은 하지 말라

이른바 '아첨'을 하는 학생들도 많다. 그 회사가 훌륭하고 회사의 목표, 경영방침이 최고라고 하는 것이다. 그러나 생각해보라. 다른 지원자들은 아첨을 안 할까? 모두가 아첨하면 면접관이 속으로 신물을 내지 않겠는가? 정 아첨을 하려면 '예술적', '독창적'으로 하라.[347)]

(10) 본인의 강점을 어필할 때는 명확한 근거부터 제시하라

본인의 강점 어필은 자소서의 핵심이다. 예를 들어 "나는 이 직군에 대해서 정확히 알고 있으며, 성실하게 일을 잘할 자신이 있다."라고 어필하고 싶다고 해보자. 여기저기 미사여구로 포장해 봤자 사실 면접관들은 금방 알아차린다. 따라서 이 일에 대한 경험을 연결해서 강점을 풀어나가야 한다. 위에서 예시로 든 문장에서 '성실함'과 관련된 부분의 경우, 입사를 위한 자기소개서라면, 성실성을 어필할 수 있는 구체적인 사례에 대해 사실과 엮어서 작성해야 한다. 그리고 가능하면 이러한 강점들을 작성할 때도 직무에 필요한 강점 위주로 서술하는 것이 핵심이라 할 수 있다.

(11) 평소에 많이 연습해서 작성해 본 만큼 실력은 늘게 되어 있다

우선 시간을 가지고, 여러 번의 수정과정을 거친다.[348)] 자기소개서는 직접 작성하여 쓰지 말고, 초고를 작성해 여러 번 수정, 보완한 뒤 본격적인 작성에 들어가는 것이 좋다.[349)] 잘못 써서 고치거나 지우거나 하는 일이 없도록 충분한 연습을 거쳐 주의해서 써야 하며, 또한 자필로 쓸 경우에는 필체가 안 좋은 경우라 하더라도 정성을 들여 또박또박 정자로 오자 없이 쓰는 것이 좋다.

---

347) 아부는 남의 비위를 맞추어 알랑거림을 이르는 말이다. 이에 비해 아첨은 남의 환심을 사거나 잘 보이려고 알랑거리는 말이나 그 행위를 말한다. 아부가 단순히 남의 비위를 맞추는 것이라면, 아첨은 사적으로 얻고자 하는 목적을 달성하기 위해서 남의 환심을 사거나 잘 보이려고 하는 것이다. 이와 관련하여 김해원(2020), 아부하며 소통하자!, 광양뉴스, 2020.01.03. 참조.

348) 이때 우선으로 맞춤법, 띄어쓰기를 체크해야 한다. 맞춤법이 너무 엉망이면 안 된다. 지극히 어려운 맞춤법의 경우는 몰라도, 자주 쓰는 낱말의 맞춤법을 틀리면, 응시자의 국어 실력을 의심받게 된다. 띄어쓰기의 경우, 만약 잘못 사용한다면 문법적인 사항은 차치하고서라도 일단 읽기가 힘들어진다. 따라서 채점관의 눈에 거슬릴 게 분명하며, 아예 읽지도 않고 넘어갈지도 모른다.

349) 오타 및 어색한 문장을 없앤다. 자기소개서는 입사를 위한 서류 중의 하나이다. 기본적인 단어나 어휘 사용에 있어서 실수가 있어서는 안 된다. 또한, 정확한 어휘를 사용하였다 하더라도, 어색한 문장도 감점의 요인이 된다. 보통 이러한 실수는 짧은 시간 내에 급하게 작성하면 발생할 수 있는 실수이므로, 자기소개서는 충분한 시간을 가지고, 여러 번의 수정과정을 거치는 것이 좋다. 요즘과 같이 취업하기 어려운 시기에, 좋은 기업에 들어간 사람들의 이야기를 들어보면 항상 공통으로 하는 말은 자신감과 철저한 준비성에 있다는 것을 알 수 있다. 지금 내가 처한 상황을 핑계 대지 말고, 시간을 가지고 철저한 준비와 자신감으로 무장한다면 좋은 결과가 있을 것이다.

어떤 일이든지 시행착오를 많이 겪고 그에 따른 피드백도 많이 받아야 실력이 향상된다. 자소서 작성도 마찬가지다. 핵심은 무작정 많이 쓴다고 느는 것이 아니라 친구나 전문가에게 첨삭을 받아보는 것과 자소서 관련 서적들을 여러 권 탐구하여 노하우를 축적하면서 작성하는 것이 중요하다.

(12) 먼저 합격한 사람의 자기소개서 예시를 참고하라

합격한 선배나 친구, 지인, 또 다른 사람들의 자소서 예시를 보는 것은 자소서를 준비할 때 또 다른 영감을 불어넣어 줄 수 있다. 사실 처음 자소서를 준비하는 분들이라면 어떻게 시작해야 하고, 서론, 본론, 결론은 어떻게 풀어나가야 하는지 정말 난감하다. 그럴 때 이미 기업에 합격한 선배들의 자소서 예시들, 양식들, 자료들을 모아서 취합한 후에 본인의 스토리에 어떻게 적용할까를 연구하는 것이 포인트라 할 수 있다.

(13) 포장을 잘하는 것도 방법

자소서를 작성할 때 단순하게 나의 삶을 나열하는 것은 도움이 되지 않는다. 앞에서도 잠깐 언급한 바와 같이 면접자가 해당 직무에 원하는 부분이 있는데, 그러한 부분을 나의 경험과 연관 짓고, 그것을 강점으로 풀어서 작성하지 못한다면 소용이 없다. 만약 직접적인 경험이 없다고 하더라도 간접적으로 연관되는 경험은 반드시 있기 때문에 이것을 어떻게 연결하고 매듭을 짓느냐가 정말 중요하다. 결론은 경험이 있든 없든, 그것을 해당 직무에 본인의 강점으로 어떻게 스토리텔링을 하느냐가 관건이다.

(14) 인터넷 등을 통해 떠도는 글들을 '복사해서 붙여 넣기' 하지 말기

인사담당자의 위치에 있는 사람들은 정말 엄청난 양의 자소서를 거의 매일 보다시피 한다. 따라서 비슷해 보이는 글들도 많이 접하게 되는데, 이러한 글들은 십중팔구 거르게 되어 있다. 기존에 써 놓은 자기소개서 양식에 나의 지원동기만 소위 말해 '복붙'[350]해놓고 지원하는 사람들이 워낙 많기 때문이다. 거듭 당부하건대 절대 '복붙'은 하지 말기 바란다.

(15) 일관성 있게 작성하자

자소서 작성할 때 문맥, 맥락의 통일성 없는 글은 자칫 작성자가 우유부단한 성격으로 비춰질 수 있다. 따라서 본인만의 특성(강점)을 일관성 있게 유지하면서 스토리를 풀어나가는 것이 중요하다. 수필과 감상문에서는 논리성이 비교적 적지만 자기소개서는 그 주장하는 논점이 분명해야 한다. 문장과 문장의 연결, 단락의 연결에 있어

350) 내용이나 형태 따위를 복사하여 붙임.

서 보다 논리적이어야 한다.

자기소개서에 들어가는 내용은 성장 과정, 성격, 특별한 능력, 생활신조, 지원동기, 장래 희망이나 포부 등이다. 각 내용은 기본적으로 1·1·2·4·2 법칙에 따라 작성하는 것이 좋다. 즉 전체를 10으로 볼 때, 성장 과정의 중요도가 1이라면, 성격은 1, 학교생활 2, 지원동기 4, 입사 후 포부 2 정도로 배분한다.

그만큼 지원동기가 중요한데 '내가 왜 이 회사에 들어가려고 하는지', '내가 왜 이 직종을 택했는지'에 대한 이유를 적고, 그렇게 하기 위해 학창 시절에 얼마나 노력했는지를 밝히고, 입사 후 어떻게 하고 싶다는 내용까지 일관성 있게 기술하는 것이 좋다.

(16) 5W 1H(육하원칙) 따르기[351)]

글의 내용은 체계가 있어야 한다. 문제는 자기소개서도 맥락 없이 작성하는 사람들이 많아졌다는 점이다. 꼭 5W 1H를 그대로 따르라는 것은 아니다. 앞에 〈누가〉가 빠지더라도 그 뒤의 〈언제〉, 〈어디서〉, 〈무엇을〉, 〈어떻게〉, 〈왜〉의 순서로 글을 써보자. 6가지 구성 요소 중에서 한두 개가 빠지더라도 그다음 요소에 해당하는 내용이 와야 한다.

특이한 화법의 글과 넘쳐나는 분량의 글은 금방 지루해진다. 서류 심사관은 그런 지원서를 보지 않는다. 그들은 프로다. 서류를 스르륵 넘겨도 핵심 키워드를 뽑아 보는 사람들이다. 기본을 지키되 문장의 틀을 잡고 본인의 이야기를 작성하자. 합격을 위한 비밀은 없다. 있다고 광고한다면 기교 부린 상술일 가능성이 높다.

(17) 면접관은 숫자를 좋아해

주관적, 추상적인 표현보다는 객관적, 구체적인 표현을 하는 것도 중요하다. 예를 들자면 '학창 시절에 리더의 경험이 있습니다.'라는 표현보다는 '대학교 때 학군단 50명의 인원을 1년 동안 이끌어 본 경험이 있습니다.'라는 표현이 좋다. 기업의 면접관은 구체적이며 통계화 시킬 수 있는 숫자들을 제시하며 표현하는 것에 후한 점수를 주는 편이다.

(18) 큰 소리로 읽어보기

자기소개서뿐만 아니라 그 어떠한 글을 작성하더라도 본인의 글이 잘 써진 글인지 확인하는 방법이 있다. 바로 통독하기, 즉 큰 소리로 읽어보는 것이다. 본인의 글을 소리 내어 읽다가 다 읽기도 전에 숨이 모자란다면 문장이 너무 긴 것이다. 편하게 읽혀야 한다. 본문을 다 읽고도 답답함이 없어야 한다.

글 중간에 특히 〈접속 부사〉인 그래서, 그런데, 하지만 등을 빼는 것이 좋다. 한

351) https://newtro40.tistory.com/68?category=821063 [소소한 꿀팁 알림] 12가지 자기소개서(자소서) 나한테 맞게 글 잘 쓰는 방법 - 3/4, 2020.06.23.

문장이 2줄을 넘어서는 안 된다. 2줄이 넘지 않는 짧은 글로 연습한 뒤에 거울을 보고 크게 읽어보자. 다 읽었다면 한 번 더 읽어보자. 자신의 감정과 포부가 잘 담겨 있다고 느껴지는가? 글은 단지 문자가 아니다. 사람의 말로 시작돼서 글로 적힌 것이다. 글을 읽거나 대화를 하거나, 그 차이가 크지 않은 사람이 면접에서도 좋은 점수를 얻는다.

(19) 자소서 문장, 인터넷 검색해 보기

자소서의 문장을 인터넷에 검색해 보자. 같은 단어를 사용한 다른 사람의 글을 찾아볼 수 있다. 자소서인 당신의 글을 인터넷에 있는 글과 비교하자. 어떤 것이 더 잘 써진 것 같은가? 무엇이 더 소리 내어 읽었을 때 불편함이 없는가? 이것이 스스로 하는 〈첨삭 교정〉이다. 같은 단어, 같은 의미를 어떻게 다르게 사용하고 있는지 비교하자. 그 후에 더 좋은 표현이라고 생각되는 것을 사용하자. 남의 것과 내 것을 섞어 사용하여 더 나은 글을 만들어도 좋다.[352)]

9. 마무리하며

이상으로 자기소개서의 의미와 자기소개 작성 시에 필요한 부분과 요령에 대해서 정리해보았다. 코로나19 여파로 기업들이 장기간 신입사원을 뽑지 않은 채, 힘든 시기를 겪고 있다. 그러나 조그만 기회라도 반드시 찾아온다. 잘 적은 자소서, 막 적은 100개의 자소서보다 낫기에 연습 많이 하고, 피드백 많이 받아 꼭 훗날 여러분이 원하는 기업에 당당히 합격하였으면 하는 바람이다.

제4절 자소서 작성의 실제

자소서를 단 한 번만 써내고 합격하는 경우는 얼마나 될까? 여러 번 써낸 후 원하는 곳에 합격하는 경우가 주변에 더 흔하다. 한 곳에 자소서를 낼 때 3번만 필사를 해보자. 3곳에 지원할 경우 9번의 필사가 된다. 필사를 위한 자소서 작성은 아니지만, 회를 거듭할수록 나의 자소서는 글이 간단하며 명료해진다. 즉, 글의 전달력이 높아진다.

---

352) https://newtro40.tistory.com/69?category=821063 [소소한 꿀팁 알림] 12가지 자기소개서(자소서) 나한테 맞게 글 잘 쓰는 방법 - 4/4, 2020.06.23.

필사의 효용과 관련하여 단 3번만 다른 사람이 잘 써놓은 글을 필사한다면 그 즉시 내 글과의 차이점이 파악된다. 한 가지 실천사항으로 신문의 칼럼을 필사해 보라. 정해진 분량에 내용을 압축하여 서술하는 기술을 배울 수 있다.[353)]

1. 합격 자소서[354)]

결론부터 말하면 '합격 자소서는 없다'에 한 표다. 이유는 기업체에 입사 지원을 단 한 번이라도 해보았다면 이해가 쉽다, 일반적인 채용 전형은 대개 아래의 3단계로 이루어진다.

① 1단계 : 입사지원서(이력서+자기소개서) 제출
② 2단계 : 필기시험(인성, 직무 적합성 평가)
③ 3단계 : 면접시험(인성, 역량, 토론/토의, PT, AI 등)

전형이 이렇게 나뉘어 있다는 것은 단계별로 기업에서 평가하는 요소가 다르고, 그에 따른 배점 지표도 다르다는 뜻이다. 따라서 단순히 어느 한 단계의 평가 결과만을 가지고 입사자를 선발하지 않는다는 이야기다. 만약 그랬다면 '자소서 또는 면접 특기자 전형'이 생기지 않았을까?

자소서에서 말하는 '스토리텔링'은 결코 '꾸며내는 이야기'가 아니다. '본인 만의 소재를 가지고 맥락이 있는 이야기로 재구성'하는 것이다. 따라서 합격한 선배 또는 인터넷에 난무하는 출처 불명의 '합격 자소서'에 더 이상 현혹되지 않았으면 좋겠다.

본질은 '나라는 지원자가 지원 직무 또는 회사에 얼마나 적합한가'를 가장 효과적으로 보여주기에 달려있으며, 그 방법과 내용은 남들과 다른 것이 지극히 당연하다. 어떤 이는 높은 학점과 수많은 자격증으로, 어떤 이는 뚜렷한 인턴십 성과로, 어떤 이는 다양한 대외활동으로, 또 어떤 이는 특출난 외국어 능력으로 본인만의 차별성을 부각시킨다.

'나'라는 사람의 이야기에 누구보다 집중해야 한다. 따라서 자소서를 쓰는 목적이 '최종 합격'에 있는 만큼 지금 당장 해야 할 일은 '자소서 작성법', '합격 자소서'와 같은 단순 스킬을 서칭하기보다는 지원 직무에서 요구하는 역량을 현재의 내가 '충분히' 지니고 있는지 점검하는 것이다. 그리고 목표하는 취업 시점까지 남은 기간을 효율적으로 배분하여 부족한 역량을 보완하기를 추천한다. 자소서 작성은 그 이후에 시작해도 늦지 않다.

---

353) 이상의 내용은 https://newtro40.tistory.com/66?category=821063 [소소한 꿀팁 알림] 12가지 자기소개서(자소서) 나한테 맞게 글 잘 쓰는 방법 - 1/4, 2020.06.20. 참조.
354) https://megrey.tistory.com/13?category=926304 [자타공감], 합격 자소서? 글쎄요, 2020.06.09.

2. 불합격 자소서[355)]

아이러니하게 '합격 자소서'는 없어도 '불합격 자소서'는 존재한다.

삼성그룹의 경우 약 20개의 계열사가 연평균 채용하는 대졸 신입사원 규모는 약 1만여 명 수준이다. (상 · 하반기 각 4~5천 명 규모) 그 좁은 문을 통과하기 위한 지원 인원 규모는 10만~20만 명에 육박하며, 그중에서 삼성 고시라고 불리는 GSAT(삼성직무적성검사)까지 가는 수는 3~4만 명 수준으로 추정하고 있다. 따라서 1차 서류전형에서 인사담당자가 그 많은 자소서를 성의있게 읽고 검토하는 것은 현실적으로 매우 어렵다.

앞서 '합격 자소서?'에서 언급했듯이 1차로 '직무 적합성 평가'라는 형태로 지원 직무와 실제적인 연관성이 있는 전공, 인턴 · 프로젝트 경험, 주요 직무 관련 자격 사항 등을 우선으로 검토하게 된다, 그다음에 자소서를 본다.

통상 서류전형 기간이 2주 내외인 점을 감안하면, 효과적인 평가를 위해 인사담당자들이 최우선으로 하는 작업은 바로 '읽을 필요가 없는 자소서'를 신속하게 솎아내는 것이다. 그래야 진짜 성의껏 읽어야 할 서류를 골라낼 수 있기 때문이다.

(1) 3초 만에 탈락하는 자소서 유형

1) 복붙 자소서

요새 많은 기업에서 AI 시스템으로 서류 검토를 한다. AI 검토의 기본 원칙은 수많은 인터넷상의 자소서 데이터와 '복사 붙여넣기' 여부를 판단하는 것이다. 따라서 잘 쓴 자소서를 그대로 따라 쓰는 것은 '묻지 마! 탈락'의 1순위 조건이다.

2) 오탈자

한눈에 봐도 오자, 탈자가 많으면 성의 부족으로 비치기 딱 좋다. 희망하는 기업에 지원서를 제출하면서 한두 번의 검토만 더 해봤어도 하지 않을 실수다. 심지어 어떤 지원자의 경우에는 성격 강점으로 '꼼꼼하다'라는 면을 기재했지만, 해당 문장 안에서만 오탈자가 여러 개 있었다.

3) 기업명 오기

공채 기간에 정신없이 지원서를 남발하다 보면 자주 범하는 실수다. LG전자에 지원하면서 삼성전자에 지원하는 이유를 서술하면 누구라도 기분이 좋을 수는 없다. 그래서 실제로 기업명을 바꾸어도 말이 되는 자소서도 탈락 대상이다.

---

355) https://megrey.tistory.com/24?category=926304 [자타공감], 3초 만에 떨어지는 자소서 유형 (불합격 자소서), 2020.06.18.

4) 분량 미달

제시된 분량을 턱없이 못 채웠을 경우가 해당한다. 1,000자 내외라는 기준이 있음에도 '난 스펙에 자신 있어'라는 안일한 생각으로 200~300자만 쓴다면 '성의'는 물론 '열정 부족'으로 읽히기 쉽다.

(2) 10초 만에 탈락하는 자소서 유형

1) 동문서답

질문의 의도와 전혀 무관한 답변을 하는 경우가 생각보다 많다. 나는 '밥을 먹었냐?'라고 물었는데 '모름지기 밥이라 함은 인간의 생존을 위해 하루 세끼 정기적으로 공급이 되어야 하는 영양분으로서....'라고 기술하는 경우다. 한 글자라도 더 '잘 보이고' 싶은 마음은 백분 공감하지만, 그렇게 하고 싶은 말을 위주로 답하게 되면 '이해력'이 부족하다는 인상을 줄 수밖에 없다. 이해력이 부족하면 같이 업무를 할 때 '소통'이 잘될 리가 없다.

2) 직무이해도 부족

'직무 관련 지원자의 역량' 질문에서 판단할 수 있다. 지원 직무에 대해 전혀 탐색이 안 되어 있거나 그 흔한 채용 홈페이지 내 '직무소개'도 보지 않았다면 '성의 및 노력 부족'으로 비치게 된다. 무엇보다 본인이 지원하는 직무에 대해 '동기'가 불명확하다는 인상을 주기 때문에 기업에서도 꼭 채용해야 할 이유를 찾지 못하게 된다.

3) 기업이해도 부족

'기업 지원동기' 질문에서 쉽게 드러나는 대목이다. '왜 우리 회사에 지원했는지?' '우리 회사에서 꼭 일하고 싶은 이유가 뭔지?'에 대한 답변을 인상적으로 하기 위해서는 우선 지원 기업에 대한 정보 수집과 탐색이 필수다. 지원 기업의 주 사업 영역이 무엇인지, 최근 어떤 이슈가 있는지, 경쟁사는 어떤 곳이 있으며, 그곳들과의 차별점은 무엇인지 등에 대한 이해 없이 '무조건 뽑아만 주십쇼! 뭐든 하겠습니다!'라는 접근은 지양해야 한다.

3. 자소서 작성 순서 5단계356)

(1) 자기 취업 역량 정리 : 지식/기술/태도

자소서는 기업에서 요구하는 역량을 '있는 것처럼' 꾸며 쓰는 것이 아닌 기업에서

356) https://megrey.tistory.com/36 [자타공감], 자기소개서 작성법 5단계, 2020.07.11.

요구하는 역량 중에서 '내가 가지고 있는 역량'을 더욱 '강조'하고 '부각'시키는 작업이다. 따라서 가장 먼저 나의 취업 역량을 지식/기술/태도 차원에서 분류한 뒤, 관련 구체적인 경험을 정리해 두는 것이 매우 중요하다. 그래야 질문에서 요구하는 내용에 적합한 답변과 적절한 근거를 제시할 수 있다.

(2) 질문 20번 읽고 질문 의도 파악하기

최근의 자소서 문항은 과거처럼 '지원동기', '성장배경', '성격 장·단점', '입사 후 포부'와 같은 형태로 짧지 않다. 자소서 문항을 거의 '독해'해야 할 정도로 3~4줄 분량으로 질문이 매우 길기 때문에 의도를 파악하는 데 어려움을 느끼는 경우가 많다. 하지만, 그렇다고 해서 질문을 대충 읽고 본인이 하고 싶은 이야기를 쓰게 되면 "3초 만에 탈락"한다.

질문 의도는 다음의 세 가지 범주로 구분하는 것이 좋다. 질문이 아무리 길어도 결국 기업은 다음 세 가지 범주 내에서 지원자의 역량을 판단하고자 하기 때문이다. 그것은 바로 직무 관련 지식 · 기술 · 태도이다.

(3) 설득력 있는 경험사례 찾기

앞서 '질문 의도'를 지식, 기술, 태도 중 하나로 파악했다면 관련 역량을 내가 충분히 가지고 있음을 '증명'할 수 있는 설득력 있는 경험사례가 필요하다.

'경험'은 대학생으로 할 수 있는 모든 활동(인턴십, 아르바이트, 프로젝트, 봉사활동, 동아리 활동 및 소소한 과제 팀플)을 포함하나 반드시 '구체성'에 입각해 '설득력'을 가지고 있어야 한다. 왜냐하면 경험에 대한 별도의 '증명서'를 요구하고 있지 않기 때문에 기업은 지원자의 '기술 내용'만을 가지고 경험의 진위 여부, 당위성, 진정성을 판단할 수밖에 없다.

거짓으로 타인의 경험을 그대로 도용하거나, 누군가 대신 써 주는 경험은 반드시 들통나게 되어 있으므로 각별한 주의가 필요하다. 예를 들어, '외국인 유학생 정착 자원봉사 아르바이트'의 경우 나의 '영어 역량 활용 수준(기술)' 및 '봉사 정신(태도)'을 구체적으로 증명할 수 있는 사례로는 적합하겠지만, '직무 관련 지식'을 물어보는 문항에는 부적합한 사례가 될 수 있겠다.

따라서 본인이 가진 다양한 경험 유형별로 직무 관련 지식, 기술, 태도 중 어떤 부분을 특히 부각시킬 수 있을지에 대해 1단계에서 정리를 해야 하는 이유다.

(4) STAR 구조에 의해 경험사례 작성하기

경험의 구체성을 입증할 수 있는 가장 적절한 전개 방식으로 자소서 경험사례 작성 기법(스토리텔링)인 'STAR 기법'을 간단히 살펴보기로 하자.[357]

최근 자소서 문항에는 지원자의 '경험'을 묻는 문항이 매우 자주 등장한다.[358] 개인 고유의 독특한 경험을 통해 지원자가 회사와 직무에 적합한 인재인지를 '가늠'하기 위함이다. 가장 중요한 원칙은 경험의 구체성과 진실성이다. 따라서 두 가지 요소를 충족시키기 위한 가장 효과적인 방법으로 STAR 작성법을 반드시 이해할 필요가 있다.

1) STAR 기법

① S : Situation (상황) 15%

참여한 활동의 구체적인 상황 정보(언제, 얼마간, 누구와 함께, 어디서, 어떻게)로서 개인 고유의 경험이기 때문에 고유명사의 사용은 지양하고, 처음 보는 사람도 이해할 수 있도록 작성한다. ⇒ ㉠ Before : 여름방학 컬러런(마라톤) 행사에서 방수팩을 판매했습니다. After : 여름방학 2주간, 국내 온라인 유통회사 주관의 '여름 축제'에서 현장 방문객을 대상으로 방수팩 판매 아르바이트를 했습니다.

② T : Task (목표) 5%~10%

그 활동을 통해서 얻고자 한 궁극적인 목표, 목적으로서 전체 비중의 5~10% 수준으로 명확하게 제시한다. ⇒ ㉠ 저의 미션은 행사 기간 중 방수팩 1,000개를 완판하는 것이었습니다.

③ A : Action (역할) 60%~70%

활동의 목표 달성을 위해 지원자가 한 역할, 노력의 내용으로서 전체 비중의 60~70% 수준으로 작성한다. 지원자의 구체적인 노력의 내용을 통해 역량을 판단하기 위함이다. 개조식으로 작성하며, 추상적이거나 모호한 표현은 지양한다. ⇒ ㉠ Before : 저는 목표 수량을 판매하기 위해서 최선을 다해서 노력했습니다. After : 방수팩 1,000개를 완판하기 위해 다음과 같은 노력을 투입했습니다. 첫째, 오전 · 오후/일단위 목표량을 설정하여 목표 달성량을 수시로 모니터링 하였습니다. 둘째, 단순히 방문고객 대상의 판매에서 직접 고객을 찾아다니며 판매를 시작했습니다. 셋째, … 등이 있습니다.

④ R : Result (결과) 10~15%

최종적인 결과로서 성과, 깨달음, 배운 점 등을 작성한다. ⇒ ㉠ 그 결과 목표 수량 1,000개를 기한 내에 모두 판매하여 사장님으로부터 보너스까지 받았으며, 영업

---

357) https://megrey.tistory.com/37?category=926304 [자타공감], STAR 기법-자소서 경험사례 작성 기법(스토리텔링), 2020.07.09.

358) 몇 가지 예를 소개하면 다음과 같다. ▶도전적인 목표를 가지고 실행한 경험과 그 경험을 통해 무엇을 얻었는지 기술해 주십시오. 기업 : BC카드 (2019년 상반기) ▶본인이 지닌 창의성을 발휘하여 기존의 방식과 다르게 문제를 해결했던 경험에 대하여 구체적으로 기술하여 주십시오. (기존과의 차이점, 해결 과정에서의 행동과 생각, 결과 등 포함) 기업 : 한국철도시설공단 (2019년 상반기) ▶일상생활에서 지원자가 반드시 지키고자 하는 원칙 및 이를 지키기 가장 어려웠던 경험에 대해 작성해 주십시오. 기업 : 방송통신심의위원회 (2019년 상반기)

활동에 대한 자신감도 얻을 수 있었습니다. (또는) 위와 같은 노력을 했음에도 목표 수량의 50%밖에 팔지 못했지만, 해당 경험을 통해 영업에 있어 가장 중요한 것은 실패를 두려워하지 않는 도전정신과 적극성이라는 사실을 깨달을 수 있었습니다.

이처럼 'STAR 기법'을 통해 습득한 내용을 토대로 경험사례를 작성한다.

(5) 수정 및 점검

어떻게 보면 가장 중요하지만 간과하기 쉬운 단계이다. 오탈자, 기업명 오기, 띄어쓰기는 제대로 되어 있는지, 인터넷에서 제공하는 다양한 검사 도구(tool)를 활용해 반드시 점검받아야 한다. 내용이 아무리 훌륭해도 이런 기본적인 실수는 지원자의 첫인상에 결코 유리할 수 없다. 분량도 중요하다. 가급적 항목별로 제한하는 최대 분량을 채우는 범위 내에서 작성하면 성의가 더 있어 보인다.

또한 평소 습관처럼 사용하는 표현이지만 사실상 인터넷 용어이거나, 지나친 축약어는 아닌지도 확인이 필요하다. 예를 들어 '멘붕'은 '굉장히 당황했다.' 내지는 '정신적으로 큰 충격을 받았다.'라는 표현으로 바꿔야 한다.

4. 자소서 완성도 높이기

(1) 스킬업 공식 4가지[359)]

자소서의 완성도를 높일 수 있는 마지막 단계가 '자소서 스킬업'이다. 자소서에서 가장 중요한 것은 '지원자 본인의 지원 직무와 관련한 남다른 관점, 생각, 가치관'을 표현하는 것이지만, 아무리 소재가 좋다고 해도 표현 방식이 서툴다면 효과성이 떨어질 수밖에 없다. 다음의 네 가지 자소서 스킬업 공식이 좋은 참고가 될 것이다. 물론 말은 쉽게 하지만 적용은 늘 어렵다.

1) 두괄식

자소서의 질문에 대한 핵심적인 답변을 요약하여 첫 문장 또는 문단에 제시해야 한다. 문학적인 글이라면 중괄식, 미괄식의 형태를 활용해도 문제없겠지만, 자소서는 '입사 지원서류'라는 사실을 잊으면 안 된다.

예시 1

Q : 성격 강점은 무엇입니까?
A : 저는 인간 블랙박스입니다. 한 번 본 것은 결코 잊어먹는 법이 없습니다.

12장

359) https://megrey.tistory.com/89?category=926304 [자타공감], 자소서 완성도를 높이는 스킬업 공식 4가지, 2020.12.25.

예시 2

Q : 타인과 협력하여 공동의 목표를 달성한 경험을 기술해 주세요.
A : 전공 팀 과제로 총 100페이지 분량의 마케팅 보고서를 작성하여 A+를 받았던 경험이 있습니다.

2) 구조화

한 가지 질문이라도 두 가지 이상의 소질문을 포함하고 있는 경우가 있다. 그럴 경우 질문의 개수에 맞게 단락과 분량을 나눈 뒤, 질문별로 기술할 내용이 2개 이상일 경우 번호를 부여해 가독성을 높인다.

예시 1

Q : 영업 직무에 본인이 적합한 이유를 설명하시오.
A : 제가 영업 직무에 적합한 이유는 세 가지입니다. 첫째, 둘째, 셋째 … 등

예시 2

Q : 당사에 지원한 이유와 입사 후 포부를 작성해주세요.
A : 단락1 : 귀사에 지원한 이유는...... (30%)
단락2 : 귀사에 입사하게 된다면 ..... 첫째, 둘째, 셋째의 노력을 통해 비전 달성에 기여하고 싶습니다. (70%)

3) 키워드

장황한 설명을 대체할 수 있는 '핵심 키워드'를 찾으면 문장을 간결화하고, 자신만의 직무 강점을 쉽게 각인시킬 수 있다.

예시

Before : 저는 항상 타인의 이야기를 경청하며 상대의 입장에서 생각하려고 노력합니다.
After : 저는 '공감 능력'이 탁월합니다.

4) 구체성

근거가 미약한 주장에는 설득력이 생기기 어렵다. 지원 직무 및 회사에 '필요한 인재'라고 어필하기 위해서는 최대한 구체적인 수치, 기간, 점수, 등수 등을 제시하여 주장의 논리성을 높여야 한다.

예시 1

Before : 공모전을 준비하는 동안 여러 가지 문제가 있었습니다.
After : 공모전을 준비하는 동안 아이템 선정과 관련한 팀원 간 의견 충돌이 있었습니다.

예시 2

Before : 저는 영어를 네이티브 수준으로 구사합니다.
After : 저는 2년간의 미국 유학 경험과 1년간의 해외 관광객 대상의 통·번역 경험으로 영어 구사 능력이 뛰어납니다.

예시 3

Before : 우리팀은 공모전에서 최고로 좋은 평가를 받았습니다.
After : 우리팀은 공모전에 참가했던 총 50개 팀 중 저학년 최초로 1위로 선정되었습니다.

(2) 수정법칙 3가지[360)]

아무리 시간이 부족하더라도 아래 세 가지 기준에 따라 본인이 쓴 자소서를 다시 읽어 보면 아마도 빨간 줄을 쫙 긋고 싶은 충동이 바로 생기게 될 것이다.

1) 작성하고 다음 날 다시 보기

많은 분들이 지원 마감 당일까지 자소서를 붙잡고 있다가 마감시간에 임박해서 제출하곤 한다. 그렇게 되면 본인도 모르는 사이에 오탈자, 기업명 오기, 중언부언, 동문서답 등의 말도 안 되는 실수로 '3초 만에 탈락하는 자소서'로 가는 지름길이 열리기 쉽다. 따라서 최소 하룻밤이 지난 후에 맑아진 정신으로 다시 본인이 쓴 자소서를 읽다 보면, 전날에는 죽어도 보이지 않던 실수들이 쉽게 발견되어 수정하기가 훨씬 용이해진다. 본인 외에 다른 사람에게 대신 읽어봐 달라고 부탁하는 것도 좋은 방법이다.

2) 빼고, 줄이고, 구체화 시키기

퇴고의 제1원칙은 더하기가 아닌 '빼고 줄이기'라는 점을 명심하라. 아쉬운 마음에 표현을 덧붙이는 것은 '지양'해야 한다. 정해진 분량을 다 채우되, 불필요한 수식어나 미사여구 또는 중언부언하는 내용을 최대한 빼고 그 부분을 '나'라는 지원자를 더욱 잘 증명할 수 있는 실질적이고 구체적인 표현으로 대체해야 한다. 자소서는 에세이

360) https://megrey.tistory.com/92?category=926304 [자타공감], 자소서 완성도를 높이는 수정법칙 3가지, 2021.01.03.

나 문학적인 글쓰기가 아니다. 어디까지나 '서류'라는 점을 명심하라. 따라서 최대한 구체적이고, 사실적이며, 가독성이 좋은 방향으로 작성해야 한다.

예 시

① 빼고, 줄이기
- 문제를 해결함에 있어 (×) 〈 문제해결에 (○)
- 생각하고 있는 것보다 (×) 〈 생각보다 (○)
- 먹고 있는 동안에는 (×) 〈 먹는 동안에는 (○)
- 참여할 수 있었습니다. (×) 〈 참여했습니다. (○)

② 구체화 시키기
- 대단히 뛰어난 기타 연주자이다. (×) 〈 5년간 프로 밴드 세션으로 참여할 정도로 수준급의 실력을 지니고 있다. (○)
- 오랫동안 등산을 했습니다. (×) 〈 초등학교 때부터 약 20년간 등산을 해 왔습니다. (○)
- 공모전에서 최고의 성과를 얻을 수 있었습니다. (×) 〈 공모전에 참여한 총 50여 개 팀 중에 2위에 오를 수 있었습니다. (○)

3) 정확한 표현 쓰기

자소서를 읽다 보면 본인이 쓴 글이 맞나 싶은 생각이 들 때가 있다. 바로 자신의 생각을 표현하는 글임에도 마치 남의 이야기를 하는 듯한 애매모호한 표현을 할 때가 그렇다. 지원자 본인도 확신 없는 이야기를 쓴다는 것은 평가자도 그렇게 평가하라는 말과 똑같다.

예를 들면 자신의 생각임에도 '~인 것 같습니다'와 같은 추측성 표현을 쓸 때가 그렇다. 그리고 '~하지 아니할 수 없었다'와 같은 이중부정을 남용할 때도 그렇다. 평가자의 고개가 갸웃거리게 만드는 대표적인 표현들이다.

예 시

① 추측성 표현
- 그 경험이 많이 도움이 됐던 것 같습니다. (×) 〈 그 경험이 많은 도움이 됐습니다. (○)

② 이중부정
- 문제가 될 것이 없다는 것이다. (×) 〈 문제가 없다. (○)
- 효과는 적지 않았다. (×) 〈 효과가 컸다. (○)
- 밤샘 작업도 마다하지 않은 (×) 〈 밤샘 작업도 하면서 (○)

5. 직무 관련 '경험' 기술 방법[361)]

대부분 주요 대기업의 자소서 문항은 정해져 있다. 그것들을 들여다보면 공통으로 알고자 하는 지원자의 역량은 한 가지 키워드로 집중된다. 바로 '직무 관련 경험'이다.

(1) 예시 문항

예 시

① 현대자동차 : 지원 분야를 선택한 이유와 본인이 이 직무에 적합하다고 판단할 수 있는 근거를 기술해 주십시오.
② LG전자 : 본인이 지원한 직무 관련 지원동기와 역량에 대해 해당 직무의 지원동기를 포함하여 직무 관련 본인이 보유한 강점과 보완점을, 사례를 통해 기술하시오.
③ LG디스플레이 : 도전적인 목표를 정하고 열정적으로 일을 추진했던 경험을 구체적으로 기술하시오.
④ SK하이닉스 : 자발적으로 최고 수준의 목표를 세우고 끈질기게 성취한 경험에 대해 서술해 주십시오. 혼자 하기 어려운 일에서 다양한 자원 활용, 타인의 협력을 최대한으로 이끌어내며, 팀워크(Teamwork)를 발휘하여 공동의 목표 달성에 기여한 경험에 대해 서술해 주십시오.

'경험'을 물어보는 이유는 '구체적인 경험을 통해서 지원자가 지원 직무에 필요한 역량을 충분히 보유하고 있는지를 판단'하기 위함이다. 하지만 많은 학생들이 단순히 '이것도 했고요, 저것도 했고요'식의 '단순 나열식'으로 작성하는 우를 범한다. 경험의 종류가 많다는 것은 자소서를 쓰는 데 활용 가능한 '소재'가 많다는 뜻이지, 결코 그 자체만으로 지원자의 직무 적합성을 충분히 보여줄 수 없다는 사실을 명심해야 한다.

(2) 작성 기준

자소서의 '경험' 관련 기술을 할 때는 아래의 기준에 부합하여 작성해야 한다.

① 질문의 의도에 부합하는 경험인가? 질문을 잘 읽어야 하는 이유다. 질문에서 '도전적인', '협조적인', '문제해결의', '창의적인' 등과 같은 역량 키워드가 제시되어 있다. 따라서 나의 경험이 해당 역량을 보여주기에 충분한지를 정확히 파악한 뒤에 내가 보유한 여러 가지 경험 중에서 가장 적합한 사례를 선택해야 한다.

② 해당 경험이 지원하고자 하는 직무와 연관성이 있는가? 종종 직무와 전혀 무관한 단순 서비스직종 아르바이트, 군대 등의 사례를 작성하는 경우가 있다, 도저히 쓸 경험이 없다면 그거라도 적어야 하겠지만, 가장 좋은 선택지는 될 수 없다. 자소서

361) https://megrey.tistory.com/113?category=926304 [자타공감]. 자소서 직무 관련 '경험' 기술 방법. 2021.03.18.

에 기술되는 경험의 제1원칙은 지원 직무와 유관한 업·직종에서의 일 경험(인턴, 프로젝트 수행)이다.

③ 해당 경험을 통해 깨닫거나 배운 내용이 지원 직무에 어떻게 도움이 되는가? 경험을 물어보는 건 지원자가 '경험을 했는지, 안 했는지'에 대한 사실 여부를 파악하기 위함이 아니다. 지원자가 경험을 어떤 의도를 가지고 어떤 태도로 임했는지, 그래서 어떤 것을 배웠으며, 그것이 앞으로 하게 될 일과 어떤 식으로 연결이 될지에 대한 지원자의 고민을 담아야만 한다. 동일한 경험이라고 하더라도 지원자의 가치관, 성격, 태도 등에 따라 전혀 다른 과정과 결과가 만들어질 수밖에 없다. 따라서 애초에 진실하지 못한 경험이라면 진정성 있는 답변을 하기 어렵다.

결국 자소서 작성에 정답은 없는 만큼, 지원자의 지원 업종, 직종에 대한 나름의 '생각'을 담는 것이 가장 중요하다. 그리고 그것은 누가 대신 만들어 줄 수 있는 것도 아니다. 스스로 많은 자료와 정보에 기반해서 고민하고 고민해야만 한다. 자소서 작성과 관련한 스킬업은 그다음 문제다.

6. 지원동기 작성 방향362)

'지원동기'는 취준생들이 작성하기 가장 어려워하는 문항이다. 굉장히 막연하다고 느끼는 경우가 많은 탓이다.

우선 '계기'와 '동기'의 개념을 명확히 구분해야 한다. 사전적 의미 역시 유사하기 때문에 헷갈리기 쉽다. 자소서에서 계기는 '과거의 원인'을, 동기는 '미래의 목적'을 뜻하므로 계기를 동기로 착각하여 기술하는 일이 없도록 유의할 필요가 있다. 실제로 많은 취준생들이 단순히 직무나 기업을 알게 된 이유를 동기로 기술하는 경우가 매우 많다. 이를테면 다음과 같다.

(1) '계기'를 '동기'로 착각하여 잘못 기술한 사례

① 전공수업에서 교수님의 설명을 듣고 해당 직무에 매력을 느껴 지원하게 되었다.

② 수업 과제로 참석한 박람회에서 유명 강사의 강연을 듣고 해당 직무에 지원하게 되었다.

③ 전공 선배가 해당 직무로 재직 중인데 나 역시도 재밌을 것 같아서 지원하게 되었다.

④ 최근 뉴스에서 해당 직무에 대한 미래 전망이 높다는 기사를 접하고 지원하게 되었다.

⑤ 해당 기업이 국내 최고 매출을 달성하고 있다는 사실에 지원을 결심하게 되었다.

362) https://megrey.tistory.com/139?category=926304 [자타공감], 지원동기 작성 방향 : '동기'와 '계기' 구분하기, 2021.07.19.

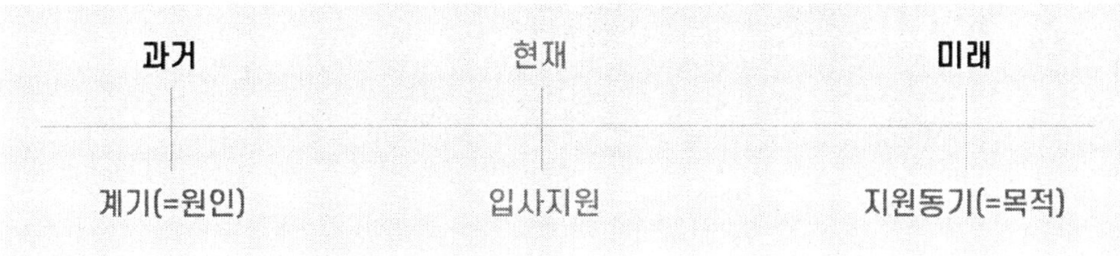

〈비고〉 '계기=원인', '동기=목적'
- 계기 : 가장 처음 해당 직무에 관심을 가지게 된 결정적인 원인(시발점)/과거형
- 동기 : 개인적으로 얻고자 하는바(목적)/미래형

예 시

Q : 편의점 영업 관리 직무에 관심을 가지게 된 '계기'는 무엇인가요?
A : 네, 학창 시절 내내 용돈을 벌기 위해 편의점 아르바이트를 1년 가까이 했는데요, 본사 영업 관리 담당자가 매장에 기울이는 노력의 크기에 따라 편의점 매출이 바뀌는 것을 직접 보면서 편의점 영업 관리 직무에 처음 흥미를 느끼게 되었습니다. (관심을 가진 결정적 배경, 이유)
Q : 편의점 영업 관리 직무에 '지원한 동기'는 무엇인가요?
A : 네, 매출이 부진한 점포의 매출 향상에 기여하여 영업 관리 전문가로 성장하고 싶어 지원하게 되었습니다. (직무 비전 달성 목적)
A : 네, 1년간 편의점 아르바이트를 통해 습득한 고객 응대 및 매출 관리 경험으로 귀사의 영업 관리 직무에 보탬이 되고 싶어서 지원하게 되었습니다. (직무 관련 역량 활용목적)

다시 한번 '지원동기 = 지원자만의 뚜렷한 지원 목적/이유'이다. 따라서 지원동기 항목에 있어 정답은 지원 기업 또는 직무에 대한 지원자만의 심도 있는 고민과 탐색을 전제로 한다.

(2) 취업 스펙은 뛰어나지만, 지원동기가 불분명한 지원자 (LOSE) VS 취업 스펙은 부족하지만, 지원동기가 분명한 지원자 (WIN)

위의 두 가지 경우에서 현직자는 후자에 손을 들어줄 수밖에 없다. 취업 스펙이 제아무리 뛰어나도 본인이 그것들을 어디에, 어떻게 쓸지 모른다면 무용지물이나 다름없기 때문이다. 하지만 지원동기가 뚜렷한 지원자는 입사 후라도 부족한 스펙을 다양한 방법으로 얼마든지 개선할 수 있다.

만약 지원동기 작성을 앞두고 있다면 무작정 써 내려가기보다 가장 최우선으로 아래 질문에 대해 스스로 답을 먼저 찾아보기 바란다. "내가 이 기업 혹은 직무를 통해 궁극적으로 얻고자 하는 게 무엇일까?"

7. 나를 어필하는 방법 : 성과 > 결과[363]

자소서나 면접에서 당락을 좌우하는 핵심은 구체적인 경험에 근거해서 본인이 지원 직무에 적합한지를 '증명'하는 것이다. 이와 관련하여 여러 차례 언급한 적이 있는데, '직무 적합성'을 보여주기 위해 대다수 취준생들이 택하는 방법은 아래와 같다.

(1) BEFORE

직무와 관련한 지식, 기술, 경험을 있는 그대로 나열하여 설명한다.

잘못된 예

SW 엔지니어가 되기 위해 SW 전공을 하고, SW 공모전에 3번 출전하였으며, SW 직무로 실리콘밸리 인턴십도 다녀왔습니다.

그런데 이 경우에는 '양적인 평가'는 가능하지만 '질적인 평가'는 어렵다. 직무 관련 학습 시간이 길거나, 활용 기술의 종류가 많거나 매우 다양한 경험을 보유하고 있다는 것은 지원 직무와 관련한 '꾸준하고 체계적인 노력'을 했다는 측면에서는 매우 긍정적인 평가를 받을 수 있다. 하지만 실제로 이 지원자가 당장 실무에 투입돼도 손색없을 만큼의 '직무 역량'을 가지고 있느냐는 쉽게 판단하기 어렵다. 경험의 양과 경험의 질은 별개이기 때문이다.

따라서 '직무 적합성'을 가장 효과적으로 보여주기 위해서는 다음과 같은 해당 경험을 통해 지원자가 이루어낸 '성과' 중심으로 기술하려는 노력이 중요하다.

(2) AFTER

직무와 관련한 지식, 기술을 실제로 적용하여 '유의미한 결과'를 만들어낸 경험을 보여준다. 다음 잘된 예의 예시에서 '밑줄'이 그에 해당한다.

잘된 예

SW 엔지니어가 되기 위해 SW 전공자로 전공 평점만 4.3을 취득하여 전공 지식수준을 향상시켰으며, 전공 지식을 활용한 프로그래밍 실전 경험을 쌓기 위해 대외 코딩 공모전에 3회 참가하였고, 그중에 한 번의 국내 대회에서 총 50개 참가 팀 중 최우수팀으로 선정되기도 했습니다. 또한 전공 성적과 코딩 테스트를 거쳐 선발되는 학내 '실리콘밸리 인턴십' 프로그램에 최종 2인으로 뽑혀 약 6개월간 미국 현지 IT 기업에서 배송 플랫폼 이슈 사항 해결을 위한 기술 서포터를 하며 동기간 가장 많은 문제를 해결한 인턴사원으로 평가받기도 했습니다.

---

363) https://megrey.tistory.com/141?category=926304 [자타공감], 자소서&면접에서 나를 어필하는 방법 : 성과 > 결과, 2021.07.27.

결론적으로 '결과'는 어떤 일을 시작하기만 하면 특별한 노력 없이도 필연적으로 주어지는 '마침표'라면, '성과'는 어떤 일을 시작한 뒤에 '남다른 노력과 열정'으로 만들어낸 유의미한 결과인, '느낌표!!'이다. 다른 말로 '결과'는 '해봤다', '성과'는 '잘했다'를 보여주는 것이다. 기업은 당연히 지원자의 '결과'보다 '성과'를 기준으로 직무역량을 평가하게 되는 것이다.

제5절 마무리 : 핵심체크

1. 꾸준한 노력과 연습만이 좋은 글을 쓸 수 있는 지름길이다. 글을 잘 쓰기 위한 구체적 실행 방안은 여러 가지가 있으나 핵심 사항은 다음과 같다. ① 글쓰기는 정직하다. 잘 읽지 않으면 잘 쓰지 못하게 되고, 많이 읽는다면 자연스럽게 술술 쓰게 된다. ② 만약 여유가 된다면, 시, 수필, 신문 등에서 좋았던 문구를 노트에 베껴 써보라.

2. 자기소개서는 이력서와 함께 채용을 결정하는 데 있어 중요한 문서이며, 채용 시 필수 제출서류다. 이력서가 개인의 객관적인 정보를 쓰는 문서라고 한다면, 자기소개서는 한 개인을 보다 상세히 인사담당자에게 어필할 수 있는 자료다.

3. 자기소개서를 잘 쓰려면 기본적으로 본인의 글을 읽는 사람, 즉 면접관 입장에서 정말 뽑고 싶게 작성하는 것이 제일 중요하다. 이외에 몇 가지 주요 사항은 다음과 같다. ① 문장은 짧고 간략하게 쓴다. ② 사무적으로 쓰지 말고 다양한 예와 에피소드를 들고 적절한 인용도 해서 재밌고 감성적으로 쓴다. ③ 가능한 한 솔직하게 자신을 표현하는 것이 무난하다. ④ 자신의 개성과 주특기를 제시한다. ⑤ 단점이라 하면서 자신의 장점을 자연스럽게 부각시키는 것도 일종의 차별화 방법이다. ⑥ 본인의 강점을 어필할 때는 명확한 근거부터 제시하라. ⑦ 먼저 합격한 사람의 자기소개서 예시를 참고하라. ⑧ 인터넷 등을 통해 떠도는 글들을 "복사해서 붙여 넣기"는 삼가라. ⑨ 본인만의 특성(강점)을 일관성 있게 유지하면서 스토리를 풀어나가는 것이 중요하다.

제 1 장	의사소통능력 I
제 2 장	의사소통능력 II
제 3 장	경청능력 I
제 4 장	경청능력 II
제 5 장	의사표현능력 I
제 6 장	의사표현능력 II
제 7 장	의사표현능력 III
제 8 장	의사표현능력 IV
제 9 장	문서이해능력
제 10 장	문서작성능력 I
제 11 장	문서작성능력 II
제 12 장	문서작성능력 III

제13장 기초외국어능력

기초외국어능력은 외국어로 된 간단한 자료를 이해하거나, 외국인의 간단한 의사표현을 이해하고, 자신의 의사를 기초외국어로 표현할 수 있는 능력을 말한다. 다시 말해 일 경험 중에 필요한 문서이해나 문서작성, 의사표현, 경청 등 기초적인 의사소통을 기초적인 외국어로서 가능하게 하는 능력을 의미하며, 일 경험 중 관련된 컴퓨터나 공장의 기계에 적힌 간단한 외국어 표시 등을 이해하는 것 등을 포함한다.[364]

제1절 기초외국어능력의 개념과 중요성

기초외국어능력은 일 경험을 위해 외국어로 된 간단한 자료를 이해하거나, 외국인의 의사 표현을 이해하는 능력을 의미한다. 오늘날 지구촌에서는 국경을 초월한 개방화, 정보화, 세계화가 이루어지고 있으며, 이에 따라 세계 각국의 사람들과 함께 일을 해야 하는 경우가 많아졌다. 따라서 세계화 시대에 능력 있는 직업인이 되기 위해서는 기초외국어능력을 길러야 한다.[365]

---

364) https://doubleplanet.tistory.com/509 [@DOUBLE PLANET], 기초외국어 능력, 2021.03.08.
365) 한국산업인력공단(2021). op. cit.

직장생활에서 기초외국어능력은 매우 중요하며, 직장인의 의사소통은 매우 다양하게 이루어지고 있다. 기획서나 보고서 작성 등의 문서적인 의사소통능력과 동료와의 대화 등을 통한 언어적인 의사소통 외에도 국제화, 세계화 시대에 접어들면서 직업인에게는 기초외국어능력이 직업생활의 의사소통능력으로서 필요성을 더하고 있다.[366)]

1. 기초외국어능력의 개념

기초외국어능력이란 직업 생활에 있어 우리의 무대가 세계로 넓어지면서 우리만의 언어가 아닌 세계의 언어로 의사소통을 가능하게 하는 능력을 말한다. 기초외국어능력은 외국인들과의 유창한 의사소통을 뜻하는 것은 아니다. 다만, 직업 생활 중에 필요한 문서이해나 문서작성, 의사 표현, 경청 등 기초적인 의사소통을 기초적인 외국어로서 가능하게 하는 능력을 말한다.[367)]

세계화로 인해 점차 우리는 국내를 넘어 다른 나라로 업무상 출장을 가거나 외국인과 거래해야 할 상황이 많아지고 있다. 이때 기초적인 외국어 능력이 부족하다면 개인적 불편함을 넘어 업무상 손실로 이어질 수 있다. 기초외국어능력을 갖추어 국내 고객뿐만 아니라 다양한 외국의 고객과 의사소통을 해야 할 필요성이 증대되고 있다.

기초외국어능력은 크게 ① 외국어로 된 간단한 자료 이해, ② 외국인과의 전화응대와 간단한 대화, ③ 외국인의 의사 표현을 이해하고, ④ 자신의 의사를 외국어로 표현할 수 있는 능력, ⑤ 외국인과 간단하게 이메일이나 팩스로 업무내용에 대해 상호 소통할 수 있는 정도를 말한다.

2. 기초외국어능력의 중요성

국제화, 세계화 시대에 살고 있는 우리는 다른 나라와의 무역을 당연하게 여긴다. 무역을 위해서는 우리의 언어가 아닌 국제적인 통용어를 사용하거나, 경우에 따라서는 그들의 언어로 의사소통을 해야 하는 경우가 생긴다.

기초외국어능력은 외국어로 된 메일을 받고 이를 해결하는 상황, 외국인으로부터 걸려 온 전화응대, 외국어로 된 업무 관련 자료를 읽는 경우, 외국인 고객을 상대하는 경우 등 다양한 상황에서 필요한 능력이다.[368)]

하지만 기초외국어능력이 필요한 경우는 비단 외국인들과의 업무가 잦은 특정 직업인의 경우에만 필요한 것은 아니다. 주변을 둘러보면 컴퓨터 용어에서부터 공장

366) http://blog.daum.net/junghunsa/571 [정훈사], 의사소통 능력으로서 기초외국어능력, 2016.07.18.
367) 권인아 · 오정주(2018), op. cit.
368) 일반적인 소통역량의 관점에 해당하는 것으로 이를 재정리하면 다음과 같다. ▲외국어로 표현된 자료 이해, ▲외국인과의 전화응대 및 가벼운 대화(티타임 등), ▲외국인의 의사 표현 이해와 응대 정도, ▲외국인과의 간단한 이메일 및 업무교류 능력

기계, 외국산 제품 등의 사용법 등 외국어로 작성된 것이 많다. 이때 기초외국어를 모르면 불편한 경우가 생기기 때문에 기초외국어능력은 직업인으로서 중요하다고 할 수 있다.

기초외국어능력이 필요하고 중요한 이유는 다음과 같이 정리해 볼 수 있다. ① 정보습득 역량 강화, ② 사고력과 표현력 증대를 통한 해당 분야의 전문성 강화, ③ 자신의 이미지 향상, ④ 외국인과의 문화적 교류 증대, ⑤ 비즈니스 거래의 확장성 및 활성화 도모, ⑥ 업무 효율성 증대, ⑦ 삶의 질 향상 등이다.

3. 사례 : 외국어 능력은 필요하다[369)]

취업포털 사이트에 직업인 333명을 대상으로 외국어 능력에 대한 인식과 실제 사용 여부 등에 관한 설문조사를 실시한 결과 응답자 51.6%가 '외국어 능력이 필요하다'고 응답하였다. (사례 생략)

외국어를 사용해야 하는 상황(복수 응답)에 대해서는 메일(46.3%)이 가장 많았고 '보고서 등 문서 작업'(35.2%), 전화(35.2%), 국내를 방문한 외국인 응대(22.2%), 해외 출장(19.1%), 화상 회의(13.0%) 순으로 답변이 나왔다.

외국어 능력이 필요하다고 답한 직업인 172명에게 '필요한 외국어 능력이 무엇이라고 생각하느냐'고 묻자 '외국인과 외국어로 업무 관련 얘기를 할 수 있는 회화 능력'(36.3%), '업무상 문서나 이메일을 해석할 수 있는 독해력'(31.5%), '이메일이나 보고서를 작성할 수 있는 작문 능력'(22.1%) '서툴러도 외국인 앞에서 기죽지 않는 자신감'(10.0%) 순으로 답변이 나왔다.

(1) 사례 해설

제시된 사례는 실제 설문조사를 기반으로 직업생활에서 외국어 능력이 필요함을 알려주고 있다. 이를 통해 우리는 업무를 처리하는 데 있어 다양한 상황에서 기초외국어능력의 영향을 받고 있음을 알 수 있다.

4. 기초외국어능력을 대하는 마음가짐[370)]

(1) 상대방과 목적을 공유하라

자신이 전달하고 싶은 것을 생각하고, 이를 기초외국어로 표현하는 것이 중요하다. 현재 자신이 맡은 업무에서 기본적인 의사소통, 예를 들어 고객의 전화응대나 안내,

369) 경향신문(2015.10.), 직장인 과반수 "업무 때 안 쓰지만, 외국어 능력은 필요해", 2015.10.22.
370) http://blog.daum.net/junghunsa/571 [정훈사], 의사소통능력으로서 기초외국어능력, 2016.07.18.

메일 작성이나 다양한 문서작성 과정에서 기초외국어로 의사소통을 하는 것이 가장 중요한 점이다.

(2) 외국어를 너무 어렵게만 생각하지 마라

외국인과의 의사소통이라 하여 독특한 그들만의 방식이 있는 것은 아니며, 우리가 흔히 하는 의사소통을 다만 외국어로 하는 것이다. 직장인들은 기초외국어조차 하기 어렵다고 자신을 책망하기보다는 조금이나마 자신이 아는 것을 자신 있게 표현하여 외국인들과 즐거운 의사소통을 하는 것이 중요하다.

(3) 자신을 극복하라

외국어에 대한 자신감이 부족한 사람들이 가지는 특징은 외국어를 잘못한다는 지나친 의식, 불명확한 의사 표현, 의견정리의 어려움, 표현력의 저하 등이다. 그러므로 이러한 마음 상태를 극복하고, 자신만의 기초외국어로 의사소통 방법을 만들어 나가는 것도 기초외국어능력을 높이는 좋은 방법이라 할 수 있다.

제2절 외국어능력이 필요한 이유

20세기에는 기술(Technology)이 가장 강력한 무기였다면, 21세기는 언어(Languages)가 그 위치를 차지했다고 해도 무방하다. 대부분 직장에서 언어 능력이 지원자들을 가르는 가장 큰 요소이기도 했다.

기술적인 진보에 따라 더 많은 회사들이 국제적으로 사업을 확장하면서, 현지 언어를 구사할 수 있는 사람들을 필요로 하게 되었다. 심지어 여러 언어를 하는 것을 전통적으로 반대해 왔던 몇몇 나라들에서도 언어(즉, 외국어)의 중요성에 대해 거론하기 시작했다. 예를 들어, 스페인어를 구사하는 사람의 수는 스페인보다 미국에 더 많다. 멕시코 다음으로 현재 미국은 전세계에서 스페인어를 구사하는 사람이 2번째로 많은 나라가 되었다.

일에 있어서 다언어 의사소통은 생산성을 만들어 내고 새로운 직업의 기회를 줄 뿐만 아니라 어떤 프로젝트를 전세계로 확장시킬 수 있도록 만들어 준다. 언어를 배우는 것이 특히나 미래에 다른 나라에서 일하면서 생활하고, 또한 여행하고 싶어 하는 사람들에게는 매우 중요하다. 그것은 미래 성공을 위해 공감 능력, 적응성, 그리고 유연성과 같은 필수적인 능력들을 넘어서서 그보다 더 많은 장점을 제공해 줄 것

이다.[371)]

이제 영어로 범위를 한정하여 논의를 이어가 보자. 영어 시험 100점 맞는 게 중요한 것이 아니라 영어를 어떻게 활용하는지가 정말로 중요하다.

1. 사업 아이디어와 정보의 습득 차이

첫번째 이유는 사업 아이디어를 얻고 정보를 얻는 데 있어 영어를 하고 안하고의 차이는 천지 차이이다.

한국어로 된 정보만 찾는다는 것은 한계가 있다. 어떤 공부를 해도 영어권에서 온 것들이 많고, 어지간한 한국의 대학 전공에서 배우는 것들은 원서에서 온 이론들이 많지 않은가? 한국어로 번역이 되어야만 우리는 그 정보를 읽을 수 있다. 인터넷상의 수많은 정보들도 영어와 한국어를 비교할 수가 없다. 조사가 필요할 때 언제든 영어로 된 정보를 얻을 수 있는 사람이 되는 것이 중요하다. 이것은 영어 회화 실력과는 조금 다를 수는 있다. 하지만 영어 회화 없이 글만 잘 읽고 해석한다는 것은 역시 제한적이다.

정보를 찾는 것 외에도 사업 아이디어를 얻는 방법 가운데 하나는 외국의 상황을 보는 것이다. 특히 선진국의 상황이 그렇다. 베트남이나 중국 등 열심히 개발되고 발전되고 있는 나라는 우리나라의 20년 전, 30년 전의 상황을 보이기도 하는데, 이들 나라 역시 사업 아이디어를 얻는데 유용한 나라들이다. 그렇다면 우리나라의 10년 후, 20년 후는 어디에서 볼 수 있을까? 나라마다 상황이 달라 100% 맞을 수는 없지만, 소득 수준이 올라갔을 때나 복지 수준이 올라갔을 때 사람들의 관심이 어디로 가는지, 이런 부분을 미국을 비롯한 선진국의 사례를 통해 유추해 볼 수가 있다. 이것이 아주 중요한 부분이라고 생각한다.

2. 성공 확률 높이기

두번째 이유는 크고 작은 성공을 이룬 사람들을 보았더니 대부분 외국어를 한다는 것이다. 이것은 외국어 능력이 필요한 이유, 영어를 공부해야 할 이유라기보다는, 왜 그렇게 더 확신하게 되었는지가 중요한데 내용은 이렇다.

소위 성공한 사업가들과 인터뷰하거나 이들을 조사해 본 결과, 커다란 공통점 하나가 있는데, 그것이 바로 외국어 구사 비율이 아주 높다는 것이다. 외국어에 대한 열린 마음, 외국어로 정보를 찾는 것, 외국어를 계속 공부하려 하는 것, 외국어를 활

---

371) 이상의 내용은 https://www.ef.co.kr › blog › language [GO Blog], 국제화 시대에 언어 능력이 핵심인 이유, EF 코리아, 2018.01.16.

용해서 사업을 하는 것 등등 찾아보면 역시 이 사람도. 저 사람도! 할 때가 많다.

마윈도 영어로 소통이 잘되는 사람이고 영어 선생님이었다. 그리고 손정의는 어린 나이에 스스로 판단하여 돈이 없었지만, 미국으로 유학을 떠났고. 박진영도 미국에서 공부하여 영어를 한다. 그 경험이 없었다면, 박진영의 성공이 가능했을까? 그는 스스로 얘기했다. 미국에 갔던 것이 행운이었다고. 심지어 조선시대나 그 이전 시대에도 외국어(당시 중국어 등)를 잘하는 사람들이 장사나 사업을 통해 부를 쌓는 경우가 많았다는 것은 주지의 사실이다.

3. 활동 무대가 다르다

세번째 이유는 활동 무대가 다르다. 그럼 왜? 외국어를 하는 것이 좋은가? 공연을 하는 사람이라면 무대가 다르다. 한국 사람들을 대상으로 하는 무대와 영어권 사람들을 대상으로 하는 무대는 크기가 어마어마하게 차이가 난다. 사업을 하는 사람이라면 역시 시장이 다르다. 블로그를 한국어로 운영을 하면 한국 사람들만 오지만, 영어로 운영을 하면 어떨까? 외국 사람들이 온다. 그 차이다.[372)]

4. 당신의 인생을 바꿀 수 있다[373)]

(1) 외국어 구사는 새로운 직업의 기회를 제공

영어를 배우는 것은 다른 무엇보다도 더 좋은 직업의 기회를 얻는 데 도움을 준다. 글로벌화된 시대에 많은 기업들은 영어가 가능한 직원들을 찾고 있다. 일자리를 찾고 있는가? 회사 내에서 승진을 바라보고 있는가? 당신의 다양한 커리어 선택의 폭을 넓히고 싶은가? 영어를 배우는 것은 이 모든 목표들을 이루기 위한 중요한 단계이다.

글로벌 직업 세계에서는 지속적으로 이중 언어사용자의 자리를 만들어 내고 있다. 영어를 배움으로써 당신은 통·번역가, 영어 선생님, 혹은 글로벌 기업의 영어 마케팅 전문가가 될 수 있다.

그 어떤 직업의 길로 가든, 영어를 하는 것은 중요한 능력이다. 이것은 당신을 더 나은 사람으로 만들고, 회사가 요구하는 인재로 성장시키고, 그리고 다재다능한 인재로 만들어 줄 것이다.

---

372) 이상의 내용은 https://m.blog.naver.com › isangcouple [네이버 블로그], 진심 느끼는 영어 공부-외국어 능력이 필요한 이유, 이상커플, 2017.09.28.

373) https://www.fluentu.com › blog › english-kor [FluentU], 영어의 중요성-당신의 인생을 완전히 바꿀 5가지 방법.

(2) 외국어 시험으로 학교에 입학 가능

만약 당신이 영어를 잘 배워서 토플과 같은 영어 시험을 통과한다면, 영어로 수업을 하는 대학에서 공부할 수 있다.

당신이 영어를 사용하는 지역으로 이동하고 싶거나, 직업으로 영어를 사용하고 싶다면, 매우 좋은 소식이다. 학생비자는 당신을 그곳에 데려다줄 것이다. 혹은, 해외에서 단지 약간의 수업을 듣고 싶어 할 수도 있다. 영어 시험에서의 좋은 성적은 대학교에서 당신이 준비가 되었다는 것을 보여준다.

토플은 위에서 말한 것과 같이 영어 능력을 측정하는 기본적인 시험 중 하나다. 아이엘츠와 케임브리지 시험도 포함시키기도 한다. 몇몇 대학교나 언어센터에서 이런 시험들의 준비를 도와주는 교육을 하기도 한다.

만약 영어 시험이 필요 없거나 대학교를 졸업한 사람이라도, 영어 공부는 당신의 언어 능력을 향상시키는 데 도움이 된다. 영어 공부는 영어로 교류하는데 필요한 기본적인 능력들을 가르쳐주고, 만약 시험을 통과하게 된다면, 당신의 영어 실력은 매우 월등하다는 뜻이다!

(3) 영어는 인터넷에서 제일 많이 사용되는 언어

영어는 인터넷에서 제일 많이 사용되는 언어다. 대략 10억 명의 사용자가 영어로 교류하고 있다. 만약 영어로 이해하고 읽을 수 있다면, 당신은 다양하고 방대한 온라인 자료들을 이용하고 혜택을 볼 수 있다.

당신은 온라인 뉴스 기사를 읽을 수 있다. 영어 비디오에 코멘트를 남길 수 있다. 유명한 사람들의 영어 트윗을 이해할 수 있다. 포럼에서 토론에 참여할 수 있다. 가능성은 끝이 없다!

이것들은 만약 당신이 단지 인터넷 서핑을 하거나 즐기기 위해 이용한다고 해도 당연히 도움이 될 것이다. 하지만, 많은 사람들과 기업들은 리서치와 홍보 및 온라인 교류와 인적교류가 필요하다. 즉, 영어를 비롯한 외국어가 일 경험에서 성공하는 데 더욱더 중요해지고 있다.

이메일은 이제 전 세계의 사람들과 소통하는데 기본적인 수단이 되었다. 이메일은 고객들 및 다른 기업들과 소통하는데 주된 도구가 되었다. 이메일을 영어로 쓰는 능력과 다른 커뮤니케이션 방법으로 교류하는 것은 고용주들에게 또 다른 자산이 되었다. 이것이 재미 또는 일을 위해서든, 영어를 비롯한 외국어를 이해할 수 있다면, 당신은 더 많은 사람들과 온라인으로 소통할 수 있고 다양한 자료들을 이용할 수 있다.

(4) 영어는 당신의 삶을 더욱 즐겁게

더 많은 책을 책장에 꽂고 싶은가? 금요일 무비 나이트에 더 많은 선택을 원하는가? 영어는 당신의 즐거움에 완전히 다른 세상을 열어준다. 번역에 의존할 필요가 없다. 원본 그 자체를 즐길 수 있다.

영어를 이해한다는 것은, 당신이 현대적인 블록버스터 할리우드 영화(매우 인기 있고, 성공적인 영화들)와 클래식한 다양한 세대의 영화를 즐길 수 있다. 영어로 어디서 영화를 시청해야 할지 모른다면, 넷플릭스 혹은 아마존 프라임 비디오 같은 스트리밍 서비스를 확인해 보라. 또한 크라클과 튜비티비같은 무료 서비스도 확인해 보라.

영어를 즐겁게 배우기를 원하는가? 웹사이트 FluentU 혹은 안드로이드 앱과 iOS 앱을 확인해 보라. FluentU는 언어학습 경험으로 변환된 진실한 영어 비디오(영화 클립과 트레일러, 재미있는 유튜브 비디오, 뉴스 기사 등)를 제공한다. 각 비디오에는 상호작용하는 캡션이 같이 따라온다. 모르는 단어를 클릭하면, 그 단어의 정의와 발음을 바로 찾을 수 있다.

FluentU는 당신이 배운 것을 기억시켜주기 위해, 비디오에서 내용을 가져와 플래시 카드와 다양한 연습문제들을 만든다. 이것은 진정한 영어문화를 탐험하게 하고, 적극적으로 당신의 영어 능력을 향상시켜 주는 매우 멋진 방법이다!

당연히 영어를 배우면 다른 타입의 즐거움을 경험할 수 있다. "해리 포터", "트와일라이트", 그리고 "헝거 게임" 등 영어로 쓰인 인기 있는 책들을 읽을 수 있다. 더불어, 많은 유명한 팝 문화의 아이콘들은 유명한 영어 서양 고전학에서 나온다. 당신이 이런 책들을 읽을 수 있다면, 영어의 문화를 더욱 잘 이해할 수 있을 것이다(유명한 셜록 홈즈는 1800년도 즈음에 처음으로 영어로 발간된 시리즈 책들임).

영어책들을 무료로 읽고 싶다면, 몇 가지 옵션이 있다. 시립도서관을 확인해 보라. 영어권에 거주하지 않더라도, 시립도서관에는 영어 혹은 외국어 섹션이 있을 가능성이 있다. Kindle이나 Nook 같은 전자책도 무료로 다운로드할 수 있는 수많은 책들이 있다. 이처럼 무료로 영어책을 볼 수 있는 거대한 전자책 사이트에서 관심 있는 영어책을 확인해 보라.

(5) 영어는 당신을 더욱 스마트하게

위에 나열한 모든 혜택 말고도 영어와 같은 새로운 언어를 배우면 당신의 뇌가 새로운 방법으로 작동하게 도와준다. 연구에 따르면, 새로운 언어를 배우면 당신의 뇌 구조에 변화를 준다(걱정하지 말라. 좋은 쪽으로 변화가 진행됨). 더 나아가 뇌의 기억과 의식을 담당하는 부분 및 다른 부분에도 영향을 미친다. 간단히 말해서, 새로운 언어를 배우면 당신의 뇌는 더욱 강해지고, 다재다능해져서 당신의 사고방식이 나아진다.

또한 다른 연구에 따르면 2개 국어를 상용하는 것은 나이가 들어감에 따라 쇠퇴하는 뇌를 더욱 강하고 건강하게 유지시켜 준다. 또한 기억력, 집중력 및 다른 능력들도 유지하는 데 도움이 된다. 이것은 표준화된 시험을 도와줄 뿐만 아니라(특히, 토플에 좋음), 창의력을 높여주는 데 지대한 영향을 미친다.

영어를 배운다면, 당신은 영어로 된 책도 읽을 수 있고, 수업도 영어로 들을 수 있으며, 혹은 다른 여러 가지 것들도 영어로 할 수 있다. 이것들은 당신이 새로운 것을 배우고, 더욱 똑똑하게 느껴지게 다양한 진로와 길들을 열어 많은 경험을 할 수 있게 한다.

영어의 중요성을 확인해 보았는가? 영어를 할 수 있다는 것은 당신에게 무궁무진한 기회를 제공한다는 것이다. 단지 학업과 커리어를 넘어서 문화, 엔터테인먼트, 그리고 예술 등 대부분의 분야에서 윤택한 혜택을 누릴 수 있다.

제3절 기초외국어능력이 필요한 상황과 사례

1. 내가 꼭 외국어까지 해야 돼?

국내 자동차부품 조립업체에 다니는 M씨는 요즘 전화 받기가 두렵다. 회사가 국내시장을 넘어 외국에 납품을 시작하여 성실하기로 소문난 M씨도 관련 업무를 맡게 되었기 때문이다. 외국 B사와의 계약추진이 좋은 성과를 이루어 해외에서도 발주량이 늘게 되었다.

그러면서 외국 B사에서 전화가 오곤 하는데 M씨는 수화기 너머 외국어가 들리면 아득해질 때가 한두 번이 아니다. 기본적인 기초외국어도 어려워 외국 B사 관계자와 통화를 할 때마다 통역을 해 줄 수 있는 직원을 찾아다니느라 정신이 없고 그동안 상대방은 기다리기 일쑤다. 업무에 의욕적이었지만 이제는 전화 소리만 들려도 걱정이 앞서는 상황이 되어 버려 M씨는 속이 상한다.

결국 M씨는 외국 B사를 직접 응대하는 업무가 아닌 다른 업무로 위치를 바꾸게 되었고, 그제야 기초외국어의 필요성을 절실히 느끼고 공부를 시작했다.

(1) 사례 해설

제시된 사례에서 M씨는 평소 열심히 일을 해왔지만, 외국어 능력이 부족해 힘들어하다가 결국 업무마저 변경됐다. 이를 통해 기초외국어능력이 자신의 분야에서 어떤 상황이든 필요할 수 있음을 알려준다. 따라서 업무 수행을 잘하는 것도 중요하지만, 기초외국어능력도 필요함을 알 수 있다.

2. 기초외국어능력이 필요한 상황

외국인과 함께 일하는 국제 비즈니스에서는 의사소통이 매우 중요하다. 직업인은 자신이 속한 조직의 목적을 달성하기 위해 외국인을 설득하거나 이해시켜야 한다. 하지만 이런 설득이나 이해의 과정이 모든 업무에서 똑같이 이뤄지지는 않는다. 예를 들어, 비서업무를 보는 사람은 외국인과의 의사소통 상황에서 전화응대나 안내 등의 기초외국어를 숙지하는 것이 필요하고, 공장에서 일하는 사람의 경우에는 새로 들어온 기계가 어떻게 작동되는지 매뉴얼을 봐야 하는 상황에서 기초외국어능력이 필요하며, 일반 회사원의 경우 다양한 상황에 직면할 수 있지만, 주로 외국으로 보낼 서류를 작성하거나, 외국에서 온 서류를 이해하여 업무를 추진해야 하는 상황에서 기초외국어능력이 필요할 것이다.

무엇보다 중요한 것은 자신에게 기초외국어능력이 언제 필요한지 잘 숙지하고, 그에 대비하여 자신의 업무에서 필요한 기초외국어를 적절하게 구사하는 것이다. 원활한 업무 상황을 위하여 업무와 관련된 간단한 기초외국어를 익혀둔다면 갑작스런 상황이 닥쳐도 당황하지 않고 업무를 해결해 나갈 수 있을 것이다.

이제는 여기서 한 걸음 더 나아가, 즉 직업인의 범주를 벗어나 자신의 삶의 방식과 질을 구조조정해 보려는 사람들의 욕구 충족을 위해서도 외국어 능력의 함양이 한 가지 수단으로 선택되고 있기도 하다.

기초외국어능력은 직업생활에 따라 다양한 상황에서 필요하며, 외국어라고 해서 꼭 영어만 중요하거나 필요한 것은 아니고, 자신의 분야에서 주로 상대해야 하는 외국인 고객이나 외국 회사에 따라 요구되는 언어는 다양하다. 무엇보다 중요한 것은 자신에게 기초외국어능력이 언제 필요한지 잘 숙지하고, 그에 대비하여 자신의 업무에서 필요한 기초외국어를 적절하게 구사하는 것이다.

3. 외국어 문서작성 사례 : 영문 이메일(Business e-mail)

'이메일'이란 전자우편(electronic mail)으로 인터넷을 통하여 정보를 전달하는 시스템이다. 전자우편은 상대방과 네트워크로 연결되어 있어 전자우편의 주소만 가지고 있다면 전 세계 어느 곳에서든 몇 분 이내로 메시지를 수신할 수 있으며, 우편이나 팩스보다 비용 또한 저렴하여 세계적으로 가장 널리 이용되고 있다.

가볍게 대화하는 일상 회화와 달리 격식을 갖추고 명확하게 커뮤니케이션을 해야 하기 때문에 영어로 이메일을 쓸 때는 더 부담되기 마련이다. 비즈니스 영어의 핵심 표현과 영어 메일 양식을 소개한다.[374)]

374) 이하 내용은 주로 https://www.sindohblog.com/1020 [신도리코 기업블로그], 영어 비즈니스 메일, 첫인사부터 끝인사까지! 영어 메일 쓰는 법, 2016.08.31. 참조.

(1) 이메일 주소 물어보기

전화 통화를 하다 더 자세한 사항을 전달하고 싶다면 이메일로 정리해서 문서를 보낸다.

- What's your E-mail address?
- Do you have an E-mail account?

이 표현은 직설적이기 때문에 정중한 표현으로 말해주는 것이 좋다.

- Can I have your E-mail address?
- May I have your E-mail address?
- Let me know your E-mail address.

상대방에게 이메일을 주소를 물어볼 때 위의 표현처럼 다양하게 쓸 수 있다.
반대로 나의 메일주소를 알려줄 때는 이렇게 답하면 된다.

- My E-mail address is bluewater_33@naver.com.
- It's bluewater_33@naver.com

여기서 @는 at이라고 말을 한다. 그리고 기호 '_' 표시는 언더바로 알고 있는데 이것은 잘못된 영어다. underscore라고 말을 한다.

(2) 영어 이메일 쓰기 : 시작과 인사

영어 메일을 쓸 때 첫인사는 어떻게 하면 좋을까? 우리말로 친애하는 누구누구. 이렇게 시작한다. 이메일을 쓸 때 '친애하는', 이 표현에 대해서 'Dear'로 해준다.

- Dear Mr. Smith.

편한 관계는 'Hi'로 하기도 하지만 비즈니스상에서는 예의를 중요시하기 때문에 'Dear'로 사용한다.

- Dear Mr. Lee
- Dear Mrs. Ha

여성분 같은 경우는 미혼이면 Miss. 기혼이면 Mrs.인데 혼인 여부를 잘 모르겠으면 Ms.로 해주면 괜찮다.
인사할 때 사용할 수 있는 영어 인사도 여러 가지 표현이 있으니 공식처럼 하나만 외우기보다 다양하게 말하면 좋다.

- How are you?

- How are you doing?
- How have you been?
- Hope you are doing well. 잘 지내고 계시길 바랍니다.
- Hope everything is good. 모든 일이 잘되길 바랍니다.

(3) 이메일 요청하기

이메일을 요청할 때나 답변을 이메일로 받고 싶은 경우에는 아래와 같은 표현을 사용할 수 있다. 'email'이란 단어는 '이메일을 보내다'라는 동사로도 활용할 수 있기 때문에 생각보다 쉽게 표현하면 된다.

- Please Email me. 저에게 이메일 보내주세요. (Email to me.)
- Can you email it to me? 저에게 이메일 보내주실 수 있어요?
- You can send it to my Email address. 제 이메일 주소로 보내주세요.
- I haven't received your Email. 아직 당신이 보낸 이메일 받지 못했어요.
- Please reply to my email. 메일로 답변을 주세요.

(4) 자주 사용되는 이메일 영어문장

영어 메일을 보낼 때 자주 사용하는 문장을 정리해본다. 한 번 익혀두면 좀 더 쉽게 비즈니스 메일을 쓸 수 있을 것이다.

1) 회신 기다리겠습니다

I'm looking forward to your reply. (look forward to 명사)

실수로 명사 자리에 동사를 사용하는 분들이 있는데 여기서 to는 전치사로 사용이 되었기에 명사가 온다는 점을 명심!

2) 이메일 본문 내용을 시작할 때

감사의 표현

Thank you for your help. 도와주셔서 감사합니다.
We appreciate your interest. 관심 가져주셔서 대단히 감사히 생각합니다.
여기서 appreciate은 '어떤 일에 대해서 굉장히 높이 평가하다'를 의미를 한다.

예 We appreciate your offer. 주신 제안 굉장히 감사합니다.
appreciate 다음에 전치가 for가 나오는 것이 아니고 바로 명사가 나옴을 유의!

목적 말하기

I am writing to confirm our schedule. (I am writing to 동사원형)
이 패턴으로 목적을 밝히는 것이 좋다.
I am writing to ask a favor. 부탁 하나 하려고 이렇게 메일 보냅니다.

부탁 및 제안

요청이란 아쉬운 사람이 건네는 부탁이기 때문에 정중한 표현을 쓸 수밖에 없다. 따라서 조동사의 과거형(공손하고 정중한 표현임)인 Could you~?로 물어보는 게 좋다.

Could you send me an estimate? 견적서를 보내주시겠어요?
I would like to receive reply by noon. 정오까지 답변받기를 원합니다.
I'd like to send you some books. 책 몇 권을 보내드리고 싶어요.

격식체로 메일을 작성하기 때문에 'I want to 동사'로 표현하지 말고 'Could you~', 'I would like' 혹은 'I'd like'의 표현으로 사용하길 권한다.

I'm attaching our business plan. 우리 사업계획안 첨부를 합니다.
I'm attaching our order. 저희 주문 내역을 첨부합니다.
Please see the attached file. 첨부 파일을 확인해주세요.

(5) 비즈니스 메일 마무리

영어 메일에서 많이 쓰이는 맺음말 표현을 소개한다.

If you have any questions, please do not hesitate to contact us.
다른 질문 있으시면 주저하지 말고 연락 주세요.
(=Please feel free to contact me if you have any questions.)

Take care of yourself. 잘 지내세요.
Please keep me posted. 계속 연락 주세요.
(=Let's keep in touch. Keep me informed. Keep me in the loop.)

I'm looking forward to hearing from you.
연락 기다리겠습니다.

맺음말 뒤에는 마지막 인사가 들어간다. 우리말로 말하면 누구누구 올림, 이렇게 마무리를 하는데, 거기에 해당하는 말이라고 생각하면 된다.

Sincerely, 충심으로
Mike(이름) Lee(성)

인사로 사용된 Sincerely 자리에 다음과 같은 표현도 바꿔 사용할 수가 있다.

Yours sincerely, (yours를 붙이면 좀 더 격식 있는 표현이 된다.)
Regards, 안부를 전하며
Best regards, 안부를 전하며
Kind regards, 안부를 전하며
Best wishes, 그럼 이만
All the best, 그럼 이만
Thank you, 감사드리며
Respectfully yours, 존경하는 마음을 담아

맺음말 인사에 'Good bye', 혹은 'Bye'는 쓰지 말 것!

비즈니스 메일은 나름의 형식이 있으니 너무 어렵게 생각하지 말고, 자주 쓰는 표현을 잘 활용하면 누구나 작성할 수 있다.

(6) 영문 이메일 예시

예시 1[375)]

다음은 홍콩지사 Mr. Smith씨의 비서인 Ann Dunkin이 Steven Roy에게 'conference call'의 일정에 대해 알려주는 이메일이다.

To: "Steven Roy" 〈sroy@cellfirst.com〉
From: "Ann Dunkin" 〈adunkin@cellfirst.com〉
Date: Tue, June 27, 2017 13:07:24
Subject: Conference Call

Dear Steven,
This coming Tuesday 2nd July at 4:00pm(Hong Kong time), Mr. John Smith will speak on a conference call thyou.

375) 권인아·오정주(2020), op. cit.

Please le me know if you are unable to call in or if you be traveling and calling in from a mobile.
The telephone number, pass code and conference room location will be communicated before the end of the week.

Best regards,
Ann Dunkin

예시 2[376)]

다음은 조셉에게 '금요일 회의 건'에 대해 알려주는 이메일이다.

To: josephmac@kms.com
Subject: Friday Meeting

Hi Joseph,
I wanted to check whether you're going to be able to make it to our planning meeting next Friday at 9 a.m. The CEO himself is attending, and we will be discussing some important issues as we plan the upcoming five years.
In particular, we're going to be discussing a possible six-month personnel exchange with the New York office. Since you worked in Boston for several years, we thought you might be able to offer your perspective on the value of international experience. Please let me know if you can join us.

Thanks,
John Park

제4절 기초외국어능력 향상을 위한 공부방법

국제화 시대에 살아가는 우리는 국내시장 중심의 업무반경이 세계로 넓혀지면서 기초외국어능력에 대한 관심이 더욱 증대되고 있다. 특히 영어뿐만 아니라 다른 외국어 한 가지 정도는 잘해야 한다는 강박관념에 시달리고 있는 현대 직업인들이 많

376) 데미덱(2015), 데미덱(DemiDec) 이메일 사전, YBM, 2015.01.20.

은 것이 현실이다. 직업인으로서 유창한 외국어 실력을 갖추지 못했다 하더라도 이제는 기초적인 외국어만은 필수적으로 갖추어야 하는 시대이다. 벅찬 업무에 시달리는 현대 직업인들은 외국어 공부를 위한 시간을 갖기 어렵다. 하지만 많은 노력을 들이지 않고도 외국어 공부를 할 수 있는 다음과 같은 방법이 있다.

① 왜 외국어 공부를 해야 하는지 그 목적부터 정하라.
② 매일 30분씩 눈과 손과 입에 밸 정도로 반복하여 공부하자.
③ 실수를 두려워하지 말고, 기회가 있을 때마다 외국어로 말하라.
④ 외국어와 익숙해질 수 있도록 쉬운 외국어 잡지나 원서를 읽자.
⑤ 혼자 공부하는 것보다는 라이벌을 정하고 공부하라.
⑥ 업무와 관련된 외국어 주요 용어는 꼭 메모해 두자.
⑦ 출퇴근 시간에 짬짬이 외국어 방송을 보거나, 라디오를 들어라.
⑧ 외국어 단어를 암기할 때 그림 카드를 사용해보라.
⑨ 가능하면 외국인 친구를 많이 사귈 수 있는 기회를 만들어 대화를 자주 나눠보라.

기초외국어능력 향상을 위해서 가장 중요한 점은 다른 나라와 문화에 대해 적극적으로 관심을 가지고 새로운 것을 받아들이는 것이다. 또한, 기초외국어능력은 하루아침에 길러지는 것이 아니므로, 매일 규칙적으로 실행하여 축적해나가면 어느새 향상된 외국어 실력을 발견할 수 있을 것이다.[377]

제5절 기초외국어능력과 비언어적 의사소통[378]

기초외국어능력이 부족해도 비언어적 의사표현을 이해한다면 의사소통이 어느 정도 가능하다. 직업인 H씨는 기초외국어능력이 부족하지만, 외국인과의 의사소통을 어려워하지 않는다. 그는 그들의 손짓이나 표정 등 비언어적인 표현까지도 잘 이해하기 때문이라고 얘기한다. 의사소통이 어려운 외국인과의 비언어적 의사소통에 대해 알아보자.

업무를 수행하다 보면 외국인과 의사소통을 하게 되는 경우가 많지만, 누구나 외국어실력이 뛰어난 것은 아니다. 하지만 기초외국어 실력이 부족하다고 하여도 그들의 문화를 이해하고 표정이나 몸짓 등에서 알 수 있는 비언어적 의사표현을 이해한다면 어느 정도 기초적인 의사소통은 가능하다.

377) 이상의 내용은 http://blog.daum.net/junghunsa/2009 [정훈사], 기초외국어 능력을 향상시키는 방법을 알아보자, 2016.11.22. 참조. 한편, 영어 공부법과 관련하여서는 https://www.ef.co.kr › learn-english [EF 블로그], 영어 공부: 100% 확실한 영어 공부법. 참조. 그리고 영어 의사소통 능력 향상법과 관련하여서는 https://ko.wikihow.com [위키하우], 영어 의사소통 능력 향상시키는 방법. 참조.

378) 한국산업인력공단(2021). op. cit.

1. 사례 : 당신과 계약하겠습니다

일본의 한 기업에서 신제품 런칭과 사업권 입찰을 함께 진행 중이어서 직업인 H씨는 동료 직원 몇 명과 함께 일본에 갔다. 신제품 런칭을 위한 파티에는 H씨가 다니는 회사 말고도 사업권 입찰에 참여한 우리나라 몇몇 기업의 직원들도 보였다.

H씨가 주위를 둘러보니 행사를 주최한 일본기업의 입찰 담당 직원이 사업권 입찰에 참여한 우리나라 몇몇 기업 직원들과 담소를 나누고 있었다. 그런데 H씨는 그 일본인 직원이 대화를 나누면서 고개를 끄덕이며 웃는 얼굴로 "YES"라고 이야기하면서 환하게 웃고 있었지만 자주 머리를 긁적이는 것을 발견했다. 이미 H씨는 그러한 비언어적 표현이 다소 혼란스러운 감정을 숨기려는 일본인들의 습성이라는 것을 알고 있었기에 조용히 다가가서 대화할 기회를 포착하여 일본인 직원을 편안하게 해주고, 대화를 리드하도록 했다. 그리고 그가 건넨 명함을 재빨리 넣지 않고, 그의 앞에서 주의 깊게 살펴본 후 앞의 테이블 위에 잘 보이도록 올려 두고 대화를 이어나갔다. 다음날 사업권 입찰에서 H씨의 회사가 사업권을 따냈는데, 일본인 직원이 설명하기를 입찰에 참여한 회사들의 내용은 거의 같았다고 한다. 그리고 의사소통도 원활히 잘 이루어졌다고 했다. 그럼에도 H씨의 회사를 선택한 것은 언어뿐 아니라 비언어적 표현조차 놓치지 않고 이해해 준 H씨와 그의 회사가 더욱 일본과의 합작에는 어울릴 것이라고 판단했기 때문이었다.

(1) 사례 해설

제시된 사례는 같은 업무를 추진하는 사람이라고 하더라도 비언어적인 표현을 이해하는 것이 성과의 차이를 가져옴을 알려준다. 이를 통해 학습자들은 자신의 업무를 추진할 때 비언어적 의사소통이 중요함을 알 수 있다.

2. 주요 국가의 비언어적 의사표현법

의사소통은 특정 국가의 외국인만을 상대하는 것이 아니기 때문에 다양한 국가의 비언어적 의사소통 표현법을 이해하는 것이 필요하다. 주요 국가의 대표적인 비언어적 의사표현법은 무엇이 있을지 찾아 정리해보자.

① 러시아 : 스스로에게 화가 났을 때 손을 펴서 자기 이마를 친다.
② 미국 : 상대를 꼬실 때뿐만 아니라 "농담이야"라는 말을 하려 할 때도 윙크를 한다.
③ 아랍권 국가들 : 'No'의 의미로 머리를 뒤로 젖히고 눈썹을 치켜올린다.
④ 중국 : 놀라거나 어려운 일을 당했을 때 말없이 고개를 좌우로 젓는다.
⑤ 일본 : 팔짱을 끼고 서 있으면 깊이 생각하고 있다는 뜻이다.

(1) 활동 해설

제시된 활동은 다양한 국가에서 쓰고 있는 비언어적 의사소통 표현을 알아보는 것으로, 비록 기초외국어능력이 부족하더라도 비언어적인 표현을 이해함으로써 외국인과의 원활한 의사소통을 이룰 수 있도록 돕는 것이다.

3. 비언어적 의사소통의 특징

외국인과의 언어적 의사소통은 외국어 사용 능력에 따라 의사소통의 편의성이 크게 좌우된다. 그러나 반드시 상급의 외국어 능력을 갖춰야만 의사소통이 가능한 것은 아니다. 비록 기초외국어능력이 부족하다 하더라도 비언어적 의사소통의 특징을 충분히 알고 있다면 원활한 일 경험에 도움이 된다. 아무리 외국어를 유창하게 하더라도 외국인이 몸짓과 표정, 무의식적으로 기분과 느낌을 표현하는 것을 알아채지 못한다면 의사소통이 원만히 이뤄지지 않을 수도 있다.

따라서 일 경험 중 외국인과 협력이 필요한 상황이 발생할 경우에 성공적인 협력을 위해서는 기초외국어능력을 키우는 것뿐만 아니라 보디랭귀지를 포함한 그들만의 표현방식을 이해하는 능력을 키우는 것도 중요하다.

(1) 표정으로 알아채기

외국인과 대화할 때 그들의 감정이나 생각을 가장 쉽게 알 수 있는 것이 얼굴 표정이다. 웃는 표정은 행복과 만족, 친절을 표현하는 데 비해서 눈살을 찌푸리는 표정은 불만족과 불쾌를 나타낸다. 또한 눈을 마주 쳐다보는 것은 흥미와 관심이 있음을, 그리고 그렇게 하지 않음은 무관심하다는 것을 의미한다.

(2) 음성으로 알아채기

거리상 멀리 떨어져 있는 외국회사의 담당자들과는 직접 마주 보고 대화하는 경우보다는 서면이나 전화로 업무를 하는 경우가 많다. 전화는 서면으로 의사소통하는 것과는 달리 상대방의 목소리나 어조, 크기, 음속 등이 의사소통의 수단이 되기도 한다.

1) 어 조

① 높은 어조 - 적대감이나 대립감

② 낮은 어조 - 만족이나 안심

2) 목소리 크기

① 큰 목소리 - 내용 강조, 흥분, 불만족

② 작은 목소리 - 자신감 결여

3) 말의 속도

① 빠른 속도 – 공포나 노여움
② 느린 속도 – 긴장 또는 저항

(3) 외국인과의 의사소통에서 피해야 할 행동

① 상대를 볼 때 흘겨보거나, 아예 보지 않는 행동
② 팔이나 다리를 꼬는 행동
③ 표정 없이 말하는 것
④ 대화에 집중하지 않고 다리를 흔들거나 펜을 돌리는 행동
⑤ 맞장구를 치지 않거나, 고개를 끄덕이지 않는 것
⑥ 자료만 보는 행동
⑦ 바르지 못한 자세로 앉는 행동
⑧ 한숨, 하품을 하는 것
⑨ 다른 일을 하면서 듣는 것
⑩ 상대방에게 이름이나 호칭을 어떻게 할지 먼저 묻지 않고 마음대로 부르는 것

제6절 국가별 문화의 특징

다른 나라 문화에 대한 적극적인 관심과 이해, 더 나아가 이를 능동적으로 수용하면서 해당 외국인과의 교류도 병행·실천한다면 기초외국어능력의 향상은 훨씬 더 배가될 수 있다.

1. 미국의 문화[379)]

미국은 우리나라와 달리 다양한 문화의 사람들이 함께 살고 있는 다민족 국가다. 유럽에서 건너온 백인, 남미의 이민, 노예 제도가 있던 시대에 강제로 끌려온 사람들의 후손 등 다양한 인종의 사람들이 미국에서 살고 있다. 그래서 미국인이라고 해도 유럽계 사람들과 남미계 사람들은 생활 습관이나 종교 등 다양하며 자라온 환경과 사고방식도 다르다. 이러한 배경에서 같은 미국인이지만 예의범절이나 가치관에 큰 차이가 있다고 한다. 또한 미국 사회는 빈부의 차이가 크다는 특징도 있다.

379) https://jerrymom.tistory.com/420 [제리맘 꿀박육아], 미국 문화의 특징, 미국 생활 문화, 2020.08.10.

(1) 미국 국민성의 특징

미국은 다민족 국가이기 때문에 우리나라와 같은 제한된 민족으로 구성된 국가와는 다른 특징이 있다. 미국인은 자유와 평등에 대한 의식이 높고, 자기주장이 강하고 권리와 의견을 변호하는 경우가 많다고 한다. 다민족 국가의 특징에서 각각의 문화적 차이를 인정하고 개성을 중시하는 경향이 있다. 성격 면에서는 경쟁심이 높기 때문에 사소한 일이라도 이기려는 특징이 있다고 한다. 하지만 사교적이고 친절한 사람이 많고 감정 표현이 풍부하며 제스처를 사용하여 감정을 표현한다.

(2) 미국 특유의 문화

1) 언 어

미국은 영어권 국가라고 생각하지만, 법으로 정한 공식 언어는 존재하지 않는다. 그러나 미국인의 90% 이상이 영어를 사용하고 사실상 영어가 공용어로 되어 있다. 비즈니스에서는 영어를 사용하는 것이 일반적이지만, 미국에서 300개 이상의 다양한 언어가 사용되는 것으로 알려져 있다.

2) 종 교

미국 국민의 절반가량이 기독교 개신교 계통의 종파에 속해 있으며 다른 기독교 종파도 합치면 미국인의 약 70%가 기독교인이라고 한다. 개신교계에 속하는 사람이 많은 이유는 초기에 유럽에서 미국으로 이주해 온 사람들 가운데 종교 탄압을 피해 미국으로 건너온 신교도계의 청교도가 많았기 때문으로 생각되고 있다고 한다.

3) 미국의 생활문화

최근 미국에서도 아시아권의 문화가 침투하여 집안에서 신발을 벗는 가정이 많아지고 있다고 한다. 하지만 기본적으로 신발을 신은 채 실내에 들어가는 경우가 많으며, 샤워 때나 잘 때를 제외하고는 집안에서도 신발을 신은 채로 보내는 것이 일반적이라고 한다.

4) 미국의 팁 문화

미국은 서비스를 제공받았을 때 팁을 지불하는 문화가 있는 것으로 알려져 있다. 레스토랑과 호텔뿐만 아니라 택시 등에서도 팁을 지불하는 것이 매너라고 한다. 팁 가격은 서비스 요금의 15~20% 정도라고 한다.

5) 테이크아웃 선호

미국은 테이크아웃을 선호하고, 특히 도시에 사는 사람들은 그 경향이 강하다고 한다. 바쁜 생활을 하고 있는 도시 사람 가운데 식탁에 앉아 식사를 중시하지 않는 사람이 많기 때문에 미국에서 테이크아웃을 선호하는 것이라고 한다.

6) 미국의 인사와 몸짓의 의미(미국 제스처)

미국에서는 악수와 포옹으로 인사를 하는 것이 일반적이다. 비즈니스에서 악수는 필수 인사다. 포옹도 인사로 일반적이지만, 악수처럼 필수는 아니라고 한다. 미국에서 자신을 가리키는 경우에는 손을 가슴에 두거나 엄지손가락으로 가슴을 가리킨다. 다른 사람을 가리키는 때는 검지손가락으로 가리키는 것이 아니라 손 전체를 사용하여 말한다. 또한 사람뿐만 아니라 물건을 가리키는 경우에도 손 전체를 사용하는 것이 일반적이다.

7) 철저한 자본주의 사회

한국에서는 저가 항공사이더라도 앞 좌석에 달린 터치스크린으로 영화, 드라마, 오락, 음악 등의 서비스를 즐길 수 있지만, 대부분의 미국 항공사는 돈을 내야 볼 수 있다. 또한 보통 견과류와 함께 물, 오렌지 주스, 커피, 차 종류 등 기내 서비스를 제공하지만, 미국 항공사는 돈을 주고 구매해야 하는 경우가 많다. 하지만 이런 미국의 철저한 자본주의 사회는 미국 경제를 강하게 만든 원동력이 아닐까.[380]

2. 일본의 문화[381]

일본은 이웃 나라인 중국이나 한국에서 전래된 문화와 기술을 조몬 시대(일본의 신석기 시대 중 기원전 1만 4,500년부터 기원전 300년까지의 시기를 말함)부터 많이 받아들인 나라이다. 그러나 이들 나라로부터 강한 영향을 받아왔음에도 불구하고 독자적인 발전을 통해 일본 고유의 문화를 구축하였다. 이제 가까우면서도 먼 나라인 일본과 우리나라 사이의 문화적 차이점에 대해 간단히 살펴보기로 하자.

(1) 생활의 차이

일본은 우리나라와는 다르게 일에 쫓기기보다는 일상의 여유, 자기만의 시간을 갖는 경우를 흔히 볼 수 있다고 한다. 그리고 일본은 디플레이션 현상을 겪고 있는데 우리나라와는 다르게 물가가 저렴하다. 그래서 한국에서 살다가 일본으로 넘어간 사람들은 이런 면에서 생활비용이 많이 줄어들었다고 말을 한다. 하지만 일본은 교통비가 한국보다 비싸므로 한국이 그리워지는 사람도 있다고 한다.

(2) 주거 형태

일본 애니메이션 '짱구는 못 말려'나 '도라에몽'을 보면 주거 형태가 단독 주택이나 낮은 건물임을 알 수 있다. 일본은 알다시피 지진이 자주 일어나는 나라여서 우

380) http://college.koreadaily.com › Most Popular [College Inside], 미국과 한국의 문화차이 7가지, 다라, 2020.05.03.
381) 이하의 내용은 주로 이서영(2021), [이서영의 문화 칼럼] 한국과 일본 문화의 차이점에 대해 알아보자, 미디어 경청, 2021.07.27. 참조.

리나라와는 다르게 건물을 높게 짓지 않는다. 따라서 일본인 대부분이 거주하고 있는 주거 형태는 단독 주택이다. 우리나라는 아파트를 많이 짓기 때문에 개성을 찾아보기 어렵지만, 일본은 단독 주택이기 때문에 자신의 집을 더 개성 있게 특징을 살려 꾸밀 수 있다는 장점이 있다.

(3) 식사 예절

일본의 식사 예절은 한국의 식사 예절보다 까다롭다. 예를 들어 음식을 먹을 때 입을 보이지 않게 하고 먹어야 한다거나 젓가락을 그릇 위에 잠시 올려놓을 때도 사선 방향으로 올려놓아야 하는 등의 예절이 강요된다. 또한 대부분의 일본 음식이 아무래도 간장 베이스의 음식들이 많아서 어떤 음식을 먹어도 간장 맛이 나고 대부분 음식이 싱겁다. 마치, 한국 사람들이 어떤 상차림에도 김치를 먹는 것처럼, 일본에서도 튀김부터 돈카츠, 카라아게, 초밥 등 간장 베이스의 음식들이 매우 많다.

(4) 개성 있는 문화

우리나라는 축제가 열리더라도 한복을 입는 경우가 없는데 일본은 축제 때 유카타나 기모노를 입은 사람들을 흔하게 볼 수 있다는 것이다. 또한 일본 하면 애니메이션인데, 이 애니메이션과 굿즈 상품들을 길거리 광고판에서 쉽게 볼 수 있다. 이외에도 오히려 한국의 특정 부분(아이돌, 드라마 등)을 제외한 부분에서는 전체적으로 일본 사람들은 개성 있는 문화를 즐기고 널리 알리는 것에 너무나 자연스러운 모습을 보인다. 심지어 TV를 보다가도 일본 애니메이션 광고나 캐릭터가 정말 자주 나오는 것을 보면 엄청난 이질감을 느낀다.[382]

3. 중국의 문화

(1) 음식의 차이

중국 음식은 주로 기름을 사용하여 조리한다. 따라서 한국 사람들이 이에 적응하고 익숙해지는 것은 쉽지 않으며, 기름진 음식 때문에 속이 좋지 않은 경우도 종종 있다. 한편 중국 사람들은 이렇게 기름진 음식을 먹고 난 뒤에 느끼한 속을 차(茶)로 푸는 것 같다. 중국 사람들의 치아 색이 우리나라 사람들보다 짙은 '황니'인 사람을 많이 볼 수 있는데, 이는 차를 매일 마시기 때문이 아닌가 싶다. 무더운 여름인데도 따뜻한 차를 마신다.

(2) 주거 생활

중국의 주거 생활은 우리나라처럼 신발을 벗고 들어가는 게 아니라 외국처럼 신발

382) https://creativestudio.kr [Immigration], 한국과 일본의 문화차이, 그리고 일본에서 산다는 것은, 2020.08.26.

을 신고 드나들기 때문에 불편한 점이 있다. 그리고 난방 같은 시설도 없어서 집이 매우 춥다. 대만 친구들은 그나마 집안 환경이 좋기 때문에 에어컨 히터를 틀어놓거나 난로를 피워 따뜻하긴 하지만, 우리가 생각하는 일반 중국 사람들의 집을 가보면 손이 시리기도 하다.

(3) 교통 체계

중국 사람들은 자전거와 오토바이를 많이 이용한다. 심지어 중국의 인구보다 자전거, 오토바이의 수가 더 많다. 왜냐하면 한 가정에 2대, 많으면 3대까지 가지고 있는 집들이 있기 때문이다. 아무튼, 차를 타고 길을 가다 보면 신호가 없는 도로에서도 그토록 많은 자전거와 오토바이 차량들이 아무 사고 없이 자연스럽게 다니는 것을 보면 정말 신기하다. 교통 혼잡 안에서도 그 나라 사람들만의 신호로 교통 상황을 대처한다.

(4) 짝퉁 시장

중국 하면 짝퉁 시장이 많기로 유명하다. 중국을 한 번이라도 여행하신 분들이라면 짝퉁 시장을 한 번쯤은 가봤을 거라 믿어 의심치 않는다. 상해에 공개적으로 판매할 수 있는 정말 큰 짝퉁 시장이 있다. 종종 지하철을 타고 상해에 놀러 가면 한국인 관광객 혹은 유럽 사람이나 미국, 캐나다 사람들이 단체로 와서 구경하면서 사가기도 한다.383)

(5) 꽌시 문화384)

우리는 중국에 대해 흔히 꽌시의 나라라고 부른다. 꽌시(关系)란 '관계'를 뜻하는 말로 중국의 오래된 차등 의식에서 비롯된 중국 전통이다. 쉽게 말해 인맥을 중시하는 문화다. 중국의 꽌시 문화에서 중심은 바로 자기 자신으로, 자기 자신을 중심으로 안에서부터 밖으로 나가면서 사람을 차등적으로 대우하는 것이다. 그렇기 때문에 인간관계가 나에게서 멀수록 배척을 당한다. 이를 두고 중국학자들은 자신을 중심에 두고서 다른 사람과 관계를 형성하고 가치를 판단하는 중국 특유의 '자아주의(自我主義)'라고 불렀다.

그런데 중국의 전통문화인 꽌시가 현대에 들어서는 뇌물이나 청탁 등과 같은 행위의 부패한 문화로 인지되고 있다. 한국에서는 이를 연고주의라 부르며 혈연, 지연, 학연이라 부른다. 이는 유교에 영향을 많이 받던 나라들에서 주로 존재하는데, 일본 또한 유교적 영향을 받았지만 서구 문명을 일찍 받아들여 비교적 적다고 평가한다.

383) 이상의 내용은 채주명(2009), 한국과 중국의 문화차이, 용인춘추, 2009.06.18.
384) 김해인(2020.06.), 중국의 '꽌시' 문화, 한국에도 있는 문화? '미생에서도 재조명', 금강일보, 2020.06.18.

제7절 마무리 : 핵심체크

1. 기초외국어능력이란 일 경험을 하는 우리의 무대가 세계로 넓어지면서 한국어만 이 아닌 다른 나라의 언어로 의사소통을 하는 능력을 말한다. 즉 일 경험 중에 필요한 문서이해나 문서작성, 의사표현, 경청 등 의사소통을 기초외국어로 가능하게 하는 능력이다.

2. 기초외국어능력이 필요한 상황은 전화나 메일 등 의사소통을 위해 외국어를 사용하는 경우, 매뉴얼과 서류 등 외국어 문서를 이해해야 하는 경우, 필요한 정보를 얻기 위한 경우 등으로 구분할 수 있다. 구체적으로는 다음과 같다.

① 외국인들과의 업무를 할 때
② 공장의 외국 기계를 사용할 때
③ 외국산 제품의 사용법을 확인할 때 등

그런데 기초외국어 능력이 필요한 경우는 외국인들과의 업무가 잦은 특정 직군에 국한되지 않음을 유의해야 한다.

3. 기초외국어능력 향상을 위한 공부 방법은 다양한데, 핵심 사항은 다음과 같다.

① 외국어 공부의 목적을 설정한다.
② 반복적으로 학습한다.
③ 주요 용어를 암기한다.
④ 자투리 시간을 활용해서 자주 듣는다.

4. 외국어로 의사소통을 할 때 대화뿐 아니라 몸짓과 표정 등 비언어적 의사소통에 대해서도 이해해야 한다. 즉, 일 경험 중 외국인과 성공적으로 협력하기 위해서는 기초외국어능력을 키우는 것뿐만 아니라 그들의 보디랭귀지를 포함한 비언어적 의사소통과 관련된 문화를 이해하려는 노력도 중요하다.

5. 다른 나라 문화에 대한 적극적인 관심과 이해, 더 나아가 이를 능동적으로 수용하면서 해당 외국인과의 교류도 병행·실천한다면 기초외국어능력의 향상은 훨씬 더 배가될 수 있다.

참고문헌

강일용, 직장생활 10년 차 기자가 알려주는 '비즈니스 이메일' 잘 쓰는 법, IT동아, 2018.01.11.
경향신문, 직장인 과반수 "업무 때 안 쓰지만, 외국어 능력은 필요해", 2015.10.22.
고일석, 일관성의 법칙, 서해신문, 2018.05.24.
고일석, 사회적 증거의 법칙, 서해신문, 2018.06.07.
고일석, 권위의 법칙, sbn뉴스, 2018.07.26.
권인아 · 오정주, 의사소통능력, 한올, 2018.01.15.
권인아 · 오정주, 대인관계능력 & 의사소통능력, 한올, 2020.08.
김동한, 경청, 그리고 리더십, 한라일보, 2021.06.30.
김미향, 아무도 가르쳐주지 않았던 '회사어' 공부 열풍, 한겨레, 2020.08.01.
김민수, NCS 직업기초능력평가_의사소통능력(24), 법률저널, 2019.07.09.
김상은, 글쓰기의 중요성, 한국경제, 2019.10.30.
김윤나, 말 그릇을 키우는 비법, YouTube - 세바시 강연, 2021.03.20.
김종두 외, 의사소통능력, 양성원, 2019.07.26.
김주애 외, 의사소통능력, 양서원, 2020.01.05.
김주애 외, 의사소통능력(제2판), 양서원, 2021.02.25.
김해원(2020), 아부하며 소통하자!, 광양뉴스, 2020.01.03.
김해인, 중국의 '꽌시' 문화, 한국에도 있는 문화? '미생에서도 재조명', 금강일보, 2020.06.18.
노동형, 삼성 기획서의 비밀, 청년정신, 2011.02.28.
뉴시스, "읽을 줄은 알지만 뜻은 몰라"…일상이 고달픈 '실질 문맹' 22.4%, 2019.10.09.
대한뉴스(http://www.dhns.co.kr), 인간관계의 의사소통은, 2014.11.26.
데미덱, 데미덱(DemiDec) 이메일 사전, YBM, 2015.01.20.
매일경제, 1차 접종 2천78만6천192명, 인구의 40.5%…잔여 백신 1천5만 회분(종합), 2021.08.07.
박춘태, 경청의 중요성, 천지일보, 2016.08.02.
사사키 케이이치(2017), 인생이 바뀌는 말습관, 황선종 역, 한국경제신문사(한경비피), 2017.02.20.
서용현, 자기소개서 쓰는 법, 오피니언타임스, 2020.07.17.
서울경제, "베테랑 기능공도 도면 이해 어려웠던 난공사였죠", 2020.01.06.
서울시립대신문, 신체언어-표현과 내면의 열쇠, 2018.06.12.
서혜석 외, 의사소통, 청목출판사, 2017.02.20.
신장섭 외, 의사소통, 경민대학교, 2016.02.
아시아경제, 세대 공존=조직 생존…'선넘네' 없는 직장, 어딨나, 2020.01.06.
에듀동아, 취업준비생에게 '자소설'은 필수?, 2017.02.08.
에리카, 당신의 피드백, 혹시 상대방을 학대하고 있진 않나요?, 브런치(brunch.co.kr), 2020.10.04.
연합뉴스, 입사 자기소개서에서 피해야 할 표현은?, 2015.03.05.
열린창업신문(http://www.rgnews.co.kr), 경청하는 리더가 성공한다.
예스폼, 비즈니스 문서의 이해 : 직장인 문서의 종류와 개념에 대해 알아보자, 2018.08.07.
위아람, "말로 천 냥 빚을 갚는다"-소통의 중요성과 명언, 리서치페이퍼, 2020.01.23.
유영만, 질문은 가능성의 세계로 향하는 관문이다, 한국강사신문, 2021.06.01.

유옥 외, 의사소통과 상담, 동문사, 2014.02.10.
유용린, 피드백(Feedback)과 피드포워드(Feedforward), 경기신문, 2020.08.05.
유하진, 그렇게 중요한 소통이 안 되는 이유, 브런치(brunch.co.kr), 2019.04.09.
윤선영, '아름다운 대답' 듣고 싶다면 '아름다운 질문' 먼저 던져라, 매일경제, 2018.12.14.
윤선영, 과거의 잘못을 '피드백'하지 말고 미래에 잘할 일 '피드포워드'하라, 매일경제, 2019.07.25.
윤치영, 설득·경청 논박의 기술, 일빛, 2005.11.10.
이경랑, '칭·따·정' 상대방 말을 경청하는 것도 기술이 있답니다, 중앙일보, 2018.12.18.
이데일리, 전화가 무서운 사람들, 2019.09.24.
이보현, 설득력 있는 사람 되는 방법, 코메디닷컴, 2020.12.24.
이서영, [이서영의 문화 칼럼] 한국과 일본 문화의 차이점에 대해 알아보자, 미디어 경청, 2021.07.27.
이성범, 의사표현능력은 자신의 역량표현이다, 중부매일, 2020.01.16.
이윤환, 건양대 국방경찰행정학부 교수, 조직 내에서 의사소통의 중요성, 놀뫼신문, 2015.01.12.
이택경, '언택트' 대세여도 면대면 소통 필요한 이유는?, https://www.research-paper.co.kr > news > articleView, 2020.06.23.
이창호, 커뮤니케이션은 잡음(noise)을 제거해야 한다, 뉴스와이어, 2009.07.05.
이형일, 커뮤니케이션의 기술(e-Book), 정경옥 편저, 북아띠, 2019.02.12.
장경영, 테슬라, 머스크 그리고 설득의 심리학, 한경닷컴, 2021.02.12.
정진섭, 지피지기면 백전백승!! 소비자의 심리를 활용해라!, 소비자평가, 2018.07.04.
조신영 · 박현찬(2007), 경청-마음을 얻는 지혜, 위즈덤하우스, 2007.05.02.
존 포웰, 왜 나를 말하기를 두려워하는가, 박성희 역, 자유문학사, 1986.06.25.
주동준, 긴장도 유머로 바꾸는 '솔직한 표현'의 힘, 매일경제, 2017.11.27.
주세영, 목계(木鷄)를 만드는 경청(傾聽) 리더십, [SERI 경영노트] 제61호, 삼성경제연구소, 2010.06.24.
중앙일보, 내가 좋은 건 상대도 좋아할 거란 생각은 착각, 2018.02.02.
지은림(2009), 교사의 피드백 수행을 위한 구성 요인 및 특성에 관한 연구, 아시아교육연구 10권 3호, 2009년, Vol.10, No.3, pp.77-102.
채주명, 한국과 중국의 문화차이, 용인춘추, 2009.06.18.
최연구, 질문하는 사람·질문하는 문화, 한국일보, 2016.09.23.
최인녕, 귀 없는 사장과 귀 있는 사장의 차이, 중앙일보, 2020.07.27.
최효정, 스피치 칼럼-설득은 소통을 낳는다, 경남도민신문, 2018.11.18.
한국산업인력공단, 직업기초능력 가이드북 의사소통능력, 진한엠앤비, 2021.04.22.

http://areport.iwinv.net>archives, 의사소통의 개념과 과정, 공리 및 구성요소, 의사소통영향요인 for Apple Report, 2018.05.30.
http://blog.daum.net/dobaenet/11507160 [다음 블로그], 조별(개별) 발표 평가 기준, 좋은하루, 2012.03.20.
http://blog.daum.net/junghunsa/571 [정훈사], 의사소통 능력으로서 기초외국어능력, 2016.07.18.
http://blog.daum.net/junghunsa/898 [정훈사], 이해한 문서의 내용을 요약, 정리하는 방법, 2016.08.12.
http://blog.daum.net/junghunsa/1021 [정훈사], 목적과 상황에 맞는 문서작성, 2016.08.23.
http://blog.daum.net/junghunsa/1740 [다음 블로그], 효과적인 의사표현법-2, 정훈사, 2016.11.01.
http://blog.daum.net/junghunsa/1796 [정훈사], 설득력 있는 의사표현-1, 2016.11.09.
http://blog.daum.net/junghunsa/1838 [정훈사], 설득력 있는 의사표현-2, 2016.11.11.
http://blog.daum.net/junghunsa/2009 [정훈사], 기초외국어 능력을 향상시키는 방법을 알아보자, 2016.11.22.
http://blog.daum.net/ryumosa/6973526 [다음블로그], 프레젠테이션 잘하는 방법, Work Smart(경영), 2013.07.16.

http://blog.daum.net/windada11/8764044 [마음의 정원], 핵심 메시지의 효과적인 전달법과 커뮤니케이션 5단계 〈김자영의 소통 경영〉, 2013.02.28.

http://blog.naver.com > no1_hanafax [네이버 블로그], 기획서 작성법 5단계-논리적인 기획서 작성단계, 2014.03.13.

http://college.koreadaily.com>Most Popular [College Inside], 미국과 한국의 문화차이 7가지, 다라, 2020.05.03.

http://contents2.kocw.or.kr>keris1>keris7>6.pdf [KOCW], 다문화사회의 의사소통.

http://kostat.go.kr>regional>hn_ntc, 설득의 비밀. EBS 다큐프라임.

http://m.blog.naver.com>bhjang3, [네이버 블로그], 경청(敬聽)의 기술, 2016.07.13.

http://m.blog.naver.com>igekorea [네이버 블로그], 질문이란 무엇인가?, 2017.03.02.

http://m.blog.naver.com>perezjjh [네이버 블로그], 의사소통능력의 문서이해능력, 문서작성능력, 2016.04.22.

http://m.blog.naver.com>sotiere [네이버 블로그], 문서이해와 작성, 구름빵야, 2019.06.23.

http://m.blog.naver.com>sunmedib [네이버 블로그], 발표의 중요성, 2016.06.09.

http://m.blog.naver.com>yunseongmin [네이버 블로그], 질문의 목적과 유형, 왕칠이, 2003.11.23.

http://m.newswire.co.kr [뉴스와이어], 기사 작성의 기초.

http://smmi.tistory.com>attachment [미래와 소통], 3주 수업자료-문서이해,

http://smmi.tistory.com>attachment, 효과적인 발표-미래와 소통.

http://www.giftseoul.news [By giftseoulnews], 구체적인 실행계획을 세우는 과정/기획서, 기획안 작성법, 2020.02.20.

https://1boon.kakao.com>redbull [1boon], 대학생들 공감! 프레젠테이션 잘하는 팁 5가지, 2018.10.31.

https://agoodlife1001.tess07.com/entry [바른생활의 다이어리], 자기소개서 잘 쓰는 방법 7가지, 글쓰기가 두려운 분들은 필독, 2021.01.20.

https://andrew80.tistory.com/138 [최 팀장의 실무 노트]

https://blesswisdom.tistory.com/entry/기안과 품의의 차이 [Better than yesterday!], 2017.09.12.

https://blog.daum.net>sskimpt [Daum 블로그], 질문의 종류, 2014.09.04.

https://blog.daum.net>ygyou.cbnu [다음 블로그], 발표의 기본 조건, 2020.08.22.

https://blog.hyosung.com/3970 [마이프렌드 효성 블로그], "PT의 달인으로 거듭나자!" 발표 잘하는 법, 2018.04.16.

https://blog.ibk.co.kr/1966 [IBK기업은행 블로그], 글쓰기가 어려운 분들을 위해 추천하는 글쓰기 방법, 2016.07.29.

https://blog.naver.com/domi11/120010037503 [퍼온것and기타], 나-전달법(I-message), 2005.02.06.

https://blog.poohsiro.com/101 [푸우시로의 블로그], 의사소통이란?, HRD STORY, 2018.02.03.

https://bonlivre.tistory.com/947 [봉리브르], 현명한 경청법 7가지·경청 명언 10선, 2016.10.31.

https://bonlivre.tistory.com/1353 [봉리브르], 질문이 중요한 7가지 이유, 2018.09.17.

https://bookndebate.tistory.com/239 [긍마], 비언어적 표현이란?, 2020.04.04.

https://brucemoon.net [팁과 강좌], 한 장짜리 기획서 양식 (P&G의 1page memo proposal), 2015.08.27.

https://brunch.co.kr [브런치], 업무 진행단계별로 문서를 작성하자, 김정명, 2018.09.30.

https://brunch.co.kr [브런치], 긍정의 말 습관, 2019.02.14.

https://brunch.co.kr [브런치], 피드백과 피드포워드의 미묘한 차이는 무엇인가?, 2020.07.04.

https://creativestudio.kr [Immigration], 한국과 일본의 문화차이, 그리고 일본에서 산다는 것은, 2020.08.26.

https://c-writing.tistory.com/2 [창조적 글쓰기], 글쓰기 잘하는 7가지 방법, 2019.09.05.

https://doubleplanet.tistory.com/509 [@DOUBLE PLANET], 기초외국어 능력, 2021.03.08.

https://doubleplanet.tistory.com/639 [@DOUBLE PLANET], 효과적인 의사표현 방법, 2021.03.18.

https://esylaw.com/471 [esyLaw.com / 공인노무사 / 행정사 한 방에 합격하기], 문서의 필요성과 기능에 대하여 약술하시오, 2018.05.11.

https://gscaltexmediahub.com>story>conference-skills [GS칼텍스 매거진], 회의의 기술로 시간이 아깝지 않은 회의를 하자, 2017.06.30.

https://hemiliar.tistory.com [해밀러의 스마트한 세상사], 글쓰기 잘하는 법 몇 가지 팁, 2018.07.10.

https://honnkigaippai.tistory.com/760 [지혜로운 서고(書庫)], 메라비언의 법칙 의미와 구체적인 예를 쉽게 해설, 2020.11.20.
https://hrbulletin.net [HR 블레틴], 나는 정말로 경청하는 사람일까?, 양민경, 2018.11.13.
https://insight-up.tistory.com/47 [초시대 노하우 백서], 보고서 작성법, 한방에 핵심 총정리, 2019.07.03.
https://jerrymom.tistory.com/420 [제리맘 꿀박육아], 미국 문화의 특징, 미국 생활 문화, 2020.08.10.
https://kiyoo.tistory.com [티스토리], 기획안 구성하기-학습(공부)하는 블로그, 2014.05.14.
https://ko.wikihow.com [wikiHow], 보고서 쓰는 법, 공동 작성자 위키하우 직원.
https://ko.wikihow.com [위키하우], 영어 의사소통 능력 향상시키는 방법.
https://leli.tistory.com [카피라이터의 쓰는 이야기], 생활 글쓰기 잘하는 쉬운 방법, 유용한 leli, 2020.07.27.
https://m.blog.naver.com>abc-cast [네이버 블로그], 글쓰기를 잘하는 9가지 방법, 2017.12.14.
https://m.blog.naver.com>isangcouple [네이버 블로그], 진심 느끼는 영어 공부-외국어 능력이 필요한 이유, 이상커플, 2017.09.28.
https://megrey.tistory.com/13?category=926304 [자타공감], 합격 자소서? 글쎄요, 2020.06.09.
https://megrey.tistory.com/24?category=926304 [자타공감], 3초 만에 떨어지는 자소서 유형(불합격 자소서), 2020.06.18.
https://megrey.tistory.com/36 [자타공감], 자기소개서 작성법 5단계, 2020.07.11.
https://megrey.tistory.com/37?category=926304 [자타공감], STAR 기법-자소서 경험사례 작성 기법(스토리텔링), 2020.07.09.
https://megrey.tistory.com/89?category=926304 [자타공감], 자소서 완성도를 높이는 스킬업 공식 4가지, 2020.12.25.
https://megrey.tistory.com/92?category=926304 [자타공감], 자소서 완성도를 높이는 수정법칙 3가지, 2021.01.03.
https://megrey.tistory.com/113?category=926304 [자타공감], 자소서 직무 관련 '경험' 기술 방법, 2021.03.18.
https://megrey.tistory.com/139?category=926304 [자타공감], 지원동기 작성방향 : '동기'와 '계기' 구분하기, 2021.07.19.
https://megrey.tistory.com/141?category=926304 [자타공감], 자소서&면접에서 나를 어필하는 방법 : 성과 > 결과, 2021.07.27.
https://moonguel.tistory.com/91 [우쌤의 사회복지시설 회계행정], 공문서 기안문 작성법, 행정안전부 지침 및 시행, 2020.08.12.
https://m.post.naver.com>viewer>postView [좋은 습관 연구소]. 보고서 작성, 보고서 잘 쓰는 법 : 양식, 순서, 내용, 구성. 2019.03.14.
https://newtro40.tistory.com/66?category=821063 [소소한 꿀팁 알림] 12가지 자기소개서(자소서) 나한테 맞게 글 잘 쓰는 방법 - 1/4, 2020.06.20.
https://newtro40.tistory.com/67?category=821063 [소소한 꿀팁 알림] 12가지 자기소개서(자소서) 나한테 맞게 글 잘 쓰는 방법 - 2/4, 2020.06.21.
https://newtro40.tistory.com/68?category=821063 [소소한 꿀팁 알림] 12가지 자기소개서(자소서) 나한테 맞게 글 잘 쓰는 방법 - 3/4, 2020.06.23.
https://newtro40.tistory.com/69?category=821063 [소소한 꿀팁 알림] 12가지 자기소개서자소서) 나한테 맞게 글 잘 쓰는 방법 - 4/4, 2020.06.23.
https://oasisjj.tistory.com [자기경영/커뮤니케이션], 경청의 중요성에 대한 이해와 실천 방법, 동의하면 박수 세 번, 2020.03.03.
https://oasisjj.tistory.com [자기경영/커뮤니케이션], 공감적 이해의 중요성, 동의하면 박수 세 번, 2020.03.04.
https://oasisjj.tistory.com [자기경영/커뮤니케이션], 질문을 잘하는 법, 동의하면 박수 세번, 2020.03.06.
https://office-life.tistory.com, 사회 초년생을 위한 회사 비즈니스 메일 쓰는 방법과 예시 A to Z, 효니톰, 2021.03.12.
https://oriyong.tistory.com [오리용 매거진], 브레인스토밍이란 무엇인가, 2020.06.03.

https://picasokids.com/345 [오산 피카소 미술학원], 나-전달법(I-message) 예시를 통해 쉽게 이해하기, 2018.01.07.
https://post.naver.com>viewer>postView [예스폼], 해결방안을 작성하여 결재권자에게 의사결정을 요청하는 문서 : 기안서 작성 방법 알아보기, 2018.07.13.
https://post.naver.com>viewer>postView [예스폼], 비즈니스 문서의 이해, 2018.08.07.
https://post.naver.com>viewer>postView [네이버 포스트], 회의가 활기를 띠게 하는 3가지 방법, 2021.04.20.
https://ppss.kr>archives [ㅍㅍㅅㅅ], 글쓰기의 대가들로부터 배우는 5가지 글쓰기 팁, 최준영, 2014.09.03.
https://ppss.kr>archives [ㅍㅍㅅㅅ], 자기소개서를 쓸 때 유의해야 할 5가지, 2017.02.04.
https://promobile.tistory.com/288 [No Fear.], 문서를 작성하기 위해 알아야 할 것들, 2015.01.17.
https://sensebible.tistory.com [센스바이블 블로그], 취업 자기소개서 쓰는 법 100% 성공비법, 2018.12.31.
https://startupdevelopers.tistory.com, 01_문서작성의 의의와 중요성, 2020.12.19.
https://startupdevelopers.tistory.com, 02_문서작성의 어려움, 2020.12.19.
https://vc.hsc.ac.kr>downloadBbsFile [춘천시], 의사소통능력(문서정리).
https://work-life.tistory.com [워크앤라이프/심리연구원], 코칭 GROW 모델, 2014.07.14.
https://www.ef.co.kr>blog>language [GO Blog], 국제화 시대에 언어 능력이 핵심인 이유, EF 코리아, 2018.01.16.
https://www.ef.co.kr>learn-english [EF 블로그], 영어 공부: 100% 확실한 영어 공부법.
https://www.fluentu.com>blog>english-kor [FluentU], 영어의 중요성-당신의 인생을 완전히 바꿀 5가지 방법.
https://www.finereport.com , 시각화 차트 종류 14종 : 한눈에 들어오는 가치를 잡아주기, 2021.07.13.
https://www.hanbit.co.kr>biz>channel>view [한빛비즈], 설득의 3대 요소 - 에토스, 파토스, 로고스, 2021.01.13.
https://www.kangwon.ac.kr>downloadBbsFile, 팀별 발표 평가 기준, 2017.
https://www.mokwon.ac.kr>html>sub05, 의사소통의 개념과 기능.
https://www.saysamyang.com [삼양그룹 공식 블로그], 회사생활의 시작과 끝, 이메일 작성 비법, Life/잡학피디아, 2017.02.22.
https://www.sangji.ac.kr>cmm>fms>FileDown, 언어적 의사소통(제10장 의사소통).
https://www.saramin.co.kr [사람인], 실무에 바로 쓰는 이메일 작성법 A to Z, 직장in 생활백서, 2020.06.24.
https://www.sindohblog.com/1020 [신도리코 기업블로그], 영어 비즈니스 메일, 첫인사부터 끝인사까지! 영어 메일 쓰는 법, 2016.08.31.
https://www.sindohblog.com/1317 [신도리코 기업블로그], 상사가 만족하는 비즈니스 문서작성 방법, 2017.10.17.
https://www.sindohblog.com/1752 [신도리코 기업 블로그], 직장인에게 꼭 필요한 보고서 작성법 꿀팁, 2019.06.10.
https://www.wikitree.co.kr>articles [위키트리], '깔끔한 글' 쓰는 방법 13가지, 2016.12.22.
https://young.hyundai.com>magazine>trend>detail [YOUNG HYUNDAI], 사회 초년생을 위한 비즈니스 메일 작성 방법, 2020.04.02.
https://yuncrates.tistory.com>[티스토리], 발표 준비의 3단계, 2019.06.18.
https://yunsunghan.tistory.com/365 [Max], 효과적인 메시지 전달, 2009.03.25.
https://zh-hk.facebook.com>komktlab>posts [고일석의 마케팅 글쓰기], 희소성의 법칙.

찾아보기

저자약력

■ 이 종 호(李鍾昊)

- 고려대학교 문과대 영문학과(학사)
- 고려대학교 대학원 경제학과(석사)
- 고려대학교 대학원 경제학과(박사)
- 현) 경민대학교 호텔외식서비스경영과 교수

[저서 및 논문]

- 《한국경제와 에너지》(2017)
- 《기업가정신》(2019)
- 《리더와 리더십》(2019)
- 《대인관계능력》(2021)
- 〈실리콘 밸리의 청년 지식기술창업 모형과 프로그램 분석〉(2012)
- 〈한·중·일 국제분업과 그 동인에 관한 연구〉(2013)
- 〈미얀마의 개혁개방과 글로벌 빅4의 진입전략 특성〉(2014)
- 〈유가변동에 관한 소고〉(2016) 등 다수

의사소통능력

2022년 5월 10일 1판 1쇄 발행

저 자 이 종 호
발행인 남 승 우

발행처 도서출판 상尙 학學 당堂

서울특별시 동작구 사당로9가길 6
TEL : 02) 595-1692~4
FAX : 02) 595-1394
E-mail : shdbooks@naver.com
신고 : 2-155호 (1968. 11. 29)

정가 32,000원

ISBN 978-89-6587-226-9 03320